Betriebliche Altersversorgung in der Bundesrepublik Deutschland und der Volksrepublik China im Vergleich

SPEYERER SCHRIFTEN ZUR VERWALTUNGSWISSENSCHAFT

Herausgegeben von Rainer Pitschas

Band 4

PETER LANG

Frankfurt am Main · Berlin · Bern · Bruxelles · New York · Oxford · Wien

Cong Xu

Betriebliche Altersversorgung in der Bundesrepublik Deutschland und der Volksrepublik China im Vergleich

PETER LANG
Internationaler Verlag der Wissenschaften

Bibliografische Information der Deutschen Nationalbibliothek
Die Deutsche Nationalbibliothek verzeichnet diese Publikation in der Deutschen Nationalbibliografie; detaillierte bibliografische Daten sind im Internet über <http://www.d-nb.de> abrufbar.

Zugl.: Speyer, Hochsch. für Verwaltungwiss., Diss., 2007

ISSN 1862-250X
ISBN 978-3-631-57144-6

www.peterlang.de

Die Arbeit soll der Freundschaft zwischen China und Deutschland gewidmet werden.

Vorwort

Für die Schaffung und Entstehung des vorliegenden Buches möchte ich mich zuerst herzlich bei meinem Doktorvater Herrn Prof. Dr. Dr. Rainer Pitschas für seine wertvollen Hinweise und auch für seine Unterstützung und sein Verständnis bedanken.

Mein Dank gilt auch Prof. Dr. Dr. Detlef Merten, dass er sich die Mühe genommen hat, für mich das zweite Gutachten zu schreiben. Prof. Dr. Dieter Duwendag hat auch meinen Dank dafür, dass er an meiner mündlichen Prüfung teilgenommen hat.

Dank der finanziellen Unterstützung der Friedrich-Ebert-Stiftung konnte ich mich erst voll und ganz auf meine Forschung konzentrieren.

Ich darf auch Herrn Edgar von Arx danken, dass er mit seinen Kenntnissen und seinem Verständnis immer für mich da war. Frau Peferening, Frau Schönberger sowie auch andere Gastfamilien haben meinen ausdrücklichen Dank.

Ich möchte mich auch bei den Professoren der Fudan Universität bedanken, die mir eine tolle Ausbildung gewährt haben.

Am Ende möchte ich noch meinen Eltern danken, die mich immer mit ihrer Liebe unterstützt haben.

Inhaltsverzeichnis

1. Einleitung 15
1.1 Problemstellung 15
1.2 Zielsetzung 15
1.3 Methodik und Gang der Untersuchung 16

Erster Teil: Die Ausgangssituation der Altersvorsorge in der Bundesrepublik Deutschland und in der Volksrepublik China 19

2. Altersversorgung in Bezug auf die Staats- und Verwaltungsreform 21
2.1 Entwicklungen der Staats- und Verwaltungsreform in den letzten Jahren 21
2.2 Staatsreform 22
2.3. Der „Sozialstaat“ im Wandel 25
2.4 Altersversorgung im Spannungsfeld der Reformen 27
2.4.1 Altersversorgung in Bezug auf die Staats- und Verwaltungsreform 27
2.4.2 Reformvorschläge des Alterssicherungssystems 28
2.4.2.1 Das „Drei-Säulen-Modell“ der Weltbank 28
2.4.2.2 Reformvorschläge von ILO 30
2.5 Betriebliche Altersversorgung im neuen Altersversorgungssystem 32
2.5.1 Begriff 32
2.5.2 Diskussionen über „betriebliche Altersversorgung“ 32
2.5.3 Würdigung der betrieblichen Altersversorgung 34
2.5.3.1 Für die Unternehmen 34
2.5.3.2 Für die Arbeitnehmer 35
2.5.3.3 Für den Staat 35
2.5.3.4 Für den Kapitalmarkt 35

3. Deutsche betriebliche Altersversorgung 38
3.1 Drei-Schichten-Modell in Deutschland 38
3.1.1 Gesetzliche Rentenversicherung 39
3.1.2 Betriebliche Altersversorgung 40
3.1.3 private Eigenvorsorge 40
3.2 Entwicklungsgeschichte der deutschen betrieblichen Altersversorgung 41
3.3 Rentenreform 2001 43
3.3.1 Hintergrund der Rentenreform 2001 43
3.3.1.1 Demographische Entwicklung in Deutschland und in EU 43
3.3.1.2 Wirtschaftliche Entwicklung in Deutschland und der EU 47
3.3.1.3 Arbeitsmarkt 49
3.3.1.4 Die Gesetzliche Rentenversicherung 54
3.3.1.4.1 Einfluss der demographischen Entwicklung auf die Gesetzliche Rentenversicherung 55
3.3.1.4.2 Einfluss der Entwicklungen auf dem Arbeitsmarkt auf die Gesetzliche Rentenversicherung 56

3.3.1.4.3 Diskussion über die Gesetzliche Rentenversicherung........57
3.3.1.4.4 Entwicklung des Vertrauens in die Gesetzliche Rentenversicherung........60
3.3.2 Inhalt der Rentenreform 2001........62
3.4 Ist-Zustand der deutschen betrieblichen Altersversorgung........65
3.4.1 Verbreitungsgrad........65
3.4.2 Gesetzliche Rahmenbedingungen der deutschen betrieblichen Altersversorgung........72
3.4.3 Parameter der deutschen betrieblichen Altersversorgung........74
3.4.4 Zusageform........75
3.4.4.1 Leistungszusage........76
3.4.4.2 Beitragszusage........77
3.4.4.3 Beitragsorientierte Leistungszusage........78
3.4.4.4 Beitragszusage mit Mindestleistung........79
3.4.5 Durchführungswege........79
3.4.5.1 Direktzusage........80
3.4.5.2 Unterstützungskasse........81
3.4.5.3 Direktversicherung........83
3.4.5.4 Pensionskasse........85
3.4.5.5 Pensionsfonds........87
3.4.5.6 Zusammenfassung........89
3.5 Bewertung........92
3.5.1 Bewertung des deutschen Versorgungsmodells........92
3.5.2 Reformüberlegung H.-D. Steinmeyer........93

4. Betriebliche Altersversorgung in China........96
4.1 Ist-Zustand........96
4.2 Hintergrund der Einführung der betrieblichen Altersversorgung........100
4.2.1 Das Drei-Säulen-Modell........101
4.2.1.1 Gesetzliche Rentenversicherung........101
4.2.1.2 Betriebliche Altersversorgung........103
4.2.1.3 Private Altersvorsorge........103
4.2.2 Demographische Entwicklungen........105
4.2.3 Wirtschaftliche Entwicklung........108
4.2.4 Arbeitsmarkt........113
4.2.5 gesetzliche Rentenversicherung........115
4.2.5.1 Geschichte........115
4.2.5.2 Probleme des gesetzlichen Rentensystems........117
4.2.5.2.1 Ungleichheiten zwischen Städten........117
4.2.5.2.2 Defizite des gesetzlichen Rentensystems........118
4.2.5.2.3 Keine Altersreserve für ältere Arbeitnehmer........118
4.2.5.2.4 Leeres individuelles Konto........119
4.2.5.2.5 Begrenzter Teilnehmerkreis........119

4.2.6 Alterssicherung in den ländlichen Gebieten ... 120
4.2.6.1 Geschichte der Alterssicherung auf dem Land ... 121
4.2.6.2 Entwicklungshindernisse und Diskussionen über Lösungsansätze ... 122
4.3 Entwicklungsgeschichte der chinesischen betrieblichen Altersversorgung ... 123
4.3.1 Erste Phase: keimende Phase (1991 – 1994) ... 123
4.3.2 Zweite Phase: stehengebliebene Phase (1995 – 1999) ... 124
4.3.3 Dritte Phase: Forschungsphase (2000 – 2003) ... 125
4.3.4 Vierte Phase: Entwicklungsphase (2004 –) ... 125
4.4. Entwicklungsbarrieren ... 126
4.4.1 Innere Entwicklungsbarrieren ... 127
4.4.1.1 Aus der Perspektive der Arbeitnehmer ... 127
4.4.1.2 Aus der Perspektive der Unternehmen ... 129
4.4.1.2.1 Staatsunternehmen ... 130
4.4.1.2.2 Private Unternehmen ... 133
4.4.1.2.3 Unternehmen mit ausländischem Kapital ... 134
4.4.1.3 Aus der Perspektive der Betriebsrats ... 136
4.4.2 Äußere Entwicklungsbarrieren ... 136
4.4.2.1 Funktionslücken bei den bisherigen Entwicklungen ... 136
4.4.2.2 Andere Elemente ... 136
4.4.3 Bewertung ... 136
4.5 Funktionsmechanismus der chinesischen betrieblichen Altersversorgung ... 137
4.5.1 Beschreibung des Mechanismus ... 137
4.5.1.1 Treuhänder ... 138
4.5.1.2 Kontomanager ... 139
4.5.1.3 Kapitalmanager ... 141
4.5.1.4 Investitionsmanager ... 141
4.5.2 Bewertung ... 143
4.6 Bewertung ... 146
4.6.1 Bestehende Organisationsformen ... 146
4.6.2 Probleme der bestehenden Organisationsformen ... 147

Zweiter Teil: Reformüberlegungen über die chinesische betriebliche Altersversorgung im Vergleich zur deutschen betrieblichen Altersversorgung ... 153

5. Systemvergleich ... 155
5.1 Obligatorium der betrieblichen Altersversorgung ... 155
5.1.1 Die Argumente ... 155
5.1.2 Vergleich zwischen Deutschland und China ... 156
5.1.2.1 Deutsche freiwillige betriebliche Altersversorgung ... 156
5.1.2.2 Chinesische, freiwillige, betriebliche Altersversorgung ... 159
5.1.3 Schluss ... 160
5.2 Einschränkung des Teilnehmerkreises ... 161
5.2.1 Deutschland ... 161

5.2.2 China 161
5.2.3 Schluss 165
5.3 Durchführungswege..165
5.3.1 Die deutschen fünf Durchführungswege 165
5.3.1.1 Die Existenz der Durchführungswege 165
5.3.1.2 Kongruenztendenz der Funktionen von Unterstützungskasse und Direktzusage.. 166
5.3.1.3 Fünf Durchführungswege in der Praxis 166
5.3.2 Der chinesische Funktionsmechanismus..168
5.3.2.1. Einseitigkeit des Funktionsmechanismus 168
5.3.2.2 Finanzierungsvorteile für die Unternehmen.. 170
5.3.2.2.1 Das CTA-Modell der Direktzusage 170
5.3.2.2.2 Die deutschen Erfahrungen..173
5.3.2.3 Der Unternehmensrat 174
5.3.2.4 Existenz der durch Branchen gestalteten betrieblichen Altersversorgung 176
5.4 Zusageform 181
5.4.1 Zusageform der deutschen betrieblichen Altersversorgung 181
5.4.2 Zusageform der chinesischen betrieblichen Altersversorgung..184
5.4.3 Diskussion über die Reform der chinesischen Zusageform 187
5.4.4 Schluss 192
5.5 Bewertung..192

6. Vergleich aus der Perspektive der Staatsaufgaben..194
6.1 Staatsaufgaben 194
6.1.1 Staatsaufgabe allgemein 194
6.1.2 Staatsaufgaben in Bezug auf die betriebliche Altersversorgung 195
6.1.3 Diskussion über die chinesischen Aufgaben in Bezug auf die Vertiefung und Verbesserung der betrieblichen Altersversorgung 197
6.2 Die Gesetze..200
6.2.1 Die Funktionen der Gesetze 200
6.2.2 Ist-Zustand der chinesischen Rechtsordnungen über die betriebliche Altersversorgung 200
6.2.2.1 Probleme der bestehenden Rechtsordnungen.. 200
6.2.2.2 Beachtungspunkte bei der chinesischen Gesetzgebung für die betriebliche Altersversorgung 203
6.3 Staatliche Förderung..204
6.3.1 Staatliche Förderung außerhalb der steuerlichen Vergünstigungen 206
6.3.1.1 Deutsche Maßnahmen.. 206
6.3.1.1.1 Entgeltumwandlung 207
6.3.1.1.2 Riester-Förderung 207
6.3.1.2 Übertragsmöglichkeit der deutschen Förderungsmaßnahmen auf China 210

6.3.2 Steuerliche Vergünstigungen 212
6.3.2.1 Deutsche Maßnahmen 213
6.3.2.2 Chinesische Maßnahmen 214
6.3.2.2.1 Probleme 214
6.3.2.2.2 Diskussion über die steuerlichen Vergünstigungen 217
6.3.2.2.2.1 Zögerliche Haltung des Finanzministeriums und der nationalen Steuerbehörde 217
6.3.2.2.2.2 Unterstützung der Einführung der einheitlichen steuerlichen Maßnahmen 224
6.3.2.2.2.3. Steuerliche Vergünstigungen für die persönlichen Beiträge 225
6.3.2.2.2.4 Gedanken für die mögliche Einführung der einheitlichen steuerlichen Vergünstigungen 227
6.3.2.2.3 Ein anderer Lösungsansatz 228
6.3.3 Bewertung 229
6.4 Insolvenzsicherung 231
6.4.1 Deutsche Insolvenzsicherung 231
6.4.1.1 Pensions-Sicherungs-Verein Versicherungsverein auf Gegenseitigkeit (PSVaG) 231
6.4.1.1.1 Allgemein 231
6.4.1.1.2 Finanzierung 234
6.4.1.2 Andere Insolvenzpräventionen 237
6.4.2 Die chinesische Insolvenzsicherung 238
6.5 Aufsicht 241
6.5.1 Staatliche Aufsicht allgemein 241
6.5.2 Die deutsche Aufsicht über die betriebliche Altersversorgung 242
6.5.2.1 BaFin 242
6.5.2.2 Vorschriften über Pensionskassen, Direktversicherung und Pensionsfonds 244
6.5.3 Die chinesische Aufsicht über die betriebliche Altersversorgung 245
6.5.3.1 Organisation der chinesischen Aufsicht 245
6.5.3.2 Inhalte der chinesischen Aufsicht über die betriebliche Altersversorgung 248
6.6 Leitideen der deutschen und chinesischen Regierung beim Organisieren der betrieblichen Altersversorgung 250
6.6.1 Zusageformen 250
6.6.2 Anpassungspflicht der deutschen Arbeitgeber 251
6.6.3 Mitbestimmungsrecht der Arbeitnehmer 253
6.6.4 Bestimmungsrecht des Staates beim Aufbau einer betrieblichen Altersversorgung 254
6.6.5 Ergebnisse 255
6.7 Wichtige Punkte bei der weiteren Verbreitung der betrieblichen Altersversorgung in China 256

6.7.1 Praxisbezogene Maßnahmen 256
6.7.1.1 Gegenmaßnahmen für die unterschiedlichen Gegebenheiten 257
6.7.1.1.1 Unterschiede Innerhalb eines Unternehmens 257
6.7.1.1.2 Unterschiede zwischen unterschiedlichen Unternehmen 257
6.7.1.1.3 Unterschiede zwischen den Gebieten 260
6.7.1.2 Flexibilität beim Planentwurf für die betriebliche Altersversorgung 263
6.7.2 Wichtige Punkte für die Regierung 263

Dritter Teil: Thesen und Zusammenfassung 265

7. Thesen und Zusammenfassung 267

Literaturverzeichnis 271

1. Einleitung

1.1 Problemstellung

Die vorliegende Arbeit beschäftigt sich mit einem für die Stabilität der Gesellschaft bedeutsamen Thema – der betrieblichen Altersversorgung, die neben den anderen Altersvorsorgeelementen die Lebensqualität der Arbeitnehmer im Alter zu einem wesentlichen Anteil mitbestimmt.

Die etwas genauere Untersuchung und - wo notwendig - eine Neuorientierung dieser in der Gesellschaft begründeten Fragestellung ergibt aus mehreren Gründen Sinn. Der demographische Wandel hat die Relation von Beitragszahlern und Rentenbeziehern verschlechtert, damit wird – in welchem Land auch immer diese Finanzierungsform der Alterssicherung gewählt worden ist – die bestehende umlagefinanzierte gesetzliche Rentenversicherung auf die Probe gestellt[1]. Nachhaltigkeit und Stabilität des Sozialversicherungssystems stehen bei veränderten Rahmenbedingungen auf dem Prüfstand. Auch die gesellschaftlichen Veränderungen, wie die zurückgehende Bedeutung der Familie als Form des Zusammenlebens, lassen diese Probleme zusätzlich in einem anderen Lichte erscheinen.

Als Lösungsansätze werden die Bedeutung der betrieblichen Altersversorgung und die private Altersvorsorge untersucht. Davon hat sich die betriebliche Altersversorgung zu einem Hoffnungsträger der Altersvorsorge entwickelt.[2] Viele Regierungen werden mit dem Problem konfrontiert, die betriebliche Altersversorgung effektiv voranzutreiben.

Weder China noch Deutschland haben die Hausaufgaben für die Implementierung einer für die nächsten ein bis zwei Generationen nachhaltig gesicherten Altersvorsorge gelöst.

1.2 Zielsetzung

Deutschland als Forschungsstandort ist nicht zufällig gewählt. Neben persönlichen Interessen der Verfasserin für die Bundesrepublik Deutschland, für die deutsche Sprache und die damit zusammenhängende Kultur befindet sich die auf die erste Hälfte des 19. Jahrhunderts zurückführende deutsche betriebliche Altersversorgung auch in einem einzigartigen Auf- und Umbruch. Wie Deutschland als ein vorbildlicher Sozialstaat die alte betriebliche Altersversorgung wieder zu beleben vermochte, könnte für die sozialistische Volksrepublik China Pate stehen. Solche Erfahrungen lassen sich nicht von den amerikanischen Staaten mit schon weit verbreiteten und zum Teil auch festgefahrenen betrieblichen Altersvorsorgemodellen bekommen, wo die Lieblingsplätze der meisten chinesischen Forschungsarbeiten sind.

---

[1] Vgl. Pitschas(2002).S.187.

[2] Malchow(2004).S.304.

Die Ziele der vorliegenden Arbeit:

- Durch diese Forschungsarbeit sollen für die chinesische Regierung brauchbare Vorschläge zur Verbesserung der chinesischen betrieblichen Altersversorgung erarbeitet werden.
- Um der betrieblichen Altersversorgung mehr Gewicht zu verleihen, sind staatliche aktivierende Eingriffe notwendig. Deutschland hat in den letzten sechs Jahren solche Reformen mit Erfolg auf den Weg gebracht. Das Wachstum und die Akzeptanz der deutschen betrieblichen Altersversorgung sind unzweideutig positiv. Deswegen soll es auch ein wichtiges Ziel dieser Arbeit sein, die deutschen erfolgreichen Erfahrungen in die „Umbaumaßnahmen" für die chinesische betriebliche Altersversorgung zu implementieren. Fokus der Staatsaufgaben werden u.a. die Bereitstellung der gesetzlichen Rahmenbedingungen, Steuerung, Beaufsichtigung sowie die Förderung der betrieblichen Altersversorgung sein.
- Aus den Vergleichen und den einzelnen Puzzlesteinen der Analysen sollen mit einer Synthese die Leitideen für den Aufbau der chinesischen, betrieblichen Altersversorgung herausgearbeitet werden.

In Deutschland findet sich in den öffentlichen Medien noch keine Spur über die Forschung über die chinesische betriebliche Altersversorgung. Die Verfasserin hofft, durch die vorliegende Dissertation die chinesische betriebliche Altersversorgung Deutschland näher zu bringen, damit Deutschland eine neue Perspektive über China zur Verfügung steht.

1.3 Methodik und Gang der Untersuchung

Um die genannten Ziele zu verwirklichen, dienen die durch die Staats- und Verwaltungsreformen hergeleiteten Staatsaufgaben[3] als Vergleichsperspektiven. Die deutsche und chinesische betriebliche Altersversorgung unterscheidet sich vordergründig in ihrer geschichtlichen Relevanz: im Vergleich zu der schon seit der ersten Hälfte des 19. Jahrhunderts bestehenden deutschen betrieblichen Altersversorgung hat die chinesische betriebliche Altersversorgung bis 2007 eine nur 16-jährige Geschichte. Anders als die von den Unternehmern selbst initiierte deutsche betriebliche Altersversorgung – angestoßen durch neu geschaffene Rahmenbedingungen durch den damaligen Reichskanzler Bismarck - entstand die chinesische betriebliche Altersversorgung durch die politischen Vorgaben über neu geschaffene Methoden und Verordnungen. Trotz der unterschiedlichen Ausgangslagen, stehen die deutsche und die chinesische Regierung zurzeit in Bezug auf die betriebliche Altersversorgung vor einer ähnlich gestellten Aufgabe: den Beitrag der betrieblichen Altersversorgung als nötige Ergänzung zur gesetzlichen Rentenversicherung signifikant zu verstärken.

Die vorliegende Arbeit wird in drei Teile und in sieben Kapitel gegliedert. Abbildung 1-1 zeigt den Forschungsprozess im Überblick:

[3] Vgl. Kap. 2.2.

Abbildung 1-1 Forschungsprozess im Überblick

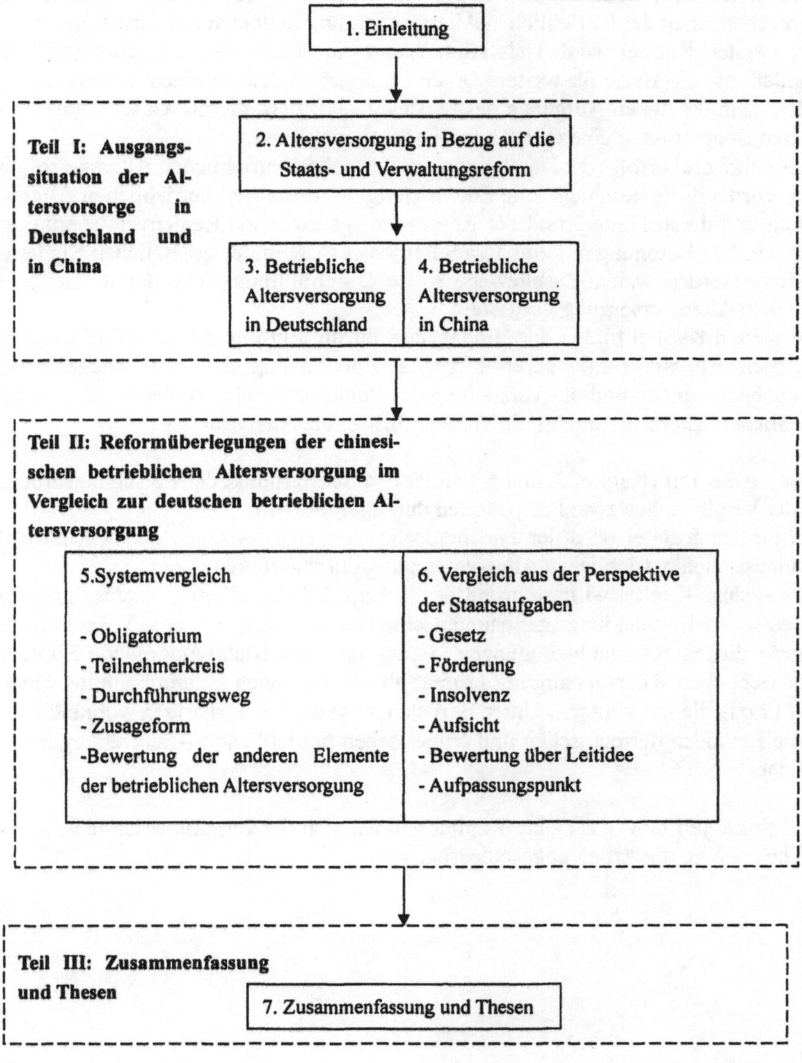

Im ersten Kapitel wird das Problem gestellt, die Ziele festgelegt sowie der Forschungsprozess illustriert.

Im ersten Teil (Kapitel 2, 3. und 4.) werden zur Schaffung der Forschungsvorlagen die theoretischen, geschichtlichen und gesellschaftlichen Hintergründe und die Funktionsmechanismen der betrieblichen Altersversorgung in beiden Ländern skizziert.

Im zweiten Kapitel werden als Hintergrund die Staats- und Verwaltungsreformen behandelt, die die Basis für weitere Untersuchungen bilden. In einem nächsten Schritt werden dann die neuen Aufgaben des Staates vorskizziert, die der Gesellschaft für die nächsten Generationen eine gute Alterssicherung gewähren.

In Kapitel drei erfolgt die Darstellung der deutschen betrieblichen Altersversorgung. Zuerst wird auf die geschichtliche Entwicklung der deutschen betrieblichen Altersversorgung und deren Hintergrund der Reform der gesetzlichen Rentenversicherung eingegangen. Mit Betonung auf einen Paradigmenwechsel in der gesetzlichen Rentenversicherung werden weiter Zusagewege sowie Durchführungswege der deutschen betrieblichen Altersversorgung vorgestellt.

Im vierten Kapitel bilden der Hintergrund für die Einführung der chinesischen betrieblichen Altersvorsorge, deren bisherige Entwicklung mit den dazugehörenden Rahmenbedingungen und die Vorstellung des Funktionsmechanismus der chinesischen betrieblichen Altersversorgung die Vorlage für weitere Analysen.

Der zweite Teil (Kapitel 5. und 6.) bildet den Schwerpunkt der Forschungsarbeit, in dem der Vergleich aus zwei Perspektiven durchgeführt wird.

Im fünften Kapitel wird der systematische Vergleich zwischen der deutschen und der chinesischen betrieblichen Altersversorgung durchgeführt.

Das sechste Kapitel wird aufgrund der in Kap. 2.2 diskutierten Staatsaufgaben auf die deutschen Entwicklungsmaßnahmen eingehen und mit Fokus auf Bereitstellung der gesetzlichen Rahmenbedingungen, Steuerung, Beaufsichtigung sowie Förderung der betrieblichen Altersversorgung prüfen, ob die deutschen Erfahrungen der chinesischen Praxis dienen könnten. Unter Berücksichtigung des vorherigen Vergleichs werden die Leitideen der deutschen und chinesischen betrieblichen Altersversorgung verdeutlicht.

Der dritte Teil bzw. das siebte Kapitel widmet sich der Zusammenfassung, und mit den Thesen wird die Arbeit abgeschlossen.

Erster Teil:

Die Ausgangssituation der Altersvorsorge in der Bundesrepublik Deutschland und in der Volksrepublik China

2. Altersversorgung in Bezug auf die Staats- und Verwaltungsreform

Die in den letzten zwei Jahrzehnten durchgeführten öffentlichen Reformen haben die Gesellschaft von vielen Seiten berührt. Und viele wichtige Reformen in der Gesellschaft lassen sich auch im Rahmen der Staats- und Verwaltungsreform eingliedern oder von der Staats- und Verwaltungsreform beeinflussen, eine davon ist die Reform des Alterssicherungssystems. Sozialreform ist Staatsreform, die sich auf die Philosophie „schlanker Staat" zurückführen lässt.[4]

2.1 Entwicklungen der Staats- und Verwaltungsreform in den letzten Jahren

Die Globalisierung[5], die fiskalischen Probleme der öffentlichen Verwaltung, die schnellen technischen Entwicklungen, und die Weiterentwicklung der Gesellschaft haben die öffentliche Verwaltung vor neue Herausforderungen gestellt. Allen Ländern ist bewusst, dass die Steigerung der Effektivität[6] und Effizienz der öffentlichen Verwaltung für die Entwicklung des Staates eine entscheidende Rolle spielt.[7] In diesem Zusammenhang tritt „New Public Management" als Lösungsansatz in den Vordergrund, der die öffentliche Verwaltung betriebswirtschaftlich interpretiert, was auch als „Mikroökonomisierung der öffentlichen Verwaltung"[8] beschrieben werden kann. Das Reformmodell „New Public Management", das in Deutschland als „Neues Steuerungsmodell"[9] seit den 90-er Jahren des letzten Jahrhunderts konkretisiert worden ist, bietet keinen dogmatisch abgeschlossenen Maßnahmenkatalog an[10], und zu seinen Stichworten zählen Dezentralisierung, schlanker Staat[11], Entbürokratisierung, Bürger/-Kundenorientierung, Privatisierung, bürgernahe Verwaltung, Mitarbeiterorientierung, Funktionalreform, Kosten-/Leistungsrechnung, Deregulierung, strategisches Personalmanagement und Personalentwicklung. Nach D. Budäus hat „New Public Management" zwei Dimensionen[12]:

Erstens die ordnungspolitische (Makro-) Dimension, die unter „Public Governance" zusammengefasst wird. Diese ordnungspolitische Dimension erforscht die Kernaufgabe der staatlichen und kommunalen Verwaltung[13], die Beziehungen einzelner Verwaltungen untereinander und öffentlicher Verwaltungen und ihrer Adressanten und sonstigen Gesellschaftskräften.

---

[4] Pitschas(1996b).S.4ff.

[5] Vgl. Pitschas (2005a) S.2; Duwendag (2003), S.119.; Duwendag (2004). S.685ff.

[6] Diskussion über zeitliche Dimension von Effektivität vgl. Merten/Jung(1998).S.32.

[7] Pitschas (1998), S.324.

[8] Schröter/Wollmann(2001).S.71.

[9] KGSt hat das Konzept „Neues Steuerungsmodell" entwickelt. Vgl. KGSt-Bericht: Nr.12/1991, Nr.19/1992, Nr.5/1993, Nr.6/1993.; Dent(2006); Budäus(1994). S.3ff., Jann(2006);Pitschas(2000).S.97; Frey(2006); Banner(1991)S.6.; Pitschas(2004a).

[10] Ebd.

[11] „Schlanker Staat" wurde von der christlich-liberalen deutschen Regierung viel propagiert. Vgl. Jann/Wewer(1998).S.248.

[12] Schröter/Wollmann(2001).S.71; Budäus(1997).S.101ff

[13] Staatsaufgaben werden in 2.3 näher diskutiert.

Zweitens die binnenstrukturelle (Mikro-) Dimension, die die neuartigen Organisationsformen, Personalkonzepte, Steuerungsinstrumente oder Technikanwendungen diskutiert.

Die zwei Dimensionen werden auch im Bericht der Weltbank[14] erwähnt, wo sie unter der „Zwei-Stufen-Strategie" zusammengefasst werden: 1. die Rolle des Staates hat sich seinem Leistungsvermögen anzupassen; 2. die Leistungsfähigkeit des Staates ist durch die Kräftigung der öffentlichen Institutionen zu erhöhen. Die zwei Stufen werden von G. F. Schuppert als „Staats- und Verwaltungsreform" bezeichnet[15]. Orientierungspunkt jeder Staats- und Verwaltungsreform hat das sich wandelnde Staatsverständnis und das damit zusammenhängende sich wandelnde Aufgabenverständnis zu sein, da ein geändertes Rollen- und Aufgabenverständnis von Staat und Verwaltung dem beobachtbaren Organisations- und Instrumentenwandel des Staatshandelns zugrunde liegt.[16] Betrifft die Verwaltungsreform die Neuordnung der staatlichen Leistungsfähigkeit[17], die kein Schwerpunkt der vorliegenden Arbeit darstellt, wird diese im Folgenden mit der Staatsreform abgehandelt.

Die öffentliche Verwaltung von Entwicklungsländern befindet sich im Vergleich zu Industrieländern auf einer anderen Entwicklungsebene, die zurzeit gegen die typischen Funktions- und Leistungsdefizite[18] kämpfen muss. Für die Reformen der öffentlichen Verwaltung in solchen Ländern, gleich wie in Industrieländern als eine Reaktion auf die wirtschaftlichen Entwicklungen, stehen die Änderungen der Staatsaufgaben im Mittelpunkt, die eng mit den Reformen der Staatsbetriebe zusammenhängen. Und als begleitende Maßnahmen finden auch Maßnahmen wie Dezentralisierung[19], Reform der Verwaltungsorganisationen statt, um die Effizienz der öffentlichen Verwaltung zu erhöhen.

2.2 Staatsreform

Die Staatsreform wird aus zwei Perspektiven betrachtet: eine Perspektive ist das Verhältnis des Staates zur Gesellschaft, nämlich das zwischen öffentlichem, privatem und drittem Sektor und die andere ist das Verhältnis des Staates zum Bürger[20].

In Bezug auf das Verhältnis des Staates zur Gesellschaft wird der Wandel vom Erfüllungsstaat zum Gewährleistungsstaat[21] ziemlich viel diskutiert, der eine Anpassung des staatlichen Handelns an die Marktwirtschaft darstellt. Staatliche Verantwortungen werden in drei Grundtypen gegliedert:

---

[14] Internationale Bank für Wiederaufbau und Entwicklung/Weltbank(1997). S.3.
[15] Schuppert(2000).S.918.
[16] Schuppert(1998). S.19ff.
[17] Schuppert(2000).S.918.
[18] Vaubel(2001).S.62.;Reichard (2004).S.615.
[19] Pitschas(2001). S.143f.
[20] Ebd. Und vgl. auch Schuppert(2000). S.919ff.
[21] Vgl. Hoffmann-Riem(1997).S.441f.; Schuppert(1997).S.539ff.; Schuppert(2004).S.288. Hoffmann-Riem(2001).S.19ff.

- die Erfüllungsverantwortung
- die Gewährleistungsverantwortung und
- die Auffangverantwortung.[22]

„Von der Erfüllungsverantwortung […] kann man sprechen, wenn der Staat selbst für die Erfüllung bestimmter Aufgaben verantwortlich ist, und zwar in der Weise, dass er diese Aufgaben in eigener Regie wahrnimmt und nicht an Dritte delegiert"[23]. Bei der Durchführung der Gewährleistungsverantwortung konzentriert sich der Staat auf die Steuerung und nicht auf die Erbringung öffentlicher Aufgaben[24]. Die Auffangverantwortung bedeutet, dass bei Marktversagen der Staat einspringen soll[25].

Der Wandel vom Erfüllungsstaat zum Gewährleistungsstaat lässt sich so erklären: mit der Veränderung der Gesellschaft hat sich das Rollenverständnis von Staat und Verwaltung[26] auch verändert. Der Staat soll sich durch Aufgabenentlastung oder Aufgabenausgliederung[27] auf die Kernaufgaben[28] des Staates konzentrieren und Prioritäten für Staatsaufgaben setzen. Dadurch können die verfügbaren Ressourcen effektiver und effizienter genutzt werden und es kann eine schlanke Verwaltungsorganisation entwickelt werden, die eine effektivere Aufnahme neuer Aufgaben möglich macht.

Nach der Weltbank[29] enthalten staatliche Kernaufgaben folgende Inhalte:

A. die Gewährleistung politischer und makroökonomischer Stabilität
B. den Schutz von Eigentumsrechten[30]
C. die Steuerungsfähigkeit der Wirtschaft in der Bereitstellung der elementaren, öffentlichen Güter Sicherheit: (Recht, Justiz und Ordnung sowie Landesverteidigung), sozialer Grundversorgung (Gesundheits- und Bildungseinrichtungen) und der Infrastruktur
D. den Schutz der Armen und der Umwelt
E. eine grundlegende Ausbildung und soziale Sicherungssysteme
F. die Regulierung von Monopolen
G. Förderung der Märkte und der sozialen Umverteilung

Die letzten drei Punkte beziehen sich nur auf Staaten, die mit höherer volkswirtschaftlicher Leistungsfähigkeit ausgestattet sind.

G. F. Schuppert hat aus drei Perspektiven die Kernaufgaben des Gewährleistungsstaates konkretisiert:

---

[22] Schmidt-Aßmann(1993).S.11ff.; Schuppert(2000). S.404.; Schmidt-Aßmann(1976). S.232ff.; Hoffmann-Riem(1997). S.433ff.
[23] Schuppert(2000).S.899.
[24] Reinermann(1994). S.26.
[25] Schuppert(1998a). S.415ff. Hoffmann-Riem(2000)
[26] Fiedler(2002).S.105.; Reinermann(1994).S.26.
[27] Fiedler(2002).S.109.
[28] Genaue Diskussionen über die Staatsaufgaben bzw. die Entwicklung der Staatsaufgaben sehe Grimm(1990), Eifert(1998). S.18ff., Schuppert(2000). S.104ff., Ruloff(2000).S.11ff. und die dort aufgeführte Literatur. Und Theobald(2004) hat eine „klassische Quadriga" der Kernaufgaben des Staates zusammengefasst, nämlich: Gemeinwohlverpflichtung, innere und äußere Friedenssicherung, Wohlfahrt und Gewährleistung individueller und korporativer Freiheit und hat auch die Staatsaufgaben in konkreten historischen Situationen konkret diskutiert.
[29] Internationale Bank für Wiederaufbau und Entwicklung/Weltbank(1997). S.30f., S.4.,S.27.
[30] Ausführliche Diskussion über Schutzpflicht vg. Merten(2005).S.227ff.

A. Klassische Gewährleistungsaufgaben aufgrund vorgegebener Staatszwecke
    a) Gewährleistung der territorialen Integrität
    b) Gewährleistung der Sicherheit im Inneren
    c) Gewährleistung von Rechtsschutz
    d) Gewährleistung einer staatlichen Finanzbasis
    e) Gewährleistung der Außenvertretung des Staates
B. Gewährleistungsaufgaben aus der Perspektive von Wirtschaft und Gesellschaft
    a) Gewährleistung einer rechtsstaatlichen Infrastruktur
    b) Gewährleistung einer institutionellen Infrastruktur als Rahmen jedweder Wirtschaftstätigkeit
    c) Gewährleistung einer institutionellen Infrastruktur für die Funktionsfähigkeit von Wettbewerbsmärkten
C. Gewährleistungsaufgaben aus der Perspektive des Bürgers
    a) Gewährleistung innerer Sicherheit
    b) Gewährleistung einer materiellen Infrastruktur
    c) Gewährleistung einer Dienstleistungs-Infrastruktur
    d) Gewährleistung einer sozialen Infrastruktur
    e) Gewährleistung einer kommunikativen Infrastruktur
    f) Gewährleistung der natürlichen Lebensgrundlagen im Interesse künftiger Generationen.

G. F. Schuppert meint, „Das zentrale Scharnier, das dem Staat seinen Rollenwechsel von providing zu enabling, von Erfüllung zu Gewährleistung ermöglicht, ist die Wahrnehmung der Gewährleistungsaufsicht“[31], die durch Regulierungs- und Überwachungsaufsicht verwirklicht wird.[32]

Die verallgemeinerten Kernaufgaben des Staates lassen sich in verschiedenen Staaten unterschiedlich konkretisieren. Umfang und Grenzen der Staatsaufgaben hängen von politischen Entscheidungen ab.

In Bezug auf das Staats-Bürger-Verhältnis taucht der Begriff „aktivierender Staat“ als Lösungsansatz[33]auf. Bürgeraktivierung[34] ist eine der Hauptzielrichtungen des aktivierenden Staates[35], in dem die „direkte Partizipation der BürgerInnen/KundenInnen an der Leistungserstellung ermöglicht und gefördert wird“[36]. Die Eigenverantwortung des Einzelnen zu stärken und Selbststeuerungspotentiale der Gesellschaft zu fördern ist das eigentliche Potential zur Staatsmodernisierung.[37]

---

[31] Schuppert(2000).S.900.

[32] Schuppert(2000).S.900ff, 996ff. Definition und Diskussion über Regulierung und kurze Darstellung über die Diskussionen über Staatsaufgaben vgl. Fehling(2006). S.92ff., S.108.

[33] Bandemer et al(1995). S.41f.

[34] Über Bürgeraktivierung wird auch ziemlich viel diskutiert. z.B.Brooke(1991); Schuppert(1999). usw.

[35] Spitzer(1998).S.131ff.

[36] Eichhorn/Friedrich(2002). S.439.

[37] Blanke/Schridde(1999).S.5.

Die Funktionen vom Gewährleistungsstaat und aktivierendem Staat lassen sich in einer von der Weltbank[38] erstellten Abbildung (Abbildung 2-1) gut herauslesen:

Abbildung 2-1 Funktionen eines Staates

	Bekämpfung von Marktversagen			Verbesserung der Gleichheit
Minimalfunktion	Bereitstellung rein öffentlicher Güter			Schutz der Armen
	Verteidigung Recht und Ordnung Eigentumsrechte Gesamtwirtschaftliche Politik Öffentliche Gesundheit			Programme gegen die Armut Katastrophenhilfe
Mittlere Funktionen	Beschäftigung mit externen Faktoren: Grundlegende Ausbildung Umweltschutz	Regulierung der Monopole: Regulierung der Versorgungsunternehmen Kartellpolitik	Überwindung unvollkommener Informationen: Versicherung (Gesundheit, Leben, Pensionen) Finanzielle Regulierungen Verbraucher-Schutz	Bereitstellung einer Sozialversicherung Umverteilung durch Pensionen Familienbeihilfen Arbeitslosenversicherung
Aktive Funktionen	Koordinierung privater Aktivitäten			Umverteilung:
	Förderung der Märkte Gruppen-Initiativen			Vermögensumverteilung

Quelle: Internationale Bank für Wiederaufbau und Entwicklung/Weltbank(1997). S.30

2.3. Der „Sozialstaat" im Wandel

Art.20 Abs.1 und Art 28 GG haben festgelegt, dass Deutschland ein Sozialstaat[39] ist.[40] Wegen der weltweit bekannten Finanzierungsprobleme des gesetzlichen Rentensystems, der Knappheit der Ressourcen[41], sowie wegen der mit der Entwicklung entstandenen neuen Biographien[42] und der aus der gesetzlichen Rentenversicherung heraus-

[38] Internationale Bank für Wiederaufbau und Entwicklung/Weltbank(1997). S.30. Schuppert(2000).S.936.

[39] Obwohl das Wort „Sozialstaat" nicht direkt in der Verfassung erscheint. Vgl. Merten(1996). S.594. Sozialstaat ist auch Tendenz von Europa. Vgl. Beiträge in: Merten/Pitschas(1993); Merten(2002).S.38f. Und in Art.138 wird ein „sozialer Dialog" vorgeschrieben. Vgl. Pitschas/Peters(1996).S.57ff.

[40] Diskussion über das „Sozialstaatprinzip" vg. Merten/Pitschas(1997).S.72ff.; Merten(1996). S.593ff; Pitschas(2001a). S.827ff..

[41] Grundsatzabteilung, DGB-Bundesvorstand(2000).S.201. Dort warden auch „Selbststeuerungsdefizite" und „Legitimationsdefizite" als Gründe genannt. Gründe des Umbau des Sozialstaates wird auch in Opielka/Ostner(1987). S.7ff näher diskutiert.

[42] Vgl. Kap. 3.3.1.3

gefallenen Bürger[43] ist das Sozialsicherungssystem im Sozialstaat reformbedürftig. Diskussionen werden über den „sozialen Rechtsstaat“ zusätzlich angeheizt, aus einer Ecke, die dem Umbau des sozialen Systems verfassungsrechtliche Unterstützung anbietet,[44] was R. Pitschas zu Recht mit „Distanzierung“ der überkommenen Sozialstaatlichkeit[45] auf den Punkt gebracht hat.

Sicherheit als Verfassungsprinzip wird durch die soziale Sicherung gewährleistet, die zwangsläufig wiederkehrende Revision unterliegt. „Gewähr für den Erhalt öffentlicher Einrichtungen, Leistungen und Besitzstände gibt das Sozialstaatsprinzip nicht. Es verhindert auch nicht die Privatisierung. Ebenso wenig gibt es ein „Verbot sozialen Rückschritts““.[46] „Der moderne soziale Verfassungsstaat ist funktionaler Gewährleistungsstaat.“[47] „Diese „Grundversorgung“ seiner Bürger ist eine staatliche Kernaufgabe.“[48] Und der im Grundgesetz verankerte Teilhabeschutz, Abwehrrechtscharakter und das Recht auf die freie Entfaltung der Persönlichkeit (Art.2 Abs.1. i.V.m. Art.2 Abs.2 S.1. GG) garantieren, dass der Staat, als Rechtsstaat, sowohl soziale Sicherung anbietet als auch dem Bürger Freiheit sicherstellt. Der Staat muss auf Monopolbildung bei der sozialen Sicherung verzichten, und hat in allen Fällen aktiv zu werden, in denen Bürger nicht selbst für ausreichende soziale Sicherheit sorgen können.[49] Das verfassungsrechtliche Freiheitsprinzip ist sowohl Grund als auch Grenze des Sozialstaats.[50] R. Pitschas hat das als „subsidiärer Sozialstaat“ beschrieben[51] und meint „wirkliche Solidarität ist nur in Subsidiarität möglich“.[52]

Die obengenannte Verantwortungsstufung kann auch den Wandel des „Sozialstaats“ erklären: in den letzten hundert Jahren sinkt, nach D. Merten, das Schutzbedürfnis[53] und deswegen liegt Verantwortungsstufung als Konzept der Steuerung der Intensität staatlicher Aufgabenwahrnehmung der Arbeitsteilung und Kooperation von staatlichen, halbstaatlichen und privaten Akteuren zugrunde[54]. In Bezug auf die Sozialpolitik hängen die Verwaltungsverantwortung und die Aufgabenerfüllung zusammen, wie in Abbildung 2-2 dargestellt.

Neben der Zurückhaltung des Staates werden gesellschaftliche Selbststeuerung und Handlungsfähigkeit privater Akteure wie auch die Eigenlogik gesellschaftlicher Teilsysteme als Steuerungsressource entdeckt,[55] die den Wandel des Sozialstaates begründen und unterstützen.

---

43 Vgl. Diskussionen in Kap. 4.2.1 und 5.2.2.
44 Zacher(1978): S.17. Pitschas(1998a).S.755; Scholz(1981).S.24f; Seffen(1995).S.26ff.
45 Pitschas(1996a).S.7,13ff.
46 Schmidt-Aßmann(2006). S.299. vgl. Merten(1996). S.593.
47 Pitschas(1998).S.765
48 Pitschas(1998).S.759.
49 Pitschas(2005).S.113; Merten(1996). S.594ff.; Pitschas(1996c).S.266.
50 Merten(1995).S.155ff.;Pitschas(2005).S.112.
51 Pitschas(1998).S.763; Pitchas(2001a).S.828.
52 Pitschas(1996). S1257.Rn.98ff.,119ff;.Pitschas(1998a).S.765;
53 Merten(1996).S.595.
54 Schuppert(2000).S.208ff.
55 Trute(1999).S.22. zitiert in: Schuppert(2000).S.412.

Abbildung 2-2 Verwaltungsverantwortung und Aufgabenerfüllung für den Bereich der Sozialpolitik

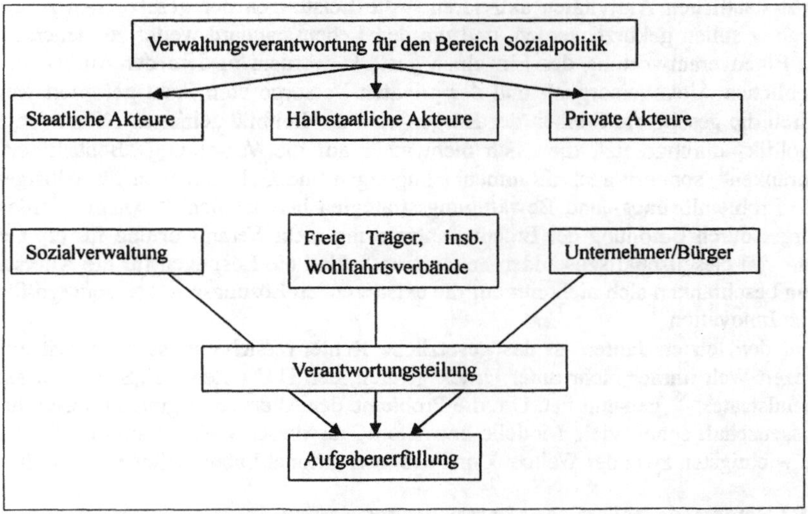

Quelle: korrigiert nach Schuppert(2000).S.410.

2.4 Altersversorgung im Spannungsfeld der Reformen

2.4.1 Altersversorgung in Bezug auf die Staats- und Verwaltungsreform

Mit den differenzierten staatlichen Aufgaben[56] und mit der Einführung des Konzeptes vom aktivierenden Staat bedurfte es einer entsprechenden Veränderung der Sozialverwaltung und der Sozialversicherung[57]. Die Gewährleistungsverantwortung des Staates bedeutet, dass der Staat politisch sicherstellen soll, dass die Aufgaben von öffentlichem Interesse nach Menge und Qualität erbracht werden sollen.[58] Das Konzept des aktivierenden Staates betont, dass „ der Staat eine neue Balance zwischen staatlichen Pflichten und zu aktivierender Eigeninitiative und gesellschaftlichem Engagement herstellen muss.“[59] „Im Bereich der sozialen Sicherung wird aktivierende Politik Konzepte legitimieren, […] und auch individuelle Eigenverantwortung nicht nur stillschweigend voraussetzen sondern ausdrücklich animieren und fördern wollen.“[60] Der Staat wird zum „Partner der Zivilgesellschaft, Ansprechpartner, Moderator, oder Berater, nicht als Lieferant von Lösungen“[61]. In diesem Sinn soll der Staat im Bereich der

56 Vgl. Reichard(1999).S.122f. und vgl auch Kap. 2.2.
57 Vgl. Pitschas(1997a).S.169,ff.,202ff.; Pitschas(1998a).S.766,772;
58 Reichard/Schuppan(2000). S.84.
59 Bundesministerium des Innern(1998).S.2
60 Evers(2000).S.24.
61 Groner-Weber(2000).S.167.

Altersversorgung besonders bei der gesetzlichen Altersversorgung nicht mehr die Aufgabe der Lebensstandardsicherung vollständig übernehmen, sondern die nicht-staatlichen Aktivitäten aktivieren – die Leistungen der gesetzlichen Altersversorgung sollen gekürzt werden, und um den Lebensstandard weiter zu sichern, muss die Eigenverantwortung des Einzelnen gestärkt werden, in dem der Aufbau der betrieblichen Altersversorgung und der privaten Vorsorge vom Staat gefördert werden. Durch die geschützte Freiheit der Bürger wird das Leitbild „einer aktivierenden Sozialpolitik" durchgesetzt, die „sich nicht mehr auf die Versorgung „Bedürftiger" beschränken", sondern auch „Rahmenbedingungen und Gelegenheiten für selbstgesteuerte Problemlösungs- und Bewältigungsstrategien bereitstellen"[62]. Damit werden die Bürger durch Betonung der Eigenverantwortung mehr Verantwortung für die Gestaltung von Gesellschaftszuständen bekommen[63]. Und die Lösungen für die Alterssicherung beschränken sich nicht nur auf die existierenden Lösungsansätze, sondern fördern auch Innovation[64].

In den letzten Jahren ist das gesetzliche Rentenversicherungssystem fast auf der ganzen Welt immer mehr unter Druck geraten, den D. Merten als „Salto mortale des Sozialstaates"[65] genannt hat. Um die Probleme der Altersversorgung zu lösen, hat die Wissenschaft schon viele Modelle entwickelt; aus dieser Vielzahl sind im Folgenden die wichtigsten zwei der Weltbank und des International Labor Office vorgestellt .

2.4.2 Reformvorschläge des Alterssicherungssystems

2.4.2.1 Das „Drei-Säulen-Modell" der Weltbank

Als Lösungsansatz hat die Weltbank das „Drei-Säulen-Modell"[66] als „den besten Weg für die meisten Staaten"[67] eingeführt: in Abbildung 2-3 ist das Modell illustriert.

Die erste Säule wird öffentlich verwaltet, steuerfinanziert und ist obligatorisch und leistungsdefiniert[68] mit dem Ziel der Armutsvermeidung im Alter. Die zweite Säule ist auch obligatorisch, durch das Kapitaldeckungsverfahren finanziert, mit den Mitteln der Arbeitgeber und/oder Arbeitnehmer als Gehaltsprozente aufgebracht. Die dritte Säule besteht aus freiwilliger betrieblicher Altersversorgung und dezentral verwalteter privater Altersvorsorge. Aus dem „Drei-Säulen-Modell" kann man die Idee herausarbeiten, dass eine sichere und zuverlässige Alterssicherung nicht aus einer, sondern aus mehreren Einkommensquellen zusammenzusetzen ist.[69] Ein solches System kombiniert die geringeren wirtschaftlichen Risiken des Umlagesystems in politischen und ökonomischen Krisensituationen mit dem Vorteil der individuellen Kapitaldeckung durch die Chance auf höhere Ertragsraten und eine Glättung demographischer Veränderungen.

---

[62] Die drei Zitate stammen aus Olk(2000).S.111.
[63] Pitschas(1997).S.538ff.
[64] Vgl. Pitschas(2004). S.768f.
[65] Merten(1996). S.593.
[66] Vgl. Weltbank(1994).
[67] Weltbank(1994). S292.
[68] Über „Leistungsdefiniert" vgl.Tabelle 3-21 und vgl auch Zhang, Meizhong/Li, Keqiang/Hu, Weiqing(2004).S.111.
[69] Schmitter(2001).S.5.

Im „Drei-Säulen-Modell" wird die Rolle des Marktes gestärkt und die Funktion des Staates auf Schutz gegen Altersarmut begrenzt.[70]

Abbildung 2-3 The pillars of old age income security

Objectives	Redistributive plus coinsurance	Savings plus coinsurance	Savings plus coinsurance
Form	Means-tested, minimum pension guarantee of flat	Personal savings plan or occupational plan	Personal savings plan or occupational plan
Financing	Tax-financed	Regulated fully funded	Fully funded
	Mandatory publicly managed pillar	Mandatory privately managed pillar	Voluntary pillar

Quelle: Weltbank(1994).S.15.

Das Drei-Säulen-Konzept wird in verschiedenen Ländern ganz unterschiedlich interpretiert, wie in Tabelle 2-1 skizziert. z.B. In der Schweiz ist die erste Säule die existenzsichernde Grundsicherung für die ganze Bevölkerung; unter der zweiten Säule versteht man eine ergänzende Sicherung des Lebensstandards für Erwerbstätige (Arbeitnehmer) mit obligatorischer Mindestversicherung und freiwilliger Höherversicherung; die dritte Säule ist dann eine individuelle Selbstvorsorge, die in vielen Formen organisiert werden kann.[71]

---

[70] Vgl. Weltbank(1994).S.15ff,235ff.; James(1996).S.59ff. In Deutschland wird das Drei-Säulen-Konzept auch „Drei-Schichten-Prinzip" genannt. Vgl. Kap. 3.1 und auch Heubeck(1970). S.318; Ahren/Walkiewicz(1986). S.227f.

[71] Brombacher-Steiner(1998). S.432, Liu, Jixin(2004).S.256ff.

Tabelle 2-1 : Drei-Säulen-Modelle der Altersvorsorge

Land	Erste Säule	Zweite Säule	Dritte Säule
Deutschland	Gesetzliche Rentenversicherung (GRV)	Betriebliche Altersversorgung (zumeist betriebliche Rückstellungen)	Eigene Ersparnisse (hauptsächlich Kapitallebensversicherungen), sonstige Einkünfte
Niederlande	Staatliche Grundsicherung (AOW)	Betriebliche Altersversorgung (zumeist leistungsbezogen)	Eigene Ersparnisse (Kapitallebens-versicherung und Pensionsfonds), sonstige Einkünfte
Schweiz	Staatliche Grundsicherung (AHV/IV)	Berufliche Versorgung (BVG) (zumeist paritätisch durch AG u. AN finanziert)	Eigene Ersparnisse, (Kapitallebensversicherungen und Eigenheim), sonstige Einkünfte
Groß-britannien	Staatliche Grundsicherung (Zweig der NI)	Staatliche Zusatzrente (SERPS); Betriebliche Altersversorgung; Privatenrenten; Teilhaberrenten	Eigene Ersparnisse (Pensionsfonds, Aufstockung der betrieblichen Altersversorgung), sonstige Einkünfte
USA	Gesetzliche Rentenversicherung (Social Security)	Betriebliche Altersversorgung (DB- und DC-Pläne, 401(k)-Pläne)	Eigene Ersparnisse (IRA- und Keoghkonten), sonstige Einkünfte
Chile	Staatliche Mindest- bzw. Unterstützungsrente	Pensionsfonds (AFP)	Eigene Ersparnisse (Pensionsfonds, Aufstockung der betrieblichen Altersversorgung), sonstige Einkünfte

Quelle: Deutsches Institut für Altersvorsorge GmbH(1999). S.4.

2.4.2.2 Reformvorschläge von ILO

Im Vergleich zum „Drei-Säulen-Modell“ der Weltbank hat die ILO auch eine Lösung[72] ausgearbeitet, die sich ganz von der der Weltbank unterscheidet. Nach Meinung der ILO soll die erste Säule die Mindestversicherung als Sozialhilfe decken, die zweite Säule ist die obligatorische umlagefinanzierte Rentenversicherung und die dritte Säule ist die durch die Unternehmen oder das Individuum durchgeführte kapitaldeckende Rentenversicherung.

Die ILO ist explizit gegen eine radikale systematische Umwandlung des Umlageverfahrens zum Kapitaldeckungsverfahren des gesetzlichen Rentensystems und be-

72 Das Konzept des International Labor Office vgl. International Labor Office(1984) und International Labor Office (1992).

hauptet, dass den Arbeitnehmern eine flexible Übergangsphase für die in Rente gehenden Arbeitnehmer angeboten werden sollte. Wenn dann die Rentner weiter arbeiten möchten, können sie auch in Teilzeit weiter arbeiten und einen Teil der Rente bekommen. Für die ILO sind die Herabsetzung des Renteneintrittsalters, eine modifizierende Veränderung innerhalb der gesetzlichen Rentenversicherung, sowie eine Erhöhung des Beitragssatzes gute Lösungen. Der große Unterschied zwischen den Lösungsansätzen der zwei Institutionen lässt sich unter einer Reform des Systems und Reform innerhalb des Systems zusammenfassen. Tabelle 2-2 stellt die Unterschiede zwischen der Weltbank und der ILO dar:

Tabelle 2-2 Meinungsunterschiede zwischen ILO und Weltbank

Unterschied	ILO	Weltbank
Ziel	Soziale Gerechtigkeit	Effizienz der Wirtschaft
Finanzierungsweg	Umlageverfahren	Kapitaldeckungsverfahren
Verwaltungsträger	Öffentlich	Privat
Reformweg	Revidierende Reform	Grundsätzliche Reform

Auch in der Finanzierung der gesetzlichen Rentenversicherung, ob Kapitaldeckung oder Umlagefinanzierung, teilen die zwei Organisationen nicht die gleiche Meinung. Die ILO hat die hohen Transformationskosten in Sicht, und hält die Beibehaltung des Umlageverfahrens für durchsetzbar. Für die ILO steht die soziale Gerechtigkeit im Vordergrund, anders dagegen favorisiert die Weltbank die Effizienz der Wirtschaft. Was die zwei Organisationen gemeinsam vertreten, ist die hohe Priorität der Umverteilungsfunktion im System der gesetzlichen Rentenversicherung.

Eine Zensur der Lösungsansätze mit richtig oder falsch ist nicht vernünftig. Es gibt keine absolut richtige oder falsche Lösung. Richtig ist, in einem bestimmten Kontext zu beurteilen, welche Lösung besser passt oder ob sogar eine Kombination der Lösungen effizienter ist.[73]

Obwohl es Meinungsunterschiede über die Reform des Rentensystems zwischen unterschiedlichen Organisationen gibt, sind sich alle Autoren darin einig, dass die betriebliche Altersversorgung als eine wichtige Ergänzung zur gesetzlichen Rentenversicherung eine überaus hohe Priorität hat. Man kann zusammenfassend feststellen: Die betriebliche Altersversorgung ist ein Teilweg: wenn die gesetzliche Rentenversicherung allein nicht mehr für die Sicherung des Lebensstandards ausreicht, bietet die Re-

[73] Deutschland hat vom “Drei-Säulen-Model” der Weltbank profitiert und hat gleichzeitig auch das Alterseintrittsalter erhöht.

gierung zusammen mit den Unternehmen und den Arbeitnehmern einen alternativen Weg zur Verbesserung des Lebensstandards im Alter, nach der Pensionierung.

2.5 Betriebliche Altersversorgung im neuen Altersversorgungssystem

2.5.1 Begriff[74]

Unter dem Begriff „betriebliche Altersversorgung“ werden alle von einem Arbeitgeber, einem Arbeitnehmer oder dessen Angehörigen zugesagten Leistungen subsumiert, die der „“Sicherung des Einkommens im Falle eines dauernden Verlustes des Arbeitsplatzes dienen, soweit der Verlust des Arbeitsplatzes durch Erreichen des Ruhestandsalters, Invalidität oder Tod bei gleichzeitiger Hinterlassung von Angehörigen eingetreten ist.[75]

Die wesentlichen Merkmale[76] der betrieblichen Altersversorgung sind

- Versorgungsleistungen im Alter, bei Invalidität oder für Hinterbliebene
- Leistungsversprechen vom Arbeitgeber an einen Arbeitnehmer
- die Leistungen sind aus Anlass eines Arbeitsverhältnisses vorgesehen
- Rechtsgrundlage der Leistungszusage ist eine Zusage des Arbeitgebers[77]

2.5.2 Diskussionen über „betriebliche Altersversorgung“

Seit ihrer Entstehung hat die betriebliche Altersversorgung drei Entwicklungsphasen erlebt[78]:

1. von Unternehmen selbst verwaltete Phase – 19 Jahrhundert
2. nach den Marktprinzipien funktionierende und durch die Regierung beaufsichtigte Phase – 20 Jahrhundert;
3. als eine Säule des Sozialsicherungssystems weiter entwickelte Phase – 21 Jahrhundert.

Die Funktion der betrieblichen Rentenversicherung bekommt je nach der Entwicklungsphase eine unterschiedliche Definition.

Am Anfang verstand sich die betriebliche Rentenversicherung als freiwillige Sozialleistung des patriarchalischen Arbeitgebers[79]. Im Lauf der Entwicklung erlebte das Verständnis über die betriebliche Altersversorgung einen Wandel vom Sozialinstrument zur Lohnsubstitution [80]. Heutzutage wird betriebliche Altersversorgung als De-

---

[74] Genaue Definition über die „betriebliche Altersversorgung“ vgl. Kemper(2005). §1 Rz. 27ff.; Yuan, Shujun(2005). S.62.; Ebinger(2001).S.97ff.; Masberg(2006).S.17, 27 und auch dort angegebene Literatur. Diskussion über „Alter“, „Invalidität“, „Hinterbliebene“, „Arbeitnehmer“, „Tätigwerdenden“ vgl. Lösel(2004).S.33.

[75] § 1 Abs. 1 Satz 1 BetrAVG und vgl. http://www.vnr.de/glossar/pages/Betriebliche%20Altersversorgung.html (abgerufen am 02.05.2007.)

[76] Vg. Masberg(2006).S.17ff.

[77] Vgl. Blomeyer/Otto(1997). Rdnr. 1-71; Höfer/Abt(1982). Rdnr. 11-85. vgl. auch die Diskussion in Kap. 5.2

[78] Vgl Yang, Yansui(2004).S.39., Forschungsinstitut für Sozialsicherung des chinesischen Ministerium für Arbeit und Sozialsicherung/Chinesische Taiping Versicherung GmbH(2003). S.2.; Peng, Xuemei(2005). S.22.; Yang, Yansui(2003).S.22ff.

[79] Vgl. Hieber (1986); Hör(2000).S.5; Wiedemann(1990); Hör(2000). S.5.

[80] Genaue Diskussion darüber: Hör(2000).S.13, Drukarczyk(2000).S.33ff. und wird auch in Kap. 3.2

ferred Payment[81], als Entgelt für die Arbeitsleistung und Entgelt für betriebstreue Haltung des Arbeitnehmers verstanden. Die betriebliche Altersversorgung hat zurzeit, zusammen mit der privaten Altersvorsorge, die Aufgabe, die unzureichenden Leistungen der Grundrente auf ein vernünftiges, den sozialpolitischen Vorstellungen gerecht werdendes Maß anzuheben.[82] Die Funktion der betrieblichen Altersversorgung hat sich auch mit der Zeit geändert – von der Rolle der Nothilfe am Anfang zur Sicherung des Existenzminimums zum Vermittler eines Lebensabends, der dem alten Menschen gestattet, die Früchte seines Arbeitslebens unbeschwert von materiellen Sorgen zu genießen.[83]

Tabelle 2-3 Unterschiede der gesetzlichen Rentenversicherung, betrieblichen Altersversorgung und der privaten Vorsorge

	Gesetzliche Rentenversicherung	Betriebliche Altersversorgung	Private Vorsorge
Ziel	Grundsicherung	Lebensstandard-Sicherung	Lebensstandard-sicherung
Form	Umverteilung oder Coinsurance	Sparplan oder Coinsurance	Sparplan, Coinsurance Oder Eigentum wie Immobilien
Finanzierung	Umlageverfahren	meistens Kapitaldeckungs-verfahren	Kapitaldeckungs-verfahren
Verantwortungs-Träger	Staat	Unternehmen und/oder Arbeitnehmer	Individuum
Obligatorisch /freiwillig	obligatorisch	Obligatorisch /freiwillig	freiwillig
Steuerliche Begünstigungen	Ja	Ja	Meistens keine

An Ziel, Form, Finanzierung, Verantwortungsträger, Freiwilligkeit und steuerlichen Vergünstigungen lässt sich die betriebliche Altersversorgung von der gesetzlichen Rentenversicherung und privaten Vorsorge unterscheiden, wie in Tabelle 2-3 gezeigt wird: die meistens obligatorische und steuerbegünstigte gesetzliche Rentenversicherung garantiert eine Grundversicherung, wird fast immer durch Umlageverfahren vom Staat (über Beiträge, meistens gehalt- und gewinnbezogen finanziert) in der Form von Umverteilungsmasse oder Coinsurance gewährleistet. Die meistens steuerbegünstigte betriebliche Altersversorgung kann obligatorisch und freiwillig sein, bietet mit der Grundrente zusammen eine Lebensstandardsicherung und wird durch das Kapitaldeckungsverfahren in Form eines Sparplans oder Coinsurance finanziert. Verantwortungsträger können Unternehmen oder Arbeitnehmer oder beide zusammen sein. Die freiwillige private Vorsorge hebt sich hauptsächlich durch den Verantwortungsträger von der betrieblichen Altersversorgung ab. Das Individuum übernimmt die Verantwortung. Der privaten Vorsorge wird meistens keine steuerliche Vergünstigung gewährleistet.

---

näher beschrieben.

[81] Genaue Definition darüber vgl. Lösel(2004)-S.153ff. und vgl. auch die dort hingewiesene Literatur.

[82] Vgl. Hilger(1969). S.291; Graef(1960). S.78.

[83] Vgl. Heißmann(1967). S.8; Wiedemann(1990).

2.5.3 Würdigung der betrieblichen Altersversorgung[84]

Die betriebliche Altersversorgung aus vier verschiedenen Perspektiven:

2.5.3.1 Für die Unternehmen

Für Unternehmen ist die betriebliche Altersversorgung ein wichtiger Baustein der Personalpolitik und auch eine Investition in Humankapital, damit die qualifizierten Mitarbeiter an den Betrieb gebunden werden[85]. Durch das Angebot der betrieblichen Altersversorgung kann das Bild des Unternehmens auch auf dem Kapitalmarkt und die Solidarität innerhalb des Unternehmens verbessert werden. Funktioniert die betriebliche Altersversorgung als ein Anreizprodukt, kann das Unternehmen, die Betriebstreue und die Aktivitätsbereitschaft der Arbeitnehmer bei der Arbeit gewinnen. Identifizieren sich die Mitarbeiter mit den Zielen und den Anforderungen des Unternehmens, sind die Voraussetzungen geschaffen, in Richtung Marktführer aufzusteigen. Das bedeutet Zielkongruenz zwischen der Geschäftsführung und den Arbeitnehmern. Anderseits kann die Fluktuation der Arbeitnehmer durch den Aufbau der betrieblichen Altersversorgung teilweise vermieden werden. Die betriebliche Altersversorgung funktioniert wie eine „goldene Fessel“[86], damit die durch ungewollte Fluktuation der Mitarbeiter verursachten Verluste und Kosten für Rekrutierung und Ausbildung gespart werden. Übrigens kann die betriebliche Altersversorgung zum Rekrutierungserfolg und zur gesteuerten Fluktuation der Mitarbeiter beitragen.[87]

Die meistens die betriebliche Altersversorgung begleitenden steuerlichen Vergünstigungen bringen den Unternehmen bei der Gewährleistung der betrieblichen Altersversorgung finanzwirtschaftliche Vorteile. Das Unternehmen kann Beiträge, die es für die Altersvorsorge vorlegt nach den entsprechenden steuerlichen Vergünstigungsvorschriften vor Steuer in Abzug bringen. Dadurch werden die Kosten für Gewährleistung der betrieblichen Altersversorgung entsprechend verringert. Und die in Deutschland übliche Rentenrückstellung bringt den Unternehmen mehr Liquidität.[88]

---

[84] Die Vorteile der betrieblichen Altersversorgung werden ziemlich viel diskutiert. Dazu gibt es eine Menge Literatur. Vgl. z.B.Odenthal(2006).S.55ff; Drukarczyk(1990); Ruppert(2000).S. 30ff. Förster(2001).S.6ff.; Panne(1979).S.53ff; Masberg(2006).S.99ff. 292ff.; Zhang, Meizhong/Li, Keqiang/Hu, Weiqing(2004). S.98ff.; Peng, Xuemei(2005).S.140ff.; Lösel(2004). S.41ff; Hör(2000).S.57ff,76ff.; Lohre(2001).S.37ff; Odenthal(2006). S.55ff, 63ff, 218ff.; Bogner(1997).S.13ff; Forschungsinstitut für Sozialsicherung des chinesischen Ministeriums für Arbeit und Sozialsicherung/Bosch Funds Management GmbH(2002). S.2; Zhang, Meizhong/Li, Keqiang/Hu, Weiqing(2004).S.121.; Schäfer(1997).S.28; ; Yan, Zhongxing(1994).S.24.; Cui, Shaomin/Wen, Wu(2003).S.80ff.; Yang, Yansui(2003).S.195ff.; Forschungsinstitut für Sozialsicherung des chinesischen Ministeriums für Arbeit und Sozialsicherung/Chinesische Taiping Versicherung GmbH (2003).S.2, 50.; Ahren/Förster/Rößler(2001).Rz. 22. und vgl. auch in der Literatur gelisteten Quellen.

[85] Vgl. Lösel(2004).S.37ff.; Odenthal(2006).S.55ff.; .; Liu, Yunlong/Fu, Anping(2004).S.56ff.; Masberg(2006).S.25, 58, 103, 170, 211.; Andresen (1998).S.330.

[86] Zhang, Meizhong/Li, Keqiang/Hu, Weiqing(2004). S.250.

[87] Vgl. Forschungsinstitut für Sozialsicherung des chinesischen Ministeriums für Arbeit und Sozialsicherung/Chinesische Taiping Versicherung GmbH (2003).S.50.

[88] Vgl. Masberg(2006).S. 103, 109ff., 176, 220, 238; Börsch-Supan/Lührmann(2000). S.38ff.

2.5.3.2 Für die Arbeitnehmer

Die betriebliche Altersversorgung bietet Arbeitnehmern Garantie für ein besseres Leben im Alter. Damit wird das „kurzsichtige“ Verhalten der Arbeitnehmer teilweise vermindert, d.h. die Mitarbeiter werden angehalten, ihr eigenes Verhalten und Handeln in Bezug auf ihren eigenen Lebenslauf (Karriere, Familie), wie auch auf die Entwicklung des Unternehmens mit Verantwortung auf Jahrzehnte hinaus zu überdenken, damit ihr Konsumstrom im Leben verstetigt wird.[89]

Und die steuerlichen Vergünstigungen[90], besonders die nachgelagerte Besteuerung wird die nach progressiven Steuersätzen besteuerte Einkommenssteuer der Arbeitnehmer reduzieren. Bei der Erwerbsphase kann das Einkommen der Arbeitnehmer durch die Entrichtung des Beitrags auf eine niedrigere Stufe gelangen, dadurch werden weniger Steuern bezahlt. Wenn die Arbeitnehmer in den Ruhestand gehen und keine Einkünfte aus nichtselbständiger Arbeit bekommen, haben sie meistens einen günstigeren Steuersatz. Die Einzahlung der Rentenansprüche aus der betrieblichen Altersversorgung wird die Einkommenssteuer im Alter nicht erheblich beeinträchtigen.

Übrigens bekommen die Arbeitgeber wegen ihrer großen Menge meistens von den Versicherungsunternehmen günstigere Angebote, die für die Arbeitnehmer als Individuum bei der privaten Altersvorsorge unzugänglich sind. Die Arbeitnehmer können auch von diesem Masseneffekt profitieren.

2.5.3.3 Für den Staat

Ein gut aufgebautes System der betrieblichen Altersversorgung wird dem Staat helfen, aus der finanziellen Krise der gesetzlichen Altersversorgung herauszukommen. Wenn es den älteren Menschen in einem Lande gut geht, wenn sie einen relativ hohen Lebensstandard genießen können, wenn auch für den letzten Lebensabschnitt der Bürger finanziell ausgesorgt hat, wird das die Stabilität einer Gesellschaft enorm positiv beeinflussen. Die betriebliche Altersversorgung wird auch dazu beitragen, dass der Staat die Probleme wegen der demographischen Umwälzungen besser in den Griff bekommt.

2.5.3.4 Für den Kapitalmarkt

Wenn sich die betriebliche Altersversorgung in der Chinesischen Republik etabliert und zunehmend Sparkapital schafft, wird der Kapitalmarkt schnell mit riesigen vielstelligen Milliardenbeträgen konfrontiert. Es wäre zu hoffen, dass dadurch der Kapitalmarkt angestoßen wird, durch Innovationen mehr konkurrenzfähige Produkte anzubieten und die Effektivität des Kapitalmarkts zu erhöhen.

---

[89] Vgl. Odenthal(2006).S.8ff. und die dort angegebene Literatur.

[90] Vgl. Esser/Sieben(1997).S.37.; Forschungsinstitut für Sozialsicherung des chinesischen Ministeriums für Arbeit und Sozialsicherung/Chinesische Taiping Versicherung GmbH (2003).S.32.; Zhu, Qing(2002).S.125.

Tabelle 2-4: Spareinlagen in der Bank der chinesischen Bevölkerung

Jahrgang	Summe zum Jahresende			Anstieg pro Jahr		
	insgesamt	Termineinlage	Sichteinlage	insgesamt	Termineinlage	Sichteinlage
1978	210,6	128,9	81,7	29	17,2	11,8
1980	399,5	304,9	94,6	118,5	138,5	-20
1985	1622,6	1225,2	397,4	407,9	324,3	83,6
1989	5196,4	4215,4	981	1374,2	1366,9	7,3
1990	7119,8	5911,2	1208,6	1923,4	1695,8	227,6
1991	9241,6	7691,7	1549,9	2121,8	1780,5	341,3
1992	11759,4	9425,2	2334,2	2517,8	1733,5	784,3
1993	15203,5	11971	3232,5	3444,1	2545,8	898,3
1994	21518,8	16838,7	4680,1	6315,3	4867,7	1447,6
1995	29662,3	23778,2	5884,1	8143,5	6939,5	1204
1996	38520,84	30873,4	7647,4	8858,5	7095,2	1763,3
1997	46279,8	36226,74	10053,06	7758,96	5353,3	2405,66
1998	53407,47	41791,57	11615,9	7615,4	5473,7	2141,7
1999	59621,8	44955,1	14666,7	6253	3198,5	3054,5
2000	64332,4	46141,7	18190,7	4976,7	1310,3	3666,4
2001	73762,4	51434,9	22327,6	9457,6	4144,5	5313,2
2002	86910,6	58788,9	28121,7	13233,2	7432	5801,2
2003	103617,3	68498,6	35118,7	16631,6	9674,5	6957,1
2004	119555,4	78138,9	41416,5	15929,4	9640,6	6288,9

Quelle: in Anlehnung an Statistisches Jahrbuch(2005).

Besonders in China müsste die betriebliche Altersversorgung den Kapitalmarkt positiv beeinflussen[91]. Die chinesische Sparquote betrug im Jahr 2001 38,9% und im Jahr 2005 47,9%.[92] 80% des Kapitals der Bevölkerung wird als Sparanlagen in Banken investiert.[93] Bis Ende 2005 betrugen die Sparanlagen der chinesischen Bevölkerung 1,4 Billion €. Daten vor 2005 werden in der Tabelle 2-4 mit Unterscheidung von Sichteinlage und Termineinlage gezeigt. Die Banken können im Vergleich zu anderen Finanzinstitutionen, wegen des gesetzlichen Zwanges, die Liquidität auf sehr hoher Stufe zu halten, weniger effektiv investieren. Deswegen bringen einerseits die hohen Sparanlagen den Banken eine hohe Zinsbelastung, mit viel brach liegendem Geld, die diese Banken schnell in hohe Bedrängnis führen können, andererseits ist die Rentabilität der Sparanlagen begrenzt und das Einkommen der Arbeitnehmer wird nicht effektiv auf-

91 Vgl.Zhu, Qing(1999).S.18.; Liu, Yunlong/Fu, Anping(2004).S.71ff.; Zhu, Qing(2002).S.143ff.; Peng, Xuemei(2005).S.139.; Yang, Yansui(2003).S.223ff. Zhang, Meizhong/Li, Keqiang/Hu, Weiqing(2004).S.6ff., 77ff.; Xin, Ping(2002).S.2

92 http://ah.people.c om.cn/GB/channel2/19/200610/20/6564.html (abgerufen am 02.01.2007)
Über die Sparquote gibt es viele Auslegungen. Nach den Angaben von Wordbank beträgt die chinesische Sparquote 25,5%, die die zweite höchste auf der Welt ist. Abgerufen am 01.03.2007 auf Seite: http://www.chinataiwan.org/web/webportal/W4602056/Uyyping/A109909.html

93 M ao, Huihong./Dai, Weizhou(2004).S.35.

gewertet. Volkswirtschaftlich wird die Effektivität der Wirtschaft geschädigt. Die chinesische Volksbank hat in den letzten Jahren mehrmals die Zinsen herabgesetzt, um das Problem zu lösen (vgl. Tabelle 2-5). Aber ein positiver Effekt dieser Maßnahmen ist bis jetzt ausgeblieben..

Ein anderes großes Problem des chinesischen Kapitalmarkts ist die geringe Anzahl der seriösen institutionellen Investoren. Die meisten Investoren sind vereinzelte Individuen, deren Ziel nicht die Investition, sondern die Spekulation ist. Die spekulativen Investoren beeinträchtigen die Stabilität des chinesischen Kapitalmarkts. Wenn die betriebliche Altersversorgung in China erfolgreich eingeführt wird, könnte die betriebliche Altersversorgung den Kapitalmarkt unterstützen und als langfristige Investitionen die Stabilität des chinesischen Kapitalmarkts verbessern. Zusätzlich kann die chinesische Bevölkerung durch den Kontakt mit der betrieblichen Altersversorgung dem Kapitalmarkt nähergebracht werden und mehr Kenntnisse über den Kapitalmarkt gewinnen. Mit dieser Aufschlussfunktion der betrieblichen Altersversorgung wird der chinesische Kapitalmarkt mehr Vitalität gewinnen

Tabelle 2-5: Zinsveränderungen in den letzten Jahren (%)

Datum	Sichteinlage	Termineinlage					
		Drei Monate	Sechs Monate	Ein Jahr	Zwei Jahre	Drei Jahre	Fünf Jahre
1990.04.15	2.88	6.30	7.74	10.08	10.98	11.88	13.68
1990.08.21	2.16	4.32	6.48	8.64	9.36	10.08	11.52
1991.04.21	1.80	3.24	5.40	7.56	7.92	8.28	9.00
1993.05.15	2.16	4.86	7.20	9.18	9.90	10.80	12.06
1993.07.11	3.15	6.66	9.00	10.98	11.70	12.24	13.86
1996.05.01	2.97	4.86	7.20	9.18	9.90	10.80	12.06
1996.08.23	1.98	3.33	5.40	7.47	7.92	8.28	9.00
1997.10.23	1.71	2.88	4.14	5.67	5.94	6.21	6.66
1998.03.25	1.71	2.88	4.14	5.22	5.58	6.21	6.66
1998.07.01	1.44	2.79	3.96	4.77	4.86	4.95	5.22
1998.12.07	1.44	2.79	3.33	3.78	3.96	4.14	4.50
1999.06.10	0.99	1.98	2.16	2.25	2.43	2.70	2.88
2002.02.21	0.72	1.71	1.89	1.98	2.25	2.52	2.79
2004.10.29	0.72	1.71	2.07	2.25	2.70	3.24	3.60

Quelle: http://www.pbc.gov.cn (Abgerufen am 01.03.2007)

3. Deutsche betriebliche Altersversorgung

3.1 Drei-Schichten-Modell in Deutschland

Mit dem Inkrafttreten „Gesetz zur Neuordnung der einkommensteuerrechtlichen Behandlung von Altersvorsorgeaufwendungen und Altersbezügen“ am 01.01.2005 gewinnt ein Drei-Schichten-Modell immer mehr an Bedeutung, was aus der ersten Schicht – Basisversorgung, der zweiten Schicht – Zusatzversorgung und dritten Schicht – Kapitalanlageprodukt besteht, wie in der Abbildung 3-1 gezeigt wird.

Abbildung 3-1: Das Drei-Schichten-Modell[94]

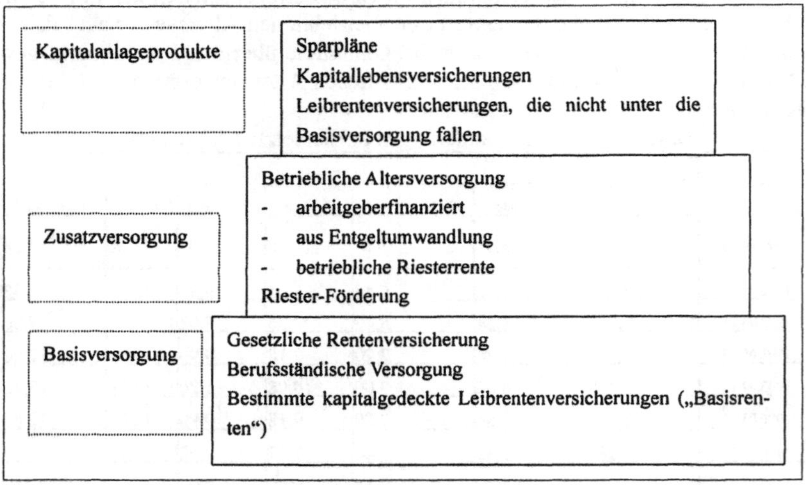

Quelle: Seybold(2005). S.39.

Eine einstimmige Meinung über die Verteilung zwischen den „Schichten“ oder „Säulen“ in Deutschland gibt es nicht. Die Stiftung Marktwirtschaft hat auch „Vier-Schichten-Modellen“ entwickelt[95]. Die Unstimmigkeit hat einerseits die Vielfalt der Altersversorgungsprodukten widerspiegelt, anderseits die drei wichtigen Akteuren für die Altersversorgung betont: der Staat, das Unternehmen und auch das Individuum, die sich in den Formen von gesetzlicher Rentenversicherung, betrieblicher Altersversorgung und privater Altersvorsorge konkretisiert, die wird auch als „Drei-Säulen-Modell“[96] in Deutschland genannt. Die folgende Erläuterung zur Zu-

[94] Vgl. Rosenberg(1992).S.102.
[95] Vgl. Hanke(1998), Stifung Warhentest, Verbraucher-Zentrale NRW (2003). S.8 und auch www.bankenericht.de/html/channel-03/0.asp?channel=1370. (abgerufen am 21.01.2007)
[96] Vgl. Stegmann/Buttler(1997).S.1275; Blumrath(1987).S.9ff.; Arbeitskammer des Saarlandes(2005).S.9f.; Schack/Tacke/Thau(2002).S.3; Hör(2000).S.22; Schwab(1988).S.14.; Schmähl(2000b).S.410f.; Odenthal(2006).S.12ff.; Andresen(2001).S.41; Ehrentraut(2006). S.27ff.

sammensetzung des deutschen Altersvorsorgesystems wird auf die traditionellen „Drei-Säulen-Modell“ beschränken, weil einerseits die traditionellen drei Säulen in der jeweiligen „Schicht“ eine wichtige Rolle spielen[97], anderseits die Bedeutung der betrieblichen Altersversorgung hervorgehoben gezeigt wird.

3.1.1 Gesetzliche Rentenversicherung

Die deutsche gesetzliche Rentenversicherung wird Schritt für Schritt von der alles abdeckenden Altersversorgung weg zur Grundsicherung übergehen. Das Ziel der Grundsicherung ist die Vermeidung einer Altersarmut. Dadurch wird die eigenverantwortliche Vorsorge in den Vordergrund gestellt. Die betriebliche Altersversorgung und die private Altersvorsorge sind dann als wichtige Komplemente zur Grundsicherung gedacht, die nicht von der Allgemeinheit, sondern hauptsächlich von den Arbeitnehmern und zurzeit den Arbeitgebern finanziert werden.

Zurzeit bildet die erste Schicht in Deutschland den größten Teil des Einkommens im Alter, wie die folgende Abbildung 3-2 zeigt:

Abbildung 3-2 : Auszahlungsanteil der drei Säulen der Alterssicherung (2001, Mrd. €)

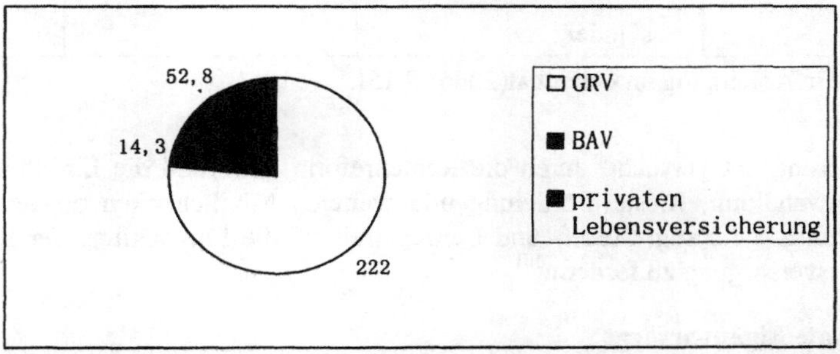

Quelle: Deutsches Institut für Altersvorsorge www.dia-vorsorge.de (abgerufen am 28.10.2004)

Die gesetzliche Rentenversicherung bildet zusammen mit der Beamtenversorgung fast vier Fünftel des Einkommens im Alter; die betriebliche Altersversorgung und die private Vorsorge machen nur 20% aus - die Leistungen der betrieblichen Altersvorsorge betrugen nur einen relativ kleinen Teil an dem gesamten Einkommen im Alter: die Leistungen der betrieblichen Altersversorgung betrug im Jahr 1998 26,8 Mrd. DM[98]. Dagegen beliefen sich die Leistungen der gesetzlichen Rentenversicherung auf 330. Mrd. DM[99].

---

97 Vgl. Bundesregierung (2001).S.129.

98 Vgl. Statistisches Bundesamt(1998): S. 449 und Vgl. auch Bundesministerium für Arbeit und Sozialordnung (2002); Deutsche Bundesbank(2001). Gesamtverband der Deutschen Versicherungswirtschaft e.V.(GDV)(2002).

99 Vgl. VDR(1998).

3.1.2 Betriebliche Altersversorgung

Bis 2001 ist die betriebliche Altersversorgung in Deutschland wie in der Tabelle 3-1 gezeigt wird, im Vergleich zur gesetzlichen Rentenversicherung nicht so weit verbreitet[100].

Tabelle 3-1: Netto-Leistungen der betrieblichen Altersversorgung aufgrund eigener Ansprüche (Personen ab 65 Jahren, 1999)

		Zahl der Empfänger (in. Tausand)		Betrag je Empfänger (in DM pro Monat)	
		Männer	Frauen	Männer	Frauen
Betriebliche Altersversorgung	alte Bundesländer	1.106	355	758	309
Gesetzliche Rentenversicherung	alte Bundesländer,	3.555	4.916	2.001	819
	Neue Bundesländer,	846	1.468	2.094	1.162

Quelle: in Anlehnung an Odenthal(2006).S.15f.

Die Regierung hat versucht, durch die Rentenreform 2001 und die Einführung von Entgeltumwandlung, Riester-Förderung und weiteren Möglichkeiten der staatlichen Unterstützung – die sog. Steuer- und Beitragsfreiheit, die Entwicklung der betrieblichen Altersversorgung zu fördern.[101]

3.1.3 private Eigenvorsorge

Die private Eigenvorsorge beinhaltet Rentenversicherung, Lebensversicherung, Investmentfonds, Immobilieninvestition und andere Vorsorgeformen. Die private Eigenvorsorge funktioniert nur in begrenztem Umfang.

Nach dem Wohlfahrtssurvey 1998 behaupten 40% der Westdeutschen und knapp 30% der Ostdeutschen, dass sie über privates Vermögen zur Absicherung im Alter verfügen; über die Hälfte der Westdeutschen und zwei Drittel der Ostdeutschen geben an, dass sie sich keine private Altersvorsorge leisten können, teils aus Geldknappheit oder auch aus anderen Gründen. Im Vergleich zu Nachbarländern wie Großbritannien und den Niederlanden ist der deutsche Anteil der privaten Assets am GDP relativ niedrig (Abbildung 3-3).

[100] Genaue Vorstellung und aktuelle Daten über betriebliche Altersversorgung in Deutschland befinden sich in Kap. 3.4.
[101] Vgl. Kap.6.3.

Abbildung 3-3: Anteil der privaten Ässets an GDP

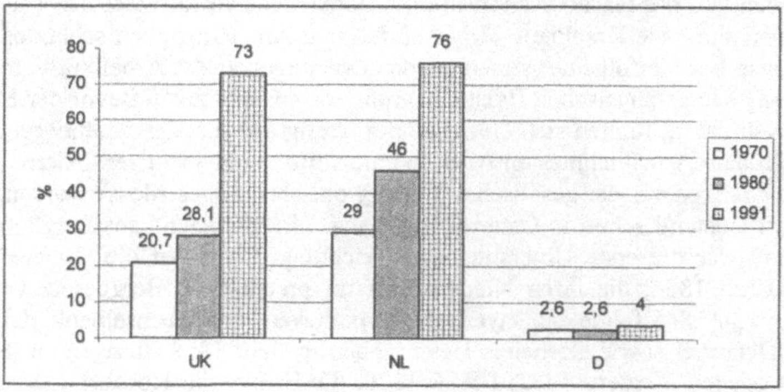

Quelle: Schmähl(2000). S.66

3.2 Entwicklungsgeschichte der deutschen betrieblichen Altersversorgung[102]

Die betriebliche Altersversorgung ist im Umbruch und manche Akademiker glauben, dass von den drei Säulen der Altersversorgung die betriebliche Rentenversicherung in Deutschland die schwächste war.[103] Mitte 60er Jahre bis Mitte 90 Jahre ging die Zahl der Beschäftigten, die einen Anspruch auf eine betriebliche Altersversorgung haben, zurück. Und in den neuen Bundesländern wurden kaum Vereinbarungen zur betrieblichen Altersversorgung geschlossen. Um das Phänomen besser zu erklären, betrachten wir zuerst die Entwicklungsgeschichte der deutschen betrieblichen Altersversorgung.

Die betriebliche Altersversorgung in deutschen Unternehmen verfügt über eine lange Geschichte und existierte bereits vor einer gesetzlichen Sozialpolitik[104]. Bereits in der ersten Hälfte des 19. Jahrhunderts wurden die sog. „Unterstützungskassen" zur finanziellen Unterstützung ehemaliger Mitarbeiter ins Leben gerufen, deren Ziel die Absicherung der Belegschaft gegen unvorhersehbare Notfälle des täglichen Lebens war[105].

In der Zeit vor der Industrialisierung übernahm Großfamilie die Verantwortung für Alterssicherung[106]. Durch die mit der Industrialisierung einhergehende Landflucht[107] und die Verlagerung der Arbeitstätigkeit von der häuslichen Gemeinschaft in die Fabriken entstand die neue Schicht der besitzlosen arbeitenden Klasse, deren Angehörigen jetzt von Lohn abhängig waren.[108] Durch diesen Urbanisierungsprozess, der häufig

---

[102] Vgl. Wiedemann(1990).

[103] Vgl. Bruno-Latocha/Tippelmann(2003)

[104] Die gesetzliche Rentenversicherung wurde erst 1889 eingeführt.

[105] Vgl. Buttler(1996): S. 1.; Post/Albrecht(1893).

[106] Vgl. Schmitter(2001).S.18.

[107] Vgl. Schmoller(1919). S.38; Wiedemann(1990) und http://landflucht.know-library.net.

[108] Vgl Sombart(1919). S.451; Schmitter(2001).S.18.

zur räumlichen Trennung der Familien führte, verlor der Arbeitnehmer die von der Großfamilien und der Nachbarschaftshilfe[109] angebotene soziale Sicherheit und stand den Lebensrisikos wie Krankheit, Arbeitsunfall und Arbeitslosigkeit schutzlos gegenüber – da sein Lohn infolge des zunehmenden Überangebots der Arbeitkräfte meist nur zur Deckung seines physischen Existenzminimums ausreichte.[110] Bevor der Staat das Problem wahrnahm, fühlten sich Unternehmer häufig aus sozialer Verantwortung verpflichtet, frühere Arbeitnehmer im Alter zu unterstützen und so zu verhindern, dass die Alten und Kranken aus der gesellschaftlichen Wohlfahrt ausgeschlossen waren. Im 16. Jahrhundert entstand schon in Österreich der sog. „Bruderladen“ des Berghaus.[111] In Deutschland war die erste Unterstützungseinrichtung dieser Art die Gutehoffnungshütte im Jahre 1832, die ihren Niederschlag im preußischen Berggesetz von 1854 fand[112]. Im Jahr 1845 folgte die Bayerische Hypotheken- und Wechselbank. Krupp und Friedrich Henschel sowie Cornelius Heyel gaben im Jahr 1858 Zusagen an ihre Mitarbeiter, wogegen Siemens 1872, BASF 1879, die Farbwerke Hoechst 1883 und die Dresdner Bank 1890 betriebliche Unterstützungseinrichtungen gründeten.[113]

Mit dem Fürsorgeprinzip[114] des jeweiligen Unternehmers wurde die Gründung der damaligen Leistungsversprechen, die zu dieser Zeit und auch eine lange Zeit danach als eine freiwillige zusätzlich zum Arbeitslohn gewährte Sozialleistung der Unternehmen anerkannt wurden[115], erklärt – die soziale Verantwortung des Patriarchen gegenüber den von ihm abhängigen Arbeitern stand im Vordergrund und die betriebliche Altersversorgung wurde als selbstlose Geschenke der Arbeitgeber an die wirtschaftlich Schwachen interpretiert[116]. Nur wenige weit blickende Unternehmer, wie Werner von Siemens, haben damals schon erkannt, dass derartige Versorgungsleistungen auch im Interesse des Unternehmens liegen.[117]

Nach dem 2. Weltkrieg und besonders nach der Währungsreform wurde die deutsche betriebliche Altersversorgung jahrzehntelang belebt.[118] Der wirtschaftliche Aufschwung in der Wirtschaftswunderzeit in Deutschland und die Arbeitskräfteknappheit in den 50er und 60er Jahren trugen zum Aufschwung der betrieblichen Altersversorgung bei.

Ein weiterer Grund des Aufschwungs waren die günstigen steuerlichen Voraussetzungen, insbesondere die steuerlichen Regelungen zur Bildung der Pensionsrückstellung[119]. Während der Nachkriegszeit entstand für den Wiederaufbau enormer Kapital-

---

[109] Vgl. Brentano(1879). S.22
[110] Vgl. Schmitter(2001).S.18.
[111] Vgl. Weiss(1962). S.5.
[112] Ebenda.
[113] Vgl. Esser/Sieben.(Hrsg.)(1997): S.3; Hartmann(1974). S.11; Heißmann(1968). S.1; Maydell(1983). S.249; Weiss(1962). S.6; Schmitter(2001).S.18.
[114] Vgl. Steffes(1994). S.11. Dirrigl(1997). S.58.
[115] Vgl. Richardi(1984). S.25; Blomeyer/Otto(1984). Rdnr.114-129; Dieterich/Rühle(1985). S.7-8; Hilger(1959). S.20-34; Gaugler(1987). S.862-867.
[116] Vgl. Schmitter(2001).S.18.
[117] Vgl. Heißmann(1967). S.2
[118] Vgl. Schmitter(2001).S.18.
[119] Vgl. Zur Funktion der Rüchstellung vgl. Bogner(1997).S.13.

bedarf.[120] Die betriebliche Altersversorgung funktionierte für die Unternehmen mehr als personalpolitisches Instrument oder als Gegenleistung für die Arbeitsleistung und Betriebstreue des Arbeitnehmers - die Bildung von Pensionsrückstellungen diente auch als Mittel zur Innenfinanzierung. Das Heruntersetzen des Rechnungszinses für die Pensionsrückstellung machte den Gegenwert der zukünftigen Rente größer, dadurch wurde auch die Menge der steuerfreien Mittel zur Pensionsrückstellung größer. Als Folge davon konnten die Unternehmen mehr Steuerbefreiung als früher genießen.

Die Diskussion über den Charakter der betrieblichen Altersversorgung ist ein Dauerthema. Auf dem Gedanken basiert, dass Entgelt- und Fürsorgecharakter der betrieblichen Altersversorgung nur Produkte aus „einer sich im Zeitlauf ändernden Sichtweise“[121] ist, hat BAG den Doppelcharakter anerkannt. Mit der wirtschaftlichen Entwicklung wurde die Diskussion auch immer mehr in die ökonomische Perspektive gelenkt: der Entgeltcharakter der betrieblichen Altersversorgung wurde in den Vordergrund gestellt[122]. Die Leistung der betrieblichen Altersversorgung ist ein Teil des Entgelts, der nur in anderer Form geleistet wird, nämlich dieser Teil wird nicht periodengerecht zur Arbeitsleistung der Arbeitnehmer ausgezahlt, sondern erst nach Eintritt eines Versorgungsfalls.[123] Das Betriebsrentengesetz hat mehr den Entgeltcharakter der betrieblichen Altersversorgung anerkannt.[124]

Andere Akademiker haben die Gründung der betrieblichen Altersversicherung als Machtmissbrauch der Manager als Vertreter der Eigentümer aus Eigennutz interpretiert – um in der Öffentlichkeit und bei den Mitarbeitern ein hohes Ansehen zu gewinnen.[125]

3.3 Rentenreform 2001

3.3.1 Hintergrund der Rentenreform 2001

Die Rentenreform 2001 wird unter den Aspekten der demographischen und der wirtschaftliche Entwicklungen, den Veränderungen des Arbeitsmarktes in Deutschland und der EU und der Anpassungen der Gesetzlichen Rentenversicherung betrachtet.

3.3.1.1 Demographische Entwicklung in Deutschland und in EU

Die deutsche Bevölkerung altert.[126] Die Entwicklung der Deutschen Bevölkerung wird durch niedrige Geburtenhäufigkeit („Alterung von unten“) und Anstieg der Le-

---

[120] Vgl. Schmitter(2001).S.18.
[121] Sadowsik/Pull(1999).S.69.
[122] BAG vom 30.3.1973 – 3 AZR 26/72 und 3 AZR 34/72 – DB1973 S.672 und 773 B II 5 b. zitiert in: Lieb(2004).S.618.
[123] Vgl. Masberg(2006).S.26. Fn.2.
[124] Vgl. Masberg(2006).S.26. Fn.4 und 5.
[125] Vgl. Jensen/Meckling(1976). S.308; Hör(2000). S. 14; Schwinger(1996). S.3; Steinmeyer(1991). S.54ff.
[126] Vgl. Wingen(1990), S.50; Schmid(1999), S. 20; Klose(1993), S. 28.; Enquete-Kommision „Demographischer Wandel“(1998); Enquete-Kommision „Demographischer Wandel“(2002); Mühlberger/Schwinger(2006). S.3.; Sommer (2001); Myers(1984).

benserwartung („Alterung von oben“) gekennzeichnet[127] – die Tendenz „Alterung von unten“ wird „das tragende Phänomen der Alterung“[128] genannt. Innerhalb der Europäischen Union ist die deutsche Geburtenhäufigkeit die niedrigste.[129] Eine zu niedrige Geburtenhäufigkeit wird zu einer Verschiebung der Altersstruktur des Erwerbspotenzials und später auch zu einer Abnahme der Gesamtbevölkerung führen.[130]

Wie die Abbildung 3-4 zeigt, war im Jahr 1871 fast die Hälfte der Bevölkerung unter 20. Dagegen wird im Jahr 2030 fast die Hälfte der Bevölkerung über 45 Jahre alt sein.

Wenn man die Veränderungen der Vergangenheit in die Zukunft extrapoliert, kann man zu Recht schließen, dass sich der Altenquotient als das Verhältnis der Personen im Alter von 65 und mehr Jahren zu den Personen im Alter von 15 bis 64 Jahren in den nächsten vierzig Jahren in etwa verdoppeln wird,[131] wie die Tabelle 3-2 zeigt.

Abbildung 3-4: Altersstruktur der deutschen Bevölkerung 1871 bis 2040*

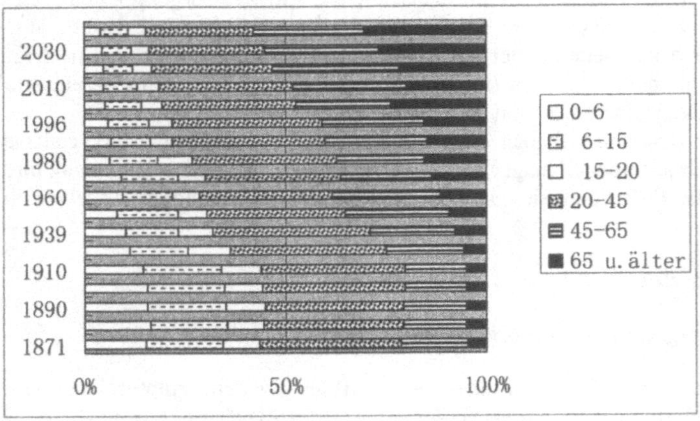

*Von 1871 bis 1939 kamen die Zahlen aus der jeweiligen deutschen Grenze. Ab 1950 bezeichneten die Zahlen sowohl die BRD als auch die DDR. Ab 2000 sind die Zahlen die Ergebnissen der Modellrechnungen zur Bevölkerungsentwicklung in der Bundesrepublik Deutschland (herausgegeben vom Bundesministerium des Innern)

Datenquelle: Höhn(1999). S.27.

127 Vgl. Grohmann(2003). S.443ff.; Luy(2006).
128 Vgl. Höhn(1999). S.15.
129 Vgl. Statistisches Bundesamt(2000). S.8.
130 Vgl. Blien/Meyer(2000). S.1043.
131 Sinn/Thum(1999); Sozialbeirat(1998); Progrons (1998)

Tabelle 3-2 Bevölkerungsentwicklung – Anteile der Altersgruppe

	2000	2010	2020	2030	2040
Bevölkerung insgesamt (Mio.)	82,2	82,7	82,7	81,0	78,1
Unter 15	15,6	13,5	12,7	12,4	11,6
Zwischen 15 und 64	67,9	66,2	64,7	60,3	57,9
65 und älter	16,4	20,4	22,6	27,4	30,5
80 und älter	3,7	5,1	7,1	7,8	9,8
Altersquotient (65+/(20-64))	24,2	30,8	34,9	45,5	52,6

Quelle: Rürup-Kommission(2003):S.629

Das Verhältnis zwischen Erwerbsfähigen und Rentnern zeigt in der Zukunft entsprechend auch eine erwartete dramatisch sinkende Entwicklung: von 12,4 im Jahr 1900 über 4,1 im Jahr 2000 auf 2,0 im Jahr 2050 gesunken. (Abbildung 3-5).

Abbildung 3-5: Anzahl der 15- bis 65-Jährigen auf einen über 65-Jährigen

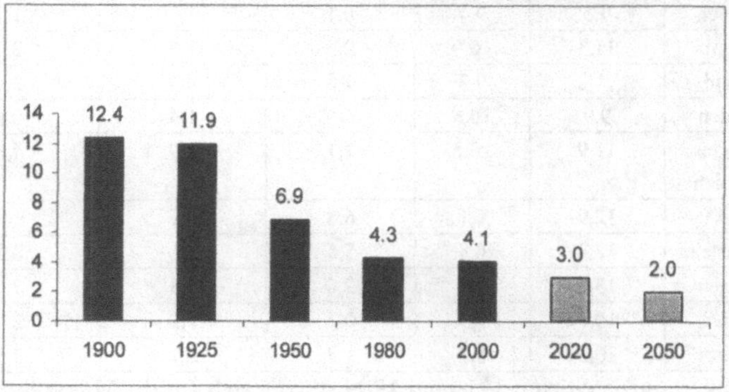

Quelle: Bosbach(2004).S.743.

Die Lebenserwartung eines 1-jährigen steigt in den letzten hundert Jahren ständig an: das statistische Bundesamt[132]behauptet, im Vergleich zu 1901/1910 hat ein neugeborenes Baby im Jahr 1998 eine um über 30 Jahre höhere durchschnittliche Lebenserwartung und im Vergleich zu 1970 um 7 Jahre.[133] Heute ist eine Lebenserwartung von 85 Jahren durchaus möglich.[134]

[132] Vgl. Statistisches Bundesamt(2000). S.10.
[133] Vgl. Bundesinstitut für Bevölkerungsforschung(2004). S.40ff.
[134] Vgl. Vaupel/Lundström(1996). S.276ff.

Die gleiche demographische Entwicklung der stetig älter werdenden Menschen ist in allen europäischen Staaten zu beobachten.[135] Wie Tabelle 3-3 zeigt: Im Jahr 1999 war der durchschnittliche Bevölkerungszuwachs in der EU nur bei 2,6 je 1.000 Einwohner. Spanien und Schweden hatten die niedrigsten Bevölkerungszuwächse, 0,9‰ und 0,6‰, die zum Teil auch wanderungsbedingt sind.

Tabelle 3-3: Bevölkerungsaufkommen in der EU in ‰ (1999)

Land	**Lebend-geburten (A)**	**Sterbe-fälle (B)**	**Natürliches Wachstum (C=A-B)**	**Wanderungs-saldo (D)**	**Bevölkerungs-wachstum (C+D)**
EU 15	10,6	9,9	0,7	1,9	2,6
Belgien	11,1	10,1	1,0	1,0	2,0
Dänemark	12,5	11,1	1,5	1,9	3,3
Deutschland	9,3	10,3	-0,9	2,3	1,4
Griechenland	9,9	9,5	0,4	1,4	1,8
Spanien	9,4	9,4	0,0	0,9	0,9
Frankreich[1]	12,6	9,1	3,5	0,8	4,3
Irland	14,3	8,4	5,9	5,0	10,9
Italien	9,4	9,9	-0,5	2,3	1,8
Luxemburg	13,0	8,9	4,1	9,3	13,4
Niederlande	12,6	8,9	3,7	2,7	6,4
Österreich	9,5	9,4	0,1	1,1	1,2
Portugal	11,3	10,9	0,5	1,5	2,0
Finnland	11,2	9,3	1,8	0,6	2,4
Schweden	9,9	10,6	-0,7	1,4	0,6
Vereinigtes Königreich	11,9	10,8	1,1	2,9	4,0
Island	12,9	6,1	6,8	6,1	13,0
Liechtenstein	12,4	6,8	5,6	3,1	8,7
Norwegen	13,3	9,7	3,6	4,3	7,9
EWR	10,7	9,9	0,7	1,9	2,7
Schweiz	10,3	8,7	1,7	2,1	3,8

1. Die Bevölkerungsdaten zum 1. Januar 1999 stützen sich auf die Volkszählung 1999
Quelle: Ulrich(2001).S.15

Die Tabelle 3-4 zeigt, dass auch im Euro-Währungsgebiet die Altenquotienten kontinuierlich steigen.

[135] Vgl. Birg(1975); Höhn/Hullen(1993)

Tabelle 3-4 : Voraussichtliche Entwicklung des Altenquotienten im Euro-Währungsgebiet

Land	1995	2000	2020	2040
Belgien	23,8	25,4	32,6	45,5
Deutschland	22,5	23,3	31,9	48,2
Finnland	21,1	21,9	35,0	42,1
Frankreich	22,9	24,3	32,6	45,6
Irland	18,0	17,4	24,5	34,6
Italien	24,0	26,5	35,5	54,9
Niederlande	19,3	20,1	29,8	44,0
Österreich	22,4	22,6	28,5	45,3
Portugal	21,4	22,5	27,3	39,2
Spanien	22,2	24,4	29,8	49,2
Durchschnitt	22,6	24,0	32,0	47,8

Quelle: Europäische Zentralbank (2000). S.64

3.3.1.2 Wirtschaftliche Entwicklung in Deutschland und der EU

In der Nachkriegszeit wuchs die deutsche Wirtschaft gewaltig. Von 1950 bis 1960 nahm das Sozialprodukt real um 114% zu und auch im nachfolgenden Jahrzehnt stieg es noch einmal um 54%,[136] bis den neunziger Jahren wuchs die deutsche Wirtschaft noch ständig an.[137]

Abbildung 3-6: Weltmarktanteil Deutschlands

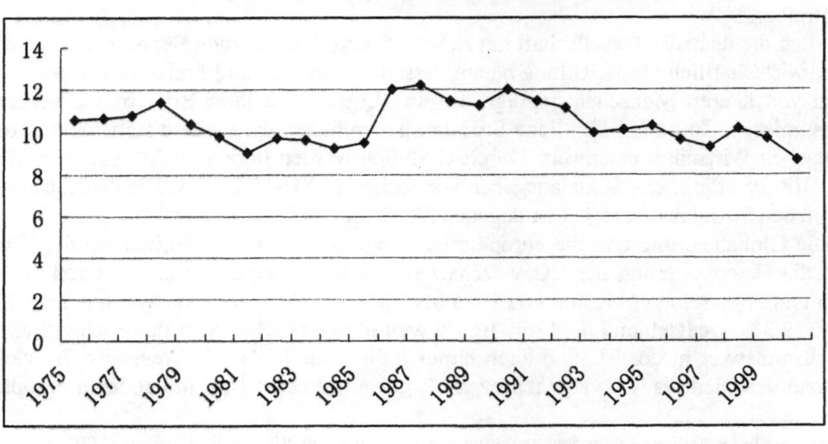

Quelle: Siebert(2002). S.7.

136 Statistisches Bundesamt(1990a). S.15
137 Vgl. Lauk(1995). S.47ff.

Die deutsche Wirtschaft befindet sich seit dem Herbst 2000 in einer Phase der Stagnation.[138] Langfristig verliert Deutschland die Wettbewerbsfähigkeit auf dem Weltmarkt – vom Jahr 1989 an geht der deutsche Weltmarktanteil stark zurück (Abbildung 3-6).

Aus der Tabelle 3-5 kann man ersehen, außer bei der Werkzeugmaschinen-Industrie geht die deutsche Konkurrenzfähigkeit in anderen Bereichen mehr oder weniger zurück.

Tabelle 3-5: Trends in Deutschlands komparativem Vorteil.*

	1970	1999
54 Medizinische und pharmazeutische Erzeugnisse	48,9	34,9
72 Werkzeugmaschinen	89,3	97,9
74 Maschinen, Apparate, Geräte für verschiedene Zwecke	59,8	56,2
76 Geräte für die Nachrichtentechnik	25,5	-14,7
77 Elektrische Maschinen, Apparate, Geräte	8,5	-1,6
78 Straßenfahrzeuge	76,0	48,7
88 Fotoapparate, optische Waren, Uhren	8,7	-17,0

*RCA-Koeffizienten.[139]

Quelle: Siebert/Stolpe(2001).

Mit der Einführung des Euro verliert Deutschland die Kontrolle über die Geldpolitik. Und mit dem Unterzeichnen des Maastrichter Vertrags wird der Spielraum für unabhängige Fiskalpolitik enger. Die effektiven Maßnahmen gegen die Deflationsgefahren[140], die sich jetzt in Deutschland befinden, liegt in der Hand der Europäischen Zentralbank.[141]

Auch die deutsche Gesellschaft hat sich verändert. Die alternde Bevölkerung hat die volkswirtschaftliche Entwicklung beeinflusst: das Konsum- und Freizeitverhalten wird auch von älteren Menschen geprägt, die im Vergleich zu ihrer Erwerbszeit weniger konsumieren. Zu hohe öffentliche Sozialausgaben haben die weitere Entwicklung der deutschen Wirtschaft erschwert. Durchschnittlich werden in den OECD-Ländern 21% des BIP für öffentliche Sozialausgaben verwendet, in EU-15 24,5%. Die deutschen öffentlichen Sozialausgaben haben dagegen 27,3% des BIP verbraucht.[142]

Die Globalisierung und die europäische Integration, bzw. die Einführung des Euro und die Osterweiterung der EU verschärfen den Wettbewerb in Europa. Großbritannien und Frankreich erreichten von 1995 bis 2003 ein Wirtschaftswachstum von 21,7% bzw. 19,3%. Deutschland liegt mit 10,3% weit hinter 18,8% - dem durchschnittlichen Wachstumswert in der EU und auch hinter Italien mit 13,4%.[143] Wenn der Entwicklungsunterschied als Konvergenzprozess[144] gekennzeichnet ist – die anderen europäi-

---

138 Vgl. Sachverständigenrat zur Begutachtung der gesamtwirtschaftlichen Entwicklung(2001)

139 RCA: Revealede comparative advantage.

140 Mehr Diskussion über die Deflationsgefahren in Deutschland bei Sinn/Reutter(2000).

141 Weitere Diskussion über die Politik der Europäischen Zentralbank in: Grauwe(2002).

142 Vgl. OECD(2002). S.6.

143 Sinn(2003). S.32

144 Sinn(2003). S.34.

schen Länder versuchen, das hohe Niveau des Sozialprodukts pro Kopf zu erreichen, das Deutschland schon erreicht hat – braucht man sich keine Sorgen um die deutsche Wirtschaft zu machen. Tatsache ist aber, Großbritannien und Frankreich haben das deutsche Bruttosozialprodukt je Einwohner schon erreicht und die kleinen Tiger der EU wie Österreich, Niederlande und Irland haben Deutschland sogar überholt. Deutschland hinkt der wirtschaftlichen Entwicklung hinterher.[145]

Wegen zu hohen Lohnkosten in Deutschland wanderten Unternehmen aus Deutschland – dem ehemaligen Wirtschaftsstandort - ab. Die billigen Arbeitskräfte (Tabelle 3-6) in osteuropäischen Ländern bzw. Ländern in Asien und in Indien haben viele Unternehmen zu sich gezogen.

Tabelle 3-6: Arbeitskosten pro Stunde im Jahr 2000

Land	Deutschland	Zypern	Slowenien	Polen	Tschechien	Ungarn
Kosten (in Euro)	25,81	10,74	8,98	4,48	3,90	3,83
Land	Slowakei	Estland	Litauen	Lettland	Rumänien	Bulgarien
Kosten (in Euro)	3,06	3,03	2,71	2,42	1,51	1,35

Quelle: Franco/Jouhette(2003)

3.3.1.3 Arbeitsmarkt

Nach dem Rücklauf der Arbeitslosigkeit in den achtziger Jahren, stieg die Arbeitslosigkeit seit den neunziger Jahren in Westdeutschland wieder ständig an. Als deren Ursache versteht man die Konjunkturkrise[146], die Arbeitsbereitschaft der Frauen, die Erhöhung des Erwerbsaustrittsalters und die Fehlleistungen der politischen Ordnung nach der Wiedervereinigung.

In den 50er und 60er Jahren wurden Kindererziehung und Hausarbeit als die Hauptaufgabe der Frauen verstanden. In den letzten Jahrzehnten haben die Frauen aktiver an der Erwerbstätigkeit teilgenommen[147]. Außerhalb der Kindererziehungszeiten versuchen die meisten heutigen Frauen lebenslang zu arbeiten. Abbildung 3-7 zeigt, die deutsche Beschäftigungsquote der Frauen liegt über dem durchschnittlichen EU-Wert und die Arbeitslosenquote der Frauen ist niedriger als der EU-15, vgl. Tabelle 3-7.

Diese Entwicklung lässt sich nicht nur mit „Wertewandel" und „Emanzipationsstreben" der Frauen begründen. Kultureller Kontext und institutionelle Rahmenbedingungen spielen dabei auch eine Rolle.[148] Nach der Definition von Korpi, gehört Deutschland, gleich wie Italien und Frankreich, zur Kategorie von Ländern, die einen klassischen Familientyp unterstützen (general family support).[149]

---

[145] Ebenda.
[146] Vgl. 3.3.1.2
[147] Mehr Diskussion über die Erwerbstätigkeiten der Frauen bei Emmerich et al(2001); Presse- und Informationsamt der Bundesregierung(1996); Fuchs(1997).S.57ff.
[148] Genauere Analyse bei Pfau-Effinger(1998) Pott-Buter(1996)
[149] Vgl. Korpi(2000) und auch Lewis(1992); Sainsbury(1994).

Abbildung 3-7: Beschäftigungsquote von Frauen in der EU

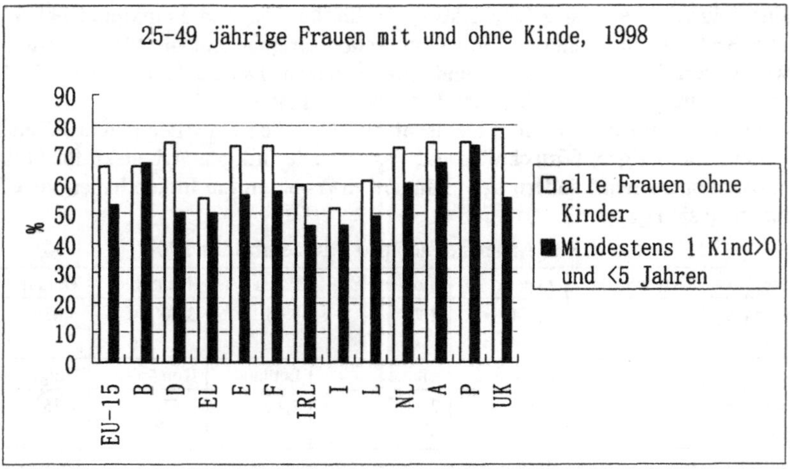

EU-15: ohne die drei nordischen Mitgliedstaaten, für die keine Daten vorliegen.
Quelle: Europäische Kommission(2000). S.37

Das deutsche durchschnittliche Erwebsaustrittsalter liegt bei rund 60 Jahren (Abbildung 3-8) und ist in der Nähe von EU-15, im Vergleich zu Großbritannien, Niederlande und Dänemark ist diese Zahl nicht so optimistisch.

In Ostdeutschland nahm die Zahl der Arbeitslosen wegen des Transformationsprozesses von der Plan- zur Marktwirtschaft zu. Die hohen Lohnnebenkosten, wie in 3.3.1.2 schon erwähnt, haben die Wettbewerbsfähigkeit der deutschen Unternehmen auf dem Weltmarkt geschwächt. Wegen der Lohnpolitik nach der Wiedervereinigung, in West- und Ostdeutschland das gleiche Lohnniveau zu erreichen, haben auch viele Unternehmen ihre Investitionen von Ostdeutschland ins Ausland verlagert.

In den letzten Jahren hat sich der technische Forschritt rasant beschleunigt. Das Wissen veraltet innerhalb kurzer Zeit und die Ansprüche an die Qualifikation der Arbeiter werden immer höher. Wer sein Wissen nicht rechtzeitig erneuern kann, verliert schnell seinen Arbeitsplatz. Und die Chance, wieder einen Job auf gleichem Niveau zu finden, ist ziemlich gering. Wenn er nicht bereit ist, entweder eine neue Ausbildung zu machen oder einen schlecht bezahlten Job zu akzeptieren, wird er für lange Zeit arbeitslos bleiben. Je länger er arbeitslos ist, desto schwieriger ist es einen neuen Job zu finden. Langzeitarbeitslosigkeit lässt sich nicht so leicht beseitigen.

Tabelle 3-7: Erwerbstätigkeit insgesamt und nach Frauenanteilen, 2000

	GB		NL		DK		EU-15		D	
	Gesamt	Frauen	Gesamt	Frauen	Gesamt	Frauen	Gesamt	Frauen	Gesamt	Frauen
Bevölkerung in 1000	58.389	29.581	15.667	7.884	5.298	2.679	371.102	190.014	81.107	41.531
- 15-64 Jahre, 1000	38.260	18.992	10.711	5.285	3.528	1.746	247.868	124.063	55.077	27.322
- über 64 Jahre, 1000	8.811	5.077	2.006	1.157	810	466	60.572	35.439	13.542	8.132
Erwebstätigenquoten										
- 15-64 Jahre, %	71,2	64,5	72,9	63,4	76,4	72,1	63,1	53,8	65,3	57,8
15-24 Jahre, %	55,9	53,5	68,4	66,7	67,1	64,0	39,9	36,5	46,1	43,6
15-54 Jahre, %	80,4	73,1	81,7	70,9	84,3	80,4	76,4	65,7	79,3	71,1
55-64 Jahre, %	50,5	41,4	37,9	25,8	54,6	46,2	37,5	27,7	37,4	28,7
- Teilzeit, %	24,9	44,5	41,2	70,6	21,7	35,2	18,0	33,7	19,4	37,9
Arbeitnehmer										
- Erwerbstätige., %	88,3	92,6	88,8	90,6	90,9	94,3	84,2	88,3	89,1	92,2
- befr. Arbeitsvertrag, %	6,7	7,7	14,0	17,2	19,2	11,7	13,4	14,5	12,7	13,1
Arbeitslosenquoten										
15-24 Jahre, %	12,1	10,4	5,3	5,9	6,7	7,0	16,1	17,3	8,5	7,4
25-64 Jahre, %	4,5	3,9	2,2	2,9	4,1	4,6	7,3	8,8	7,9	8,4
Arbeitslose suchen ...										
- eine erste Tätigkeit, %	16,5	18,5	-	-	11,5	11,1	20,4	22,8	5,9	6,5
- eine Teilzeitarbeit, %	22,3	42,5	58,1	78,1	15,6	17,7	14,3	22,9	12,8	23,6

Erwerbstätige = Personen, die während der Referenzwoche mindestens eine Stunde gegen Entgelt oder eine Sachleistung gearbeitet haben oder lediglich vorübergehend vom Arbeitsplatz abwesend waren; mithelfende Familienangehörige eingeschlossen.

Quelle: Stecker(2004). S.172.

Abbildung 3-8: Durchschnittliches Erwerbsaustrittsalter – insgesamt – gewichtet mit der Wahrscheinlichkeit eines Ausscheidens aus dem Arbeitsmarkt, 2001 und 2002

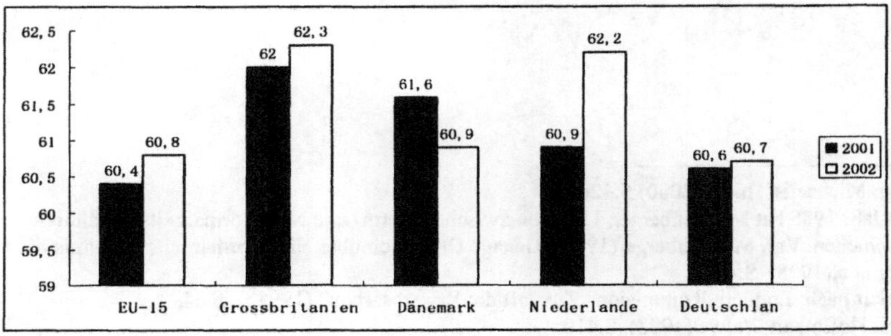

Datenbasis: Eurostat 2003, 2004 (geschätzter EU-15 Durchschnitt für 2002).

Die Arbeitsteilung zwischen den Staaten hat sich in den letzten Jahren schnell verändert. Die wirtschaftliche Dynamik Asiens und der Aufbruch Osteuropas haben viele multinationale Unternehmen an sich gezogen und damit haben die entwickelten Länder viele Arbeitsplätze verloren. Die Ost-Erweiterung der Europäischen Union ist mit einer der Ursachen, dass die gering bezahlten Arbeitsplätze von Ausländern besetzt werden.

Auch auf dem Arbeitsmarkt gibt es in den letzten Jahrzehnten einen dramatischen Wandel[150]. Über die Arbeitslosigkeit hinaus, kommt das sog. Nichtnormarbeitsverhältnis[151] vor. Die Enquete-Kommission hat die Normarbeitsverhältnisse so definiert: Normarbeitsverhältnisse werden durch eine der Vollzeitbeschäftigung entsprechende Arbeitszeit zwischen 35 und 40 Stunden, die sich auf 5 Wochentage verteilt, in der Regel tagsüber von montags bis freitags ausgeübt wird [...] definiert.[152] Andere Arbeitsverhältnisse werden als Nichtnormarbeitsverhältnis interpretiert, wie geringfügige Beschäftigung, befristete Arbeitsverhältnisse, Teilzeitarbeit, Leiharbeit, Arbeitsbeschaffungsmaßnahmen, sowie Scheinselbständigkeit.[153] Die mit einem Nichtnormarbeitsverhältnis Beschäftigten nehmen sehr schnell zu: anhand der ISG-Studie gab es 1997 schon 5,6 Mio. geringfügig Beschäftigte; die Zahl der Scheinselbständigen lag bei 2,4 Mio. und der Anteil der Teilzeitbeschäftigung an allen Beschäftigten war 1996 ein Fünftel.[154]

Selbständigkeit ermöglicht, besonders für Frauen, Familie und Erwerbstätigkeit zu vereinbaren, und bietet mehr als andere Erwerbsformen räumliche als auch zeitliche Flexibilität.[155] Seit Mitte der 80er Jahren erlebt selbständige Erwerbstätigkeit eine „Renaissance". Aber seit Beginn der 90er Jahre geht das Wachstum im Bereich der beruflichen Selbständigkeit zurück.[156] Tabelle 3-8 zeigt die Selbständigenquote in sechs Euroländern.

Die Selbständigen sind von der Sozialversicherung befreit. Deswegen haben Auftraggeber einen Vorteil gegenüber den Unternehmen, die für ihre Beschäftigten Sozialversicherungsbeiträge zahlen müssen. Die Neigung, eher Aufträge zu vergeben als Arbeiter zu beschäftigen, hat die sog. „Scheinselbständigkeit"[157] zur Folge. Die Zahl der Scheinselbständigen ist nur schwer zu schätzen.

---

[150] Vgl. Michaelis/Thiede(2000) S.426ff.

[151] Im Jahr 1985 hat Mückenberger, U. schon zwischen Norm- und Nichtnormarbeitsverhältnisse unterschieden. Vgl. Mückenberger(1985). Genaue Definition über Nichtnormarbeitsverhältnis bei Hauser et al(1998). S.419.

[152] Zitiert nach: Enquete-Kommision „Zukunft der Erwerbsarbeit" (1998b). S.64.

[153] Vgl. Hoffmann/Walwei(1998). S.410.

[154] Vgl. Becker/Faik(1998). S.279; S.281; S.283.

[155] Vgl. Lombard(2001); McManus(2001.)

[156] Vgl. OECD(2000); Müller/Arum(2005).

[157] Bgl. Kretschmer(1997). S.329.

Tabelle 3-8: Selbständigenquoten und Erwerbsbeteiligung

Land	Selbständigen-Quote (in %)		Selbständigenquote Männer/ Frauen (Verhältnis)	Erwerbsbeteiligung (Anteil in %)*			
				Gesamt		mit Kind(ern) unter 6 Jahren	
	Männer	Frauen		Männer	Frauen	Männer	Frauen
Frankreich	12,2	5,3	1,81	88,7	70,9	99,0	70,7
Westdeutschland	11,4	6,3	1,91	88,2	67,3	96,4	54,9
Ostdeutschland	9,3	4,9	1,70	89,6	84,7	97,8	89,9
Italien	27,3	16,1	2,61	86,1	51,2	98,5	50,0
Schweden	12,6	4,8	2,47	87,0	81,3	94,1	83,9
Großbritannien	16,1	6,5	1,65	89,3	71,9	93,9	61,7

*Arbeitslosigkeit nach ILO-Kriterien.
Quelle: Lohmann(2004). S.215.

Auf der anderen Seite macht die Konjunkturkrise es schwierig, einen Vollzeitjob zu finden. Um Teilzeitarbeit zu fördern und zusätzliche Arbeitsplätze zu schaffen, wurde das Teilzeit- und Befristungsgesetz (TzBfG) am 1. Jan. 2001 eingeführt - Teilzeitarbeit kann als sehr dynamische Beschäftigungsform viele Beschäftigte anziehen. Im Übrigen haben auch viele wegen des Wertewandels in der Gesellschaft – wie Selbstentfaltung - die Teilzeitarbeit gewählt. Die Zahl der in Teitzeitarbeitsverhältnissen Beschäftigten hat sich kontinuierlich gesteigert. Wie die folgende Tabelle 3-9 zeigt: der Anteil der Teilzeitbeschäftigten an den abhängig Beschäftigten ist von 14% im Jahr 1991 auf 21,4% im Jahr 2002 gestiegen.

Tabelle 3-9: Teilzeitbeschäftigte 1991 – 2002 in Deutschland

	Abhängig Beschäftigte (in 1.000)	Vollzeit (1.000)	Teilzeit (1.000)	Teilzeit v.H. der abhängig Beschäftigten
1991	33.886	29.151	4.736	14,0
1992	33.320	28.556	4.764	14,3
1993	32.722	27.822	4.901	15,0
1994	32.300	27.178	5.122	15,9
1995	32.230	26.969	5.261	16,3
1996	32.189	26.849	5.340	16,6
1997	31.916	26.258	5.658	17,7
1998	31.879	25.994	5.884	18,5
1999	32.497	26.173	6.324	19,5
2000	32.638	26.160	6.478	19,8
2001	32.743	25.945	6.798	20,8
2002	32.469	25.534	6.934	21,4

Quelle: Statistisches Bundesamt 2003

Tabelle 3-10 zeigt, auch im Vergleich zu anderen EU-Ländern ist der deutsche Anteil der Teilzeitbeschäftigten der abhängig Beschäftigten im Jahr 2008 relativ hoch: er liegt deutlich höher als der durchschnittlicher Wert von 18,2%.

Tabelle 3-10: Anteil der Teilzeitbeschäftigten von 15 bis unter 65 Jahren an allen Beschäftigten dieser Altersgruppe in der EU

Länder	Anteil der TZ-Beschäftigten (in %)
Niederlande	43,8
Großbritannien	25,0
Schweden	21,4
Deutschland	20,8
Dänemark	20,6
Belgien	19,4
Österreich	18,9
Irland	16,5
Frankreich	16,2
Finnland	12,0
Luxemburg	11,7
Portugal	11,3
Italien	8,6
Spanien	8,0
Griechenland	4,5
EU-15	18,2

Quelle: Franco/Jouhette(2003). S.4ff.

Mit der Entwicklung der Gesellschaft lässt sich die klassische 45 Jahre lange Erwerbsbiographie schwer verwirklichen.[158] Das betrifft besonders wegen der Kindererziehungszeit die Frauen. Und die hohe Arbeitslosigkeit macht es den Männern auch nicht leicht, 45 Jahre lang zu arbeiten und damit die 45 Entgeltpunkte für die gesetzliche Rentenversicherung zu sammeln.

3.3.1.4 Die Gesetzliche Rentenversicherung

Als Zweig der Sozialversicherung gewährt die gesetzliche Rentenversicherung vor allem Maßnahmen zur Wiederherstellung der Leistungsfähigkeit sowie wirtschaftliche Sicherung bei Minderung der Erwerbsfähigkeit, Alter und Tod.[159]

Ursprünglich wurde die gesetzliche Rentenversicherung für Grundsicherung entworfen. Nach rasanten Leistungssteigerungen der gesetzlichen Rentenversicherung in den 60er und 70er Jahren, ausgelöst durch das ungebremste Wirtschaftswachstum über fast vier Jahrzehnte im Anschluss an die Währungsreform 1948 – als Wirtschaftswun-

[158] Bonoli et al.(2000); Bulmahn(2003); Schmähl(2000).

[159] § 4 des Ersten Buches Sozialgesetzbuch <SGB I>

der in die Geschichte Deutschlands eingegangen, sind heute öffentliche Transfers die größte Einnahmequelle der Rentner.[160]

Die niedrigen Geburtsraten und das Heranwachsen der Kriegsgeneration, das große Strukturproblem auf dem Arbeitsmarkt, die Belastungen durch die deutsche Wiedervereinigung, alle Arten der Frühverrentungen ohne passende Rentenabschläge in versicherungsmathematisch erforderlicher Höhe führen zunehmend zu einem Problem für die Altersversorgung/ Rentensystem der Bevölkerung. Die Finanzierung der gesetzlichen Rentenversicherung ist für die Zukunft nicht mehr gewährleistet und steht vor einer schwierigen Zukunft.

3.3.1.4.1 Einfluss der demographischen Entwicklung auf die Gesetzliche Rentenversicherung

Aufgrund der sich verändernden Altersstruktur in Deutschland mit immer mehr alten Menschen und einer niedrigen Geburtenrate[161] wird sich das Verhältnis von Beitragszahlern und Rentnern künftig weiter verschlechtern. Kamen 2001 auf einen potenziellen Leistungsempfänger (Personen ab 60 Jahren) vier potenzielle Beitragszahler (Personen zwischen 20 und 59 Jahren), werden es 2030 einer aktuellen Prognose zufolge nur etwas mehr als zwei potenzielle Beitragszahler sein.[162] Die Abbildung 3-9 zeigt, dass schon 1996/98 im Vergleich zum Jahr 1986/1988 die Lebenserwartung von 65-jährigen Versichertenrentnern der gesetzlichen Rentenversicherung durchschnittlich um 2 Jahre gestiegen ist. Und entsprechend steigen die Rentenbezugszeiten im Jahr 2002 im Vergleich zu 1960 um mindestens 6 Jahre. (Vgl. Abbildung 3-10).

Abbildung 3-9: Ferne Lebenserwartung von 65-jährigen Versichertenrentnern der gesetzlichen Rentenversicherung

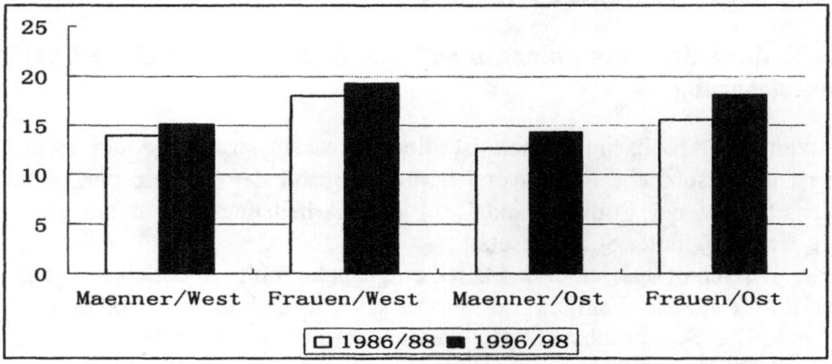

Quelle: Kruse(2000). S.137

[160] Vgl. Deutsches Institut für Altersvorsorge www.dia-vorsorge.de (abgerufen am 28.10.2004)

[161] Vgl. Kap. 3.3.1.1

[162] Vg. Dünn/Fasshauer(2003a); Statistisches Bundesamt(2003a): S32. Grundlage dieser Prognose ist eine mittlere Wanderungsnnahme (jährlicher Saldo von mindestens 200.000 Personen) und eine mittlere Lebenserwartungsannahme (Durchschnittliche Lebenserwartung von Frauen im Jahr 2050 sind 87 Jahre; Durchschnittliche Lebenserwartung von Männern im Jahr 2050 sind 81 Jahre).

Abbildung 3-10: Entwicklung der Rentenbezugszeiten*

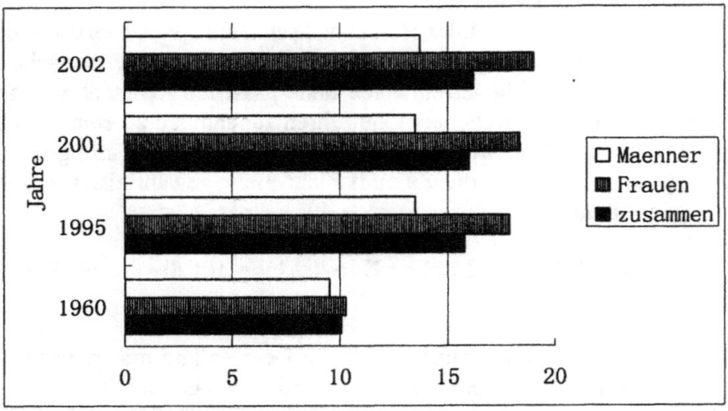

*Die Zahlen vom Jahr 1960 bezeichnen nur alte Bundesländer.
Quelle: VDR.(2003)

Was für den einzelnen deutschen Bürger als besonders gute Entwicklung erfahren wird (längere Lebenserwartung), ist für die Rentenversicherung, die auf einer gleich verlaufenden Lebenskurve ihrer Mitglieder ursprünglich erdacht und erschaffen worden ist, eine Katastrophe. Durch diese steigende Lebenserwartung wird sich die Altersstruktur zusätzlich mit schrumpfender Geburtenrate der deutschen Bevölkerung bis in die dreißiger und vierziger Jahre des 21. Jahrhunderts in extremem Maße zu Lasten der gesetzlichen Rentenversicherung verschieben.

3.3.1.4.2 Einfluss der Entwicklungen auf dem Arbeitsmarkt auf die Gesetzliche Rentenversicherung

Das individuelle Arbeitseinkommen ist die Bemessungsgrundlage der Beiträge,[163] deshalb ist die gesetzliche Rentenversicherung eng mit dem Arbeitsmarktgeschehen verbunden. So hat der Strukturwandel auf dem Arbeitsmarkt auch die gesetzliche Rentenversicherung unter Stress gesetzt:

Was der Wirtschaft auf den ersten Blick entgegenkommt, wirkt sich bei genauerem Hinsehen für die soziale Wohlfahrt des Staates als Verschiebung der Problematik in die Zukunft aus. Die Scheinselbständigen werden normalerweise nicht ausreichend bezahlt und können sich eine genügende Alterssicherung nicht leisten. Im Alter müssen sie sich an die Sozialhilfe wenden. Das Gleiche gilt auch für die geringfügig Beschäftigten, die keiner Sozialversicherungspflicht unterstehen. Anstatt ein versicherungspflichtiges Beschäftigungsverhältnis abzuschließen, genießt das geringfügige Arbeitsverhältnis eine immer größere Beliebtheit. Die Anzahl der Sozialversicherten wird immer kleiner.

[163] Vgl. Kap. 6.4.1.1.2.

So macht der Strukturwandel auf dem Arbeitsmarkt die gesetzliche Rentenversicherung auf längere Sicht funktionsunfähig[164]. Laut der BT-Drucksache 13/9313 wurden die Beitragsausfälle für die Rentenversicherung für 1997 wegen der Sozialversicherungsbefreiung der geringfügig Beschäftigen auf 7,7 Mrd. DM beziffert. Für die Gruppe der Scheinselbständigen werden zusätzliche Beitragseinnahmen für die gesetzliche Rentenversicherung in einer Größenordnung von 1,6 Mrd. DM pro Jahr gerechnet.[165] Das ruft nach besseren Lösungen. Von selbst wird sich aber der gordische Knoten nicht auflösen.

3.3.1.4.3 Diskussion über die Gesetzliche Rentenversicherung

Die Schwankungen der bisherigen Entwicklung des Rentenniveaus zeigen, wie man aus der Abbildung 3-11 ablesen kann, dass das Netto- und Bruttorentenniveau ziemlich stabil bei 50% bzw. 70% liegen. Beim Nettorentenniveau zeigt die Entwicklung in den letzten Jahren eher nach unten.

Abbildung 3-11: Entwicklung des Rentenniveaus 1957-2001

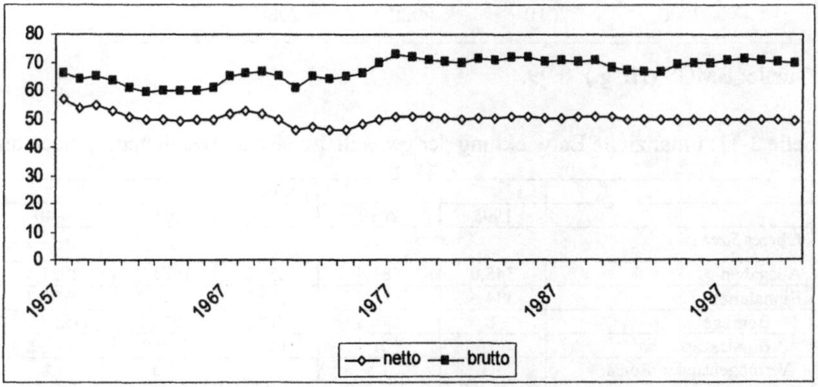

Datenquelle: DRV-Schriften(2002) S. 238.

Abbildung 3-12 zeigt, ohne weitere Reformmaßnahmen, wird der Beitragssatz 2030 über 24% klettern und das Bruttorentenniveau unter 41,9% sinken.[166] Barth (Vgl. Tabelle 3-11) sieht es noch pessimistischer: der von ihm berechnete Beitragssatz liegt im Jahr sogar zwischen 25,9% und 26,6%. In beiden von Barth vorgestellten Szenarien würde der Beitragsatz dramatisch steigen: von 18,6% im Jahr 1995 bis auf ungefähr

[164] Vgl. Gaßmann(1998). S.18; Bundesministerium für Arbeit und Sozialordnung(2001); Klaus/Schatz(2000); Klaus/Schatz(2001).

[165] Vgl. BT-Drucksache 14/45. S.70; Bundesministerium für Arbeit und Sozialordnung(1996). S141.

[166] Weitere Diskussion über die mögliche Entwicklung des Beitragssatzes in der GRV vgl. Langmantel/Vogler-Ludwig(1997).

27% im Jahr 2040. Derartige Beitragssatzsteigerungen sind angesichts der hohen Abgabenbelastung der Arbeitnehmer und Arbeitgeber inakzeptabel.

Abbildung 3-12: Entwicklung des Beitragssatzes und Rentenniveaus ohne weitere Reformmaßnahmen

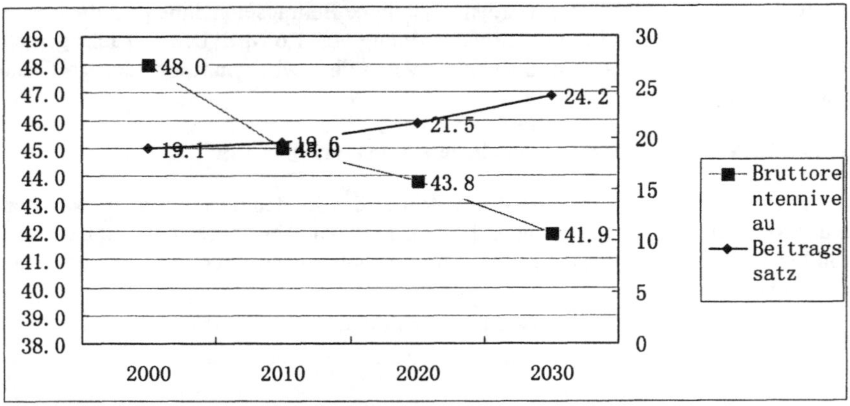

Quelle: BMGS (Hrsg.). S.99.

Tabelle 3-11: Finanzielle Entwicklung der gesetzlichen Rentenversicherung nach altem Recht*

	Mrd. DM				
	1995	2010	2020	2030	2040
Oberes Szenario**					
Ausgaben	345,0	584,4	856,0	1471,7	2281,4
Einnahmen	334,6	591,4	868,2	1490,7	2302,3
Beiträge	270,6	486,5	718,2	1224,9	1857,7
Bundeszuschuss	60,6	101,3	147,0	260,8	436,9
Vermögensteuer./Sonst.	3,3	3,5	3,0	5,0	7,8
Beitragssatz in %	18,6	21,4	22,9	25,9	26,7
Unteres Szenario***					
Ausgaben	345,0	577,2	780,0	1114,0	1426,5
Einnahmen	334,6	582,1	784,1	1124,9	1436,6
Beiträge	270,6	475,2	638,2	907,2	1133,5
Bundeszuschuss	60,6	103,4	143,2	213,9	298,3
Vermögensteuer./Sonst.	3,3	3,5	2,7	3,8	4,8
Beitragssatz in %	18,6	21,6	23,5	26,6	27,4

*gemäß RRG 1992 und WFG vom 25. 09.1996.

**Das obere Szenario ist durch stabile politische Verhältnisse in der Welt, eine weitere Liberalisierung des internationalen Handels und eine fortschreitende Integration in Europa gekennzeichnet.

***Im unteren Szenario wird die weltwirtschaftliche Entwicklung demgegenüber durch zunehmende Blockbildungen und politische Instabilitäten bestimmt.

Quelle: Barth(1998). S.362.

Schon seit langem ist wegen der demographischen Entwicklung, der Konjunkturkrise und der Entwicklung auf dem Arbeitsmarkt gezweifelt worden, ob die deutsche umlagefinanzierte gesetzliche Rentenversicherung langfristig tragfähig ist.

Allgemein wird behauptet, dass die umlagefinanzierte gesetzliche Rentenversicherung weniger Rentabilität als die kapitalgedeckte private Versicherung bietet.[167]

Nach der Wachstums-Theorie hängt die Rendite des Umlageverfahrens vom Wachstum der Löhne und dem Wachstum der Erwerbsbevölkerung ab:

$1+i_t^U \approx 1+g_t+n_t$
i_t^U : Rendite des Umlageverfahrens
g_t : Wachstum von Löhnen
n_t : Wachstum der Erwerbsbevölkerung

Die Rendite des Kapitaldeckungsverfahrens hängt vom (Weltmarkt-)Kapitalmarktzins ab:

$1+i_t^K = 1+r_t$
i_t^K : Rendite des Kapitaldeckungsverfahrens
r_t : (Weltmarkt-)Kapitalmarktzins

Tabelle 3-12: Vergleich alternativer Modellrechnungen zur internen Rendite der gesetzlichen Rentenversicherung

	Eitenmüller (1996)	**Ohsmann/ Stolz (1997)**	**Schnabel (1999)**	**Glismann/Horn (1997)**	**Wissenschaftl. Beirat beim BMWi(1998)**
Versicherungsdauer	40 Jahre	40 Jahre	35 Jahre	40 Jahre	44 Jahre
Alter bei Rentenbeginn	65 Jahre	65 Jahre	62,8 Jahre	65 Jahre	64 Jahre
Rentenbezugsdauer der Versichertenrente	15 Jahre	14,5 Jahre	19,4 Jahre	15 Jahre	10 Jahre
Rentenbezugsdauer der Hinterbliebenenrente	8 Jahre	10 Jahre	4,4 Jahre	6 Jahre	13 Jahre
Wachstumsrate der versicherungspfl. Arbeitsentgelte	2,5%	2,5%	1%	2,5%	2%
Interne Rendite (real)	2000: 3,3% 2040: 1,6%	1997: 3,1% 2010: 1,7%	2000:2,4% 2040: 1%	1995: 2,4%	2000: 2,7% 2040: 1,8%

Quelle: Althammer(2000). S.122

Anhand der zwei Tabellen (Tabelle 3-12 und Tabelle 3-13) kann man deutlich sehen, dass das Kapitaldeckungsverfahren deutlich höhere Renditen als das Umlageverfahren bringt[168] - die höchste Rendite beim Umlageverfahren liegt bei 3,1%, dagegen macht

[167] Vgl. Eitenmüller(1996), Eitenmüller/Hein(1998).
[168] Weitere Diskussion über die Renditenberechnung:. Holger/Hendrik(1999); Börsch-Supan(1999);

die niedrigste Rendite beim Kapitaldeckungsverfahren möglicherweise 4,8% aus. Deshalb muss man bei gleichem Leistungsniveau beim Umlageverfahren mehr Beiträge zahlen als beim Kapitaldeckungsverfahren. Die Beitragsdifferenz wird „implizite Steuer auf Arbeitseinkommen" genannt.[169] Nach Einschätzung von Sinn[170] macht der „Steueranteil" der Beitragszahlungen ungefähr 50% der Beitragszahlungen mit steigender Tendenz aus.[171]

Tabelle 3-13: Reale durchschnittliche Bruttorenditen auf dem deutschen Kapitalmarkt nach Anlageart

Anleihen, Aktien und Direktplatzierungen*	7,4%
Aktien (DAX Rückrechnung) **	ca. 8%
Festverzinsliche Anleihen***	ca. 4,8%

*Nach einer Berechnung des McKinsey Global Institute(1996) und Börsch-Supan, A.(1999), die neben Zinsen und Dividenden auch die Einkünfte aus Kapitalgewinnen mit einschließt, nach Unternehmensteuer, jedoch vor Einkommenssteuer.

**Nach einer Rechnung von Stehle, R,/Huber, R./Maier, J(1996) durch eine Rückrechnung des DAX, ebenfalls nach Unternehmenssteuer und vor Einkommenssteuer.

***Nach einer Berechnung von Schnabel(1998), auch hier betrachtet nach Unternehmens- und vor Einkommenssteuer.

Quelle: Windhövel(2003).S.29.

3.3.1.4.4 Entwicklung des Vertrauens in die Gesetzliche Rentenversicherung

Das „Funktionieren" der gesetzlichen Rentenversicherung als gesellschaftliche Institution hängt auch vom Vertrauen der Bürger und der Rentenversicherten im Besonderen ab.[172] Durch die Umfrage[173] in der Bevölkerung zeigt sich, wie von den negativen Zahlen in der Tabelle 3-14 abgelesen wird, dass das Vertrauen in die GRV erschüttert ist – der Vertrauensgrad der Bürger in die gesetzliche Rentenversicherung sich verringert.

Die Abbildung 3-13 und Abbildung 3-14 zeigen, dass die heutigen und zukünftigen Rentner die gesetzliche Rentenversicherung unterschiedlich beurteilen: während die meisten der heutigen Rentnergeneration glauben, dass sie „leicht mit der gesetzlichen Rente auskommen" können, glauben die meisten der zukünftigen Rentner, dass sie nur „mit Schwierigkeiten auskommen" werden.

Viebrok/Dräther(1999).

[169] Vgl. z.B. Wissenschaftlicher Beirat beim Bundesministerium für Wirtschaft(1998).

[170] Vgl. Sinn(1997).

[171] Mehr Diskussion über die durch das Umlageverfahren induzierte Zusatzlast in: Homburg/Richter(1990) oder Wissenschaftlicher Beirat beim Bundesministerium für Wirtschaft(1998).

[172] Vgl. Heien(2002); Bulmahn(2003); Andreß/Heien/Hofäcker (2001).

[173] Vgl. z. B. Daten der „ Allgemeinen Bevölkerungsumfrage der Sozialwissenschaften" (ALLBUS) der Jahre 1984, 1994 und 2000 in: Zentralarchiv für Empirische Sozialforschung 2003; Deutsches Institut für Altersvorsorge 2004, Perspektive Deutschland 2004.

Tabelle 3-14: Durchschnittliches Vertrauen der Bürger in die GRV in den Jahren 1984 bis 2000 nach soziodemografischen Merkmalen

	1984	1994	2000	1984-2000
Region				
- Alte Bundesländer	4,7	4,2	3,8	-0,9
- Neue Bundesländer	k.A.	4,1	3,9	k.A.
Alter				
- 18 bis 30 Jahre	4,2	3,7	3,3	-0,9
- 30 bis 45 Jahre	4,4	3,7	3,4	-1,0
- 45 bis 60 Jahre	4,8	4,4	3,8	-1,0
- 60 und älter	5,2	5,0	4,6	-0,6
Geschlecht				
- Männlich	4,6	4,2	3,9	-0,7
- Weiblich	4,7	4,2	3,8	-0,9
Schulbildung				
- Ohne Abschluss/Hauptschulabschluss	4,8	4,4	4,1	-0,7
- Mittlere Reife	4,5	4,0	3,6	-0,9
- (Fach-) Hochschulreife	4,3	3,9	3,4	-0,9
Erwebsstatus				
- Voll- oder Teilzeiterwerbstätige	4,6	4,0	3,5	-1,1
- Arbeitslose	4,5	3,7	3,9	-0,6
- Rentner	5,1	5,0	4,6	-0,5
- Sonstige Nichterwerbstätige	4,6	4,2	3,7	0,9
(Letzte) Berufliche Stellung				
- Arbeiter	4,9	4,3	4,0	-0,9
- Angestellte	4,7	4,1	3,8	-0,9
- Beamte	4,7	4,3	3,9	-0,8
- Selbständige	4,4	4,3	3,7	-0,7
- Nie erwerbstätig gewesen	4,4	4,2	3,7	-0,7

Anmerkungen: 1= „ gar kein Vertrauen"; 7= „volles Vertrauen"
Quelle: Zentralarchiv für Empirische Sozialforschung(2003). (gewichtete Daten).

Abbildung 3-13: Auskommen mit der gesetzlichen Rente (Rentner)
„Glauben Sie, dass Sie mit der gesetzlichen Rente, die Sie zurzeit erhalten,"

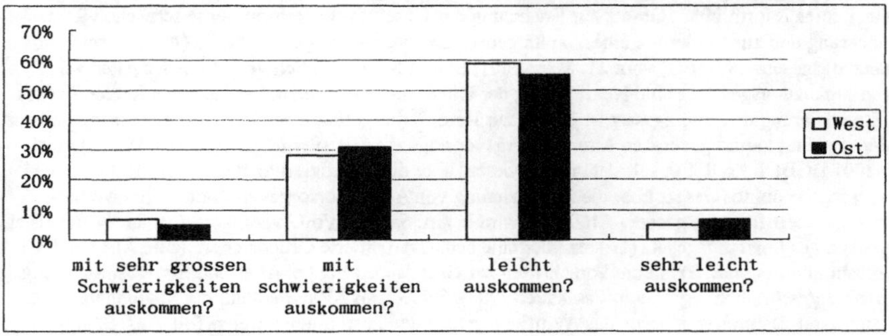

Quelle: Kohl(1998). S.489.

Abbildung 3-14: Voraussichtliches Auskommen mit der gesetzlichen Rente (Nicht-Rentner)

„Glauben Sie, dass Sie mit der gesetzlichen Rente, die Sie nach Ihrer Pensionierung erhalten werden,"

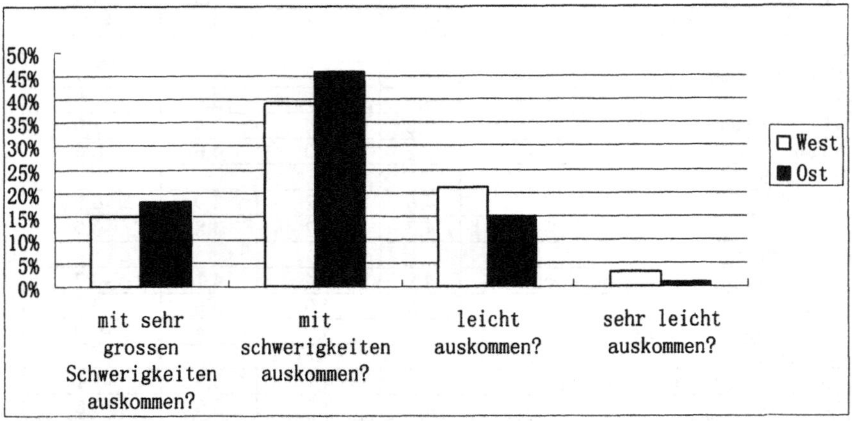

Quelle: Kohl(1998). S.489.

3.3.2 Inhalt der Rentenreform 2001[174]

Das Ziel der Rentenreform 2001[175] ist, eine langfristig sichere und bezahlbare Alterssicherung zu schaffen – durch Stabilisierung des Beitragssatzes; Senkung des Renten-

[174] Die Rentenreform 2001 bestand aus zahlreichen Änderungen. Auf die Alterssicherung von Frauen, Selbständigen, den Erwerbsminderungsrenten und die private Altersvorsorge wird in dieser Arbeit nicht weiter eingegangen

[175] Zur Renten reform 2001: Gesetz zur Ergänzung des Gesetzes zur Reform der gesetzlichen Rentenversicherung und zur Förderung eines kapitalgedeckten Altersvorsorgevermögens (Altersvermögensergänzungsgesetz -AVmEG) vom 21. März 2001, BGBII S.403; die Schwerpunkte des Altersvermögensergänzungsgesetzes sind Neuregelung der Hinterbliebenenrenten, Senkung des Rentenniveaus und Stabilisierung des Beitragssatzes; Gesetz zur Reform der gesetzlichen Rentenversicherung und zur Förderung eines kapitalgedeckten Altersvorsorgevermögens (Altersvermögensgesetz - AVmG) vom 26.6.2001 BGBl. I 1310. Ein selbstständiges Gesetz über die Zertifizierung der förderungsfähigen Altersvorsorgeprodukte (Gesetz über die Zertifizierung von Altersvsorsorgeverträgen - Altersvorsorgeverträge - Zertifiterungsgesetz - AltZertG) wird in Art. 6a des AVmG verankert. Art. 8a AVmG als ei eigenständiges Leistungsgesetz (Gesetz über eine bedarfsorientierte Grundsicherung im Alter und bei Erwerbsmindertung GSiG) hat die Vorschriften zur Grundsicherung bei Alter und Erwerbsminderung wurden vorgeschrieben. vgl. Dünn/Fasshauer(2001). S.273. Das AVmG enthält die Reglungen, denen der Bundesrat zustimmen musste, das AVmEG dagegen den zustimmungsfreien Teil. Aus: Standfest(2001). S.338. vgl. Pelikan(2002). S.1; Andresen(2002). S48, 49, 68, 75; Dünn/Fasshauer(2001). S.273. Fn.31.; Sozialbeirat(2001); Dünn/ Fasshauer(2003). S.2 Fn. 2, 5; Dünn/ Fasshauer(2003b), Fn.1; Dünn /Rüb (2003):Fn. 1, 2, 3, 4, 5 sowie die dort angegebene Literatur.

niveaus[176]; Reform der Hinterbliebenenrente; Rentensplitting; Aufbau einer kapitalgedeckten privaten Altersvorsorge; Förderung der betrieblichen Altersversorgung; bedarfsorientierte Grundsicherung.

Wie in 3.3.1.4 schon erwähnt wird, steht die gesetzliche Rentenversicherung vor großen Herausforderungen. Das Ziel, den Lebensstandard der Versicherten beizubehalten, ist eine große Herausforderung für die gesetzliche Altersversorgung. Die Rentenreform hat vor, die Leistungen aus staatlich organisierter Rentenversicherung teilweise durch Leistungen aus den privatwirtschaftlich betriebenen, kapitalgedeckten Sicherungssystemen zu ersetzen, damit der Beitragssatz zur gesetzlichen Rentenversicherung sinken wird. Die Neuregelungen im Rahmen der Rentenreform 2001 haben die gesetzliche Struktur der deutschen Altersvorsorge grundlegend verändert: in den letzten Jahrzehnten war die gesetzliche Rentenversicherung für abhängige Beschäftigte und einen Teil der Selbständigen – ergänzt um betriebliche und private Altersvorsorge – das Kernstück der Altersvorsorge.[177] Vor der Reform verfolgte die gesetzliche Rentenversicherung das Ziel der Lebensstandardsicherung. Mit der Rentenreform 2001 wurde ein Paradigmenwechsel[178] eingeleitet – in der gesetzlichen Rentenversicherung wurden die Leistungsziele den Beitragssatzzielen untergeordnet. Und das früher wichtige Ziel, das Rentenniveau beizubehalten, wird dem Ansatz, Senkung des Beitragssatzes zur Rentenversicherung, untergeordnet[179] [180]. Der Staat versucht, sich von der vollen Verantwortung für die Sicherung des Lebensstandards zurückzuziehen und das Individuum anzuspornen, entsprechende Verantwortung für sich zu nehmen. Die gesetzliche Rentenversicherung begrenzt sich mehr auf eine Grundsicherung – durch die Einführung einer bedarfsorienterten Grundsicherung[181] - und die Versicherten werden mit Eigenverantwortung[182] zur Altersversorgung belastet. Gemäß §154 Abs.3 des Versorgungsänderungsgesetzes 2001 soll der Beitragsatz zur gesetzlichen Rentenversicherung bis 2020 nicht über 20%, bis 2030 nicht über 22% sein und entsprechend soll das Rentenniveau bis 2030 fikitv[183] auf 67%, effektiv auf 64.5% senken. (Altersvermögens-(Ergänzungs)-gesetz 2001) Nach der Rentenreform entsteht im ersten Rentenbezugsjahr für Arbeitnehmer mit Gehältern oberhalb der Beitragsbemessungsgrenze eine durchschnittliche Rentenlücke von 150€ pro Monat. Genau wie Tabelle

---

[176] Vgl. Dünn/Stephan(2003). S.4 und BT-Drucksache 14/ 5394 und www.vr-bankmodul.de/av_modul_wb_2002/av_ziele.htm www.dgb.de/themen/themen_a_z/abisz_doks/e/eckpunkte_rentenreform.pdf/view?showdesc=1 (abgerufen am 02.04.2007)

[177] Vgl. Schmähl(1997).

[178] Vgl. Klaus/Reinhold(2000); Jens(2001), Börsch-Supan(2002), Schmähl(2000b).

[179] Vgl. Standfest (2001). S.338.; Bruno-Latocha/Grütz(2001). S.401.

[180] Die gesetzliche Altersrente wird daher weiter sinken und eine bedarfsorientierte Grundversorgung sein. Vgl. Pelikan(2002). S.11

[181] Mit der Einführung einer bedarfsorienterten Grundsicherung hat der Gesetzgeber vor, einer verschämten Altersarmut zu begegnen. Vgl. Dünn /Rüb (2003)Fn. 1, 2, 3, 4, 5. S.614-62; Renn/Schoch(2003).

[182] Vgl. Loytved(2002). S.591.

[183] Fiktives Rentenniveau - in den Nettoentgelten sind die Beträge zur zusätzlichen Alterssicherung berücksichtigt; Effektives Rentenniveau - in den Nettoentgelten sind die Beträge zur zusätzlichen Alterssicherung nicht berücksichtigt

3-15 zeigt[184]. Die Rente für jetzige Rentnergenerationen wird künftig langsamer steigen. Die junge und mittlere Generation bis zum 45. Lebensjahr muss mit staatlicher Unterstützung für das Alter Eigenverantwortung übernehmen. Die Stabilisierung des Beitragssatzes in der gesetzlichen Rentenversicherung wird dazu beitragen, die hohen Lohnnebenkosten zu senken und damit die wirtschaftlichen Rahmenbedingungen zu stärken. Und ein stabiler Beitragssatz kann auch dabei helfen, dass die gesetzliche Rentenversicherung mehr Vertrauen gewinnen wird.

Tabelle 3-15: Rentenlücke nach dem Alter

Alter	Rentenlücke (€/Monat)
40 bis 49jährige	215
50 bis 59jährige	112
60jährige und ältere	61

Quelle: Presseerklärung des DIA vom 2.8.2005. S.582.

Nach der Rentenreform 2001 gewinnen die betriebliche und private Altersvorsorge eine wichtigere Bedeutung. Die Rentenreform führte Instrumente ein, um den Auf- und Ausbau eines kapitalgedeckten Zusatzvorsorgesystems zu fördern. Durch die Rentenreform gewinnen die rentenversicherungspflichtigen Arbeitnehmer bessere Möglichkeiten, durch die staatliche Förderung Eigenvorsorge im Kapitaldeckungsverfahren aufzubauen.

Unter Entgeltumwandlung[185] versteht man die Umwandlung künftiger Entgeltansprüche in eine wertgleiche Anwartschaft auf Versorgungsleistungen. Bis zur Rentenreform 2001 wurde die betriebliche Altersversorgung in der Regel durch den Arbeitgeber finanziert.[186] Durch Entgeltumwandlung haben die Arbeitnehmer mehr Chancen, selbst die betriebliche Altersversorgung zu finanzieren. Ab dem 01.01.2002 hat jeder Arbeitnehmer den Anspruch auf Umwandlung von Entgelt in eine betriebliche Altersversorgung in Höhe von bis zu vier Prozent der Beitragsbemessungsgrenze zur gesetzlichen Rentenversicherung.[187] Anspruchsberechtigt sind Personen, die aufgrund ihrer Beschäftigung oder Tätigkeit in der gesetzlichen Rentenversicherung pflichtversichert sind.[188] Nach §§ 10a EStG sind die Durchführungswege, die förderungsberechtigt sind, vorgeschrieben. Wenn der Arbeitgeber keine betriebliche Altersversorgung über Pensionsfonds oder Pensionskassen offeriert, kann der Arbeitnehmer verlangen, eine betriebliche Altersversorgung durch Direktversicherung zu bekommen. Mitglieder, die unter einem Tarifvertrag stehen, haben nur den Anspruch auf Entgeltumwandlung, nur wenn der Tarifvertrag es vorsieht.[189]

---

[184] Vgl. Börsch-Supan/Essig/Wilke(2005).S.37ff.

[185] § 1 Abs. 2 Nr. 3 BetrAVG

[186] Wenn es nicht um eine grundlegende Änderung oder die Ablösung der Leistungszusagen geht, kann der Arbeitgeber ohne Zustimmung des Betriebsrats erforderlich Entscheidung treffen. Vgl. Kap. 6.6.3.

[187] § 18a Abs. 1 Satz 2 Nr. 2 SGB IV in der Fassung des AVmEG

[188] Vgl. 17 Abs. 1 Satz 3 BetrAVG n.F.

[189] §17 Abs. 5 BetrAVG

Arbeitnehmer können ab 2002 für ihre Beiträge in eine Direktversicherung, eine Pensionskasse oder einen Pensionsfonds direkte staatliche Zulagen bekommen oder die Beiträge als Sonderausgaben steuerlich geltend machen.[190] Die staatliche Förderung wird die „Riester-Rente“[191] genannt.

Neben der Riester-Förderung gibt es noch eine weitere Möglichkeit der staatlichen Unterstützung – die sog. Steuer- und Beitragsfreiheit. Arbeitnehmer können ab 2002 Teile Ihres Entgelts bis zu einer Höchstgrenze von 2160 Euro steuer- und zunächst auch noch sozialabgabenfrei in Beiträge zur betrieblichen Altersversorgung umwandeln. Aber dafür gilt die Vollversteuerung der späteren Rente. Das Förderkonzept hat die Risiken Invalidität und Tod, bzw. Versicherung von Hinterbliebenen nicht berücksichtigt.[192] Die staatliche Förderung dürfen Arbeitnehmer nur in Anspruch nehmen, wenn die betriebliche Altersversicherung in einer lebenslangen Rentenform bezahlt wird. Eine einmalige Kapitalauszahlung ist nicht förderfähig.[193]

Mit der Rentenreform wurde auch der international erfolgreiche Pensionsfonds[194] als Durchführungsweg der Altersversorgung zugelassen. Dadurch besteht die Möglichkeit, die Ergiebigkeit der Kapitalmärkte unter Einsatz von Risikokapital zu nutzen.

3.4 Ist-Zustand der deutschen betrieblichen Altersversorgung

3.4.1 Verbreitungsgrad

In den letzten 10 Jahren vor der Rentenreform 2001 ist die Zahl der Arbeitnehmer mit betrieblichen Versorungszusagen abgesunken - wenige Unternehmen richteten neue Systeme der betrieblichen Altersversorgung ein, bei bestehenden Systemen wurden die Leistungen eingeschränkt oder häufig wurde das Versorgungswerk für neue Mitarbeiter ganz geschlossen.[195] Arbeitnehmer mit niedrigem oder durchschnittlichem Einkommen, die im Alter deshalb auch nur relativ bescheidene Renten aus der gesetzlichen Rentenversicherung erwarten, erhalten häufig keine Leistungszusage über die betriebliche Altersvorsorge. Neu eingestellten Arbeitnehmern wird normalerweise keine betriebliche Altersversorgung angeboten. Nur besserverdienende Personen oder langjährige Angestellte von Großunternehmen verfügen über eine betriebliche Altersversorgung.

Abbildung 3-15 zeigt, dass von 1976 bis 1990 die Anzahl der Arbeiter mit Anspruch auf betriebliche Altersversorgung zurück ging. Nach den statistischen Erhebungen des Ifo-Institutes[196]: ist der Verbreitungsgrad der Arbeitnehmer mit betrieblicher Altersversorgung von 72% im Jahr 1984 auf 65% im Untersuchungszeitraum 1994 bis 1996 gesunken. 72% der neu eingestellten Arbeitnehmer in den alten Bundesländern im

---

[190] Vgl. Kap. 6.3.

[191] Zu den Grundzügen der „Riester-Rente“ vgl. Himmelreicher/Holgerk(2003); zur Akzeptanz der „Riester-Rente“ siehe Dünn/Fasshauer(2003).

[192] Vgl. Dünn/Fasshauer(2001); Kaufmann/Köhler(2002)

[193] Vgl. http://www.finanz.sullus.de/index.php?option=com_content&task=view&id=66&Itemid=101 (abgerufen am 02.05.2007)

[194] Im Kap. 3.4.5.5 wird intensiv über Pensionsfonds diskutiert.

[195] Vgl. Ifo-Institut (2000).

[196] Ifo-Instititut(1996).

verarbeitenden Gewerbe bekamen keine Zusage mehr auf eine betriebliche Altersversorgung.

Abbildung 3-15: Anteil der Arbeitnehmer mit betrieblicher Altersversorgung an allen Arbeitnehmern – alte Bundesländer

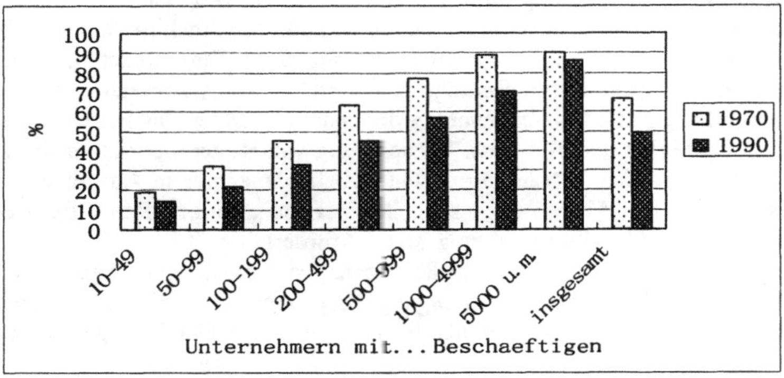

Quelle: Statistisches Bundesamt(1990)

Wie die folgende Tabelle 3-16 zeigt, stand im Jahr 1990 eine betriebliche Altersversorgung ungefähr drei Viertel der Arbeitnehmer im Finanzbereich zur Verfügung. Die betriebliche Altersversorgung fand im Gewerbe Energie-/Wasserversorgung, Bergbau, im Finanzbereich und im Baugewerbe die weiteste Verbreitung: 66,10%, 62,40% und 61,20% der Unternehmen im Gewerbe boten eine betriebliche Altersversorgung an.

Tabelle 3-16: Verbreitung der betrieblichen Altersvorsorge (31.12.1990)

Wirtschaftsbereiche	Anteil der Unternehmen mit betrieblicher Altersversorgung an Unternehmen insgesamt	Anteil der Arbeitnehmer mit erteilter oder verbindlich in Aussicht gestellter Versorgungszusage vom aktuellen Arbeitgeber an Arbeitnehmern in Unternehmen mit betrieblicher Altersversorgung
1-7 Alle erfassten Wirtschaftszweige	32,4%	64,80%
1. Energie-/Wasservers., Bergbau	66,10%	53,80%
2. Verarbeitendes Gewerbe	40,00%	71,80%
3. Baugewerbe	61,20%	80,70%
4. Handel	27,50%	42,70%
5. Verkehr und Nachrichtenübermittl.	26,50%	46,40%
6. Kreditinstitute, Versicherungsbranche.	62,40%	77,80%
7. Dienstleistungen	17,40%	38,40%

Quelle: Bruno-Latocha(2000): S.142

Im Jahr 1996 stand die betriebliche Altersversorgung in mehr als 60% der Unternehmen im verarbeitenden Gewerbe zur Verfügung (vgl. Abbildung 3-16) – hier wurden nur die Unternehmen mit mehr als 20 Beschäftigten berücksichtigt. Je größer die Unternehmen waren, desto besser das Angebot für eine betriebliche Altersvorsorgung.

Abbildung 3-16: Anteil an Unternehmen mit betrieblicher Altersversorgung in der jeweiligen Größenklasse
Verarbeitendes Gewerbe, alte Bundesländer 1996

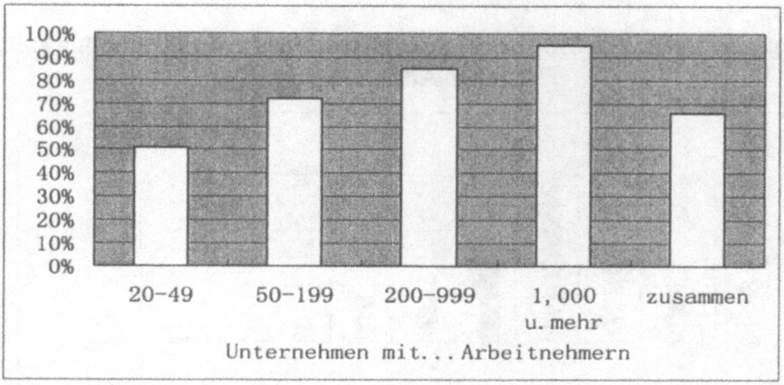

Quelle: Ifo-Institut(1996).

Das Gleiche galt auch im Handelsbereich – die Verbreitung nimmt mit der Unternehmensgröße zu – in rund 10% der Unternehmen mit einer Beschäftigungsgröße von 3-49 gab es betriebliche Altersversorgung, in Unternehmen mit einer Beschäftigungsgröße von mehr als 500 besaßen schon mehr als 60% die betriebliche Altersversorgung, vgl. Abbildung 3-17 .

Abbildung 3-17: Anteil an den Unternehmen mit betrieblicher Altersversorgung in der jeweiligen Größenklasse
Handel, alte Bundesländer 1996

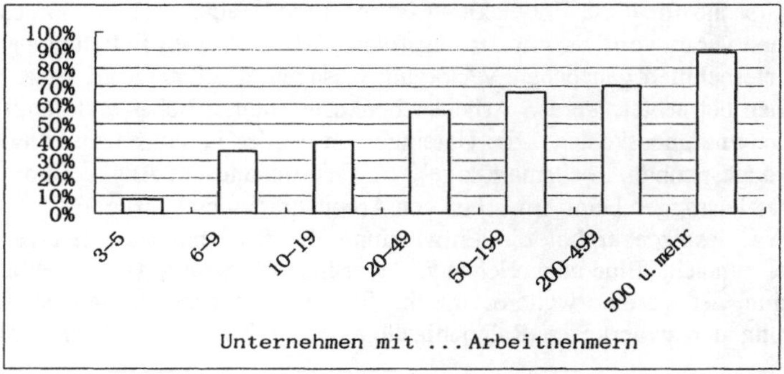

Quelle: Ifo-Institut(1996).

Aus der nächsten Abbildung 3-18 kann man ersehen, dass die Versorgungsleistung der meisten Empfänger der betrieblichen Altersversorgung – ungefähr 60% - um den Wert von 400 DM pro Monat streut. Die Leistung der betrieblichen Altersversorgung im Vergleich zur gesetzlichen Rentenversicherung ist relativ gering – im Jahr 1996 gab die betriebliche Altersversorgung 26,8 Mrd. DM aus und die gesetzliche Rentenversicherung 330 Mrd. DM.[197]

Abbildung 3-18: Anteil der Bezieher mit unterschiedlichen Leistungshöhen der betrieblichen Altersversorgung

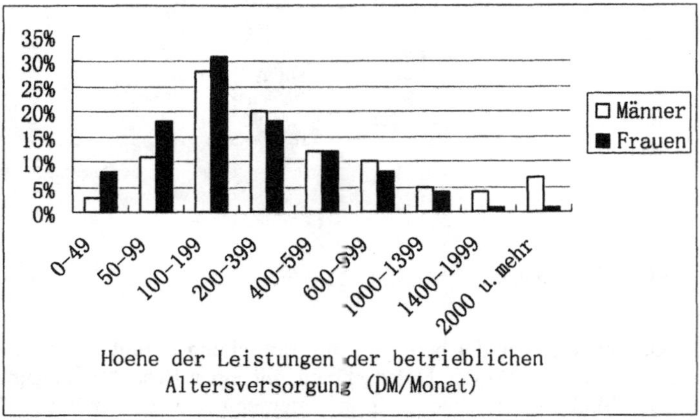

Quelle: Bundesministerium für Arbeit und Sozialordnung(Hrsg.)(1998)

Manche Akademiker glauben, dass ohne effektive Gegensteuerung des Gesetzgebers die betriebliche Altersversorgung in Deutschland ein „Auslaufmodell"[198] sei. Als wesentliche Ursache für diese Entwicklung ist meist der steigende Kostendruck in den Unternehmen verantwortlich: mit der negativen wirtschaftlichen Entwicklung werden die von Unternehmen gegebenen Versorgungszusagen zunehmend als Belastung der Unternehmen betrachtet, werden Arbeitsnebenkosten immer höher und damit steigen auch die Unternehmenskosten – die Unternehmen werden konkurrenzunfähig. Zudem macht die angespannte Arbeitsmarktlage[199] in Deutschland das Angebot von betrieblichen Zusatzleistungen beim Anwerben von Arbeitskräften entbehrlich.

Auch der Gesetzgeber hat die Entwicklung der betrieblichen Altersversorgung schwieriger gemacht. Eine unzureichende steuerliche Förderung der betrieblichen Altersversorgung ist als eine weitere Ursache für den Rückgang zu nennen. Die Verschlechterung der steuerlichen Rahmenbedingungen wird in folgenden Punkten erklärt:

- Reduktion der Zuwendungsmöglichkeiten an Unterstützungskassen

---

197 Vgl. Kap. 3.1.1..

198 Vgl.Berner-Lüll/Drochner(1998). S.1002

199 Vgl. Kap. 3.3.1.3

- Erhöhung der Pauschalssteuersätze
- Erhöhung der Rechnungszinssätze
- Nachträgliche Erhöhung der Verpflichtung durch Rechtsprechung bzw. Gesetzgebung im Zusammenhang mit den Anpassungsverpflichtungen nach § 16 BetrAVG
- Einschränkung der Flexibilität.[200]

z.B. Nach § 40b EStG wurde der Pauschalsteuersatz von 10% auf 20% und der Rechnungszins für Pensionsrückstellung von 3,5% auf 6% hoch gesetzt, dadurch erhöhen sich die Kosten der Versorgungszusagen.

Mit der Rentenreform 2001 wurden günstige Maßnahmen für betriebliche Altersversorgung bzw. für private Altersvorsorge eingeführt: z.B. Absenkung der Unverfallbarkeitsfristen, Einführung der Entgeltumwandlung und staatliche Förderung wie Beitrags- und Steuerbefreiung und Zulagen. Dadurch hat die „zweite Säule" ihre jahrzehntelange Stagnation überwunden und ist seither auf stabilem Wachstumskurs[201]. Die betriebliche Altersversicherung erlebt eine Renaissance. Nach einer vom Bundesministerium für Gesundheit und Soziale Versicherung veranstalteten Umfrage ist der Anteil der Arbeitnehmer mit betrieblicher Altersversorgung von 35% 2001 über 40% 2002 auf 42% 2003 gestiegen. Genaue Informationen stehen in folgender Tabelle 3-17:

Tabelle 3-17: Sozialversicherungspflichtige Arbeitnehmer in der Privatwirtschaft mit betrieblicher Altersversorgung im Jahr 2003

	Insgesamt		Männer		Frauen	
	31.12.2001	31.12.2003	31.12.2001	31.12.2003	31.12.2001	31.12.2003
Deutschland	35%	42%	37%	43%	29%	36%
Alte Bundesländer	39%	45%	42%	48%	32%	38%
Neue Bundesländer	18%	25%	17%	24%	20%	28%

Quelle: Infratest Sozialforschung(2003). S.9ff

Und bis Ende Juni 2004 hatten rd. 15,7Mio. Beschäftigte einen Anspruch auf die Betriebsrente (10,3 Mio. in der Privatwirtschaft und 5,4 Mio. bei Versorgungseinrichtungen des Öffentlichen Dienstes).[202] Tabelle 3-19 und Tabelle 3-20 zeigt die Entwicklungstendenz der Verbreitungsquoten der betrieblichen Altersversorgung von Dezember 2001 bis Juni 2004 in der Privatwirtschaft[203].

[200] Hör(2000). S.20 und dort angeführte Literaturhinweise.

[201] So lautet ehemalige Bundessozialministerin Ulla Schmidt. Statistik(2005). S.581.

[202] Statistik(2005). S.581.

[203] Nach deutschem Bundestag lässt sich die Zusatzversorgung für die Arbeitnehmer im öffentlichen Dienst in privatrechtliche betriebliche Altersversorgung einordnen. (vgl. Deutscher Bundestag(1997). S.22. Zitiert in Heubeck/Rürup(2000).S.3.) §46 BAT (Bundesangestelltentarfivertrag) und §25 TVöD (Tarifvertrag für den öffentlichen Dienst) und Tarifverträge für Arbeiter regeln die Alters- und Hinterblienenversorgung im öffentlichen Dienst. (vgl. Arbeitskammer des Saarlandes (2005). S.73) Mit den Zusatzversorgungen im öffentlichen Dienst angerechnet, wird der Verbreitungsgrad der betrieblichen Altersversorgung in Deutschland viel höher als die angegebenen Daten

Tabelle 3-19: Verbreitung der betrieblichen Altersversorgung in der Privatwirtschaft nach Betriebsstätten und sozialversicherungspflichtigen Arbeitnehmern von Dezember 2001 bis Juni 2004 (%)

Anteil	Deutschland						alte Länder (ohne Berlin)						neue Länder (einschl. Berlin)					
	BAV 2003			BAV 2004			BAV 2003			BAV 2004			BAV 2003			BAV 2004		
	12/ 01	12/ 02	3/ 03	3/ 03	12/ 03	6/ 04	12/ 01	12/ 02	3/ 03	3/ 03	12/ 03	6/ 04	12/ 01	12/ 02	3/ 03	3/ 03	12/ 03	6/ 04
Betriebsstätten	31	34	35	34	37	41	32	35	36	35	39	42	24	29	30	29	32	36
Arbeitnehmer insgesamt	38	42	43	42	45	46	42	45	46	45	47	48	19	24	27	28	30	32
Männer	39	43	44	45	47	47	44	47	48	48	50	51	18	23	25	26	29	30
Frauen	3	37	39	38	41	42	35	39	41	40	43	44	20	26	29	31	32	34

Quelle: Kortmann/Haghiri(2005). S.768.

Beamte Richter, Berufssoldaten, die im öffentlichen angestellten Arbeitnehmer sowie die in Art. 131 GG fallende Personen sind die Zielgruppe des Alterssicherungssystems (Heubeck/Rürup(2000).S.147.), das wie in der Tabelle 3-18 gezeigt aussieht:

Tabelle 3-18: Segmente der Altersversorgung im öffentlichen Dienst

	Beamte	Angestellte und Arbeiter
Bund und Länder	Vollversorgung direkt aus den jeweiligen Haushalten	Gesetzliche Rentenversicherung (GRV)/ Berufsständische Versorgungswerke/ eine befreiende Lebensversorgung plus Zusatzversorgung über die Versorgungsanstalt des Bundes und der Länder(VBL)
Kommunen und Kirchen	Vollversorgung entweder (a) indirekt über kommunale und kirchliche Versorgungskassen oder (b) direkt aus den jeweiligen Haushalten	Gesetzliche Rentenversicherung (GRV)/ Berufsständische Versorgungswerke/ eine befreiende Lebensversorgung plus Zusatzversorgung der Arbeitsgemeinschaft kommunale und kirchliche Altersversorgung (AKA) oder die VBL

Quelle: Heubeck/Rürup(2000).S.1, S.2. Fn.2 und aktualisiert

Den Beamten steht ein Vollversorgungssystem zur Verfügung und wegen der Tarifbindung existiert eine faktische Pflicht zur Versicherung bei den regional zuständigen Kassen. (Heubeck/Rürup(2000).S.4. z.B. Zusatzversorgung der Arbeitsgemeinschaft kommunale und kirchliche Altersversorgung (AKA) sind zuständig für die kommunale und kirchliche Zusatzversorgung und bestehen aus 24 umlagefinanzierten kommunalen und kapitalgedeckten kirchlichen Zusatzversorgungskassen, in denen 37.000 kommunale und kirchliche Arbeitgeber, mehr als 2,9 Mio. Pflichtversicherte versichert sind. (Fehn(2004). S.343f.) Nach Angaben zu 23 der 24 aktiven in der Arbeitsgemeinschaft kommunalen und kirchlichen Altersversorgung zusammengeschlossen Träger, lag der Anteil der an der Zusatzversorgung des öffentlichen Diensts teilgenommenen Arbeitnehmer bis Oktober 2003 bei über 95%. (Kortmann/Haghiri(2003).S.748.)

Tabelle 3-20: Aufstiegsquotient der Verbreitung der betrieblichen Altersversorgung in der privaten Wirtschaft

Veränderung In %-Punkt	BAV2003 12/01-3/03	BAV2004 3/03-6/04	Zusammen 12/01-6/04	BAV2003 12/01-3/03	BAV2004 3/03-6/04	Zusammen 12/01-6/04	BAV2003 12/01-3/03	BAV2004 3/03-6/04	Zusammen 12/01-6/04
Betriebsstätten	4	7	11	4	7	11	6	7	13
Arbeitnehmer insgesamt	5	4	9	4	3	7	8	4	12
Männer	5	2	7	4	3	7	7	4	11
Frauen	6	4	10	6	4	10	9	3	12

Quelle: Kortmann/Haghiri(2005). S.768.

Die zwei Tabellen zeigen: zwischen 2001 und 2004 ist der Anteil der privaten Betriebsstätten mit der betrieblichen Altersversorgung ist um 11% auf 41% gestiegen. Und 46% der Arbeitnehmer verfügen über eine betriebliche Altersversorgung, im Vergleich zu 2001 ist der Prozentsatz um 9% angewachsen. 42%, der Prozentanteil der Frauen, die eine betriebliche Altersversorgung besitzen, ist weniger als 47% von Männern.

Und die monatlichen Leistungsansprüche der Frauen sind auch geringer als die von Männern, wie in Abbildung 3-19 illustriert wird.

Abbildung 3-19: Monatliche Brutto-Betriebsrente im Jahr 2003
– in Euro -

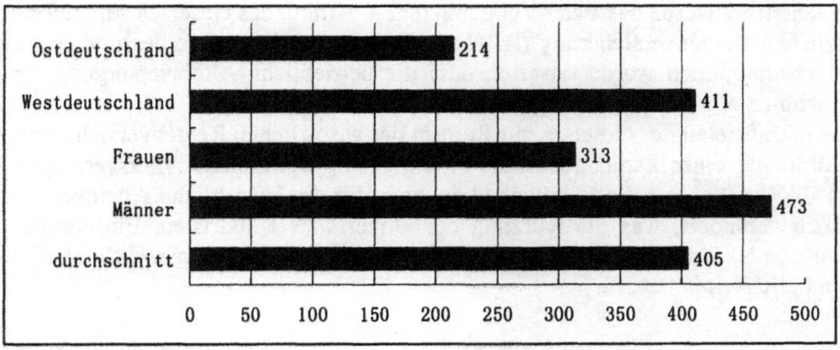

Quelle: Deutsches Institut für Wirtschaftforschung. (DIW): Sozio-ökonomisches Panel: Alle Stichproben sind gewichtet; in der Auswertung einbezogenen sind nur Bezieher einer monatlichen Betriebsrente.

Zitiert in Hemmer(2004a).S.667.

Aus der obigen Abbildung lassen sich Verteilungsunterschiede zwischen Männern und Frauen, zwischen Westdeutschland und Ostdeutschland herauslesen: Männer (473€ pro Monat) bekommen durchschnittlich mehr Betriebsrente als Frauen (313€ pro Monat), Westdeutsche (414 € pro Monat) haben mehr Betriebsrentenansprüche als Ostdeutsche (214€ pro Monat).

Der Verbreitungsgrad der betrieblichen Altersversorgung unterscheidet sich nach den Wirtschaftssektoren. In öffentlichen Sektoren hat die betriebliche Altersversorgung größeren Verbreitungsgrad.

3.4.2 Gesetzliche Rahmenbedingungen der deutschen betrieblichen Altersversorgung[204]

Die betriebliche Altersversorgung ist in eine Reihe von Gesetzen eingebunden:

- Gesetz zur Verbesserung der betrieblichen Altersversorgung (BetrAVG)
- Gesetz zur Reform der gesetzlichen Rentenversicherung (RRG)
- die Bestimmungen über Einkommensteuergesetz (EStG), Alterseinkünftegesetz, Insolvenzgesetz, Versicherungsaufsichtsgesetz, Gesetz über die Beaufsichtigung der privaten Versicherungsunternehmen und Bausparkassen u.a.
- die Rechtsprechung des Bundesarbeitsgerichtes
- die Rechtsprechung des Europäischen Gerichtshofes.[205]

Abbildung 3-20 zeigt die gesetzlichen Rahmenbedingungen der betrieblichen Altersversorgung.

Das Gesetz zur Verbesserung der betrieblichen Altersversorgung (BetrAVG) vom 19. 12. 1974[206] stellte den ersten Schritt für die Kodifizierung der betrieblichen Alterversorgung dar. In vielen Einzelurteilen wurde vorher die betriebliche Altersversorgung geregelt.[207] Das BetrAVG fügte die betriebliche Altersversorgung in einen arbeitsrechtlichen Gesetzesrahmen.[208]

Im Jahr 1999 wurde das BetrAVG durch den 8. Artikel des Gesetzes zur Reform der gesetzlichen Rentenversicherung (RRG 1999) geändert. Durch verbesserte rechtliche Rahmenbedingungen wurde erwartet, dass die betriebliche Altersversorgung für die Unternehmen wieder attraktiver gemacht werden sollte.

Das Inkrafttreten des Gesetzes zur Reform der gesetzlichen Rentenversicherung und zur Förderung eines kapitalgedeckten Altersvorsorgevermögens Altersvermögensgesetzes - AVmG)[209] hat die Rahmenbedingungen für die betriebliche Altersversorgung erheblich verändert, was die Kürzung der Unverfallbarkeitsfristen, Einführung von Pensionsfonds, Entgeltumwandlung und neuen steuer- und beitragsrechtlichen Förderungsmöglichkeiten betrifft.

---

[204] Vgl Arbeitsgemeinschaft für betriebliche Altersversorgung(2003) und Hör(2000).S.6.
[205] Hör(2000). S.6.
[206] BGBl. I 1974, S.3610ff. und vgl. Ritter(1989): S.84.
[207] Vgl. Hör(2000).S.6.
[208] Vgl. Ahren/Förster/Rößler(1995). Teil 1.
[209] BGBl. I. 2001 S. 1310.

Abbildung 3-20: die gesetzlichen Rahmenbedingungen der betrieblichen Altersversorgung

BetrAVG	**Gesetz zur Verbesserung der betrieblichen Altersversorgung (Betriebsrentengesetz)** - erlassen 1974 zur Fixierung arbeitsrechtlicher Vorschriften - konstitutiver Teil regelt den Geltungsbereich des Gesetzes - deklaratorischer Teil (ohne Rechtswirkung) mit Erklärung - Regelungen zur Insolvenzsicherung, zu Altersgrenzen, etc.
AVmG	**Gesetz zur Reform der gesetzlichen Rentenversicherung und zur Förderung eines kapitalgedeckten Altersvorsorgevermögen (Altersvermögensgesetz)** - Zum 01.01.2002 in Kraft getreten - Artikelgesetz, das Änderungen in anderen Gesetzen auslöst - Zeil ist die Förderung der kapitalgedeckten Altersvorsorge und Stabilisierung des Beitragssatzes zur gesetzlichen Rentenversicherung - Einführung von u.a. Pensionsfonds, Beitragszusage mit Mindestleistung - Änderung der gesetzlichen Unverfallbarkeit - Zentrale Neuerung ist das Entgeltumwandlungsrecht
AltEinkG	**Gesetz zur Neuordnung der einkommenssteuerlichen Behandlung von Altersvorsorgeaufwendungen und Altersbezügen (Alterseinkünftegeetz)** - Neureglungen zum 01.01.2005 - Änderungen im Einkommenssteuergesetz und Betriebsrentengesetz - Übergang zur Systematik der nachgelagerten Besteuerung - Neuordnung der steuer- und sozialversicherungsrechtlichen Rahmenbedingungen für die betriebliche Altersversorgung - Neuerung zur Portabilität von Betriebsrenten - Veränderungen bzgl. Der Riester-Rente; u.a. Unisex-Tarife, Daueranlageantrag, weniger umfangreiche Zertifizierungsverfahren, neue Vervielfältigungsreglungen
Europäische Reglungen	**Richtlinie 2003/41/EG** - Reglungen zur Tätigkeit und Beaufsichtigung von Einrichtungen der betrieblichen Altersversorgung, die an den Binnengrundsätzen des freien Kapitalverkehrs teilhaben sollen - Sicherheitsvorschriften zum Schutz der Leitungsberechtigten und –empfänger - Erweiterung des Tätigkeitsfeldes von Betreibern der Versorgungssysteme
BetrVG	**Betriebsverfassungsgesetz** - Betriebliche Altersversorgung unterliegt als Teil der Lohngestaltung der Mitbestimmung - Nur geringfügige Einflüsse auf die betriebliche Altersversorgung - Mitbestimmung bei der Vermögensanlage einer Unterstützungskasse
VAG	**Versicherungsaufsichtsgesetz** - Reglungen bezüglich der neu eingeführten Pensionsfonds - Vorschriften u.a. Zur Aufsicht, Kapitalausstattung, Vermögenslage und zu den Deckungsrückstellungen
Sonstige	**Aufzählung weiterer Regelwerke in alphabetischer Reihnfolge** - Abgabenordnung (AO), Arbeitszeitgesetz (AZG), Bürgerliches Gesetzbuch (BGB), Einkommens-Steuergesetz (EStG) und Einkommenssteuerdurchführungsversordnung (EStDV), Entgeltfort-Zahlungsgesetz (EFZG); Gesetz zur Ergänzung des Gesetzes zur Altersvorsorgevermögens (AVmeG), Körperschaftsteuergesetz (KStG) und Körperschaftsteuerdurchführungs-Verordnung (KStDV), Kündigungsschutzgesetz (KschG) und Sozialgesetzbuch (SGBIV)

Quelle: Masberg(2006).S.30.

Die neuesten wichtigen Veränderungen über die betriebliche Altersversorgung betreffen das „Gesetz zur Neuordnung der einkommensteuerrechtlichen Behandlung von Altersvorsorgeaufwendungen und Altersbezügen“[210], das am 5.7.2004 vom Bundestag mit Zustimmung des Bundesrats erlassen wird und das Siebte Gesetz zur Änderung des Versicherungsaufsichtsgesetzes vom 29.08.2005. Das Alterseinkünftegesetz (Gesetz zur Neuordnung der einkommenssteuerrechtlichen Behandlung von Altersvorsorgeaufwendungen und Altersbezügen - AltEinkG) enthält in Art. 8 die „Änderung des Gesetzes zur Verbesserung der betrieblichen Altersversorgung“. Die Vorschriften über Abfindungsmöglichkeit in §3 BetrAVG und Übertragbarkeit in §4 BetrAVG werden geändert, dadurch wird die Portabilität der betrieblichen Altersversorgung deutlich verbessert.[211] Das Alterseinkünftegesetz hat auch ab 1.1.2005 die einkommenssteuerrechtlichen und arbeitsrechtlichen Regelungen für die betriebliche Altersversorgung verbessert, dadurch gewinnt die betriebliche Altersversorgung mehr Portabilität und die Konkurrenzfähigkeit der betrieblichen Altersversorgung wird deutlich verbessert.[212]

Die am 2.9.2005 in Kraft getretene Gesetzesnovelle, die die Richtlinie 2003/41/EG des Europäischen Parlaments und des Rates vom 3. Juni 2003 über die Tätigkeiten und die Beaufsichtigung von Einrichtungen der betrieblichen Altersversorgung[213] in nationales Recht umsetzt, hat die Anlagevorschriften und die grenzüberschreitende Tätigkeit von externen Versorgungseinrichtungen an die Richtlinie des Europäischen Parlaments und Rats umgesetzt.

3.4.3 Parameter der deutschen betrieblichen Altersversorgung

Um Übersichtlichkeit zu schaffen, werden in Tabelle 3-21 die wichtigsten Parameter der deutschen betrieblichen Altersversorgung aufgelistet:

Tabelle 3-21: Parameter der deutschen betrieblichen Altersversorgung

- Part 1-

Begünstigtenkreis	- alle Arbeitnehmer - Gruppe - Einzelne
Zusageform	- Leistungszusage - Beitragszusage - Beitragsorientierte Leistungszusage - Beitragszusagen mit Mindesleistungen

[210] BGBl. I 2004 S.1427ff.

[211] Vgl. Kemper(2005). S.V.

[212] Ebd.

[213] http://eur-lex.europa.eu/smartapi/cgi/sga_doc?smartapi!celexplus!prod!DocNumber&lg=de&type_doc=Directive&an_doc=2003&nu_doc=41 (abgerufen am 02.04.2005.)

Tabelle 3-21: Parameter der deutschen betrieblichen Altersversorgung
- Part 2-

Leistungsarten	- Erlebensfall - Alter - Invalidität - Todesfall - Witwe(r) - Waise
Durchführungswege	- Direktzusage - Unterstützungskasse - Direktversicherung - Pensionskasse - Pensionsfonds
Ausgestaltung	- Leistungsvoraussetzungen(Wartezeit) - Berücksichtigung der Sozialversicherung
Bemessungsgrundlage für Leistungen bei Erreichen der Altersgrenze und leistungsdefinierte Zusagen	- Einzelversorgungszusage - Festbetragszusage - Endgehaltszusage - Durchschnittsgehaltszusage - Gesamtversorgungszusage
Eigenbeiträge	- möglich - unmöglich
Ort der Deckungsmittelanlage	- intern - extern
Vertragsform	- Tarifvertrag[214] - normaler Vertrag
Verwaltung des Versorgungswerks	- intern - extern

Quelle: in Anlehnung an Hör(2000). S.41; Schmitter(2001). S.24.

3.4.4 Zusageform[215]

Die Zusageformen, nämlich die Höhe, die Art und der Umfang des Versorgungsversprechens werden im Vertrag zwischen Arbeitgeber und Arbeitnehmer festgeschrieben, z.B. die im Versorgungsfall an den Rentner zu entrichtenden Zahlungen, die Zahlungsformen oder die dafür notwendigen Finanzierungsbeiträge. Die Zusageformen werden nach Feststellung der Leistungen im Versorgungsfall oder nach Festlegung der

[214] Tarifverträge über betriebliche Altersveersorgung besteht in Baugewerbe (IG BAU), Versicherungswirtschaft (IG BCE) und Metallbranche (IG Metall) usw.
[215] Zusageformen werden auch im Kap. 5.4 diskutiert.

Finanzierungsbeiträge in der Aktivenzeit in Leistungszusage, Beitragszusage[216], beitragsorientierte Leistungszusage und Beitragszusage mit Mindestleistung geteilt, die letzte wurde durch § 1 Abs. 2 Nr. 2 BetrAVG neu eingeführt.

3.4.4.1 Leistungszusage

Bei der Leistungszusage[217] sagt der Arbeitgeber dem Arbeitnehmer eine von vornherein in der Höhe bestimmbare Versorgungsleistung zu. Die Höhe der dafür nötigen Finanzmittel wird nicht vorher vorgeschrieben, sondern nach Bedarf vom Arbeitgeber selbst bestimmt.

Die Pflicht des Arbeitgebers bei der Leistungszusage hängt nicht von den Durchführungswegen ab - gemäß § 1 Abs. 1 Satz 3 BetrAVG haftet der Arbeitgeber für Leistungsausfälle des Versorgungsträgers. Die Investitionsentscheidung über die Beiträge wird prinzipiell innerhalb des Trägerunternehmens getroffen, selbst wenn die betriebliche Altersversorgung durch externe Durchführungswege wie Direktversicherung oder Pensionskasse unterstützt wird. Der Arbeitgeber sagt eine spezifizierte Leistung zu und übernimmt dadurch allein das Risiko der Kapitalanlage, das biometrische Risiko und das Risiko für Invalidität. Der Arbeitgeber kann das Risiko bei externen Versicherungsunternehmen rücksichern. Die Grundstruktur der Leistungszusage sieht wie in Abbildung 3-21 und 3-22 gezeigt aus: bei der unmittelbaren Zusage erfolgt der Prozess zwischen Arbeitgeber und Arbeitnehmer. Der Arbeitnehmer bekommt die Versorgungsleistung direkt von Arbeitnehmer. Im Fall der mittelbaren Zusage wird ein Externer Versorgungsträger eingeführt und von ihm wird die Versorgungsleistung gezahlt.

Abbildung 3-21: Grundstruktur der Leistungszusage – unmittelbare Zusage

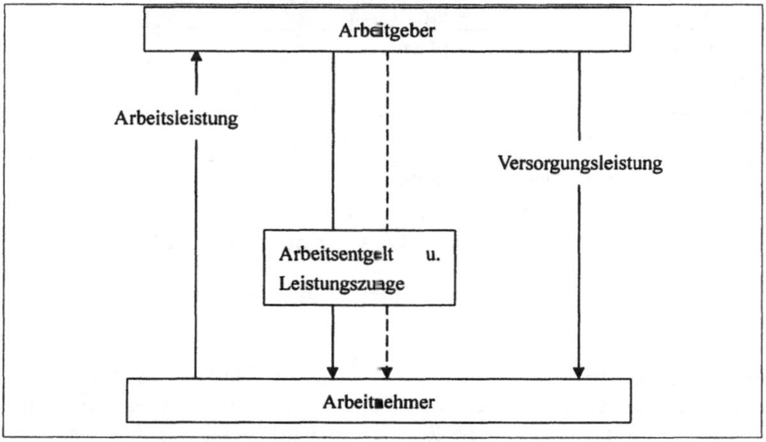

Quelle: Mühlberg/Schwinger(2006).S.15.

[216] Vgl. Davis(1997). S.230ff.; Lösel(2004).S.55ff.

[217] Auf Englisch heißt die Leistungszusage Defined Benefit

Abbildung 3-22: Grundstruktur der Leistungszusage – mittelbare Zusage

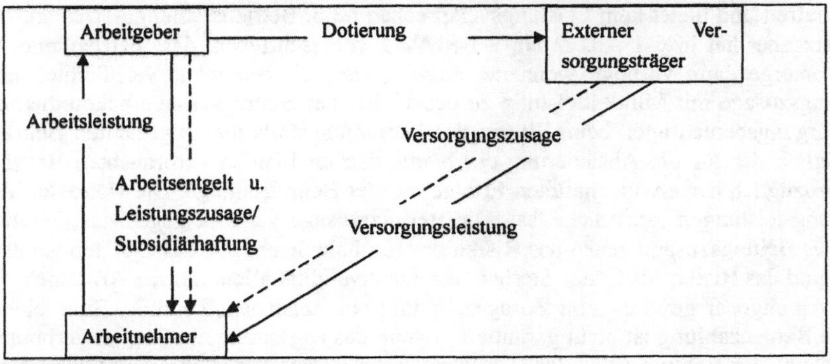

Quelle: Mühlberg/Schwinger(2006).S.15.

3.4.4.2 Beitragszusage

Der Arbeitgeber garantiert bei der Beitragszusage[218] nur die Zahlung von Beiträgen für den Aufbau einer betrieblichen Altersversorgung bis zum Eintritt des Versorgungsfalls – er gewährleistet aber nicht den Erhalt.

Die eingezahlten Finanzierungsbeiträge des Arbeitgebers werden an einen unabhängigen Vermögensverwalter überwiesen, wie Abbildung 3-23 darstellt, der dazu verpflichtet ist, möglichst hohe sichere Gewinne durch die Diversifizierung des Anlagerisikos zu erzielen. Und vom externen Versorgungsträger werden Arbeitnehmer im Versorgungsfall direkt die Versorgungsleistung bekommen. Die Grundstruktur der Beitragszusage ist wie in der Abbildung 3-23 gezeigt:

Abbildung 3-23: Grundstruktur der Beitragszusage

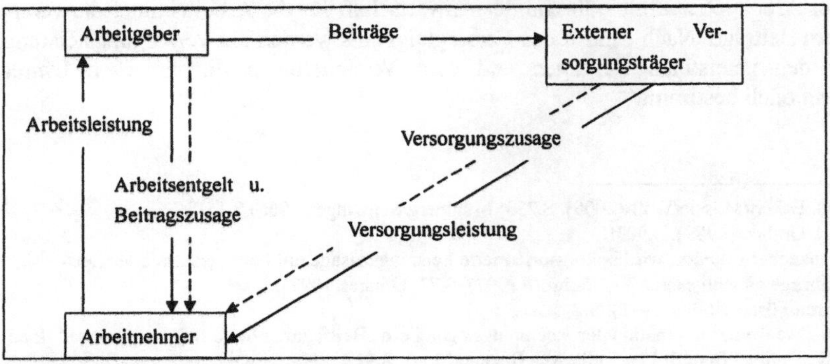

Quelle: Mühlberg/Schwinger(2006).S.15.

[218] Auf Englisch heißt die Beitragszusage Defined Contribution; auf Deutsch wird diese Zusageform auch als beitragsdefinierte Leistungszusage genannt.

Der Arbeitgeber wird durch Leistung seiner Beiträge von allen weiteren Verpflichtungen befreit und bietet kein Leistungsversprechen i.S.d. Betriebsrentengesetzes an. Der Gesetzgeber hat in § 1 Abs. 2 Nr. 2 BetrAVG. vorgeschrieben, dass betriebliche Altersvorsorge dann vorliegt, wenn der Arbeitgeber sich zumindest verpflichtet, eine Beitragszusage mit Mindestleistung zu geben. Bei der Beitragszusage bekommen die Versorgungsberechtigten beim Eintritt des Versorgungsfalls die eingezahlten Beiträge abzüglich der für die Absicherung der biometrischen Risiken verbrauchten Beiträge und zuzüglich der erwirtschafteten Erträge aus der Beitragsanlage. Die Höhe der Versorgungsleistungen steht nicht fest. Die Beitragszusage verstößt gegen das Gesetz – bei der Beitragszusage gehen das Risiko der Kapitalanlage bzw. das Langlebigkeitsrisiko und das Risiko für frühes Sterben und für Invalidität allein auf die Arbeitnehmer. Der Arbeitgeber gewährt zum Zusagezeitpunkt eine unsichere Zahlung. Eine lebenslange Rentenzahlung ist nicht garantiert – wenn das angesammelte Kapital verbraucht ist, bleibt der Rentner schutzlos. Deswegen ist Beitragszusage in Deutschland nicht zulässig – nur in bestimmten Fällen, z.B. über Lebensarbeitszeitmodelle[219] findet die Beitragszusage eine Anwendungsmöglichkeit.[220]

3.4.4.3 Beitragsorientierte Leistungszusage[221]

Bei der Beitragsorientierten Leistungszusage sagt der Arbeitgeber dem Arbeitnehmer eine Versorgungsleistung zu und teilt ihm den Beitrag mit, der zur Finanzierung der Leistung für Alters- Invaliditäts- oder Hinterbliebenenversorgung aufgewendet wird. (§1. Abs. 2. Nr. 1 BetrAVG)

Eine beitragsorientierte Zusage besteht aus der Zusage eines bestimmten Finanzierungsbeitrags und einer Berechnungsvorschrift für die daraus resultierenden Pensionsleistungen.[222] Durch die Berechnungsvorschrift wird die Beitragsorientierte Leistungszusage von der Beitragszusage unterschieden[223].

Der Arbeitgeber zahlt während der Anwartschaft für die Arbeitnehmer die versprochenen Beiträge. Nach Eintritt des Versorgungsfalls werden die Versorgungsleistungen nach den geleisteten Beiträgen und dem Versicherungsmathematischen Umrechnungsmodell bestimmt.[224]

---

[219] Vgl. Eckert/Mössle/Wolff(2005). S.233; Mühlberg/Schwinger(2006).S.15ff.

[220] Vgl. Grabner(1999). S.903ff.

[221] In mancher Literatur wird beitragsorientierte Leistungszusage mit beitragsdefinierter Leistungszusage gleichtgesetzt. Vgl. Schruff(1997). S.73; Gohdes(1997).

[222] Ahren/Föster/Rößler(1995). S.2

[223] Für Zwecke der internationalen Rechnungslegung ein „Beitragorientierte Leistungszusage"-Plan gilt als „Defined Benefit Plan" gilt. Aus:Becher(2004). S.117.

[224] Vgl. http://www.gdv.de/Hauptframe/index.jsp?oidl1=11338&oidl2=13290&oidl3=13296&contentUrl=/Themen/Altersvorsorge___Lebensversicherung/Hintergrundinformationen/Broschuere_Betriebliche_Altersvorsorge/inhaltsseite917.html. (abgerufen am 02.05.2005.)

3.4.4.4 Beitragszusage mit Mindestleistung

Durch die Novellierung des Betriebsrentengesetzes (BetrAVG) durch das Altersvermögengesetz (AVmG) wird die ab 1.1.2002 gültige Beitragszusage mit Mindestleistung eingeführt. Bei der Beitragszusage mit Mindestleistung verpflichtet sich der Arbeitgeber zur Zahlung von Beiträgen für den Aufbau einer betrieblichen Altersversorgung. Dabei garantiert er den Erhalt der eingezahlten Beiträge abzüglich der für die Absicherung der biometrischen Risiken verbrauchten Beiträge[225]. AVmG hat für die Durchführungswege Pensionsfonds, Pensionskassen und Direktversicherungen für die Beitragszusage mit Mindestleistung zugelassen. AltZertG enthält die Vorschriften für die Altersvorsorgeverträge. Durch §16 Abs. 3 Nr. 3 i.V.m Abs. 5 BetrAVG kann Entgeltumwandlung auch in der Zusageform von Beitragszusage mit Mindestleistung durchgeführt werden. Die Leistungsgarantie des Arbeitgebers entsprechend § 1 Abs. 2 Nr. 2 BetrAVG und § 1 Abs. 1 Satz 3 BetrAVG lautet: wenn die gezahlten Beiträge nicht rechnungsmäßig für einen biometrischen Risikoausgleich verbraucht werden, muss der Arbeitgeber dafür sorgen, dass im Versorgungsfall mindestens die eingezahlten Beiträge dem Versorgungsempfänger zur Verfügung stehen. Die gesetzliche Anforderung, mindestens die eingezahlten Beiträge zu garantieren, bringt die betriebliche Alterssicherung mit Beitragszusage mit Mindestleistung in Konkurrenz zur Lebensversicherung.

Durch § 16 Abs. 3 Nr. 3 BetrAVG wird die Beitragszusage mit Mindestleistung dadurch privilegiert, dass der Arbeitgeber bei einer Beitragszusage mit Mindestleistung nicht verpflichtet ist, ein Anpassungsprüfung der laufenden Renten durchzuführen - im Fall der Erwerbsunfähigkeit darf die Dynamisierung max. 15% der Beiträge sein. Dagegen hat der Arbeitgeber bei Leistungszusagen ab dem 01. Jan. 2001 die laufenden Leistungen grundsätzlich jährlich mindestens um 1% anzupassen. Es ist auch fragwürdig, ob eine Mindestgarantie, die weder eine Dynamisierung noch einen Inflationsschutz anbietet, wirklich sozialpolitisch wünschenswert ist. Ein Argument für die Einführung der beitragsdefinierten Zusage ist, dass die kleineren Arbeitgeber diesee Zusageform bereitwillig nehmen, um die betriebliche Altersversorgung anzubieten. Aber mit der Einführung der Entgeltumwandlung wird das Argument nicht mehr so überzeugend. Ein anderes Argument ist, dass sich beim Verzicht auf Garantien manchmal höhere Renditen verwirklichen lassen – hohes Risiko bringt manchmal hohen Gewinn. Soll die betriebliche Altersvorsorge – als die zweite Säule der Rentenversicherung, die zukünftig die Leistungskürzung in der gesetzlichen Rentenversicherung kompensieren wird - wirklich ein Produkt mit hohem Risiko anbieten, wo schon auf den Finanzmärkten viele ähnliche Produkte stehen? Sind Anlagen zur Absicherung des Alters in hohe Risikopapiere anzulegen?

3.4.5 Durchführungswege

Für die Durchführung der betrieblichen Altersversorgung in Deutschland sieht BetrAVG fünf Möglichkeiten vor, nämlich die fünf gesetzlich vorgesehenen Durchführungswege: Direktzusage, Unterstützungskasse, Direktversicherung, Pensionskasse

[225] Vgl. § 1 Abs. 2. Nr. 2 BetrAVG

und seit 01. Jan. 2002 Pensionsfonds. Die Verteilung der Deckungsmittel auf die fünf Durchführungswege stellt Tabelle 3-22 dar.

Tabelle 3-22: Deckungsmittel der betrieblichen Altersversorgung nach Durchführungswege (2002)

Durchführungsweg	Deckungsmittel (Mrd. €)	Deckungsmittel (%)
Direktzusage	209,6	59,2
Pensionskasse	74,5	21,0
Direktversicherung	45,0	12,7
Unterstützungskasse	24,8	7,0
Pensionsfonds	0,2	0,1
insgesamt	354,1	100,0

Quelle: Uebelhack(2005).S.38

3.4.5.1 Direktzusage

Die Direktzusage ist der quantitativ immer noch bedeutendste Durchführungsweg: sie ist in Deutschland die am weitesten verbreitete Form der betrieblichen Altersversorgung und trägt rund 60% der betrieblichen Altersversorgung in Deutschland[226]. Sie wird häufig in großen Unternehmen verwendet.[227] Durch die Direktzusage[228] ist der Arbeitgeber verpflichtet, im Versorgungsfall selbst mit Hilfe von Pensionsrückstellungen die Versorgungsleistungen in der zugesagten Höhe herbeizuschaffen, das heißt, die Versorgungsberechtigten haben nur einen Anspruch gegenüber dem Arbeitgeber. Die Direktzusage ist im Prinzip eine vom Arbeitgeber allein finanzierte Form der betrieblichen Altersversorgung. Der Arbeitgeber ist sowohl Versprecher als auch Versorgungsträger.

Der Arbeitgeber kann während der Anwartschaftszeit laufend Pensionsrückstellung in Höhe des jeweiligen Barwertes der zu erbringenden Leistungen bilden. Im Versorgungsfall werden die versprochenen Leistungen bezahlt, gleichzeitig aus der Pensionsrückstellung ausgebucht. Dieses Verfahren wird auch Anwartschaftsdeckungsverfahren[229] genannt. Dadurch können einerseits die gewinnabhängigen Steuern – Körperschafts-, Gewerbeertrags- und Einkommenssteuer – reduziert werden, weil durch die Pensionsrückstellungsbildung als Betriebsaufwand der Gewinn rechnerisch verringert wird; andererseits wird die Liquidität des Unternehmens beim Anwart-

[226] Vgl. Wiesner(2005a). S.327.; Uebelhack(1995). Rn.218ff.

[227] Vgl. Uebelhack(1995). S. 58. Rdnr. 218ff.

[228] Direktzusage wird auch als „unmittelbare Pensionszusage", „Unmittelbare Versorgungszusage", „Pensionsverpflichtung", „innerbetriebliche Ruhegeldzusage", „Pensionszusage" oder „Pensionsverpflichtung" genannt.

[229] BT-Drucksache 7/2843. S.14. und vgl. http://www.rechnungshof-hessen.de/lmk/inhalt3.php3?year=1996&K1=2&K2=17 (abgerufen am 02.05.2005.)

schaftsdeckungsverfahren nicht beeinträchtigt und das Unternehmen gewinnt durch die Steuerersparnis auch zusätzliche Liquidität, die erst beim Anwartschaftsdeckungsverfahren allmählich wegen der durch Auflösung der Pensionsrückstellung anfallenden Steuern nur teilweise entzogen wird – das Unternehmen hat den Zinsgewinn der Steuerstundung.

Wenn der Arbeitgeber nicht das Anwartschaftsdeckungsverfahren anwendet, kann er auch das Kapitaldeckungsverfahren[230] wählen. Beim Kapitaldeckungsverfahren bildet der Arbeitgeber bei der Gründung der Anwartschaft eine Einmalrückstellung, die dem zukünftigen Wert der Zusage entspricht.

Der Arbeitgeber muss unmittelbar das Risiko des Eintritts des Versorgungsfalls übernehmen und haftet für die Erfüllung der Versorgungszusage mit seinem Betriebsvermögen. Der Arbeitgeber kann auch die Leistungszusage bei einem rechtlich selbständigen Versicherungsunternehmen rücksichern.

Während der Anwartschaftsphase bekommt der Arbeitnehmer keine Leistungen. So wird der Arbeitnehmer nicht wegen Beiträgen oder Rückstellung, die durch den Arbeitgeber geleistet werden, gesteuert. Nach dem Eintritt des Versorgungsfalls sind die Versorgungsleistungen nach § 19 I Nr. 2 EStG einkommenssteuerpflichtig. Die Arbeitnehmer haben die Möglichkeit, die Zusage durch Entgeltumwandlung zu erhöhen. Die Beiträge der Arbeitnehmer zur Direktzusage sind steuerfrei und werden erst bei der Auszahlung versteuert

Die Direktzusage unterliegt weder staatlicher Aufsicht noch der Anlageregulierung.[231] Der Arbeitgeber ist jedoch verpflichtet, die betriebliche Altersversorgung beim Pensionsversicherungsverein zu versichern.[232]

3.4.5.2 Unterstützungskasse

Die Unterstützungskasse ist eine der ältesten Formen der betrieblichen Altersversorgung und hat wie die Pensionskasse ihren Ursprung in den Hilfskassen, die Mitte des 18. Jahrhunderts entstanden sind.[233]

Im Gegensatz zur Direktzusage werden die Rückstellungen nicht allein im Betrieb, sondern bis zu einem gewissen Umfang in einer rechtlich selbständigen Versorgungseinrichtung verwaltet, die von einem oder mehreren Unternehmen ausgerichtet wird. Die Unterstützungskassen werden nach der Anzahl der Trägerunternehmen in Einzelunterstützungskasse und Gruppen- bzw. Konzernunterstützungskasse geteilt – je nach dem ob die Versorgungsberechtigten aus einem einzelnen Unternehmen, einem Konzern oder mehreren konzernfremden Unternehmen kommen.[234] Die Unterstützungskassen sind keine Versicherungsvereine auf Gegenseitigkeit. Die Trägerunternehmen können als Gesellschafter oder Vereinsmitglieder an den Unterstützungskassen teil-

[230] Ebenda.
[231] Vgl. Kap. 6.5.2.
[232] Vgl. Kap. 6.4.1.1.
[233] Vgl. Dresp(1995). Bd. 1, Rdnr. 14ff.
[234] Vgl. Esser/Sieben(1997). S.20.

nehmen oder können nur als Begünstigte aktivieren oder sogar auf die Mitgliedschaft verzichten.[235]

Gemäß § 1 b Abs. 4 BetrAVG ist die Unterstützungskasse eine rechtsfähige Versorgungseinrichtung, die auf ihre Leistungen keinen Rechtsanspruch anbieten darf. und entsprechend § 1 Abs. 4 Satz 1 BetrAVG haben die Versorgungsberechtigten logischerweise keinen Rechtsanspruch auf die Versorgungsleistung aus der Unterstützungskasse.[236] Dieser Ausschluss des Rechtsanspruchs gehört zum Wesen der Unterstützungskassen[237], aber beseitigt nicht die Bindung des Arbeitsgebers an die Versorgungszusage – der Ausschluss des Rechtsanspruchs spielt keine wesentliche Rolle für die Versorgungsverpflichtung des Arbeitgebers.[238]

Die Unterstützungskasse hat die Rechtsform eines eingetragenen Vereins, einer GmbH oder einer Stiftung[239] und wird durch Zuwendung der Trägerunternehmen finanziert. Der Arbeitgeber zahlt regelmäßig oder unregelmäßig an die Unterstützungskasse, ohne sich der Unterstützungskasse gegenüber zu bestimmten Leistungen zu verpflichten[240]. Der Arbeitgeber bestimmt nach freiem Ermessen Zeitpunkt und Umfang der Leistung durch entsprechende Zuwendung. Aber die Finanzierung muss mindestens ausreichen, um die jeweiligen Kassenleistungen und die Verwaltungskosten zu decken. Für die Berechnung der Zuwendungen an die Unterstützungskasse ist kollektive Betrachtung ausgeschlossen, weil bei der kollektiven Bewertung, bei der die Zuwendungen pauschal nach Durchschnittsgrößen gerechnet werden, die Gefahr groß ist, dass die Gestaltungsmodelle nach den Interessen der Unterstützungskasse oder des Trägerunternehmens manipuliert werden.[241] Bei der Einzelbetrachtung werden die Interessen der einzelnen Mitarbeiter real berücksichtigt. Wenn der Unterstützungskasse die nötigen Mittel zur Versorgungsleistungserbringung fehlen, sind die Arbeitgeber verpflichtet, die Versorgungsleistungen zu erbringen.[242] Die Zuwendungen an die Unterstützungskasse gelten als Betriebsausgaben gemäß § 4 d EStG für die Arbeitgeber bzw. Trägerunternehmen steuermindernd.

Die Unterstützungskasse ist eine rechtsfähige Versorgungseinrichtung aber kein Versicherungsunternehmen. Deshalb gibt es für Unterstützungskassen weder staatliche Aufsicht noch Anlageregulierung. – die Vermögensanlage liegt im freien Ermessen der Unterstützungskassen.[243] Manchmal geben die Unterstützungskassen deren Trägerunternehmen ihr Vermögen als Darlehen zurück. Dadurch haben die Versorgungsbegünstigten höhere Risiken, weil Ässet nicht variiert geteilt wird.[244] Im Gegensatz zu anderen Durchführungswegen wird die Unterstützungskasse durch das Kapitaldeckungs-

---

[235] Vgl. Hör(2000).S.79ff.
[236] Genaue Analyse siehe Kapitel 5.3.1.2.
[237] Vgl. BT-Drucksache 7/1281. S.34.
[238] Vgl. Fn. 655..
[239] Vgl. Schwarzbauer/Unterhuber(1991). S.10ff., Mühlberger/Schwinger(2006). S.188; Esser/Sieben(1997). S.21.
[240] Vgl. BT-Drucksache 7/1281. S.36.
[241] Vgl. Hör(2000). S.83f.
[242] Vgl. Forsbach(1982). S.159.
[243] Vgl. Kap. 6.5.2.
[244] Vgl. Hör(2000). S.109f.

verfahren[245] unterstützt, deshalb gibt es bei der Anwartschaftsphase eine Unterdeckung. Das macht erforderlich, dass die Unterstützungskasse die einhergehenden Risiken bei einem Versicherungsunternehmen rückversichert.

Der Arbeitnehmer bekommt bei der Unterstützungskasse, wie bei der Direktzusage, vor dem Eintritt des Versorgungsfalls keine Leistungen von der Unterstützungskasse und er wird nicht wegen der Zuwendung, die der Arbeitgeber an die Unterstützungskasse bezahlt hat, besteuert. Somit werden die Versorgungsleistungen nach § 19 Abs. 1 Nr. 2 EStG einkommenssteuerpflichtig. Und erst bei der Rentenauszahlung wird die Unterstützungskasse besteuert. Die Mitbestimmung der Arbeitnehmer ist bei der Unterstützungskasse ausgeschlossen, die Versorgungsberechtigten haben nur das Recht auf Information.[246]

Bei der Unterstützungskasse besteht ein Dreieckverhältnis[247] – wie bei Direktversicherung und Pensionskasse - Deckungs- und Versicherungsverhältnis im Versicherungsvertrag zwischen Arbeitgeber und Unterstützungskasse, Zuwendungsverhältnis im Versorgungsversprechen zwischen Arbeitgeber und Arbeitnehmer sowie Bezugsverhältnis zwischen Unterstützungskasse und Arbeitnehmer.

3.4.5.3 Direktversicherung

Gemäß § 1 b Abs. 2 Satz 1 BetrAVG wird die Direktversicherung folgendermaßen definiert: eine Direktversicherung liegt vor, wenn für die betriebliche Altersversorgung eine Lebensversicherung auf das Leben des Arbeitnehmers durch den Arbeitgeber abgeschlossen wird und der Arbeitnehmer ganz oder teilweise bezugsberechtigt ist.[248]

Die Versicherung kann in Form der Einzelversicherung oder der Gruppenversicherung erfolgen – bei der Gruppenlebensversicherung müssen mindesten 10 Arbeitnehmer eingeschlossen werden und die Versicherung hat eine Versorgungsvereinbarung zwischen Arbeitgeber und Arbeitnehmer als Grundlage.[249] Der Arbeitgeber zahlt regelmäßig Versicherungsprämien, die unter den Voraussetzungen des § 4 b EStG in die Betriebsausgaben eingegliedert werden, oder er muss entsprechend § 1 b Abs. 2 Satz 3 BetrAVG für den Arbeitnehmer eine betragsmäßig festgelegte Versicherungsleistung im Versorgungsfall schaffen. Der Versicherungsnehmer bei der Direktversicherung ist der Arbeitgeber.[250]. Der Arbeitnehmer ist lediglich Bezugsberechtigter aus einem Vertrag zugunsten Dritter i. S. d. §§ 328, 331 BGB.[251] Beim Abschließen einer betrieblichen Altersversorgung durch eine Direktversicherung sind die Versicherungsberechtigten z.B. Arbeitnehmer oder seine Hinterbliebenen sowie sonstige bezugsberechtigte Personen erforderlich[252], der Arbeitgeber muss sie gegenüber dem Versicherungsun-

---

245 Genaue Vorstellung des Kapitaldeckungsverfahrens siehe Kap. 3.3.1.4.3.
246 Vgl. Hör(2000). S.114.
247 Vgl. Heubeck et al.(1982). Bd. I, S.164ff. Rdnr. 390.
248 Vgl. Blomeyer/Otto(1997). Rdnr. 211-249.
249 Nach BAG, Urt. vom 19. Apr. 1983, 3 AZR 24/81.
250 Nach AP Nr. 17 zu § 1 BetrAVG; BAG, Urt. Vom 10. Sept. 1992, 3 AZR 153/91.
251 Vgl. Klunzinger(1998). S.198ff.
252 Vgl. § 4 b Satz 1 EStG

ternehmen benennen[253]. Ohne solch eine Benennung wird das Bezugsrecht gegenüber dem Arbeitnehmer nicht gestaltet.

Die vom Arbeitgeber gezahlten Prämien sind grundsätzlich steuerpflichtiger Teil des Arbeitseinkommens[254]. Nach § 40 b EStG[255] kann die Lohnsteuer von den Beiträgen für eine Direktversicherung mit einem Pauschalsteuersatz von 20% der Beiträge getilgt werden. Wenn der Arbeitgeber die für die Prämienzahlung nötigen Mittel rechtzeitig aussortiert, auf Direktversicherer überträgt und weder beliehen noch abgetreten hat, entsteht den Versorgungsberechtigten kein Risiko beim Insolvenzfall des Arbeitgebers.[256] Im Versorgungsfall verschieben sich die Ansprüche des Versorgungsberechtigten gegen das Versicherungsunternehmen. Wenn der Arbeitgeber die Ansprüche aus dem Versicherungsvertrag abgetreten oder beliehen hat, ist der Arbeitgeber gemäß § 1 b Abs. 2 BetrAVG gebunden, den Berechtigten beim Eintritt des Versicherungsfalls so zu stellen, als ob die Abtretung oder Beleihung gar nicht existierte. Nur wenn der vom Arbeitgeber zur Leistungserfüllung eingeschaltete Direktversicherer wegen mangelnder Prämienzahlung oder Widerruf des Bezugsrechts nicht zur Leistungserbringung gezwungen ist, steht der Arbeitgeber für die Versorgungsleistung ein.[257]

Von der Direktversicherung können sowohl der Arbeitgeber als auch die Arbeitnehmer profitieren. Einerseits kann das besondere technische Know-How der fachlichen Versicherungsunternehmen den Versicherten möglicherweise mehr Gewinne bringen. Andererseits muss der Arbeitgeber durch den Abschluss einer Direktversicherung viele Umstände wie Anpassungspflicht[258] nicht mitmachen und kann dadurch Verwaltungskosten sparen. Die Direktversicherung hat sich als einfache und übersichtliche Form der betrieblichen Altersversorgung bewährt und passt den kleineren und mittleren Unternehmen besser, weil die Risiken auf die große Zahl der Versicherten der externen Versicherungsunternehmen verteilt sind. Aber nur 5% der deutschen Unternehmen haben sich für die Direktversicherung entschieden.[259]

Die Direktversicherung wird durch das Bundesaufsichtsamt für das Versicherungswesen beaufsichtigt und ihre Anlagestrategien müssen den Vorschriften des Versicherungsaufsichtsgetzes entsprechen.

Beim Durchführungsweg Direktversicherung gibt es drei Akteure – Arbeitgeber (Versprechender), Direktversicherung (Versorgungsträger) und Arbeitnehmer (Versorgungsempfänger) – es herrschen dreieckige Rechtsverhältnisse[260] und zwei von einander getrennte Verträge[261], nämlich Deckungs- und Versicherungsverhältnis im Versicherungsvertrag zwischen Arbeitgeber und Versicherer im Sinne von VVG und VAG, Zuwendungs- oder Valutaverhältnis im Versorgungsversprechen zwischen Arbeitgeber

253 Vgl. § 166 Abs. 1 VVG.
254 Vgl. § 8 Abs. 1 EStG i.V.m. § 2 Abs. 2 Nr. 3 LStDV.
255 Vgl. auch Abschnitt 129 Abs. 6 LStR.
256 Vgl. Hör(2000). S.138.
257 Vgl. § 1 Abs. 1 Satz 3 BerAVG
258 Vgl. § 1 Abs. 2 Satz 1 BetrAVG.
259 Vgl. Schulte(1989). S.660.
260 Vgl. Andresen et al.(1999). Teil 5 A. Rdnr. 35.
261 Vgl. Schmid, O.(1992). S.13ff.

und Arbeitnehmer gemäß dem Arbeitsrecht sowie Bezugsverhältnis zwischen Versicherer und Arbeitnehmer; ein Arbeitsvertrag zwischen dem Arbeitgeber und dem Arbeitnehmer, der das Innenverhältnis innerhalb des Unternehmens begründet und als einen Teil dessen sich die Versorgungszusage versteht, und ein Versicherungsvertrag zwischen Arbeitgeber und Versorgungsträger.[262]

3.4.5.4 Pensionskasse

§ 1 b Abs. 3 BetrAVG und §118a BAG definieren die Pensionskasse folgendermaßen: eine Pensionskasse liegt vor, wenn die betriebliche Altersversorgung von einer rechtlich selbständigen Versorgungseinrichtung durchgeführt wird, die dem Arbeitnehmer oder seinen Hinterbliebenen auf ihre Leistungen einen Rechtsanspruch gewährt.

Pensionskassen sind rechtsfähige und selbständige Versorgungseinrichtungen[263] – sie können betrieblich oder überbetrieblich sein, z.B. in Form von Betriebs- oder Firmenpensionskassen oder in Form von Gruppenpensionskassen oder Konzernpensionskassen mit konzernrechtlicher Verflechtung. Pensionskassen können entweder privatrechtliche oder öffentlich-rechtliche Organisationen sein.[264] Gemäß § 7 VAG haben die Pensionskassen privatrechtlich die Rechtsformen von Aktiengesellschaften und Versicherungsvereinen auf Gegenseitigkeit.[265]

Pensionskassen finden hauptsächlich bei Großunternehmen weite Verbreitung. Wenn Klein- und Mittelunternehmen Anschluss an Gruppenkassen haben, kann die Pensionskasse für sie möglicherweise auch vorteilhaft sein.[266]

Die Pensionskasse wird ganz oder teilweise[267] durch die laufenden Erträge der Trägerunternehmen der Pensionskasse kontinuierlich und periodisch finanziert. Die Zuwendungen an Pensionskassen können entsprechend § 4 c EStG i.V.m. Abschn. 27. EStR. unter in § 4 c EStG aufgeführten Bedingungen[268] im laufenden Wirtschaftsjahr als Betriebsaufwand in die Bilanz von Trägerunternehmen der Pensionskasse gerechnet und für die Arbeitnehmer als Einkünfte aus nichtselbständiger Arbeit sofort versteuert werden – ähnlich wie Prämien an eine Direktversicherung.[269] Daher gelten die Vorschriften wie Lohnsteuerpauschalierung nach § 40 b EStG auch für Pensionskassen. Die Zuwendungen des Arbeitgebers aus dem ersten Dienstverhältnis an eine Pensionskasse sind steuerfrei, solange sie unterhalb 4% der Beitragsbemessungsgrenze in der gesetzlichen Rentenversicherung liegen. Um eine doppelte steuerliche Privilegierung zu vermeiden, sind die Beiträge, die aufgrund der Entgeltumwandlung entstehen

---

[262] Vgl. Andresen et al.(1999). Teil 5 A. Rdnr. 35.; Hör(2000).S.115f.; Schmid, O.(1992). S.13ff.
[263] Vgl. Schaub /Schusinski/Ströer(1989)
[264] Vgl. Arbeitsgemeinschaft für betriebliche Altersversorgung e.V.(aba)(2003).S.17 und Hör(2000). S.136.
265 Vgl. Ahren/Förster/Rössler(1995). 5. Teil, Rdnr.10.
[266] Vgl. Arbeitsgemeinschaft für betriebliche Altersversorgung e.V.(aba)(2003).S.87ff.
[267] Wie vorher erwähnt wird, der Arbeitnehmer kann sich auch bei der Pensionskasse an der Beitragszahlung beteiligen.
[268] Diese Bedingungen versuchen die Möglichkeiten zu beseitigen, dass die steuerlichen Vorteile der Pensionskasse mißbraucht werden.
[269] Vgl. Arbeitsgemeinschaft für betriebliche Altersversorgung e.V.(aba)(2003). S.42ff.

und durch Sonderausgabenabzug[270] oder Altersvorsorgezulagen[271] gefördert werden, steuerpflichtig.

Der Arbeitgeber ist verpflichtet,[272] bestimmte Zuwendungen an die Pensionskasse zu zahlen, die eher den Charakter von „Subvention“ haben[273] und durch folgende Quellen finanziert werden – Beitragszahlungen der Mitglieder, Erträge aus der Vermögensanlage[274]oder die Beiträge der Arbeitnehmer aufgrund eines entsprechenden Vertrags[275]. Wenn der Arbeitnehmer mit eigenen Beitragsmitteln an der Finanzierung der Pensionskasse teilnimmt, muss der Fortbestand seiner Mitgliedschaft auch nach dem Ausscheiden aus dem Arbeitsleben garantiert werden.[276] Die Versorgungsberechtigten bekommen von der Pensionskasse nach dem Eintritt des Versorgungsfalls die zugesagten Leistungen. Die Versorgungsleistungen werden während der Anwartschaftszeit mit Hilfe des Anwartschaftsverfahrens finanziert[277], nämlich die für die Versorgungsleistung notwendigen Mittel werden vor dem Eintritt des Versicherungsfalls schon angespart.

Nach dem Eintritt des Versorgungsfalls wird bei Versteuerung der Leistungen aus der Pensionskasse genau nach den Beiträgen unterschieden: stammen die Leistungen aus versteuerten Beiträgen, werden die Leistungen nur mit ihrem „fiktiven Ertragsanteil“ gemäß § 22 Nr. 5 Satz 1 EStG i.V.m. § 22 Nr. 1 Satz 3 lit. a EStG besteuert, stammen die Leistungen aus steuerfreien Beiträgen, werden sie als „sonstige Einkünfte“ gemäß § 22 Nr. 5 Satz 1 EStG versteuert.[278]

Wie bei der Direktversicherung ist der Arbeitgeber gebunden, die Versorgungsleistung unmittelbar zu leisten[279], wenn er nicht rechtzeitig seine Beiträge auf die Pensionskasse überträgt und dadurch die Verwirklichung der Leistungspflicht von der Pensionskasse im Versorgungsfall verhindert [280] Als Versicherungsunternehmen werden Pensionskassen vom Bundesamt für das Versicherungswesen beaufsichtigt.[281]

Ähnlich wie bei der Direktversicherung entsteht bei Pensionskassen ein Dreiecksverhältnis zwischen Arbeitgeber, Arbeitnehmer und Pensionskassen:[282] Der Arbeitsgeber verspricht den Arbeitnehmern, die Mitgliedschaft in einer bestimmten Pensionskasse für sie zu schaffen. Und zwischen der Pensionskasse und dem Arbeitnehmer wird ein Versicherungsvertrag unterschrieben, der das konkrete Leistungsverhältnis bestimmt. Ganz anders wie bei der Direktversicherung steht dem Arbeitgeber kein Versicherungsanspruch zur Verfügung.

---

270 Nach § 10 a EStG
271 Nach §§ 79 ff EStG
272 Vgl. Hör(2000). S.116f.,118f..
273 Vgl. Ahren/Föster/Rössler(1995). 5. Teil, Rdnr. 79f.
274 Vgl. Schaub/Schusinski/Ströer(1989). S.145
275 Vgl. Höfer/Abt(1982). Bd. I. S.80, Rdnr. 13
276 Vg. § 1 Abs. 3 BetrAVG und § 2 Abs. 3 BetrAVG
277 Vgl. § 11 VAG und Uebelhack(1995). Rdnr. 19.
278 Vgl. Arbeitsgemeinschaft für betriebliche Altersversorgung e.V.(aba)(2003). S.42ff., 54ff..
279 Gemäß § 1 Abs. 1 Satz 3 BetrAVG n.F.
280 Vgl. Hör(2000). S.116.
281 Vgl. §§ 54 - 54d, 68 und 69 VAG.
282 Vgl. Hör(2000). S.115f..

3.4.5.5 Pensionsfonds[283]

Der Pensionsfonds[284] ist eine international weit verbreitete Anlageform – Tabelle 3-23 zeigt das Verhältnis zwischen Anlagevermögen des Pensionsfonds und des Bruttoinlandsprodukts der EU-Staaten. Durch Änderung des BetrAVG[285] wird der Pensionsfonds als fünfter Druchführungsweg der betrieblichen Altersversorgung anerkannt und zum ersten Mal wird der Pensionsfonds im deutschen Recht für die betriebliche Altersversorgung zugelassen.

Die EU hat schon seit langem über Pensionsfonds diskutiert. Bereits seit 1993 liegt die sog. „Pensionsfondsrichtlinie" des Rats der Europäischen Union vor.[286] Die EU-Kommission hat im Oktober 2000 den Entwurf für eine „Richtlinie zur Beaufsichtigung der betrieblichen Altersversorgung" vorgelegt. Obwohl nicht vorhersehbar ist, wann sie Geltung haben wird, hat der deutsche Gesetzgeber schon die Notwendigkeit gesehen, „einen rechtlichen Rahmen für einen europatauglichen Durchführungsweg" zu schaffen, worauf er in der Gesetzesbegründung darauf hinweist.

Tabelle 3-23: Anlagevermögen der Pensionsfonds in % des BIP

Niederlande	115,1
UK	106,1
Irland	59,1
Dänemark	45,2
Schweden	42,7
Finnland	19,7
Portugal	13,4
Deutschland	6,8
Italien	6,7
Belgien	6,1
Frankreich	5,1
Österreich	3,3
Griechenland	3,0
Spanien	2,4

Quelle: Bruno-Latocha/Devetzi(2001). S.490

[283] Im englichsprachigen Raum kennt man Pensionsfonds als „Pensionfunds".
[284] Vgl. §§ 112 ff VAG § 1 Abs. 1 Satz2 i.V.m. § 1 b Abs. 3. BetrAVG.
[285] § 1b Abs. 3 Satz 1 BetrAVG
[286] Vgl ABIEG Nr. C 171 vom 22. Jun.1993.

Die Einführung des Pensionsfonds, der in angelsächsischen Ländern eine lange Tradition hat,[287] wird von vielen Anbietern der Fondsprodukte (Kapitalanlagegesellschaften, Banken usw.)[288] und auch von Praktikern der betrieblichen Altersversorgung gewünscht. Nach dem deutschen Recht ist es für die Unternehmen verbindlich, die Pensionsrückstellungen in der Bilanz einzuführen. Die Unterstützungskasse und die Direktzusage könnten sich nicht auf die neue Förderung der zusätzlichen Altersvorsorge einstellen.[289] Und die ausländischen Unternehmen sind von dieser Vorschrift befreit. Deshalb sind die deutschen Unternehmen geschwächt. Mit der Einführung der Pensionsfonds könnten die Pensionsfonds die bestehenden Versorgungsanwartschaften steuerfrei übernehmen.[290] Dadurch würden die deutschen Unternehmen steuerlich gleichgesetzt mit ausländischen Unternehmen.

VAG hat Pensionsfonds so definiert: Pensionsfonds erbringen als rechtsfähige Einrichtungen im Wege der Kapitaldeckung Altersversorgungsleistungen für einen oder mehrere Arbeitgeber zu Gunsten von Arbeitnehmern.[291]

Pensionsfonds sind rechtlich selbständige Einrichtungen und können zwei Rechtsformen haben: Aktiengesellschaft oder Pensionsfondsverein auf Gegenseitigkeit.[292] Für Pensionsfonds gilt das Betriebsrentengesetz und sie brauchen wie die anderen förderfähigen Durchführungswege zur Anerkennung der Förderfähigkeit keine Zertifizierung als Altersvorsorgeträger.

Pensionsfonds dürfen die Versorgungsleistung nur als lebenslange Altersrente gewähren. Auszahlung als einmalige Kapitalleistung, die bei der Direktversicherung üblich ist, ist bei Pensionsfonds nicht gestattet.[293] Pensionsfonds bieten – wie Direktversicherung und Pensionskasse – den Arbeitnehmern einen eigenen Anspruch auf Leistung gegen den Pensionsfonds an.

Wenn der Arbeitgeber dem Arbeitnehmer Betriebsrentenzusagen per Pensionsfonds anbietet, muss die Zusage über den Pensionssicherungsverein abgesichert werden. Gemäß § 10 BetrAVG ist der Arbeitgeber, der einen Pensionsfonds als externen Versorgungsträger mit der Durchführung der betrieblichen Altersversorgung beauftragt hat, auch an den Pensions-Sicherungs-Verein beitragspflichtig.

Weil Pensionsfonds einen großen Anteil des eingezahlten Kapitals in Aktien anlegen können, bieten Pensionsfonds möglicherweise höhere Renditechancen, aber auch dem Arbeitgeber bei schlechter Entwicklung des Kapitalvermögens des Pensionsfonds höhere Haftungsrisiken.[294] In der am 21. Sep. 2001 verabschiedeten „Pensionsfonds-

---

[287] Vgl. Arbeitsgemeinschaft für betriebliche Altersversorgung e.V.(aba)(2002). S.10ff.,21ff..

[288] Über die Einführung von Pensionsfonds wird lange diskutiert. Und der Bericht der sogenannten „Gerke-Kommission" (Bundesministerium der Finanzen 1998) spielte eine wichtige Rolle. Und vgl. Deutsche Bank Research(1995); Andresen(2002).S 63; Deutsches Aktieninstitut(1996).

[289] Vgl. Bundesministerium der Finanzen(BMF)(Hrsg.)(1998) und Arbeitsgemeinschaft für betriebliche Altersversorgung e.V.(aba)(2002). S.39ff..

290 § 4e und § 3 Nr. 66 EStG und vgl. Bundesministerium der Finanzen(1998).

[291] Vgl § 112 VAG

[292] Vgl. § 113 Abs. 2 Nr. 3 VAG, vgl. Mühlberger/Schwinger(2006).S.190 und Vgl. Arbeitsgemeinschaft für betriebliche Altersversorgung e.V.(aba)(2002). S.47.

[293] Vgl. § 112 Abs. 1 Nr. 4 VAG

[294] Vgl. Bundesministerium der Finanzen(BMF)(1998).S.33ff..

kapitalanlageverordnung“[295] gewinnt der Pensionsfonds völlige Freiheit bei der Kapitalanlagepolitik. Gemäß § 3 der „Pensionsfonds-Kapitalanlageverordnung“ kann der Pensionsfonds allein entscheiden, in welcher Mischung der verschiedenen Anlageformen das Kapital angelegt wird – maximal 100% des Kapitals in Aktien, oder in Immobilien, Investmentfonds oder in öffentliche und private Anleihen – ganz anders als die Durchführungswege wie Direktversicherung und Pensionskasse, die nur bis zu 30% ihres Kapitals in Aktien investieren darf. Pensionsfonds dürfen auch Dritten die Kapitalanlage übertragen. Pensionsfonds sind eine rechtsfähige Versorgungseinrichtung,[296] und unterliegen der Aufsicht der Bundesanstalt für Finanzdienstleistungsaufsicht.

3.4.5.6 Zusammenfassung

Die Durchführungswege unterscheidt man danach, ob der Arbeitgeber Träger der betrieblichen Altersversorgung ist oder ob die betriebliche Altersversorgung auf einen externen rechtlich selbständigen Versorgungsträger ausgelagert wird: dadurch entstehen unmittelbare Durchführung – wie bei der Direktzusage – und mittelbare Durchführung, wie bei der Unterstützungskasse, Direktversicherung, Pensionskasse und Pensionsfonds.

Bei der Direktzusage wird die Versorgungsleistung direkt durch das zusagende Unternehmen erbracht (Vgl. Abbildung 3-24)
Die Durchführung bei der Unterstützungskasse, Direktversicherung, Pensionskasse und Pensionsfonds erfolgt wie die folgende Abbildung 3-25 zeigt – der Arbeitgeber gibt dem Arbeitnehmer eine Versorgungszusage, und zahlt periodisch an externe Versorgungsträger Prämien. Nach dem Eintritt des Versorgungsfalls bekommt der Arbeitnehmer vom externen Versorgungsträger die Versorgungsleistung.

Abbildung 3-24: Unmittelbare Durchführung bei der Direktzusage

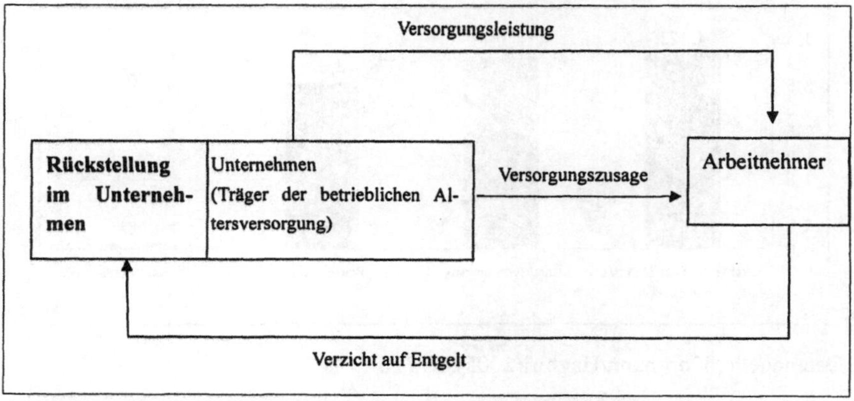

Quelle: Bundesministerium für Arbeit und Sozialordnung(2002). S.8.

[295] BGBI. 2001 I, S.4185
[296] Vgl. § 112 Abs. 1 VAG

Abbildung 3-25: Mittelbare Durchführung bei der betrieblichen Altersversicherung

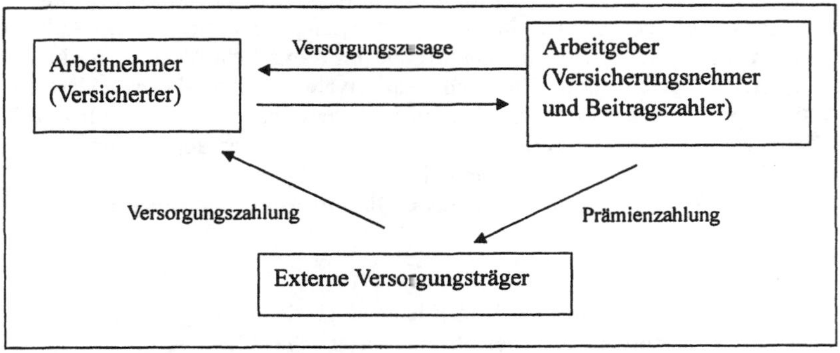

Quelle: Bundesministerium für Arbeit und Sozialordnung(2002). S.8.

Bei Abschluss eines Versorgungsvertrags durch Unterstützungskassen, Direktversicherungen, Pensionskassen und Pensionsfonds entstehen Rechtsbeziehungen im Dreieck zwischen Versprechendem (Arbeitgeber), Versorgungsempfänger (Arbeitnehmer) und Versorgungsträger (z.B. Pensionsfonds).

Im Juni 2004 sieht die Verteilung der betrieblichen Altersversorgung in unterschiedliche Durchführungswege wie in der Abbildung 3-26 aus, die Direktzusage und Unterstützungskasse, die sogenannten mittelbaren Durchführungswege, besitzen die meisten Anspruchsberechtigten auf die betriebliche Altersversorgung.

Abbildung 3-26: Durchführungswege und die betroffenen Arbeitnehmer (Mio.)

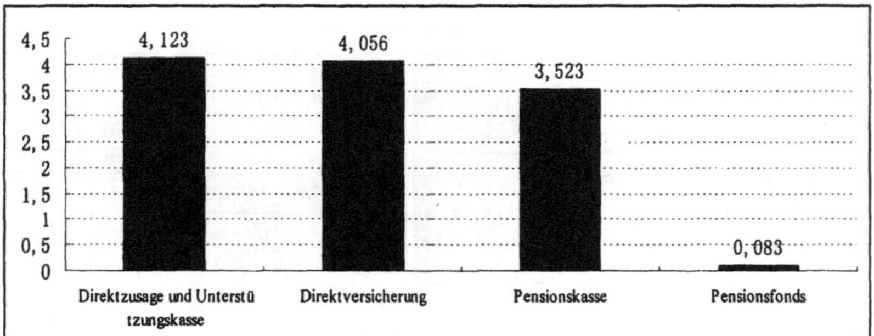

Datenquelle: Kortmann/Haghiri(2005).S.771ff.

Aber als die beliebtesten Durchführungswege der Unternehmen mit weniger als 500 Beschäftigten werden Direktversicherung und Pensionskasse wegen ihres geringen Verwaltungsaufwands genannt. Abbildung 3-27 stellt den Verbreitungsgrad der Durchführungswege nach den Unternehmensgrößen dar:

Abbildung 3-27: Verbreitungsgrad der Durchführungswege nach Größenklassen

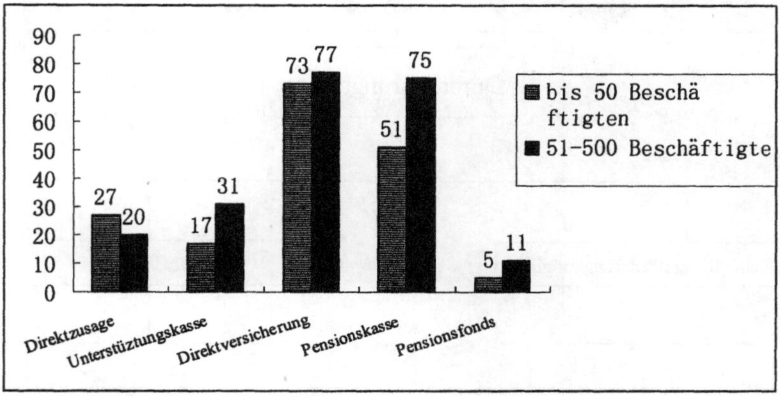

Quelle: Daten aus Müller(2004).S.24.

Die fünf Durchführungswege der betrieblichen Altersversicherung werden steuerlich unterschiedlich behandelt. Die Leistungen aus der Direktzusage und Unterstützungskasse werden im Versorgungsfall nachgelagert versteuert. Seit 01. Jan. 2001 gelten Beiträge an Pensionskassen und Pensionsfonds als steuerfrei – die sog. grundsätzliche Ausdehnung des Prinzips der nachgelagerten Besteuerung für Beiträge des Arbeitsgebers an Pensionskassen und Pensionsfonds[297] - und werden deren Leistungen erst bei der Auszahlung versteuert.[298] Dadurch werden Pensionskassen und Pensionsfonds auch in den Rahmen der „nachgelagerten Besteuerung" eingeordnet.[299] Bei der Direktversicherung werden die Prämien und Beiträge als steuerpflichtiges Arbeitsentgelt schon bei Zahlung versteuert, beim Leistungsfall ist gemäß § 22 Nr. 1 EStG nur der „fiktive Ertragsanteil" zu versteuern, so dass die Direktversicherung von der steuerlichen Privilegierung ausgeschlossen ist.

Arbeiter bekommen bei der Entgeltumwandlung weder in einer Direktzusage noch in einer Unterstützungskasse Riester-Förderung (Abbildung 3-28). Wenn Arbeitnehmer Riester-Förderung haben möchten, gibt es zwei Möglichkeiten: einerseits kann der Arbeitnehmer neben Direktzusage oder Unterstützungskasse eine zusätzliche Form der betrieblichen Altersversicherung in Anspruch nehmen, die Direktversicherung, Pensionskasse oder Pensionsfonds. Andererseits kann der Arbeitgeber mit der Erlaubnis der Arbeitnehmer die Anwartschaft aus der Direktzusage oder Unterstützungskasse beitrags- und steuerfrei auf einen Pensionsfonds übertragen, der riesterfähig ist. Bei der Übertragung bleibt die Zusage des Arbeitgebers unverändert.

[297] § 3 Nr. 63 EStG.
[298] Vgl. Kap. 6.3.2.
[299] Vgl. § 3 63 Satz 1 EStG; § 22 Nr. 5 EStG.

Abbildung 3-28: Durchführungsmöglichkeit der Riester-Förderung beim Durchführungsweg

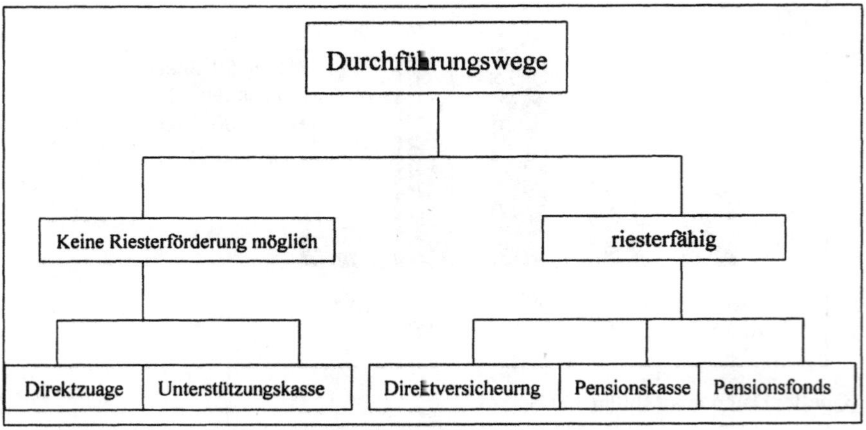

Quelle: Bundesversicherungsanstalt für Angestellte(2003): S.17

Bei durch Entgeltumwandlung finanzierter betrieblicher Altersversorgung (arbeitnehmerfinanzierte betriebliche Altersversorgung) gilt sofortige Unverfallbarkeit. Die Unverfallbarkeitsfristen regeln, ab wann eine Anwartschaft erhalten bleibt, wenn der Arbeitnehmer den Betrieb verlässt. Und diese Regelung gilt für alle Durchführungswege. Ausnahme gilt bei bestehenden Zusagen. Die deutsche Unverfallbarkeitsfrist ist im internationalen Vergleich recht lang und deren Senkung wird von vielen Seiten gewünscht.[300] Eine wichtige Änderung, die alle Durchführungswege der betrieblichen Altersversorgung angeht, ist die Herabsetzung der Unverfallbarkeitsfrist bei arbeitgeberfinanzierter betrieblicher Altersversorgung von 10 auf 5 Jahre und des Mindestalters für die Unverfallbarkeit von 35 auf 30 Jahre.[301]

3.5 Bewertung

3.5.1 Bewertung des deutschen Versorgungsmodells

Die gesetzliche Rentenversicherung ist wegen der dramatischen demographischen Entwicklung überlastet: immer mehr Rentner, immer weniger Beitragszahler und eine stagnierende und in vielen Segmenten auch schrumpfende Wirtschaft. In der Zukunft kann die gesetzliche Rentenversicherung noch höchstens das Existenzminimum abdecken. Die gesetzliche Rentenversicherung muss durch zwei weitere Säulen – betriebliche Altersversorgung und private Altersversorgung – ergänzt werden, sonst geraten die älteren Menschen ohne genügend eigenes Vermögen immer mehr in die Armutsfalle.

300 Vgl. Höfer (1998)
301 §7 Abs..3 BetrAVG.

Die deutschen betrieblichen Altersvorsorgesysteme haben keine guten Perspektiven: die vorherrschenden Systeme sind viel zu kompliziert und nur für Spezialisten zu verstehen, das verschafft unter der Bevölkerung kein Vertrauen. Ein betriebliches Vorsorgesystem muss einer breiten Schicht von Menschen zugänglich gemacht werden, die sich schnell eine Übersicht über die Möglichkeiten, die Vor- und Nachteile der vorliegenden Alternativen, der Kosten und der zu erwartenden Leistungen und vieles mehr bilden können.

Die vielen Durchführungswege mit ihren jeweiligen Vor- und Nachteilen sowie den unterschiedlich zu beurteilenden Kriterien, wie die steuerrechtlichen Bestimmungen, Umfang, Struktur und Entwicklung des versorgungsberechtigten Personenkreises, Höhe und Art der Altersversorgungsleistungen, Rechtsform des Unternehmens und dessen Zinskonditionen sind von den Unternehmen auf die Zielkonformität ihrer Unternehmenspolitik zu untersuchen und entsprechend hat sich dann das Unternehmen auf die optimale Wahl des betrieblichen Vorsorgesystems festzulegen.

Für eine schnelle und effiziente Entwicklung der betrieblichen Altersversorgung braucht es neben der Akzeptanz der Bevölkerung sowohl die Unterstützung der Arbeitgeber als auch die Wegbereiter durch die politische Legislative und Exekutive. Dazu gehören auch Vereinfachung der Einrichtung neuer betrieblicher Altersversorgungspläne, Vergünstigungen bei der Teilnahme an betrieblichen Altersversorgungssystemen und Versicherung der Erträge der betrieblichen Altersversorgungseinrichtungen.

Die Aufgabe der Regierung, die private Altersvorsorge zu fördern ist auch deshalb schwierig, weil die Lebensgewohnheiten sich nicht so einfach verändern lassen, und weil die Arbeitslosen und die Teilzeitbeschäftigten, Scheinselbständigen, die Schwarzarbeiter und die übrigen Hartz-IV-Empfänger praktisch nicht über einen Aufruf des Staates, eine private Altersabsicherung einzurichten, zu erreichen sind. Wichtig ist, dass die Bürger die Situation ernst nehmen und für sich einen vernünftigen Sparplan für die Altersvorsorge entwerfen. Wie man damit die o.g. Leute mit dem geringsten Einkommen erreichen will, ist allerdings noch nicht gelöst. Für die Besserverdiener dürfte es weniger ein Problem sein, über eine gute Politik entsprechend einfache Konzepte zu entwickeln, Anreize für die Absicherung gegen das Alter zu schaffen.

Ein gut vorgesorgtes Alter wird zur Sicherheit der Gesellschaft beitragen.

3.5.2 Reformüberlegung H.-D. Steinmeyer

H.-D. Steinmeyer hat in seinem Gutachten[302] für den 65. Deutschen Juristentag seine Reformüberlegungen über die deutsche betriebliche Altersversorgung dargelegt. Die Reformüberlegungen von H.-D. Steinmeyer betreffen folgende Punkte: Erleichterungen bei der Zusage, Insolvenzsicherung, Anpassung, Unverfallbarkeit, Übertragbarkeit, Fortsetzung mit eigenen Beiträgen und die einzelnen Durchführungswege.

Mit dem Aufbau einer betrieblichen Altersversorgung muss der Arbeitgeber ein hohes Risiko eingehen. H.-D. Steinmeyer behauptet, dass die reine Beitragszusage das Risiko der Arbeitgeber auf die Zahlung der versprochenen Beiträge reduzieren kann und „es sei deshalb zu vermuten, dass die Einführung einer reinen Beitragszusage der

---

[302] Steinmeyer(2004)

Verbreitung der betrieblichen Altersversorgung in Deutschland einen nachhaltigen Schub verleihen dürfte". Für die Verwendung im Rahmen einer reinen Beitragszusage sind die „betriebsrentenrechtlichen versicherungsförmigen Durchführungswege" wie Direktversicherung, Pensionskasse und Pensionsfonds besser geeignet als Direktzusage und Unterstützungskasse. Was die Entgeltumwandlung betrifft, soll die reine Beitragszusage mit der Beitragszusage mit Mindestleistung kombiniert werden, um die Interessen der Arbeitnehmer besser zu sichern. Die reine Beitragszusage gilt für die neue Zusage. Die reine Beitragszusage würde die bisherigen Zusageformen verdrängen, aber Schwerpunkt müsse sein, die fakultative betriebliche Altersversorgung weiter zu erweitern, um die gesetzliche Rentenversicherung zu ergänzen, nicht um eine bestehende Zusageform beizubehalten.

Zum Problem, ob die Pensionskasse, Direktversicherung und Pensionsfonds in die Insolvenzsicherung eingeschlossen werden sollen, ist H.-D. Steinmeyer der gleichen Meinung, wie BAG: „dass der gesetzliche Insolvenzschutz den Versorgungsberechtigten nicht vor den Folgen jeder Pflichtverletzung schütze, [...], sondern nur vor den Risiken, die in dem abschließenden Katalog der Sicherungsfälle in § 7 BetrAVG aufgeführt seien[303], weil maßgebliche Kapitalanlagevorschriften einen Verlust von Anwartschaften und Ansprüchen verhindern[304], der Versorgungsträger regelmäßig die unterbliebenen Prämienzahlungen anmahnen werde und der Arbeitgeber die Informationspflicht über eine allgemeine Information über den Stand des Versicherungsverhältnisses hat.

Die Vorschrift über die Anpassung laufender Leistungen der betrieblichen Altersversorgung bedeutet für den Arbeitgeber ein schwer zu kalkulierendes Risiko. Gegen das Verbot der Anpassung hat H.-D. Steinmeyer sich ganz deutlich geäußert. Eine einfache Vorschrift von einer jährlichen Anpassung von 1 % ist weder vernünftig noch verfassungsrechtlich. Er behauptet, dass die Vereinbarung einer Mindestanpassung im Vereinbarungsweg möglich wäre[305].

Wegen der Einführung der Entgeltumwandlung und bei manchen versicherungförmigen Durchführungswegen verliert die Unverfallbarkeit allmählich an Bedeutung. Die Unverfallbarkeit steht der Freizügigkeit in der EG entgegen; so ist H.-D. Steinmeyer der Meinung, dass es nicht nötig sei, zusätzliche Regelungen für Unverfallbarkeit zu setzen.

H.-D. Steinmeyer glaubt, in Deutschland soll die Übertragbarkeit für die betriebliche Altersversorgung eingeführt werden. Die Einführung der Übertragbarkeit soll die Zusagebereitschaft der Arbeitgeber nicht belasten. Bei der Beitragszusage ist die Übertragbarkeit leichter durchsetzbar als bei den Leistungszusagen. Wenn eine Betriebsrentenzusage durch Pensionsfonds, Pensionskasse und Direktversicherung durchgeführt wird, ist der Arbeitgeber verpflichtet, Übertragung der betrieblichen Altersversorgung auf Antrag des Arbeitnehmers durchzusetzen. Der Arbeitgeber soll die Übertragungskosten übernehmen, obwohl die Attraktivität der betrieblichen Altersversorgung den Arbeitgebern schaden wird. Die Übertragung der betrieblichen Alters-

303 Vgl. BAG vn 17.9.1991 NZA 1992 219. In: Steinmeyer(2004). F68. Fn. 187.
304 Steinmeyer(2004) F68.
305 Ständiger Deputation des Deutschen Juristentages(Hrsg.)(2004), F71.

versorgung soll flexibel sein, und ein neutrales Beratungssystem sollte aufgebaut werden.

Eine Fortsetzung mit eigenen Beiträgen durch Direktversicherung, Pensionskasse wird es den Arbeitnehmern ermöglichen, die in keinem Arbeitsverhältnis mehr mit dem Unternehmen sind oder die in die Selbständigkeit wechseln, eine Lösung zu finden. Die betriebliche Altersversicherung, die eine Fortsetzung mit eigenen Beiträgen fördert, wird nicht durch das Betriebsrentengesetz geschützt.

Durchführungswege sind nur Instrumentarium zur Gestaltung betrieblicher Altersversicherungen. Wenn einige Durchführungswege an Bedeutung verlieren, ist das gar nicht problematisch. Für die neue Zusage, nicht der Ausgleich zwischen verschiedenen Durchführungswegen sondern die Auswahl des den Anforderungen entsprechenden Durchführungsweges spielt eine Rolle. Pensionsfonds genießen wegen der Krise auf dem Kapitalmarkt weniger Vertrauen.

4. Betriebliche Altersversorgung in China

4.1 Ist-Zustand

Mit der Erlassung „der vom Staatsrat erlassenen Entscheidung über die Reform des Rentenversicherungssystems für Arbeitnehmer"[306] des Staatsrats 1991[33] als Anfang hat die chinesische betriebliche Altersversorgung schon sechzehn Jahre erlebt. Bis März 2004 haben in China über 22.000 Unternehmen die betriebliche Altersversorgung eingerichtet. Die von einer betrieblichen Altersversorgung profitierenden Arbeitnehmer umfassen etwa 7 Mio. Chinesen. Das Kapital der betrieblichen Altersversorgung beläuft sich insgesamt auf 492 Mrd. Yuan. Die Daten in der Tabelle 4-1 stellen die Entwicklung der chinesischen betrieblichen Altersversorgung zwischen 1998 bis März 2004 dar.

Tabelle 4-1 Entwicklung der chinesischen betrieblichen Altersversorgung zwischen 1998 bis März 2004

Jahrgang	Begünstigte der betrieblichen Alterversorgung (Mio.)	Anteil an der bei der gesetzlichen Rentenversicherung Versicherten (%)	an der betrieblichen Altersversorgung teilnehmende Unternehmen	Kapital der betrieblichen Altersversorgung (Mrd. Yuan)
1998	4,9	k.A.	k.A.	60
2000	5,6	5,3	16.247	192
2002	6,6	6,0	ca. 17.000	260
3.2004	7,0	k.A.	22.463	492
12. 2005	9,24	5,29	24.000	K.A.

Quelle: Daten zusammengefasst aus He, Ping(2002), Lin, Sunmen(2004), Zhen, Qin(2005) und http://www.molss.gov.cn/gb/zwxx/2006-06/12/content_119277.htm (abgerufen am 01.01.2007)

Die chinesische betriebliche Altersversorgung erscheint für den Betrachter in einem sehr heterogenen Bild, mit im Wesentlichen etwa folgenden Merkmalen:

1. Vielfältigkeit der Organisationen:
   Bevor die chinesische Regierung die betriebliche Altersversorgung durch ein Regelwerk „Verordnung der Verwaltung von Kapital der betrieblichen

[306] Diese Entscheidung hat nur die Bewilligung der Regierung für die Einrichtung der betrieblichen Altersversorgung geteilt. Detaillierte Vorschriften über den Funktionsmechanismus der chinesischen betrieblichen Altersversorgung fehlen, die erst in den Dokumenten des Jahres 2004 „Verordnung der Verwaltung von Kapital der betrieblichen Altersversorgung" und „Verordnung für die Durchführung der betrieblichen Altersversorgung" beschrieben werden.

Altersversorgung“[307] vereinheitlicht hatte, erschien die chinesische betriebliche Altersversorgung in drei Organisationsformen[308]: von einer Organisation des örtlichen Sozialamtes verwaltete[309], von den Unternehmen/den Branchen verwaltete und von Versicherungsunternehmen verwaltete betriebliche Altersversorgungen:

a) Das von den öffentlichen Sozialämtern verwaltete Kapital für die betriebliche Altersversorgung machte im Jahr 2003 20% des gesamten Kapitals aus, das für die chinesische betriebliche Altersversorgung zurückgelegt worden ist. Die unter diesem Kapital abgesicherten chinesischen Bürger machen 30% der gesamten chinesischen Begünstigten aus.[310]
b) Das von Unternehmen/Branchen verwaltete Kapital für die betriebliche Altersversorgung umfasste 50 % des gesamten zurückgelegten Sparkapitals, mit dem etwa 40 % der so Versicherten abgedeckt worden sind.[311]
c) Die von Versicherungsunternehmen verwaltete betriebliche Altersversorgung beanspruchte die restlichen 30 % des zurückgelegten Geldes, was denn auch gerade 30 % der Begünstigten abdeckte.

2. Niedriges Verbreitungsniveau:
Im Vergleich zu der 1,5 Mrd. Bevölkerung in China, ist die Anzahl der Menschen, die über eine betriebliche Altersversorgung abgesichert sind, ziemlich klein. Und der Anteil der von der betrieblichen Altersversorgung Begünstigten an der gesetzlichen Rentenversicherung Versicherten ist auch sehr niedrig.

3. Ungleiche Verteilung zwischen den Gebieten[312]:
Die Küstenstädte in Ostchina sind mit mehr betrieblicher Altersversorgung organisiert als die Städte in Mittel- und Westchina. 79% der betrieblichen Altersversorgungen sind in Unternehmen von Ostchina aufgebaut worden[313]. Das Shanghai Zentrum für betriebliche Altersversorgung verwaltete im Jahr 2004 8,4 Mrd. Yuan für die betriebliche Altersversorgung und

---

307 Sozialministerium 2004[23]

308 Manchmal werden die Organisationsformen in vier Kategorien geteilt: nämlich die hier genannte zweite Organisationsform wird weiter in von den Unternehmen und von der /Branche verwaltete betriebliche Altersversorgung geteilt. Vgl. Chen, Zhong(2005).S.10.

309 Wenn der Umfang des Kapitals von der örtlichen betrieblichen Altersversorgung ziemlich groß ist, wird ein spezielles örtliches Zentrum für betriebliche Altersversorgung aufgebaut, das unter der Leitung des örtlichen Sozialamtes steht.

310 Vgl. Forschungsinstitut für Sozialsicherung des chinesischen Ministeriums für Arbeit und Sozialsicherung/Chinesische Taiping Versicherung GmbH(2003). S.152

311. Ebd.

312 Vgl. Cai, Liang(1999).S.18.; Zhang, Meizhong/Li, Keqiang/Hu, Weiqing(2004). S.114.; Forschungsinstitut für Sozialsicherung des chinesischen Ministeriums für Arbeit und Sozialsicherung/Bosch Funds Management GmbH(2002).S.3.

313 Forschungsinstitut für Sozialsicherung des chinesischen Ministerium für Arbeit und Sozialsicherung/Bosch Funds Management GmbH(2002).S.82f.

ist das größte chinesische Zentrum für die betriebliche Altersversorgung. Die genauen Daten sind aus Tabelle 4-2 herauszulesen:

Tabelle 4-2: Summe des gesammelten Kapitals von verschiedenen Zentren für betriebliche Altersversorgung (Stand Ende 2004)

Zentrum	Summe des gesammelten Kapitals (Mrd. Yuan)
Shanghai	8,4 Mrd. Yuan
Shenzhen	2 Mrd. Yuan
Liaoning	0,3 Mrd. Yuan
Chongqing	6,8 Mio. Yuan
Dalian	2 Mio. Yuan

Quelle: Daten zusammengefasst aus: He, Ping(2002).S.2.; Chen, Chunyan/Huang, Shunxiang(2005).S.120. Hu, Junsheng(2005.). S.16.

Anders als bei den o.g. Städten wird - wegen ihres kleineren Umfangs - in anderen Städten kein spezielles Zentrum für die betriebliche Altersversorgung eingerichtet.

Tabelle 4-3 Verbreitung der betrieblichen Altersversorgung in Shenzhen und in Yichang

	Shenzhen*	Yichang**
Betriebliche Altersversorgung aufgebaute Unternehmenszahl	800	124
Zahl der involvierten Arbeitnehmer	70.000	2993
Gespartes Kapital	1,3 Mrd. Yuan	530,5 Mio. Yuan
Kapital pro Kopf (Yuan)	18.571,43	1.772,45

* Stand: bis zur ersten Hälfte von 2004

** Stand: bis Ende 2003

Quelle: N.N.(2004).

Die ungleiche Verteilung zwischen den Gebieten lässt sich an den zwei Städten – Shenzhen in Südchina und Yichang in Mittelchina - verdeutlichen. Obwohl beide Städte Programme für die Schaffung der betrieblichen Altersversorgung haben[314] und die Entwicklung der betrieblichen Alters-

[314] Aber man muss auf die Zeitunterschiede der zwei Programme achten. Shenzhen hat im Jahr 1997 „Das Programm für die Entwicklung der betrieblichen ergänzenden Altersversorgung in Shenzhen“ herausgegeben. Danach wurde wieder im Jahr 2002 ein neues Programm „Das Programm für die Entwicklung der betrieblichen Altersversorgung in Shenzhen“ herausgegeben. Yichang hat dagegen „Verordnung für die Verbreitung der betrieblichen Altersversorgung in Yichang erst im Jahr 2002“ bekanntgemacht.

versorgung unterstützen, gibt es große Unterschiede in Bezug auf den Verbreitungsumfang, wie in Tabelle 4-3 dargestellt.

4. ungleiche Verteilung zwischen den Branchen:
Branchen wie Stromenergie, Zivilluftfahrt, Erdöl, Petrochemie, Banken, Postwesen, Telekommunikation, Tabak und Eisenbahn gehen beim Aufbau der betrieblichen Altersversorgung unterschiedlich vor. Z.B. haben 36% der Unternehmen des Postwesens und Telekommunikation, 33% der Unternehmen der Stromenergie die betriebliche Altersversorgung eingerichtet[315]. In diesen Branchen hat sich 70% des Kapitals der chinesischen betrieblichen Altersversorgung angesammelt[316]. In anderen Branchen wie Bergbau, Handel und Dienstleistung ist die betriebliche Altersversorgung nicht so stark verbreitet. Im Ausbildungsbereich und in der Forschung gibt es gar keine betriebliche Altersversorgung. Im Bereich der Stromerzeugung hat sich bis 2003 5800 Mio. € betrieblich angelegtes Alterssparkapital angesammelt, im Postwesen beziffert sich diese Summe auf 2200 Mio. €. Die genauen Daten sind in der Tabelle 4-4 zusammengefasst.

Tabelle 4-4: Ist-Zustand der chinesischen betrieblichen Altersversorgung nach Branchen

Branche	Teilnehmer (Tausend)	Kapital (Mio.)
Stromenergie	1100	5800
Postwesen	1100	2245
Banken	1265	358
Erdöl	352,6	235
Buntmetalle	54	160,5

Quelle: Zhu, Junsheng(2004). S.22.

5. Hoher Anteil der Staatsbetriebe
In den letzten Jahren ist mit der wirtschaftlichen Reform die Zahl der Staatsbetriebe zurück gegangen. Trotzdem haben 20% der Staatsbetriebe die betriebliche Altersversorgung aufgebaut. Dagegen besitzen nur 10% der privaten Unternehmen eine betriebliche Altersversorgung. Die Arbeitnehmer mit betrieblicher Altersversorgung, die zu zentralen großen Staatsbetrieben gehören, machen 69% der von der betrieblichen Altersversorgung Begünstigten aus. Von allen Unternehmen mit betrieblicher Altersversorgung machen die Staatsbetriebe 66% aus[317].

---

315 Vgl. Chen, Chunyan/Huang, Shunxiang(2005).S.120., Wang, Xuejun(2003).S.52.

316 Vgl. Zhu, Junsheng(2004). S.22., He,Ping.(2002).S.2.

317 Vgl. Li, Yanhua(2006). S.23; Xue, Huiyuan/Li. Shanshan (2005). S.197.; Zhang, Meizhong/Li, Keqiang/Hu, Weiqing(2004). S.115 und http://www.baidax.net/Article/ShowArticle.asp?ArticleID=6799&Page=2 (abgerufen am 21.01.2007).

6. Niedrige Rendite[318]
Die Rendite der betrieblichen Altersversorgung ist nicht hoch. Im Jahr 2000 machte die durchschnittliche Rendite der betrieblichen Altersversorgung 2,79% aus, davon die Rendite der von Branchen verwalteten betrieblichen Altersversorgung 3,2% und die Rendite der Organisation des lokalen Sozialamtes 1,34%.[319] Die Renditen unterscheiden sich auch von einem Gebiet zum anderen. Im Jahr 2004 betrug die Rendite der betrieblichen Altersversorgung in Ostchina 4% und in Mittelchina nur 2,6%.320 Das Kapital der betrieblichen Altersversorgung wird hauptsächlich in Banken, Lebensversicherungen, Wertpapieren und Darlehen investiert. Davon fast 60% in Bankanlagen, 11,8% in kommerziellen Lebensversicherungen, 13,7% in Wertpapieren, 0,8% in Fonds, 0,3% in Aktien und 1,9% in Darlehen [321] (Abbildung 4-1)

Abbildung 4-1: Investitionsverteilung

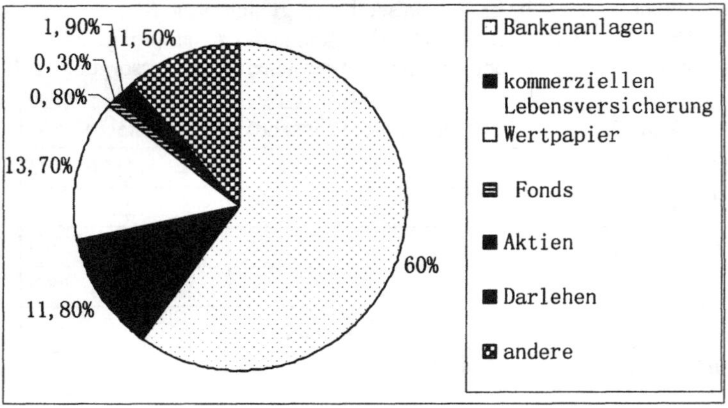

4.2 Hintergrund der Einführung der betrieblichen Altersversorgung

Die Einführung der betrieblichen Altersversorgung ist notwendig, weil die demographischen Änderungen, sowie die finanzielle Krise der gesetzlichen Rentenversicherung das chinesische Altersrentensystem in Frage gestellt haben und zusätzlich die

318Vgl. Forschungsinstitut für Sozialsicherung des chinesischen Ministeriums für Arbeit und Sozialsicherung/Bosch Funds Management GmbH(2002).S.89.

319 Vgl. Zhang, Meizhong/Li, Keqiang/Hu, Weiqing(2004). S245.; Forschungsinstitut für Sozialsicherung des chinesischen Ministeriums für Arbeit und Sozialsicherung/Bosch Funds Management GmbH(2002).S.3, 17.; Li, Yanhua(2006).S.23.

320 Vgl. Sun, Fei(2003).S.14.; Chen, Chunyan/Huang, Shunxiang(2005). S.121.

321 Vgl. Chen, Zhong.(2005).S.10.; Chen, Chunyan/Huang, Shunxiang(2005). S.122; Chen, Lu(2005).S.30. und vgl. Auch Forschungsinstitut für Sozialsicherung des chinesischen Ministeriums für Arbeit und Sozialsicherung/Bosch Funds Management GmbH(2002).S.190.

schwierige Konstellation des Alterssicherungssystems auf dem Land eine komplette Änderung des gesetzlichen Rentensystems schwierig macht.

4.2.1 Das Drei-Säulen-Modell

Zurzeit ist die betriebliche Altersversorgung in China nicht weit verbreitet. Das Pensionsalter der nichtländlichen Bevölkerung wird meistens durch die gesetzliche Rentenversicherung und die private Altersvorsorge unterstützt. Die Frage der Anteile der Elemente des Altersversicherungssystems in China, ist sehr umstritten. Eine Vorstellung, wie ein Drei-Säulen-Modell in China auszusehen hätte, ist in Tabelle 4-5 dargestellt:

Tabelle 4-5 : Ersatzquote der „Drei-Säulen“ in China

	Gesetzliche Rentenversicherung	Betriebliche Altersversorgung	Private Vorsorge
Aktuell	85%	k.A.	15%
In näherer Zukunft	60%	20%	Individuell entschieden
In weiterer Zukunft	30%	50%	10%

Quelle: In Anlehnung an das Forschungsinstitut für Sozialsicherung des chinesischen Ministeriums für Arbeit und Sozialsicherung/Chinesische Taiping Versicherung GmbH (2003). S.2.; Wang, Dongjin(2004).; Forschungsinstitut für Sozialsicherung des chinesischen Ministeriums für Arbeit und Sozialsicherung/Bosch Funds Management GmbH(2002).S.2.

Zurzeit macht die gesetzliche Rentenversicherung den überwiegenden Teil aus, deren Anteil voraussichtlich auf 30% sinken wird. Dagegen wird die betriebliche Altersversorgung stark an Bedeutung gewinnen und zukünftig die Hälfte des Einkommens im Alter ausmachen.

4.2.1.1 Gesetzliche Rentenversicherung

Die Ersatzquote der gesetzlichen Rentenversicherung ist sehr umstritten. Nach den offiziellen Angaben liegt bis 2003 die Ersatzquote über 61%. Tabelle 4-6 zeigt die Entwicklung der Ersatzquote in den letzten Jahren deutlich: konstant absteigend.

Viele Akademiker glauben, dass die Ersatzquote der gesetzlichen Rentenversicherung zu hoch ist und dass die gesetzliche Rentenversicherung mit ihrer hohen Ersatzquote die betriebliche Altersversorgung verdrängt hat[322]. In der Tat wird die jetzige

[322] Vgl. Mo, Yanxuan(2004):S.84; Deng, Binwen(2004). S.32; Wang, Qiang(2006).S. 117.; Zhang, Li(2005).S.83.;Zang, Hong(2005). S.68; Li, Hong(2005). S.23; Wang, Dan/Yu, Jiang/Liu, Ying(2004).S.24.; Pan, Li(2004).S.48; Zhen, Qin(2005).S.67.; Zhi, Lianmei(2004).S.39.; Peng, Xuemei(2005). S.169.; Mei, Ruijiang(2005).S.79.; Yuan, Quan/Wang, Youhua(2004).S.51.; An, hua(2004).S.31.; Mao, Huihong/Dai, Weizhou(2004). S.35; Zhu, Fei(2004).S.8; Yang, Tinghua(2003).S.41.; Sun, Qun(2005).S.154.

Ersatzquote zu hoch geschätzt. Die Beitragsbemessungsgrundlage wird in China nicht deutlich definiert. Neben dem grundsätzlichen Gehalt bekommen die Arbeitnehmer noch Prämien, Sonderzuwendungen, Überstundenvergütungen, Naturallöhne aller Arten, die von Seife bis zu günstigen Sozialwohnungen reichen können, Einkaufskarten oder sogar „untergründige Einkommen".[323] Der Anteil des „zusätzlichen Gehaltes" an dem offiziell angegebenen Gehalt betrug im Jahr 1978 8%, im Jahr 1990 35%, 1994 50%, und dieser undurchsichtige Gehaltsanteil steigt von Jahr zu Jahr. Bei manchen Firmen macht dieser Anteil über 100%.[324] Übrigens, um Steuern zu hinterziehen, zahlen manche Unternehmen den Arbeitnehmern den Lohn zweimal pro Monat. Dadurch ist im Vergleich zum realen Einkommen bei der Erwerbsphase die reale Ersatzquote der Rente viel niedriger als die offiziell angegebenen Daten und liegt ungefähr zwischen 40% - 50%[325]. Die im Vergleich zum tatsächlichen Gehalt in der Erwerbsphase ganz niedrige Rente kann den Lebensbedarf kaum noch decken, besonders wenn die Rente aus der gesetzlichen Rentenversicherung die Mehrheit des Einkommens im Alter ausmacht, wie aus Tabelle 4-7 mit Daten aus 21 Unternehmen des Jahres 2002 heraus zu lesen ist.

Tabelle 4-6 Entwicklung der Ersatzquote der gesetzlichen Rentenversicherung von 1998 bis 2003

Jahrgang	1998	1999	2000	2001	2002	2003
Durchschnitts-lohn w(Yuan/Jahr)	7479	8346	9371	10870	12422	14040
Durchschnitts-rente N(Yuan/Jahr)	5542	6157	6593	7193	8199	8671
Ersatzquote N/w	74,10	73,77	70,36	66,17	66,00	61,76

Quelle: Daten zusammengefasst aus „Chinesisches Arbeitsjahrbuch" verschiedener Jahrgänge und „Jahrbuch der chinesischen Arbeit und Sozialsicherung" von 2004

[323] Vgl. Peng, Xuemei(2005).S.163f.,184ff.. und vgl. auch http://202.99.23.245/9806/08/current/newfiles/d1020.html und http://news.xinhuanet.com/world/2006-11/16/content_5335522.html

[324] z.B. Bei einer Außenhandelsfirma betrug das offizielle Gehalt im Jahr 2004 6.302 Yuan. Nach den Daten des Rechnungshofs machte das tatsächliche Gehalt schon 28.000 Yuan aus. Der Anteil des „zusätzlichen Gehaltes" an dem offiziell angegebenen Gehalt betrug 340%. Vgl. Forschungsinstitut für Sozialsicherung des chinesischen Ministeriums für Arbeit und Sozialsicherung/Chinesische Taiping Versicherung GmbH (2003).S.67f..

[325] Vgl. Wang, Hao(2005).S.172.; Forschungsinstitut für Sozialsicherung des chinesischen Ministeriums für Arbeit und Sozialsicherung/Chinesische Taiping Versicherung GmbH (2003).S.2, 67.; Hu, Xiaoyi(2005).;Liu, Yujuan/Liu, Lin(2006).S.18.

Tabelle 4-7: Anteil der gesetzlichen Rente am Alterseinkommen

Nummer der Unternehme	**1**	**2**	**3**	**4**	**5**	**6**	**7**	**8**	**9**	**10**	**11**
Anteil der gesetzlichen Rente am Alterseinkommen (%)	85,9	100	86,9	98,5	79,4	95,9	99,2	100	85,7	98,3	75,9
Nummer der Unternehme	**12**	**13**	**14**	**15**	**16**	**17**	**18**	**19**	**20**	**21**	
Anteil der gesetzlichen Rente am Alterseinkommen (%)	73,9	85,5	100	91,5	88,1	88,7	86,1	85,2	100	93,4	

Quelle. Forschungsinstitut für Sozialsicherung des chinesischen Ministeriums für Arbeit und Sozialsicherung/Chinesische Taiping Versicherung GmbH (2003).S.68.

Aus dieser Ansicht ist der Aufbau der betrieblichen Altersversorgung notwendig, damit die Menschen angehalten werden, sich um das Einkommen im Alter zu kümmern, um so den Lebensstandard im Alter zu sichern.

4.2.1.2 Betriebliche Altersversorgung

Wie in 4.1 schon vorgestellt wurde, hat die betriebliche Altersversorgung im jetzigen China noch keine hohe Priorität erreicht. Als eine selbständige Säule für die Rentner kann die betriebliche Altersversorgung nicht genannt werden.

4.2.1.3 Private Altersvorsorge

Die chinesische nichtländliche Bevölkerung hat eine ziemlich hohe Sparquote[326]. Seit 1978 stieg die Summe der Spareinlagen der nichtländlichen Bevölkerung ständig und rasch an. Tabelle 4-8 zeigt, dass sich im Jahr 2000 die Spareinlagen der chinesischen nichtländlichen Bevölkerung auf 6443.32 Mrd. Yuan summierten und neun Mal so viel ist wie im Jahr 1990, und sogar 160 mal mehr als im Jahr 1980.

Die private Vorsorge trägt zur Sicherung des Lebens im Alter viel bei. Das spiegelt sich auch in der z.T. hohen Sparquote der Bevölkerung wider, die jedoch auch für die Ausbildungskosten der Kinder herhalten soll, sowie für Anschaffungen zur Verbesserung der Wohnungseinrichtungen oder für den Umzug in eine komfortablere Wohnung. Aber ob die Sparquote immer so hoch bleiben wird, ist fragwürdig. Übrigens wird das Geld meistens auf einer Bank angelegt, wo es kaum gute Zinsen abwirft.

Dazu kommt ein neues Konsumverhalten der jungen Menschen, das auch berücksichtigt werden sollte. Viele von ihnen betrachten Sparsamkeit nicht mehr als gute Tugend; bekannt als „Moonlight-Groupe[327]" sind sie unter ihresgleichen sehr in. Wenn

[326] Vgl. Kap.2.5.3.4

[327] „Moonlight-Groupe" bedeutet auf Chinesisch „jeden Monat nichts übrig". Ungefähr 30% der jüngsten Jahrgänge, die an Universitäten und Hochschulen abgeschlossen haben, besitzen keine Ersparnisse. Manche haben sogar Schulden.

die Ersatzquote der gesetzlichen Rentenversicherung stark zurückgeht, und davon können wir mit an Sicherheit grenzender Wahrscheinlichkeit ausgehen, haben die jetzt jungen Menschen – wenn sie in naher Zukunft keinen Gesinnungswandel durchmachen - ein ernstes Problem zu lösen, wenn dann in der Zeit nach der Arbeit der Lebensunterhalt aufzubringen ist.

Tabelle 4-8: Entwicklung der Spareinlagen der nichtländlichen Bevölkerung in China

Jahrgang	GDP (Mrd. Yuan)	Summe der Spareinlagen (Mrd. Yuan)	Anstieg (Mrd.Yuan)	Anstiegsrate (%)
1978	362,41	21,06	k.A.	k.A.
1979	403,82	28,1	7,04	33.4
1980	451,78	39,95	11,85	42.2
1981	486,24	52,37	12,42	31.1
1982	529,47	67,54	15,17	29.0
1983	593,45	89,25	21,71	32.1
1984	717,1	121,47	32,22	36.1
1985	896,44	162,26	40,79	33.6
1986	1.020,22	223,85	61,59	38.0
1987	1.196,25	308,[illegible]4	84,29	37.7
1988	1.492,83	38,222	74,08	24.0
1989	1.690,92	519,64	137,42	36.0
1990	1.854,79	711,98	192,34	37.0
1991	2.161,78	924,[illegible]6	212,18	29.8
1992	2.663,81	1.175,594	251,78	27.2
1993	3.463,44	1.520,35	344,41	29.3
1994	4.675,94	2.151,88	631,53	41.5
1995	5.847,81	2.966,23	814,35	37.8
1996	6.788,46	3.852,08	885,85	29.2
1997	7.446,26	4.627,98	775,9	20.1
1998	7.834,52	5.340,75	761,54	16.5
1999	8.206,75	5.962,18	625,3	11.7
2000	8.940,36	6.433,24	497,67	8.3

Quelle: chinesisches Jahrbuch(2001)

---

http://www.jx.xinhuanet.com/yiwen/2005-05/12/content_4220424.htm
http://web.xwwb.com/wbnews.php?db=17&thisid=80247. (abgerufen am 15.01.2007.)

4.2.2 Demographische Entwicklungen

Die Besonderheiten der chinesischen demographischen Konstellation sind a) der große Umfang, und b) das Übergewicht der Bevölkerung auf dem Land. Aus der Tabelle 4-9 kann man erkennen, dass die gesamte Zahl der Bevölkerung auf dem Land ständig abnimmt und die Urbanisierung sich als einen ständigen Prozess darstellt.

Tabelle 4-9: Bevölkerungskonstellation von China

Jahrgang	Insgesamt (Mio.)	Auf dem nichtländlichen Gebiet		Auf dem Land	
		Umfang (Mio.)	Anteil (%)	Umfang (Mio.)	Anteil (%)
1978	963	172	17,92	791	82,08
1980	987	191	19,39	796	80,61
1985	1059	251	23,71	808	76,29
1989	1127	295	26,21	832	73,79
1990	1143	302	26,41	841	73,59
1991	1158	312	26,94	846	73,06
1992	1172	322	27,46	850	72,54
1993	1185	332	27,99	853	72,01
1994	1199	342	28,51	857	71,49
1995	1211	352	29,04	859	70,96
1996	1224	373	30,48	851	69,52
1997	1236	394	31,91	842	68,09
1998	1248	416	33,35	832	66,65
1999	1258	438	34,78	820	65,22
2000	1267	459	36,22	808	63,78
2001	1276	481	37,66	795	62,34
2002	1285	502	39,09	783	60,91
2003	1292	524	40,53	768	59,47
2004	1299	543	41,76	756	58,24

Quelle: in Anlehnung an Statistisches Jahrbuch(2005).

Wie Deutschland steht auch China vor demographischen Herausforderungen.

Aus der Tabelle 4-10 kann man herauslesen, dass im Jahr 1980 die Relation von Rentnern zu Arbeitnehmern in China noch bei 1:13, im Jahr 1990 1:6 und im Jahr 2002 nur noch bei 1:3 steht.

Tabelle 4-10: Die Relation von Rentnern zu Arbeitnehmern

Jahrgang	1980	1990	1996	1997	1998	1999	2000	2001	2002
Zahl (Mio.)	k.A.	k.A.	32,12	33,51	35,94	37,26	38,76	40,18	42,22
Anstiegs-quote (%)	k.A.	k.A.	3,8	4,3	7,2	3,7	4,0	3,7	5,1
Relation	1:13	1:6	1:4,6	1:4,4	1:4,0	1:3,7	1:3,6	1:3,2	1:3,0

Quelle: Daten zusammenfasst aus Das statistische Jahrbuch 2003, Chen, Tianxing(2004).S.26. und Webseite von www.molpss.gov.cn (abgerufen am 21.01.2007).

Tabelle 4-11 zeigt die Prophezeiung über die Entwicklung der Altenquote in näherer Zukunft.

Tabelle 4-11: Prophezeiung über die Entwicklung der Altenquote in näherer Zukunft[328]

Jahrgang	60+ (%)	65+(%)	75+(%)
1980	8,6	5,6	1,6
2000	9,8	6,7	2,2
2010	11,8	7,7	2,8
2020	15,6	10,9	3,3
2030	21,9	14,6	5,2
2040	25,1	19,6	7,4
2050	27,4	20,4	10,1

Quelle: Du, Peng(1994). S.67.

Nach dem Forschungsbericht über den zukünftigen Verlauf des chinesischen Veralterungsprozesses[329], lassen sich drei Phasen erkennen:

Erste Phase, von 2001 bis 2020 ist ein Prozess der rasanten Veralterung. Durchschnittlich entstehen pro Jahr 5,96 Mio. alte Menschen, jenseits der Arbeitszeit. Die Anstiegsrate beträgt 3,28% und liegt viel höher als die Anstiegsrate der Bevölkerung. Bis 2020 machen alte Menschen ein Volk von 248 Mio. aus; die Altersquote liegt dann bei 17,17%.

In der zweiten Phase, von 2021 bis 2050 werden wir dann einen Prozess der beschleunigten Veralterung haben. Die zwischen 1960 bis 1975 geborene chinesische Baby-Boom-Generation wird dann in Rente gehen. In dieser Phase wird die chinesische Bevölkerung anfangen zu schrumpfen. Das wird den Veralterungsprozess dramatisieren. Bis 2050 wird die Zahl der alten Menschen auf 400 Mio. ansteigen und die Altersquote auf über 30%.

---

[328] Vgl auch. Wang, Dongyan(1999); Wang, Jiangang(2004), S.99ff. und auch www.stats.gov.cn/tjgb/rkpgb/qgrkpcgb/200203310083.htm. (abgerufen am 21.01.2007)

[329] Chinesische Kommission für die alten Menschen(2006).

Die dritte Phase, von 2051 bis 2100 ist ein Prozess der stabilen Veralterung. Die Summe der alten Menschen wird 300 bis 400 Mio. betragen. Die Altersquote wird dann entsprechend bei 31% liegen.

Der chinesische Veralterungsprozess hat einen wichtigen Charakter: die Ungleichheit[330].

Erstens, die alten Menschen sind innerhalb Chinas unterschiedlich verteilt. Der Anteil der alten Menschen in entwickelten Gebieten ist höher als in den unterentwickelten Gebieten. Ende 2004 betrug der chinesische durchschnittliche Anteil der über 60 jährigen Menschen an der ganzen Bevölkerung 10,97%. Über dem durchschnittlichen Wert lagen Shanghai mit 18,48%, Tianjin mit 13,75%, Beijing mit 13,66%, Zhejiang mit 13,18%, Chongqing mit 12,84%, Liaoning mit 12,59%, Shandong mit 12,31% Sichuan mit 11,59%, Hunan mit 11,51% und Anhui mit 11,18%.

Zweitens, die Altersquote auf dem Land ist 1,24% höher als in den Städten; ganz anders als in anderen Ländern. Das liegt an dem jetzigen Urbanisierungsprozess in China. Immer mehr junge Bauern wandern vom Land in die Stadt. Auf dem Land bleiben die alten Bauern mit ihrer Agrararbeit zurück. Sie bleiben zurück, weil sie zu fest mit der Scholle verbunden sind.

Die Änderung der Alterspyramide der chinesischen Bevölkerung vom Jahr 1998 bis zum Jahr 2003 wird in Abbildung 4-2 und Abbildung 4-3 verdeutlicht:

Abbildung 4-2: Alterspyramide der chinesischen Bevölkerung im Jahr 1998

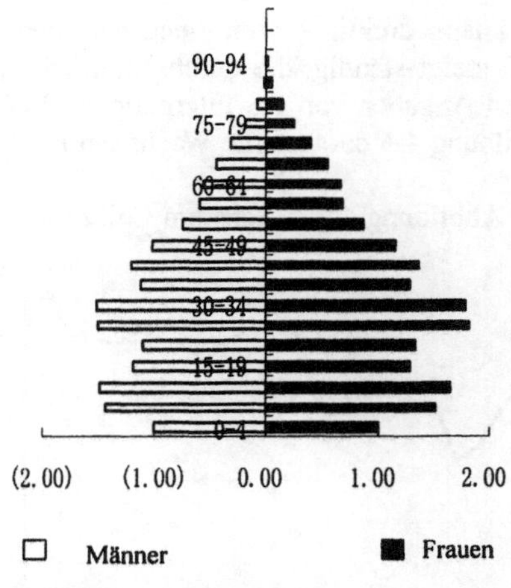

Quelle: Yuan, Zhigang(2005).S.158

[330] Chinesische Kommission für die alten Menschen(2006)

Abbildung 4-3: Alterspyramide der chinesischen Bevölkerung voraussichtlich im Jahr 2030

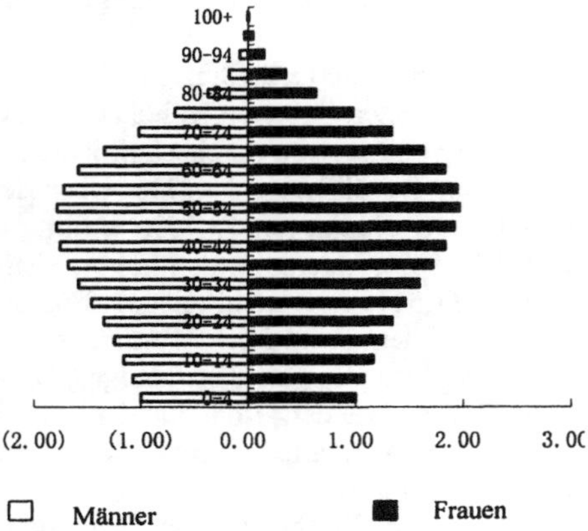

Quelle: Yuan, Zhigang(2005).S.158

4.2.3 Wirtschaftliche Entwicklung

China hat in den letzten knapp dreißig Jahren einen enormen wirtschaftlichen Aufschwung erlebt. Das GDP steigt ständig, die durchschnittliche jährliche Anstiegsrate liegt über 7%.[331] Nach den Angaben von GS International Portal hat die chinesische Wirtschaft das in der Abbildung 4-4 dargestellte Wachstum erlebt und bzw. wird es erleben[332]

Abbildung 4-4: Wachstum Chinas

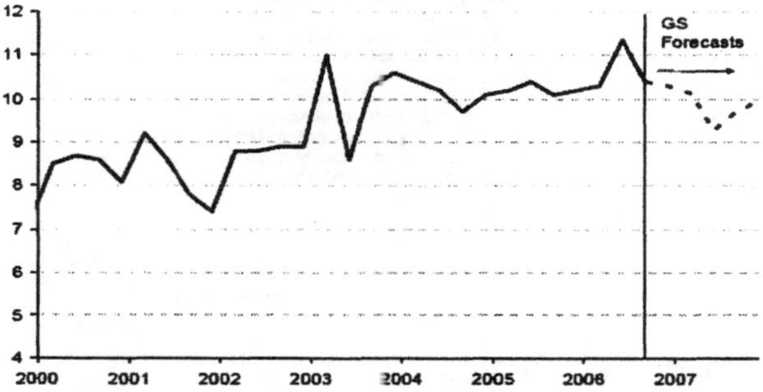

Quelle: Liang, Hong(2006). S.3.

[331] Vgl. Liang, Hong/Yi, Heng(2005).S.4. und auch http://finance.people.com.cn/GB/8215/32688/32690/3256149.html

[332] Grund der Unterschiede zwischen Abbildung 4-4 und Tabelle 4-12 liegt daran, dass das Wachstum in der Abbildung 4-4 wird um Störungselemente wie Inflation erarbeitet wird.

Die genauen Daten sind aus der Tabelle 4-12 zu entnehmen:

Tabelle 4-12: Wachstum von GDP

Jahrgang	GDP (Mrd. Yuan)	**Anstiegsrate (%)**	Jahrgang	GDP (Mrd. Yuan)	**Anstiegsrate (%)**
1978	362,41	-	1991	2.166,25	**16,48**
1979	403,82	**11,43**	1992	2.665,19	**23,03**
1980	451,78	**11,88**	1993	3.456,05	**29,67**
1981	486,03	**7,58**	1994	4.667,00	**35,04**
1982	530,18	**9,08**	1995	5.749,49	**23,19**
1983	595,74	**12,37**	1996	6.685,05	**16,27**
1984	720,67	**20,97**	1997	7.314,27	**9,41**
1985	898,91	**24,73**	1998	7.696,72	**5,23**
1986	1.020,14	**13,48**	1999	8.057,94	**6,93**
1987	1.195,45	**17,18**	2000	8.825,40	**9,52**
1988	1.492,23	**24,83**	2001	9.572,79	**8,47**
1989	1.691,78	**13,37**	2002	10.393,53	**8,57**
1990	1.859,84	**9,93**	2003	11.674,12	**12,32**
			2004	13.658,43	**17,00**

Quelle: in Anlehnung an Statistisches Jahrbuch(2005).

Nach einer Einschätzung des Forschungszentrums über die Entwicklung von Staaten wird das Wachstum anhalten. Tabelle 4-13 zeigt, dass bis 2020 das Wachstum jährlich mindestens 4,8% ausmachen wird.

Tabelle 4-13: Wachstumsaussicht Chinas (2005-2020)

	2000-2005	2005-2010	2010-2015	2015-2020	2000-2020	2005-2020
Pessimistisches Szenario (%)	8.5	8.1	7.5	6.8	7.7	7.5
Mittleres Szenario (%)	8.5	8.5	8.2	7.7	8.2	8.1
Optimistisches Szenario (%)	8.5	7.5	5.8	4.8	6.6	6.0

Quelle: Forschungszentrum über Entwicklung von Staaten(2005). S.47.

Die Struktur der chinesischen Wirtschaft hat sich ständig verändert. Der Anteil der ersten Industrie (Agrarwirtschaft) am GDP nimmt ständig ab. Die Anteile der zweiten und dritten Industrie (Sektor Industrie und Dienstleistungen) steigen konstant, wie Tabelle 4-14 zeigt.

Tabelle 4-14: Entwicklung des Anteils der drei Industrien an GDP

Jahrgang	GDP (Mrd. Yuan)	Produkte der ersten Industrie (Mrd. Yuan)	**Anteil der ersten Industrie an GDP (%)**	Produkte der zweiten Industrie (Mrd. Yuan)	**Anteil der zweiten Industrie an GDP (%)**	Produkte der dritten Industrie (Mrd. Yuan)	**Anteil der dritten Industrie an GDP (%)**
1978	362,41	101,84	**28,10**	174,52	**48,16**	86,05	**23,74**
1979	403,82	125,89	**31,17**	191,35	**47,39**	86,58	**21,44**
1980	451,78	135,94	**30,09**	219,20	**48,52**	96,64	**21,39**
1981	486,03	154,56	**31,80**	225,55	**46,41**	106,13	**21,84**
1982	530,18	176,16	**33,23**	238,30	**44,95**	115,01	**21,69**
1983	595,74	196,08	**32,91**	264,62	**44,42**	132,75	**22,28**
1984	720,67	229,55	**31,85**	310,57	**43,09**	176,98	**24,56**
1985	898,91	254,16	**28,27**	386,66	**43,01**	255,62	**28,44**
1986	1.020,14	276,39	**27,09**	449,27	**44,04**	294,56	**28,87**
1987	1.195,45	320,43	**26,80**	525,16	**43,93**	350,66	**29,33**
1988	1.492,23	383,10	**25,67**	658,72	**44,14**	451,01	**30,22**
1989	1.691,78	422,80	**24,99**	727,80	**43,02**	540,32	**31,94**
1990	1.859,84	501,70	**26,98**	771,74	**41,50**	581,35	**31,26**
1991	2.166,25	528,86	**24,41**	910,22	**42,02**	722,70	**33,36**
1992	2.665,19	580,00	**21,76**	1.169,95	**43,90**	913,86	**34,29**
1993	3.456,05	688,21	**19,91**	1.642,85	**47,54**	1.132,38	**32,77**
1994	4.667,00	945,72	**20,26**	2.237,22	**47,94**	1.493,00	**31,99**
1995	5.749,49	1.199,30	**20,86**	2.853,79	**49,64**	1.794,72	**31,22**
1996	6.685,05	1.384,42	**20,71**	3.361,29	**50,28**	2.042,75	**30,56**
1997	7.314,27	1.421,12	**19,43**	3.722,27	**50,89**	2.302,87	**31,48**
1998	7.696,72	1.455,24	**18,91**	3.861,93	**50,18**	2.517,35	**32,71**
1999	8.057,94	1.447,20	**17,96**	4.055,78	**50,33**	2.703,77	**33,55**
2000	8.825,40	1.462,82	**16,58**	4.493,53	**50,92**	2.990,46	**33,88**
2001	9.572,79	1.541,18	**16,10**	4.875,00	**50,93**	3.315,30	**34,63**
2002	10.393,53	1.611,73	**15,51**	5.298,02	**50,97**	3.607,48	**34,71**
2003	11.674,12	1.692,81	**14,50**	6.127,41	**52,49**	3.918,80	**33,57**
2004	13.658,43	2.076,81	**15,21**	7.238,72	**52,99**	4.372,06	**32,01**

Quelle: in Anlehnung an Statistisches Jahrbuch(2005).

Das Wachsen der Priorität der zweiten und dritten Industrien lässt sich an den Daten über die Entwicklung der Beitragssätze der drei Industrien in Tabelle 4-15 verdeutlichen. Die Beitragssätze der zweiten Industrie sowie der dritten Industrie steigen jeweils von 41,0% auf 61,8% und von 17,1% auf 29,0%.

Tabelle 4-15: Entwicklung der Beitragssätze der drei Industrien (%)

Jahrgang	Die erste Industrie	Die zweite Industrie	Die dritte Industrie
1990	41,9	41,0	17,1
1991	7,1	62,8	30,1
1992	8,4	64,5	27,2
1993	8,1	67,7	24,2
1994	6,8	70,5	22,7
1995	9,4	67,4	23,2
1996	10,0	66,4	23,6
1997	7,1	63,8	29,1
1998	7,7	62,3	30,0
1999	6,5	62,9	30,7
2000	4,8	66,0	29,2
2001	6,1	56,5	37,4
2002	5,4	59,6	35,0
2003	3,9	68,4	27,7
2004	9,2	61,8	29,0

Bemerkung: Der Beitragssatz der Industrie wird wie folgt gerechnet:
Beitragssatz der Industrie = Anstiegsrate der Industrie / Anstiegsrate des GDP
Quelle: Statistisches Jahrbuch(2005).

Auch der Außenhandel wächst ständig an: Sowohl Export als auch Import boomen, wie Tabelle 4-16 zeigt:

Tabelle 4-16: Entwicklung des chinesischen Außenhandels
- Part 1-

Jahrgang	Export (Mrd. $)	Import (Mrd. $)	Überschuss (Mrd. $)
1978	9,75	10,89	-1,14
1980	18,12	20,02	-1,9
1985	27,35	42,25	-14,9
1989	52,54	59,14	-6,6
1990	62,09	53,35	8,74
1991	71,91	63,79	8,12
1992	84,94	80,59	4,35
1993	91,74	103,96	-12,22

Tabelle 4-16: Entwicklung des chinesischen Außenhandels
- Part 2-

1994	121,01	115,6.	5,39
1995	148,78	132,08	16,7
1996	151,05	138,83	12,22
1997	182,79	142,37	40,42
1998	183,71	140,24	43,47
1999	194,93	165,7	29,23
2000	249,2	225,09	24,11
2001	266,1	243,55	22,55
2002	325,57	295,2	30,37
2003	438,37	412,84	25,53
2004	593,37	561,42	31,95

Quelle: Statistisches Jahrbuch(2005).

Die Investitionen durch ausländisches Kapital steigen auch ständig an, vgl. Tabelle 4-17.

Tabelle 4-17: Tatsächlich benutztes ausländisches Kapital (Mrd. Dollar)

Jahrgang	insgesamt	Ausleihe	FDI	Andere
1979-1984	18,187	13,041	4,104	1,042
1985	4,76	2,506	1,956	0,298
1989	10,06	6,286	3,3,93	0,381
1990	10,289	6,534	3,487	0,268
1995	48,133	10,327	37,521	0,285
1996	54,805	12,669	41,726	0,41
1997	64,408	12,021	45,257	7,13
1998	58,557	11,0	45,463	2,094
1999	52,659	10,212	40,319	2,128
2000	59,356	10,0	40,715	8,641
2001	49,672	k.A.	46,878	2,794
2002	55,011	k.A.	52,743	2,268
2003	56,14	k.A.	53,505	2,635
2004	64,072	k.A.	60,63	3,442
1979-2004	745,345	147,157	562,105	36,083

Quelle: in Anlehnung an Statistisches Jahrbuch(2005).

4.2.4 Arbeitsmarkt

Ende 2004 gab es in China insgesamt 752 Mio. Arbeitnehmer, die 57,9% der gesamten Bevölkerung ausmachten. Davon arbeiteten 487,24 im nicht ländlichen Gebiet und 352,69 auf dem Land.[333] Die Arbeitnehmer verfügen über eine immer bessere Ausbildung. Von den Arbeitnehmern besitzen über 20% Hochschulreife (Tabelle 4-18):

Tabelle 4-18: Educational Attainment Composition of Employment by Occupation

Educational Attainment	Total	Unit Head	Professional and Technical Personnel	Clerk and Related Workers	Business Service Personnel	Agriculture and Water conservancy Labors	Production, Transport, Equipment Operators and related workers	others
Illiterate and Semi-illiterate	6,2	0,4	0,5	0,4	1,9	10,1	1,5	2,9
Primary school	27,4	5,0	5,5	4,6	13,6	39,8	16,2	20,7
Junior School	45,8	23,6	28,1	25,8	57,0	45,5	59,5	55,8
Senior School	13,4	27,3	27,9	34,7	23,8	4,5	20,2	16,6
College	5,0	26,1	23,8	25,5	3,2	0,2	2,3	3,2
University	2,1	16,1	13,3	8,7	0,6	k.A.	0,4	0,8
Graduate	0,1	1,5	1,0	0,3	k.A.	k.A.	k.A.	k.A.

Quelle: Statistisches Jahrbuch für Arbeit(2004)

Der Arbeitslosenrate in den nichtländlichen Gebieten steigt ständig an (Tabelle 4-19). Die wirkliche Arbeitslosenrate liegt deutlich höher als die offiziellen Daten angeben, weil viele „Wanderarbeiter“[334], arbeitslose Selbständige und jährlich neue Absolventen aus den Hochschulen und Universitäten, arbeitslos sind, sich aber gar nicht gemeldet haben.

[333] Statistisches Jahrbuch für Arbeit(2004)

[334] „Bauerarbeiter“ werden auch „Wanderarbeiter“ genannt.

Tabelle 4-19: Registrierte Arbeitslosensrate in nichtländlichen Gebieten

	2000	2001	2002	2003	2004
Arbeitnehmer (Mio.)	721	730	737	744	752
registrierte Arbeitslose in nichtländlichen Gebieten	595	681	770	800	827
Arbeitslosenrate auf nichtländlichen Gebieten (%)	3,1	3,6	4	4,3	4,2

Quelle: in Anlehnung an Statistisches Jahrbuch(2005).

Die Arbeitslosigkeit junger Menschen ist schon ein großes Problem geworden. Von den Arbeitsuchenden im zweiten Vierteljahr 2006 in 99 Städten betragen die arbeitslosen jungen Menschen 20,4%. Davon (35%) sind neue Absolventen aus den Hochschulen und Universitäten. Tabelle 4-20 zeigt die Zusammensetzung der Arbeitssuchenden.

Tabelle 4-20: Zusammensetzung der Arbeitssuchenden

Arten	Zahl	Anteil(%)	Anstiegsquote im Vergleich mit letztem Vierteljahr	Anstiegsquote im Vergleich zur gleichen Zeit letzten Jahres
Junge Menschen	789395	20.4	1.5	0.7
Davon: neue Absolventen	276102	35.0	3.3	
neue Arbeitslosen	724754	18.7	-2.1	-3.8
Andere Arbeitslose	624650	16.2	4.0	2.6
Arbeitende	217111	5.6	1.7	1.0
Rentner	34208	0.9	0.1	0.1
Studierende	126536	3.3	0.1	-0.5

Quelle: http://www.molss.gov.cn/gb/zwxx/2006-09/14/content_133368.htm (abgerufen am 23.01.2007)

4.2.5 gesetzliche Rentenversicherung

4.2.5.1 Geschichte

Das chinesische Rentensystem hat vier Entwicklungsphasen erlebt: Soziale Planung (1951-1969), Versicherung durch die Unternehmen (1969-1984), soziale Planung (1984-1995) und die Verbindung von sozialer Planung und individuellem Konto (1995 bis jetzt).[335]

Von 1951 bis 1969 bekamen die Arbeitnehmer die Rente vom Staat. Das Rentensystem wurde staatlich organisiert. Die Unternehmen bezahlten für die Arbeiter einen Beitrag von 3 % des Gehalts an die lokalen Gewerkschaften, wovon 70 % im Umlageverfahren wieder für die Zahlung der Rente an die Arbeitemehmer ausbezahlt wurden und 30% auf ein Konto der staatlichen Generalgewerkschaft überwiesen wurden, die dann je nach den Bedürfnissen der verschiedenen Unternehmen, unterschiedlichen Industrien und verschiedenen Regionen innerhalb Chinas zu Gute kamen. Mit der im Jahr 1966 angefangenen Kulturrevolution geriet das finanzielle System ins Chaos. Die Gewerkschaften wurden zerschlagen und existieren heute nicht mehr, der Staat verlor die Übersicht über die Wirtschaft, was denn letztlich 1969 zu einer umfassenden Reform führte.

Zwischen 1969 und 1984 wurde die Rente für die älteren Menschen von den Unternehmen aufgebracht und als Aufwendungen in die Buchhaltung aufgenommen. Der Staat wurde zuständig für den Gewinn und Verlust der Unternehmen. Seit der marktorientierten Wirtschaftsreform hat die chinesische Regierung erkannt, dass die Erfüllungsfunktion des Staates umgewandelt werden muss. Die Regierung darf kein universaler Herrscher der Gesellschaft mehr sein und der Staat soll sich vom Erfüllungsstaat zum Gewährleistungsstaat umwandeln. Ein wichtiger Punkt dieser Umwandlung war die Reform der Staatsbetriebe. In den vergangenen 30 Jahren folgten die Unternehmen immer den disziplinarischen Direktiven der Regierung und sogar die Leiter der Unternehmen wurden von der Regierung entsandt. Die chinesische Regierung tritt dafür ein, ein modernes Unternehmenssystem einzurichten, in dem die Unternehmen selbst für ihre eigene Tätigkeit verantwortlich sein sollen. Sie sind keine untergeordnete Institution der Regierung mehr, sondern jetzt neu eine selbständige Abrechnungseinheit (Profit-Center). Die Regierung kann für die Entwicklung der Unternehmen Vorschläge machen, aber darf den Unternehmen keine Anordnungen erteilen. Der Gewinn der Unternehmen muss nicht mehr vollständig an den Staat abgeführt werden, sondern wird jetzt nur noch z.T. als Einkommenssteuer dem Staat zugeführt.[336] Durch diese Novellierung konnten die Unternehmen mit ihren älteren Beschäftigten wegen der Rentenlast weniger Gewinn im Unternehmen einbehalten, wodurch jetzt einzelne Unternehmen mehr als andere belastet wurden, was wieder zu Instabilitäten führte und

[335] Vgl. Wang Mengkui(2001). S.278.; Song, Xiaowu/Zhang, Zhongjun(1997); Peng, Xuemei(2005).S. 163f.; Zheng, Gongcheng(2003); Lin, Yi(1995).S.79.; Li, Zhen(1998); Xu, Dianqing(1999); Wang, Hufeng(2004).S.171ff.; Wang, Dongjin(2001).S.34ff.; Yang, Yansui(2003).S.57ff..

[336] Es wird als „Wandlung von Gewinn zur Steuer" genannt. Diese Änderung hat die chinesische Gesellschaft stark beeinflusst. Vgl. Zhu, Qing(2002).S.1f., 21ff..

die Stabilität der Gesellschaft in Gefahr brachte. Damit waren die Voraussetzungen geschaffen für eine Rentenreform mit implementierten Umverteilungsfunktionen.

Zwischen 1984 bis 1995 herrschte in China das Sozialplanungssystem auf der lokalen Ebene. Die Unternehmen zahlten dem lokalen Sozialamt Beiträge für die Rentenversicherung der Arbeitnehmer[337] und bekamen von ihm die Rentenleistung für die Rentner. Wegen der Einführung der anderen Eigentumssysteme standen jetzt die staatlichen Unternehmen unter großem Konkurrenzdruck. Der Staat und die Unternehmen konnten nicht mehr allein die Verantwortung der Sicherung des Lebensstandards der zukünftig in Rente gehenden Arbeitnehmer übernehmen. Das Rentensystem kam in die roten Zahlen und benötigte jetzt auch den Beitrag der Arbeitnehmer.

Im Jahr 1995 wurde das individuelle Konto eingeführt und die Rentner bekamen die Rente direkt vom lokalen Sozialamt[338]. Die Rentenversicherungsprämie wurde dann nicht nur mehr allein von den Unternehmen bezahlt, sondern die Arbeitnehmer wurden verpflichtet, auch einen Beitrag dafür zu zahlen. Vgl. Abbildung 4-5. Der von den Arbeitnehmern zu zahlende Teil wird jetzt auf ein individuelles Konto überwiesen. Der Beitragssatz der Unternehmen wurde auf max. 20% begrenzt, der dann auf das Konto der sozialen Planung und das individuelle Konto aufgeteilt wird. Der vom Arbeitnehmer und Unternehmer zusammen in das individuelle Konto bezahlte Beitragssatz soll 11% sein. Genaue Vorschriften sind vom örtlichen Sozialamt vorgegeben. Da so die lokalen Sozialämter eine gewisse Eigenständigkeit bekamen, haben sie auch eigene Verordnungen bezüglich ihrer Aufgaben entwickelt. So wurde z.B. im Jahr 2001 in der Liaoning Provinz eine Reform eingeführt, dass nur der Arbeitnehmer in das individuelle Konto Beiträge einzuzahlen hat und dass der Beitragssatz 8% betragen soll.

Abbildung 4-5: Zusammensetzung der Beiträge für die gesetzliche Rentenversicherung

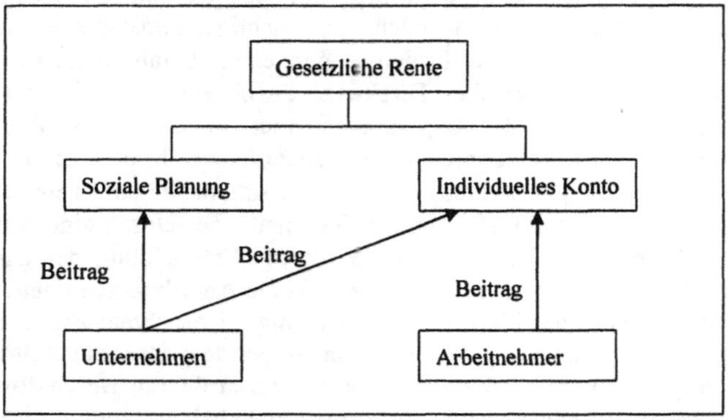

Bei der Zahlung der gesetzlichen Rente bekommt der Rentner von der sozialen Planung die Grundrente – 20% des örtlichen durchschnittlichen Gehaltes vom letzten Jahr

337 Am Anfang wurden die offiziellen Arbeitnehmer (langfristig beschäftigt) und Vertragsarbeitnehmer (kurzzeitig beschäftig) unterschiedlich behandelt. Der Unterschied wurde später aufgehoben. Vgl. Zhong, Renyao(2004).S.225.

338 Vgl. Zhu, Qing(2002).S.42.

und ein Teil der Rente vom individuellen Konto – der 1/120 beträgt. In den ersten zehn Jahren der Zahlungen wird das individuelle Konto getrennt gehalten. Danach wird das individuelle Konto in die soziale Planung integriert. Aus der sozialen Planung wird dann die ganze Rente gezahlt.[339]

4.2.5.2 Probleme des gesetzlichen Rentensystems

4.2.5.2.1 Ungleichheiten zwischen Städten

Mit der Einführung des individuellen Kontos und der Dezentralisierung der sozialen Planung gewinnt das chinesische Rentensystem neue Dynamik. Die Stadt kann selbst nach eigenem Bedarf das Rentensystem organisieren und der Industrie die passende Präferenz geben, die für die Entwicklung der Stadt so von Bedeutung ist. Daraus entstehen aber viele Probleme:

Erstens beschränkt die Rentenpolitik der in dieser Beziehung gewonnenen Autonomie der Stadt die Mobilität der Arbeitnehmer. Wenn ein Arbeitnehmer seine Arbeit in eine andere Stadt verlegen möchte, muss er erst die Vorteile der neuen Arbeitsstelle gegen die eventuell einzuhandelnden Nachteile am neuen Ort abwägen. Mit anderen Worten hindert die unterschiedliche Rentenpolitik der verschiedenen Gemeinden und Distrikte die Mobilität der Arbeitenden, was letztlich auch den Arbeitsmarkt und damit die Wirtschaft überhaupt negativ beeinflusst.

Zweitens, die Freiheit der Stadt, für Unternehmen bestimmter Industrie Präferenz zu schaffen, stört die freie Konkurrenz der Marktordnung. Die Unternehmen unterstehen nicht mehr der freien Konkurrenz. Dem Egoismus der Gemeindepolitiker und deren Denken und Handeln aus der Froschperspektive sind damit Tür und Tor geöffnet. Das schadet natürlich dem übergeordneten Ziel einer freien Wirtschaft in freier Konkurrenz zu schaffen mit den wichtigen sozialen Korrekturen, übergeordnet als Umverteilungen zu Gunsten förderungswürdiger Projekte. Der Aufbau eines gemeinsamen Binnenmarktes wird mit Barrieren konfrontiert und die makroökonomischen Leistungspotentiale gehen zurück.

Drittens, die Transparenz des Rentensystems wird dadurch gestört. Die effektive Überwachung durch die Zentrale wird erschwert und die erfolgreiche Durchsetzung des Rentensystems kann nicht mehr garantiert werden. Es lässt auch die Möglichkeit offen, dass einerseits das Rentenkapital der lokalen, örtlichen Regierungen für andere Zwecke verwendet wird und andererseits die Verwalter der Rentenfonds das Rentenkapital in Projekte mit hohem Risiko investieren, die entweder hohen Gewinn für den Rentenfonds, aber vor allen Dingen hohe Vermittlungsprovisionen für die Verwalter selbst erbringen, und das auf Kosten der Arbeitenden. Das schadet natürlich den Zielen des Rentenfonds und kann sogar, im worst case, wenn sich die meisten Verwalter dieser örtlichen Kassenverantwortlichen nicht mehr an die früher vereinbarten Spielregeln halten, das ganze Rentensystem zum Absturz bringen, was sich für die Bevölkerung, die das Kapital angespart hat, und die in ihrem hohen Alter fest auf dieses Einkommen gezählt hat, zu einer wahren Katastrophe auswachsen würde.

---

[339] Zhong, Renyao(2004).S.228.

Ein weiteres Unruhepotential liegt in den unterschiedlichen Entwicklungsstufen der verschiedenen Städte, gibt es doch bei der sozialen Planung mancher Städte Überschuss und bei manchen Verluste. Der wirtschaftliche Zustand einer Stadt liegt so nur in den Händen der sozialen Planung dieser Behörde. Die übergeordnete Zentrale erfährt wegen der Unsymmetrie der Informationen nur wenig davon und von einer gemeinsamen Planung auf staatlicher Ebene kann nicht die Rede sein.

Wenn von der Zentrale ein gemeinsamer Umverteilungspool aufgebaut werden soll, um die Umverteilung zwischen den Städten zu verwirklichen, gibt es auch ungelöste Probleme: die Motivation, die Kassen mit ausgeglichenem Budget zu führen, ginge praktisch auf Null, weil sich dann jeder auf diesen Verlustfonds verlassen würde. Eine Steigerung dieser Verwerfung erführe der Staat darin, dass auch die Orte mit Überschuss keinen besonderen Anreiz verspüren würden, diesen Zustand beizubehalten, nur um jedes Jahr ihre Überschüsse an „Notleidende" sprich „Faule" abführen zu müssen. Im besten Fall würden die Behörden das Rentenalter senken, damit die Überschüsse abgebaut werden. Aber auch hier eröffnete sich eine Situation, die eher zu Veruntreuungen der Überschüsse verleiten würde. Auf jeden Fall würde es die Wohlfahrt des ganzen Staates schädigen.

4.2.5.2.2 Defizite des gesetzlichen Rentensystems

Im Jahr 1997 gab es fünf Städte, deren Ausgaben des gesetzlichen Rentensystems signifikant über den Einnahmen lagen. Im Jahr 1998 ist Zahl auf 21 gestiegen,[340] im Jahr 1999 auf 25, im Jahr 2000 litten außerhalb der wenigen Städte wie Beijing, Shenzhen die meisten Städte unter einem Defizit des gesetzlichen Rentensystems[341]. Die meisten Staatsbetriebe sind finanziell so schlecht gestellt, dass sie sich die Beiträge in die gesetzliche Rentenversicherung nicht mehr leisten können. Nur 50% der Unternehmen haben den Beitrag rechtzeitig bezahlt. 1998 waren es über 5000 Unternehmen, die ihren eigenen Beitrag von jeweils über 1 Mio. Yuan nicht bezahlt haben. Der Fehlbetrag betrug 17 Mrd. Yuan. 2000 lief die Summe der Fehlbeträge auf 36 Mrd. Yuan[342]. Das Defizit des gesetzlichen Rentensystems betrug 50 Mrd. Yuan und voraussichtlich wird es im Jahr 2010 auf 100 Mrd. Yuan steigen.[343] Im Jahr 2005 hat die zentrale Regierung der gesetzlichen Rentenversicherung einen Zuschuss von 54,4 Mrd. Yuan bezahlt. Zusätzlich zahlen die lokalen Regierungen für die gesetzliche Rentenversicherung 10,7 Mrd. Yuan aus.[344] Und die Zuschüsse durch die Regierung werden voraussichtlich in den kommenden Jahren noch weiter steigen.

4.2.5.2.3 Keine Altersreserve für ältere Arbeitnehmer

Vom Jahr 1984 an fängt die Sozialplanung auf der lokalen Ebene erst zu greifen an. Viele Arbeitnehmer haben für ihre frühe Arbeitsphase gar keine Reserven auf ihrem

---

340 Editor von System der Sozialenversicherung (2000). S.17., Peng, Xuemei(2005).S.171.

341 Nachrichten von der Beijing Zeitung für Jugendliche vom 28. 05. 2001.

342 Ebd.

343 Shan, Jiaomei/Huang, Fei/Zhang, Yanhong(2004). S.37.

344 http://www.molss.gov.cn/gb/zwxx/2006-06/12/content_119277.htm (abgerufen am 01.01.2007)

Konto angespart. Noch ist nicht gelöst, wer die Kapitallücke ausfüllen und wie sie gefüllt werden soll. Vor der wirtschaftlichen Reform betrieb der Staat eine „Alles-in-einer-Hand-Politik“: nämlich hohe Beschäftigung, niedriger Lohn, hoher Wohlstand – der Lohn, den die Arbeitnehmer bekamen, war niedrig, reichte nur zum Leben aus. Altersvorsorge war in der Verantwortung des Staates. Die wirtschaftliche Reform hat die „Alles-in-einer-Hand-Politik“ unterbrochen, aber die Kosten fürs Altersleben, die der Staat den Arbeitnehmern erstatten soll, bleiben vom Staat unbezahlt. Diese von der Geschichte verursachten impliziten Schulden lassen sich nur sehr schwer ermitteln und da praktisch alles Relevante unter den Tisch gekehrt worden ist, fehlen auch die greifenden Verantwortlichkeiten

4.2.5.2.4 Leeres individuelles Konto

Wie oben schon vorgestellt wurde, besteht die gesetzliche Rentenversicherung aus zwei Teilen: A) aus der sozialen Planung und B) aus dem individuellen Konto. Die soziale Planung und die individuellen Konten werden von den lokalen Sozialämtern verwaltet. Die soziale Planung ist durch Umlageverfahren finanziert. Dagegen soll das individuelle Konto durch das Kapitaldeckungsverfahren unterstützt werden und darf nur bei Renteneintrittsfall des Kontoinhabers an die Kontoinhaber gezahlt werden. Soweit die Theorie. Wegen der Defizite der sozialen Planung werden die auf individuellen Konten angesammelten Gelder von den lokalen Sozialämtern als Notlösung in das Umlagesystem umverteilt und als aktuelle Renten ausgezahlt. In der Tat bleiben die individuellen Konten leer. Das angesparte Kapital besteht nur aus Zahlen, die durch Luftbuchungen entstanden sind, und in der Buchhaltung sucht man vergebens nach realen Werten als Grundlage für ein kapitalgedecktes Vermögen der Arbeiter, die einmal später eine Säule ihrer Renteneinkünfte finanzieren sollten. Bis Ende 2000 betrug die Kapitalsumme der leeren individuellen Konten 190 Mrd. Yuan.[345] Auf diese Weise geht einerseits der Entwurfgedanke, durch das Kapitaldeckungsverfahren das Kapital auf den individuellen Konten zu verwerten, ins Leere; es droht aber auch die Gefahr, dass der Staat für die individuellen Konten das Geld nicht aufbringen könnte. Das System der gesetzlichen Rentenversicherung ist im höchsten Grad in Gefahr. Steckt doch darin auch ein soziales Unruhepotential der Bevölkerung. Um das Problem zu lösen, sollte der Staat ganz nüchtern bleiben und seine Verantwortung übernehmen, sich engagiert für das weitere Funktionieren der gesetzlichen Rentenversicherung sowie für den Aufbau der zusätzlichen Altersversorgungssysteme, wie z.B. der betrieblichen Altersversorgung einsetzen. Allerdings müsste der Staat dann auch die Mittel aufbringen, diese umfunktionierten Gelder über das Wirtschaftswachstum (z.B.) zu beschaffen und wieder in die fehlenden Pools einzuzahlen.

4.2.5.2.5 Begrenzter Teilnehmerkreis

Die begünstigte Gruppe des chinesischen Rentensystems deckt bei weitem nicht alle Menschen der chinesischen Bevölkerung ab. Viele Bürger stehen außerhalb des Rentensystems. Dazu gehören z.B. die Bauern. In der chinesischen ländlichen Gegend ist

[345] Wang Mengkui(2001). S.59.

der Aufbau des Rentensystems sehr dringend. Ungefähr 70% der alten Leute leben auf dem Land und 30 Mio. Menschen auf dem Land sind nicht ausreichend mit Kleidung und Nahrung versorgt[346]. Die jungen Bauern gehen meistens in die Städte, weil sie dort besser verdienen können. Früher konnten sich die Alten noch an ihre Familie halten, wenn sie nicht mehr arbeiten konnten oder einfach auch krank waren. Aber heute ist in China das gesellschaftliche Phänomen "leeres Nest" üblich, sodass die Alten sich selbst um ihr Alter kümmern müssen, sowohl materiell als auch geistig. Der Wiederaufbau[347] einer Altersversorgung für die Bauern in den ländlichen Gebieten ist dringend. Auch die Wanderarbeiter in der Stadt haben ein ähnliches Problem, da auch sie über keine Altersversorgung verfügen.

Überhaupt besitzen die meisten alten Menschen ein sehr niedriges Einkommen. Die Altersarmut auf dem Land ist fast die Norm. Abbildung 4-6 zeigt die Konstellation.

Abbildung 4-6: Verteilung des Eigentums der Alten

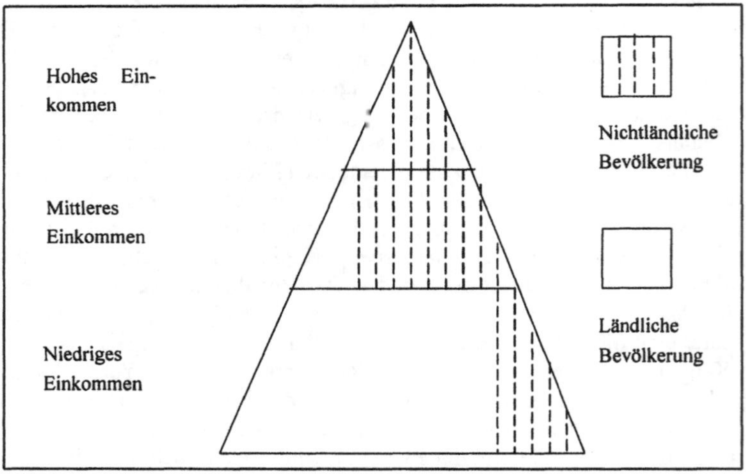

Eine Mehrheit der Alten auf dem Land und eine Minderheit der Alten in den Städten gehören zu der Gruppe mit niedrigem oder unzureichendem Einkommen. Eine Minderheit der Alten auf dem Land und eine Mehrheit der Alten in den Städten kann auf ein mittleres Einkommen zurückgreifen. Eine winzige Minorität der Alten auf dem Land und eine Minderheit der Alten in den Städten hat ein hohes Einkommen.

4.2.6 Alterssicherung in den ländlichen Gebieten

Auf dem Land wohnen 807,39 Mio. Menschen, 63,91% der ganzen Bevölkerung. Davon sind ungefähr 31,8 Mio. alte Menschen. Mit der Wanderung der jungen Bauern in die Städte, wird die Veralterung auf dem Land noch verschärft, besonders wenn noch

346 Nachrichtenbüro des chinesischen Staatsrats(2001).
347 Vgl. Kap. 4.2.6

30 Mio. Menschen bettelarm sind. Nach dem chinesischen demographischen Jahrbuch bekommen mehr als die Hälfte der alten Menschen auf dem Land jährlich weniger als 1000 Yuan, wie in Tabelle 4-21 dargestellt wird.

Tabelle 4-21: Einkommen der alten Menschen auf dem Land

Jährliches Einkommen (Yuan)	Anteil (%)
< 1000	50,8
1000 – 1999	35,4
> 1999	13,9

Quelle: Forschungsinstitut für Demographie und Arbeitswirtschaft des chinesischen Instituts für Sozialwissenschaft(2001).

Auf dem Land wird z.Z. ein Alterssicherungssystem aufgebaut. Aber der Umfang von dessen Begünstigten ist begrenzt. Bis Ende 2005 haben 31 Provinzen (regierungsunmittelbare Städte, autonome Gebiete), 1900 Kreise, bzw. 54,42 Mio. Menschen an dem Alterssicherungssystem auf dem Land teilgenommen. Und 3,02 Mio. Menschen haben die Rente im Wert von insgesamt 2,13 Mrd. Yuan bekommen.[348] Obwohl noch 9,85 Mio. Menschen auf dem Land durch Garantie des Existenzminimums gesichert sind und noch 8,65 Mio. Menschen regelmäßig Lebensmittel angeboten werden[349], ist das Alterssicherungssystem auf dem Land im Verhältnis zu seinem Armutspotential eine Erfolgsgeschichte.

4.2.6.1 Geschichte der Alterssicherung auf dem Land

Um mit den gravierenden Veralterungsproblemen auf dem Land zurecht zu kommen, hat China gleichzeitig mit der Reform der gesetzlichen Rentenversicherung in den Städten auch angefangen, auf dem Land Alterssicherungssysteme aufzubauen. Der Staatsrat hat am Anfang die Aufgabe des Aufbaus der Alterssicherung auf dem Land dem Ministerium für zivile Angelegenheiten übergeben. Schon 1986 hat das Ministerium für zivile Angelegenheiten angefangen, sich mit diesem Problem auseinanderzusetzen. Mit dem Herausgeben der „grundsätzlichen Methode für den Aufbau der ländlichen Alterssicherung auf der Kreisebene" im Jahr 1991 fing die Einrichtung der Alterssicherung auf dem Land in China richtig an[350]. Bis 1995 haben schon über 1500 Kreise ländliche Alterssicherungen aufgebaut, 50 Mio. Menschen waren dabei versichert, das Kapital betrug 5 Mrd. Yuan[351]. 1998 wurde die Zuständigkeit für den Aufbau der ländlichen Altersversorgung vom Ministerium für zivile Angelegenheiten an das Ministerium für Arbeit und Sozialsicherung weitergegeben. Danach erlebte die ländliche Alterssicherung unter dem Einfluss der Finanzkrise in Asien und auch wegen der Herabsetzung der Zinsen einen rasanten Rückschritt[352]: im Vergleich zu 80,25 Mio.

[348] http://www.molss.gov.cn/gb/zwxx/2006-06/12/content_119277.htm (abgerufen am 01.01.2007)
[349] Ebd.
[350] Vgl. Zhu, Qing(2002).S.25.
[351] Yang, Cuiying(2003).
[352] Vgl. Zheng, Gongcheng.(2002) und Wang, Jun(2004).S.73.

Versicherten und dem versicherten Kapital mit einem Wert von 16,62 Mrd. Yuan im Jahr 1998 gab es 2003 trotz der Entwicklung von fünf Jahren nur 54,28 Mio. Versicherte mit einer Kapitalsumme von 25,93 Mrd. Yuan.[353]

4.2.6.2 Entwicklungshindernisse und Diskussionen über Lösungsansätze

Die Gründe für die niedrige Verbreitung der ländlichen Alterssicherung liegen daran: Erstens, die ländliche Altersversorgung ist mehr für die reichen Bauern entworfen worden, die Bauern mit niedrigem Einkommen verfügen über kein Geld für die Beitragszahlung. Die Bauern lassen sich in zwei Gruppen unterteilen:[354] zu der einen Gruppe zählen die Bauern im traditionellen Sinn – sie arbeiten auf dem Land, haben wenig Kapital und kaum Technik und führen die traditionelle Agrararbeit durch. Ungefähr 0,5 Mrd. Bauern gehören zu dieser Gruppe. Beiträge zur ländlichen Altersversorgung stehen entweder außerhalb ihrer Leistungsfähigkeit oder außerhalb ihres Zahlungsplans. Die zweite Gruppe wird in China Bauer genannt, aber ihre Tätigkeiten haben entweder mit Städten zu tun oder unterscheiden sich von den traditionellen Bauern: einige von ihnen arbeiten in den Städten in den Industrien oder in den Dienstleistungsbranchen. Einige von ihnen beschäftigen sich mit der Zucht und haben eine Hühnerfarm oder ähnliche Anlagen gebaut. Einige haben auf dem Land eine Verarbeitungsfabrik aufgebaut. Nur Angehörige dieser Gruppe können sich die Beiträge zur ländlichen Altersversorgung leisten.

Zweitens, das Kapital der ländlichen Alterssicherung wird nicht gut verwaltet;

Drittens, der Staat hat kein entsprechendes Gesetz erlassen, eine gesetzliche Garantie fehlt.

Viertens, die Veränderung des zuständigen Ministeriums hat die weitere Entwicklung geschädigt.

Fünftens, die Beiträge der gesetzlichen Rentenversicherung in den Städten werden von Unternehmen und Arbeitnehmern gleichzeitig gezahlt. Dagegen müssen die Bauern die Beiträge allein entrichten. Daraus entstehen eine Ungerechtigkeit und eine Überbelastung dieser Branche. Das hat das Interesse der Bauern für die ländliche Alterssicherung stark vermindert.

Wie soll das Alterssicherungssystem auf dem Land aussehen, oder wie kann das Problem gelöst werden, gibt es dazu eine Lösung?

Viele Akademiker glauben, dass die soziale Versicherung auf dem Land trotz der unbestrittenen Schwierigkeiten sehr wichtig sei. Die Lösung wird vor allem darin gesehen, dass der Staat der ländlichen sozialen Versicherung mehr Zuschüsse gewähren sollte.[355]

Einige glauben, dass die soziale Versicherung auf dem Land mit dem Boden verbunden werden sollte, insofern als nämlich der Bauer das Nutzungsrecht des ihm zur Verfügung gestellten Bodens dem Staat zurückgeben und entsprechende Rentenan-

---

[353] Daten aus Ministerium für Arbeit und Sozialsicherung(1998) und Ministerium für Arbeit und Sozialsicherung(2003).

[354] Wang, Hufeng(2004).S.196.

[355] Fan, Hailin(1997).S.16.

sprüche bekommen kann[356]. Was das chinesische Alterssicherungsproblem von anderen Ländern unterscheidet, ist, dass der Boden nicht den Bauern selbst, sondern dem Staat gehört. Die Bauern können den Boden nicht verkaufen und ihr Altersleben damit unterstützen. Die Bauern können nur die Nutzungsrechte des Bodens verkaufen.

Einige behaupten, dass die ländliche soziale Versicherung die traditionsgemäß durch die Familien angebotene Alterssicherung ersetzen wird[357], andere vertreten eine etwas mäßigere Meinung, und meinen, nur eine Kombination der ländlichen sozialen Versicherung mit der durch die Familie angebotenen Alterssicherung wäre ein guter Weg[358]

Andere wieder vertreten die Ansicht, dass der Urbanisierungsprozess beschleunigt werden müsste, damit sich die Bauern in die Städte integrieren und so die Unterschiede zwischen Stadt und Land aufgehoben würden.[359]

Welches der effektivere Weg ist, kann niemand vorhersagen. Man muss in der Praxis einerseits durch Trial and Error und andererseits mit viel Durchhaltekraft, Feingefühl für die Betroffenen und Flexibilität den richtigen Weg finden.

4.3 Entwicklungsgeschichte der chinesischen betrieblichen Altersversorgung

Die Entwicklungsgeschichte der chinesischen betrieblichen Altersversorgung lässt sich in vier Phase gliedern: keimende Phase (1991 – 1994), stehengebliebene Phase (1995 – 1999), Forschungsphase (2000 – 2003) und Entwicklungsphase (2004 –).

4.3.1 Erste Phase: keimende Phase (1991 – 1994)

Mit der Einführung der wirtschaftlichen Reform 1978 war die Gesellschaft ständigen Veränderungen unterworfen. Und die Reform der Staatsunternehmen seit den 80-er Jahren des zwanzigsten Jahrhunderts verschärfte die Unterschiede zwischen den Unternehmen. Die alten Unternehmen waren schwer mit den hohen Rentenansprüchen belastet und forderten die Reform des Rentensystems. Mit dem Verantwortungsübergang der gesetzlichen Rentenversicherung von Unternehmen auf den Staat, wurde es unentbehrlich, die betriebliche Altersversorgung als ergänzendes Alterssicherungssystem zu entwerfen und aufzubauen. Im Jahr 1991 hat der Staatsrat „die Entscheidung des Staatsrats über die Reform des Rentenversicherungssystems für Arbeitnehmer“[360] herausgegeben, welche als Startsignal des Aufbaus der chinesischen betrieblichen Altersversorgung aufgefasst worden ist.[361] In „der vom Staatsrat erlassenen Entscheidung über die Reform des Rentenversicherungssystems für Arbeitnehmer“ wurde

---

356 Wang, Yicai(2000).S.20., Wang, Hufeng(2004).S.198.

357 Vgl. Xu, Qin(1997). S.23. Aber einige Akademiker haben ganz andere Meinung. Vgl. Fan, Hailin(1997).S.16

358 Wang, Kede(2000). S.34. Auf der Basis hat andere „Selbstverantwortung“ hinzugefügt. Vgl. Mu, Guangzong(1998). S..57.

359 Liu, Changping(2005).

360 Staatsrat 1991[33]

361 Yang, Yansui(2003).S.26f.; Zhang, Meizhong/Li, Keqiang/Hu, Weiqing(2004). S.3ff.; Forschungsinstitut für Sozialsicherung des chinesischen Ministeriums für Arbeit und Sozialsicherung/Bosch Funds Management GmbH(2002). S.1; Peng, Xuemei(2005).S.157f.

festgelegt: mit der Entwicklung der Wirtschaft, ist es notwendig geworden, das durch den Staat allein zu tragende Altersversorgungssystem zu reformieren und ein vielschichtiges Altersversorgungssystem aufzubauen, welches sich aus der gesetzlichen Rentenversicherung, der betrieblichen ergänzenden Altersversorgung und der privaten Altersvorsorge der Arbeitnehmer zusammensetzen soll. Die Unternehmen sollten sich nach der finanziellen Konstellation entscheiden, ob betriebliche ergänzende Altersversorgung aufgebaut werden sollte. Im Jahr 1994 wurde die betriebliche ergänzende Altersversorgung im Arbeitsrecht festgeschrieben[362]. Und im gleichen Jahr wurden in Shanghai und Shenyang erste Modellversuche der betrieblichen ergänzenden Altersversorgung angefahren.

Zu der Zeit haben nur wenige Unternehmen angefangen, betriebliche, ergänzende Altersversorgung einzurichten, deren Leistungsumfang im übrigen auch nur begrenzt war.

4.3.2 Zweite Phase: stehengebliebene Phase (1995 – 1999)

Während dieser Phase wurden eine Menge Urkunden über die betriebliche ergänzende Altersversorgung vom Staat herausgegeben, die leider keine effektive Funktion für eine Verbesserung der finanziellen Absicherung für die Zeit der Arbeiter nach dem Ausscheiden aus ihrem Beruf ausgeübt haben. Die Einführung und Durchsetzung der betrieblichen ergänzenden Altersversorgung blieb stehen. Der Bürokratismus trieb seine Blüten. Nacheinander entstanden „Die Mitteilung über die Vertiefung der ...", „Die Meinung über den Aufbau der ...", und die „Entscheidung vom Staatsrat über den Aufbau der einheitlichen ...". ohne dass Wesentliches entstanden ist. Wo sich etwas bewegte, wurden die von Unternehmern aufgebrachten Beiträge ihren Mitarbeitern auf ein persönliches Konto gutgeschrieben.

Im Jahr wurde „Die Mitteilung über die Vertiefung der Reform des Rentenversicherungssystems für Arbeitnehmer vom Staatsrat"[363] herausgegeben, die den Aufbau der betrieblichen ergänzenden Altersversorgung fördert. Das damalige Arbeitsamt hat im gleichen Jahr auch die „Meinung über den Aufbau der betrieblichen ergänzenden Altersversorgung"[364], in der der grundsätzliche Rahmen der betrieblichen ergänzenden Altersversorgung festgelegt wurde, herausgegeben: Die Beiträge für die betriebliche ergänzende Altersversorgung wurden hauptsächlich von Unternehmen erbracht und ins individuelle Konto eingetragen. Im gleichen Jahr hat das Arbeitsamt die „Mitteilung über die Verteilung der „Meinung über den Aufbau der betrieblichen ergänzenden Altersversorgung""[365] herausgegeben. Diese Mitteilung hat allgemein die Funktionsrahmen der betrieblichen ergänzenden Altersversorgung genau beschrieben und die Voraussetzungen, Entscheidungsprozess, Zusageformen usw. festgelegt. Im Vergleich zur „vom Staatsrat erlassenen Entscheidung über die Reform des Rentenversicherungssystems für Arbeitnehmer" hat die „Mitteilung" die Erlaubnis für den Zugang der kommerziellen Finanzdienstleistungsfirmen zum Kapital der betrieblichen ergänzen-

---

[362] §75 Chinesisches Arbeitsrecht
[363] Staatsrat 1995[6]
[364] Arbeitsministerium 1995[8]
[365] Arbeitsministerium 1995[464].

den Altersversorgung erteilt. Im Jahr 1997 hat der Staatsrat die „Entscheidung des Staatsrats über den Aufbau der einheitlichen gesetzlichen Rentenversicherung für Arbeitnehmer“[366] veröffentlicht, die die örtlichen Regierungen und betroffenen Behörden aufforderte, betriebliche, ergänzende Altersversorgung mit Kraft zu fördern. Im Jahr 1998 wurde das chinesische Ministerium für Arbeit und Sozialsicherung gegründet, in dessen Ressort betriebliche ergänzende Altersversorgung eingegliedert wurde.

Bis Ende 1998 haben nur 4,9 Mio. Arbeitnehmer[367] an der betrieblichen ergänzenden Altersversorgung teilgenommen.

4.3.3 Dritte Phase: Forschungsphase (2000 – 2003)

Mit der Herausgabe der „Verordnung für die Verbesserung des Sozialsicherungssystems der nichtländlichen Gebiete“[368] wurde die betriebliche ergänzende Altersversorgung in „betriebliche Altersversorgung“ umbenannt. Die „Verordnung“ legte fest, dass die betriebliche Altersversorgung im Kapitaldeckungsverfahren finanziert werden sollte und die betriebliche Altersversorgung nach dem marktwirtschaftlichen Prinzip zu funktionieren hat. Die Beiträge von Unternehmen, die unter 4% der gesamten Ausgaben für die Gehälter des Unternehmens liegen, können als Betriebsausgaben von den Steuern abgesetzt werden. Nach der Bekanntmachung der „Verordnung“ haben Liaoning, Shanghai, Shenzhen, Zibo und andere Städte die Politik der steuerlichen Vergünstigungen erlassen[369] Im Dokument des Staatsrats 2001[79] sind die drei Voraussetzungen für die Einrichtung der betrieblichen Altersversorgung genannt worden: (1) Eine betriebliche Altersversorgung kann nur betreiben, wer auch in der gesetzlichen Rentenversicherung versichert ist und rechtzeitig die Beiträge bezahlt. (2) Unternehmen müssen eine gute finanzielle Konstellation vorweisen können und (3) die innere demokratische Verwaltungsstruktur der Unternehmen muss entsprechend vollständig sein. Vom Juli 2001 an wurde die Liaoning Provinz als Probestandort für die betriebliche Altersversorgung genannt und dort der Aufbau der betrieblichen Altersversorgung intensiviert.

4.3.4 Vierte Phase: Entwicklungsphase (2004 –)

Am 02.04.2004 hat das chinesische Ministerium für Arbeit und Sozialsicherung die „Verordnung für die Durchführung der betrieblichen Altersversorgung“[370] erlassen und am 23.04.2004 hat das chinesische Ministerium für Arbeit und Sozialsicherung zusammen mit der Versicherungsaufsichtskommission, Bankenaufsichtskommission und Wertpapieraufsichtskommission die „Verordnung der Verwaltung von Kapital der betrieblichen Altersversorgung“[371] bekannt gemacht. Die zwei Dokumente wurden für

---

366 Staatsrat 1997[26]
367 Vgl. Tabelle 4-1.
368 Staatsrat 2000[42].
369 Vgl. Kap.6.3.2.
370 Sozialministerium 2004[6]
371 Sozialministerium 2004[23]

die betriebliche Altersversorgung als Rahmen gebende Dokumente anerkannt und das Jahr 2004 wird als ein neuer Anfang der betrieblichen Altersversorgung genannt.[372]

Danach wurden viele Urkunden (Tabelle 4-22) erlassen, die für die weitere Entwicklung der betrieblichen Altersversorgung entscheidend sind.[373]

Tabelle 4-22: Wichtige Urkunden über die betriebliche Altersversorgung

„Anweisung über die Verwaltung der betrieblichen Altersversorgung“[374]
„Mitteilung über die Investition des Kapitals der betrieblichen Altersversorgung auf Wertpapier“[375]
„Anweisung über die Verrechnung des Kapitals der betrieblichen Altersversorgung bei der Investition in Wertpapiere“
„Verordnung für die Zertifizierung der Verwaltungsinstitute für das Kapital der betrieblichen Altersversorgung“[376]
„Details über den Verwaltungsprozess des Kapitals der betrieblichen Altersversorgung“
„Regelungen über die Verwaltung des Kontosystems des Kapitals der betrieblichen Altersversorgung“[377]
„Regelungen für den Auswahlprozess der qualifizierten Verwaltungsinstitute für das Kapital der betrieblichen Altersversorgung“

4.4. Entwicklungsbarrieren

Nach der Prognose der Weltbank wird die chinesische betriebliche Altersversorgung enormen Aufschwung erleben – jährlich soll die chinesische betriebliche Altersversorgung das angesparte Kapital um 100 Mrd. Yuan erhöhen, bis 2010 wird das gesamte Kapital der chinesischen betrieblichen Altersversorgung 1 Billion Yuan und bis 2030 1,8 Billionen Yuan[378] sein. Im Vergleich zur Prognose der Weltbank ist die Entwicklung der chinesischen betrieblichen Altersversorgung nicht so optimistisch, wie in der Tabelle 4-1 dargestellt wird: bis März 2004 beläuft sich das gesamte Kapital der chinesischen betrieblichen Altersversorgung nur auf 492 Mrd. Yuan.

---

372 Vgl. Forschungsinstitut für Sozialsicherung des chinesischen Ministeriums für Arbeit und Sozialsicherung/Chinesische Taiping Versicherung GmbH (2003). S.15.; Zhang, Meizhong/Li, Keqiang/Hu, Weiqing(2004). S.2.

373 http://www.tppension.com/Research/news/news2006-04-21.html（abgerufen am 6.12.06）

374 Veröffentliche am 12.08.2004. Vom Verlag für chinesische Finanz und Wirtschaft herausgegeben

375 Sozialministerium2004[25]

376 Sozialministerium 2004[24]

377 Sozialministerium 2004[32]

378 Chen, Pinglu(2004).S.29f. und vgl. Yang, Jie(2006).S.122.; Liu, Yunlong/Fu, Anping(2004). S.1, 202.

Die Entwicklungsbarrieren der betrieblichen Altersversorgung lassen sich in innere und äußere Entwicklungsbarrieren unterscheiden. Aus den zwei Perspektiven wird die Forschung in diesem Dissertationsteil durchgeführt.

4.4.1 Innere Entwicklungsbarrieren

Zurzeit engagieren sich in China die finanziellen Institutionen sehr aktiv für den Aufbau der betrieblichen Altersversorgung. Die Diskussionen über betriebliche Altersversorgung laufen hauptsächlich zwischen den finanziellen Institutionen und den Akademikern[379]. Unternehmen und Arbeitnehmer bleiben wie Zuschauer.[380] Der Grund des besonderen Interesses der finanziellen Institutionen liegt an den mit dem Aufbau der betrieblichen Altersversorgung verbundenen großen Gewinnen. Die Haltung von Unternehmen und Arbeitnehmern lässt sich mit den inneren Entwicklungsbarrieren begründen, die eine entscheidende Rolle[381] für die Ausweitung der betrieblichen Altersversorgung spielen.

4.4.1.1 Aus der Perspektive der Arbeitnehmer

Für die Arbeitnehmer spielen drei Punkte eine wichtige Rolle: fehlendes Vertrauen, fehlende Präferenz von Arbeitnehmern zur Alterssicherung und fehlende steuerliche Vergünstigungen für die Arbeitnehmer

1.Fehlendes Vertrauen

Da früher die Mitarbeiter fast ausschließlich in Staatsbetrieben gearbeitet haben, hatte der Staat auch die volle Verantwortung für die Arbeitnehmer übernommen. Nach der wirtschaftlichen Reform hat sich der Staat zurückgezogen und den Betrieben und den Arbeitnehmern die Verantwortung übergeben. Als eine Reaktion auf die Rücknahme der Verantwortung der Staatsbetriebe haben die Arbeitnehmer kein hohes Vertrauen zu den Betrieben. Sie hängen nicht mehr so eng von den Betrieben ab wie früher und beabsichtigen auch schon mal, einen Arbeitswechsel vorzunehmen. Und manchen ist auch unklar[382], ob nach der wirtschaftlichen Reform der Betrieb jetzt die Verantwortung - fürs Alter der Arbeitnehmer zu sorgen - anstelle des früheren Staats wahrnimmt oder nicht: der Lohn soll nicht nur nach den aktuellen Kosten in der Erwerbsphase gerechnet, die Kosten für das Leben im Alter sollen auch in der Form der Alterssicherung gewährleistet werden. Die Arbeitnehmer sind nicht bemüht, für sich den Anspruch auf die betriebliche Altersversorgung zu erlangen. Eine Umfrage hat ergeben, dass nur 1% der betrieblichen Altersversorgung von Arbeitnehmern initiiert, d.h. willentlich nachgefragt wird [383].

Die betriebliche Altersversorgung ist jetzt erst 16 Jahre alt und ist für manche Arbeitnehmer ganz neu. Viele haben auch kein Vertrauen in eine betriebliche Altersversorgung. Z.B. hat ein Unternehmen der Branche Buntmetalle ein Projekt für eine

[379] Ou, Guofeng(2005).S.43.
[380] Zhuang, Zuojin/Cao, Weiqing/Ouyang, Juhua.(2005).S.8.
[381] Lou, Lilin/Zhang, Mingrui(2003).S.25.
[382] Ebd.
[383] Chen, Zhong.(2005).S.11.

betriebliche Altersversorgung entwickelt, das später aber vom Belegschaftskongress abgelehnt wurde, weil die Arbeitnehmer glaubten, dass das Unternehmen nur Geld abziehen wollte.[384] Manche Arbeitnehmer haben auch Zweifel an der Sicherheit des von ihnen einzuzahlenden Kapitals: Auch gibt es praktisch noch keine Erfahrungswerte, ob und wie gut und sicher das Kapital der betrieblichen Altersversorgung im chinesischen problematischen Kapitalmarkt[385] investiert werden kann oder nicht. Ein bürokratisches, systemrelevantes Risiko der betrieblichen Altersversorgung ist auch nicht vermeidbar. Die meisten Bürger sind risiko-averting[386]. Sie mögen es lieber, wenn sie das eigene angesparte Geld auch selbst investieren können. Eine Erhebung durch die Firma Hewitt (Tabelle 4-23) hat gezeigt, dass die gesetzliche Rentenversicherung und das private Eigentum die wichtigste Unterstützung des Alterslebens sind.

Tabelle 4-23 Wichtigkeit des Einkommens im Alter

	Alle Unternehmen	Staatsbetriebe	Unternehmen mit ausländischem Kapital
Gesetzliche Rentenversicherung	1	1	1
Privates Eigentum	2	2	2
Andere Versorgungssysteme (wie betriebliche Altersversorgung)	3	3	3
Finanzielle Unterstützung durch Kinder oder Verwandte	4	4	4

Bemerkung: 1 bezeichnet sehr wichtig, 2 wichtig, 3 normal, 4 unwichtig.
Quelle: Hewitt Firma(2003).S.54.

2. Fehlende Präferenz der (jungen) Arbeitnehmer zur Alterssicherung

Für die jungen Arbeitnehmer steht die Alterssicherung nicht an erster Stelle. Von Krankenversicherung, betrieblicher Altersversorgung, Zuschuss zu Kindererziehung, Zuschuss zur Wohnung, bezahltem Urlaub, Ausbildungschance, Unfallversicherung sowie Zuschuss zum Auto haben 30% die Ausbildungschance als wichtigste gewählt und weitere 30% sich für den Zuschuss zur Wohnung entschieden. Nur 15% der Arbeitnehmer haben die betriebliche Altersversorgung an die erste Stelle gestellt, 12% an die zweite Stelle und 1% an die dritte Stelle.[387]

Die Kurzsichtigkeit der Arbeitnehmer hat die Präferenz der Arbeitnehmer für den Barlohn vor der Anwartschaft der betrieblichen Altersversorgung bestimmt[388]. Ohne Berücksichtigung auf ihren Konsumbedarf im Lebensalter versuchen sie ihren aktuellen Konsum zu maximieren. Besonders für Arbeitnehmer mit niedrigerem Ein-

---

[384] Forschungsinstitut für Sozialsicherung des chinesischen Ministeriums für Arbeit und Sozialsicherung/Bosch Funds Management GmbH(2002).S.115.

[385] Vgl. Wu, Liping.(2005).S.39; Zhang, Meizhong/Li, Keqiang/Hu, Weiqing(2004).S.121.;. Deng, Wenbiao.(2005).S.25.

[386] Vgl. Tian, Du u.a.(2003); Yuan, Fang(2003). S.20f.

[387] Lin, Wenhao(2005). S.54.

[388] Wen, Zheng/Ge, Yi(2005).S.15; Zhang, Meizhong/Li, Keqiang/Hu, Weiqing(2004).S.120.

kommen, steht Barzahlung an erster Stelle. Für solche Arbeitnehmer ist das aktuelle Einkommen in der Hand viel wichtiger als das von anderen verwaltete, zukünftige und unsichere Einkommen auf dem Konto.

3. Fehlende steuerliche Vergünstigungen für Arbeitnehmer
   Steuerliche Vergünstigungen für Unternehmen stehen noch in der Diskussion[389]. Es ist keine Rede von steuerlichen Vergünstigungen für Arbeitnehmer, die das Engagement der Arbeitnehmer für die betriebliche Altersversorgung aktivieren könnten und die betriebliche Altersversorgung im Vergleich zu anderen Sparformen konkurrenzfähiger machen würde.

4.4.1.2 Aus der Perspektive der Unternehmen

Die ziemlich große Last der Sozialleistungen haben die Unternehmen gehindert[390], zusätzlich eine betriebliche Altersversorgung einzurichten. Die gesetzlich vorgeschriebenen Sozialleistungen machen insgesamt schon knapp 40% aus: der Beitragssatz für die Gesetzliche Krankenversicherung beträgt 6%, für die gesetzliche Rentenversicherung durchschnittlich 20%, für die Arbeitslosenversicherung 2%, für die Unfallversicherung 1%, für die Geburtenversicherung 0,7% und für die Reserven für Wohnung 10%.[391] Je nach den örtlichen Vorschriften haben die Unternehmen unterschiedliche Beitragssätze. z.B. Die Sozialversicherungslast von Unternehmen in Shanghai beträgt, wie in der Tabelle 4-24 gezeigt, 46,5%.

Tabelle 4-24 Sozialversicherungslast für die Unternehmen in Shanghai

Gesetzliche Renten versicherung	Gesetzliche Kranken-Versicherung	Ergänzende Kranken-Versicherung	Unfall-Versi-cherung	Arbeitslosen-Versicherung	Reserven für Wohnung	Insgesamt
22%	10%	2%	0.5%	2%	10%	46,5%

Quelle: He, Shufang/Ye, Jie(2006).S.26.

Für die Leistungsfähigkeit der Unternehmen, besonders für die Unternehmen in Mittel- und Westchina sind die Sozialabgaben als Nebenkosten zu den Gehältern eine bedeutsame Leistungsbremse.

Der konkurrenzstarke chinesische Arbeitsmarkt hat den Unternehmen wenig Anreiz gegeben, eine betriebliche Altersversorgung aufzubauen[392]. Die Unternehmen sind jedoch kurzsichtig. Weil sie die betriebliche Altersversorgung nur als einen Kostenfaktor betrachten, übersehen sie ihren positiven Einfluss auf die Personalpolitik. z.B. im zweiten Vierteljahr 2006 gab es in 99 Städten auf dem Arbeitsmarkt ein signifikantes Überangebot Tabelle 4-25, aus dem die taktisch besser vorgehenden Unternehmen Nutzen ziehen konnten.

---

389 Vgl. Kap. 6.3.2

390 Vgl. Chen, Zhong.(2005).S.11, An, Hua(2004).S.30ff. und Webseite: http://www.tppension.com/Research/news/news2006-04-21.html

391 Nachrichtenbüro des chinesischen Staatsrats(2004). Vgl. auch Zhou, Xiaochuan(2000).S4.

392 Vgl. Chen, Zhong.(2005).S.11.

Tabelle 4-25: Angebot und Nachfrage in 99 Städten im zweiten Vierteljahr von 2006

	Nachfrage	Angebot	Anstiegsquote im Vergleich mit letztem Vierteljahr	Anstiegsquote im Vergleich zur gleichen Zeit des letzten Jahres
Zahl	3732551	3868080	0	+0.01

Quelle: http://www.molss.gov.cn/gb/zwxx/2006-09/14/content_133368.htm (abgerufen am 23.01.2007)

Außerhalb der gemeinsamen Entwicklungshindernisse ist auch die Gliederung in Staatsunternehmen, private Unternehmen und Unternehmen mit ausländischem Kapital bei der Analyse über die Entwicklungsbarrieren der betrieblichen Altersversorgung von erheblichem Nutzen.

4.4.1.2.1 Staatsunternehmen

Trotz der Verringerung der Zahl der Staatsunternehmen und staatsunternehmenähnlichen Betrieben, wie in der Abbildung 4-7 gezeigt wird, haben eigentlich die Staatsunternehmen die Verbreitung der betrieblichen Altersversorgung ganz gut vorangebracht: in der von den Branchen/Unternehmen verwalteten betrieblichen Altersversorgung entfallen auf die Staatsunternehmen 93%. Und in der von einer Organisation des örtlichen Sozialamtes verwalteten betrieblichen Altersversorgung machen die Staatsunternehmen 55% aus.[393]

Abbildung 4-7: Anteil der Staatsunternehmen und staatsunternehmenähnlichen Betriebe an der gesamten Unternehmenszahl in China

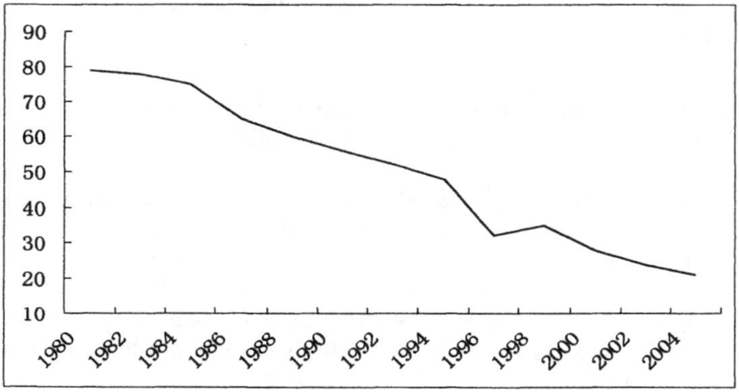

Quelle: Liang, Hong(2006).S.8.

[393] Zhang, Meizhong/Li, Keqiang/Hu, Weiqing(2004).S.242. Forschungsinstitut für Sozialsicherung des chinesischen Ministeriums für Arbeit und Sozialsicherung/Bosch Funds Management GmbH(2002).S.3.

Die Gründe für diesen Fortschritt der Staatsunternehmen liegen in:

A. Eine Voraussetzung für den Aufbau der betrieblichen Altersversorgung ist die Teilnahme an der gesetzlichen Rentenversicherung und die regelmäßige Zahlung der Beiträge[394] [395]. Diese Voraussetzungen sind bei den anderen Unternehmen praktisch nicht erfüllt: bis jetzt haben nur die Staatsunternehmen ihre Mitarbeiter zu einem hohen Anteil in die gesetzliche Rentenversicherung eingebunden.

B. Die Manager der Staatsunternehmen werden hauptsächlich von der Regierung eingesetzt. Diese Manager kommen in aller Regel aus den Kaders und belegen auch wieder die hohen Ränge. Für sie gibt es keine funktionierende anreizkompatible Einschränkung, das ist ein Schwerpunkt, auch ein schwieriger Punkt bei der Reform der Staatsunternehmen.[396] In Verbindung mit der betrieblichen Altersversorgung scheint es logisch, dass die Bürokratie auch in diesem Ressort ihre Blüten treibt:

   a) Um einen guten Ruf bei den Arbeitnehmern zu gewinnen, richten die Manager der Staatsunternehmen für die Arbeitnehmer auch gerne eine betriebliche Altersversorgung ein. Damit bekommen die Manager bessere Aufstiegschancen oder verwirklichen sich selbst im Sinne einer Erweiterung ihres Egos, ihrer Selbstgefälligkeit, selbst wenn manchmal der Aufbau der betrieblichen Altersversorgung nicht genau gesetzeskonform ist. Da die betriebliche Altersversorgung in China nicht wie in anderen Ländern in einen vernünftigen Gesetzesrahmen eingebunden ist (noch nicht), dient die betriebliche Altersversorgung wie Geldautomaten: Viele Verträge der betrieblichen Altersversorgung wurden von Arbeitnehmern vorzeitig zurückgerufen und die angesparten Geldbeträge werden auch von Arbeitnehmern zu Kasse gemacht. [397]

   b) Bei manchen Unternehmen, in denen das Problem Insiderkontrolle sehr ernst ist, wurde die betriebliche Altersversorgung in großem Maße missbraucht: die betriebliche Altersversorgung wird entweder nur für hohe Angestellte eingerichtet, oder als Korruptionsinstrument genutzt: die Manager richten hinter dem Rücken der Arbeitnehmer die betriebliche Altersversorgung ein, um nach dem Widerruf des Vertrags die Beiträge in ihre eigenen Taschen fließen zu lassen.[398] Es kommt auch vor, dass die Manager für erfundene Arbeitnehmer Konten von betrieblicher Altersversorgung eröffnen[399] und auch auf diese Weise sich unrechtmäßig bereichern. Es wird geschätzt, dass im Jahr 2002

---

[394] § 3 Punkt 1. von " Verordnung für die Durchführung der betrieblichen Altersversorgung", gültig ab 01. 05. 2004.

[395] Vgl. Kap. 5.2.2

[396] Liu, Yunlong/Fu, Anping(2004).S.320.; Zhang, Meizhong/Li, Keqiang/Hu, Weiqing(2004).S.120.

[397] Vgl. Liu, Yunlong/Yao, Zhizhong/Fu, Anping(2002).S.46f.

[398] z.B. Bei der Versicherungsaffäre bei Shidu Kaufhof werden 2,3 Mio. Yuan veruntreut. Davon bekommt der Chefmanager allein 430 Tausend Yuan. Vgl. N.N.(2003)

[399] N.N.(2003); N.N.(2000); Peng, Xuemei(2005).S.177.,197f.

bei den Versicherungsunternehmen Group Life Insurance im Wert von ungefähr 4,96 bis 12,43 Mrd. Yuan unrechtmäßig Kapital abgehoben[400] wurde. Eine Erhebung hat die obengenannten Gründe unterstützt

Tabelle 4-26: Reihenfolge der Motive der Einrichtung der betrieblichen Altersversorgung

Gebiet	Größere Staatsunternehmen	Mittlere und kleinere Staatsunternehmen
Ein Gebiet in Shanghai	D>B=F>A=E	D>B=F>A>C
Ein Gebiet in Jiangsu	C(60%)>A>B>D=F	C(60%)>A>B>D>F
Ein Gebiet in innerer Mongolei	F>C>E=B>A=D	F>E>C>A=C
Ein Gebiet in Zhejiang	-	F>A>=C
Ein Gebiet in Guangdong	A>B>C>D	A>B>C

Bemerkungen:

a) „>" und „=" Symbolisiert die Wichtigkeit der Motive. „>" bedeutet „wichtiger als" und „=" bedeutet „gleich wie".

b) A: Deckung des Bedarfs von Arbeitnehmern
B: Manager der Staatsunternehmen stehen vor dem Renteneintritt. Sie möchten für sich und für die Arbeitnehmer eine bessere Wohlfahrt schaffen.
C: Die Unternehmer haben gute Gewinne
D: Kurz vor der Insolvenz oder Fusion der Unternehmen bessere Wohlfahrt für Arbeitnehmer schaffen.
E: Das zuständige Personal bekommt von den Versicherungsunternehmen Provision.
F: Unternehmen haben eine gute Beziehung zu Versicherungsunternehmen und möchte den Versicherungsunternehmen bei der Erfüllung der jährlichen Verkaufsaufgaben helfen.

Quelle: Liu, Yunlong/Yao, Zhizhong/Fu, Anping(2002).S.48.

Aus Tabelle 4-26 kann man herauslesen, dass die „guten" Motive wie A und C von den Staatsunternehmen nicht immer als wichtig gewählt werden.

Bei den Staatsunternehmen, die keine betriebliche Altersversorgung einrichten, liegen die Gründe daran:

A. Eines der wichtigsten Kriterien der Regierung bei der Bewertung der Managerarbeit ihrer Unternehmen ist der Gewinn. Die Manager haben Bedenken, dass der Aufbau der betrieblichen Altersversorgung den Gewinn der Unternehmen reduziert.

[400] Liu, Yunlong/Yao, Zhizhong/Fu, Anping(2002). S.52ff.

B. Bei manchen Staatsunternehmen spielen die Manager eine entscheidende Rolle. Wenn die Manager die Wichtigkeit der betrieblichen Altersversorgung nicht kennen, oder die betriebliche Altersversorgung nicht als wichtiges Personalinstrument betrachten, setzt sich die betriebliche Altersversorgung nur schwer durch.

4.4.1.2.2 Private Unternehmen

Private Unternehmen haben einen großen Teil der Arbeitnehmer beschäftigt. Bis Ende 2004 arbeiteten 50,17 Mio. Arbeitnehmer in privaten Unternehmen. Die Staatsunternehmen oder staatsunternehmenähnlichen Betriebe haben dagegen 72,89 Mio. Beschäftigte aufgenommen. Tabelle 4-27 zeigt, dass im Jahr 2004 6,67% der Arbeitnehmer in den privaten Unternehmen ihre Stellen gefunden hatten, davon 59,66% in nichtländlichen Gebieten und 40,34% auf dem Land.

Die privaten Unternehmen gewinnen von Jahr zu Jahr an Bedeutung. Übrigens wurden 65% der Arbeitnehmer, die ihre Wiederbeschäftigung im Jahr 2002 schafften, von privaten Unternehmen übernommen.[401]

Tabelle 4-27: Beschäftigte in den privaten Unternehmen

	2000	2001	2002	2003	2004
Arbeitnehmer (Mio.)	720,85	730,25	737,4	744,32	752
Arbeitnehmer in Staatsunternehmen oder Staatsunternehmenähnlichen Betrieben (Mio.)	93,25	86,5	79,95	75,72	72,89
Anteil (%)	12,94	11,85	10,84	10,17	9,69
Arbeitnehmer in den privaten Unternehmen insgesamt (Mio.)	24,07	27,14	34,1	42,99	50,17
Anteil (%)	33,39	37,17	4,62	5,78	6,67

Davon:

	2000	2001	2002	2003	2004
Arbeitnehmer in den privaten Unternehmen auf dem nichtländlichen Gebiet Mio.)	12,68	15,27	19,99	25,45	29,93
Anteil (%)	52,68	56,26	0,58,62	59,2	59,66
Arbeitnehmer in den privaten Unternehmen auf dem Land (Mio.)	11,39	11,87	14,11	17,54	20,23
Anteil (%)	47,32	43,74	41,38	40,8	40,34

Quelle: in Anlehnung an Statistisches Jahrbuch(2005).

[401] Yang, Ling(2005).S.37.

Gründe, die private Unternehmen davon abhalten, betriebliche Altersversorgung für ihre Mitarbeiter einzurichten, sind:

A. Die Existenzdauer der privaten Unternehmen ist häufig nur von kurzer Dauer: die durchschnittliche Existenzdauer beträgt 2,9 Jahre, 60% der privaten Unternehmen gehen innerhalb der ersten fünf Jahre bankrott, 85% innerhalb von zehn Jahren.[402] Wenn die meisten privaten Unternehmen nur eine kurzzeitige Existenz erwarten können, wird eine betriebliche Altersversorgung als langfristige Investition, die das Image der Unternehmen verbessert, gar nicht erst in Erwägungen gezogen.

B. Die privaten Unternehmen sind meistens Familienunternehmen. Eine Erhebung hat gezeigt, dass 51,8% der privaten Unternehmen dem Besitzer allein gehören. 82,7% der Investitionen kommen von einer Person und andere Investoren sind meistens seine Verwandten.[403] Die wichtigen Entscheidungen der Unternehmen werden, wie in der Tabelle 4-28 dargestellt, innerhalb eines kleinen Kreises getroffen. Aus Kostenbedenken und Kenntnisbeschränkungen ist die betriebliche Altersversorgung bei denen nicht beliebt.

Tabelle 4-28: Entscheidungsweise in den privaten Unternehmen

Entscheidender	Entscheidung über Geschäft (%)	Entscheidung über Verwaltung (%)	Zahl der Entscheidung (%)
Besitzer	58,8	54,7	56,75
Besitzer und Hauptverwalter	30	34,9	32,45
Vorstand	11	10	10,5
Andere	0,2	0,4	0,3

Quelle: Chen, Chaoyang/Lin, Yumei(2002).S.406.

4.4.1.2.3 Unternehmen mit ausländischem Kapital

Für die Staatsbetriebe und die Unternehmen mit ausländischem Kapital hat die Altersversorgung keine einheitliche Wichtigkeit, wie Tabelle 4-29 darstellt.

Tabelle 4-29: Wichtigkeit der Altersversorgung für verschiedene Unternehmen

	Alle Unternehmen	Staatsunternehmen	Unternehmen mit ausländischem Kapital
Krankenversicherung	1	2	1
Reserven für Wohnung	2	3	2
Altersversorgung	3	1	3

Bemerkung: 1 bezeichnet wichtig, 3 bezeichnet unwichtig.
Quelle: Hewitt Firma(2003).S.54.

402 Chen, Zhong(2005).S.11.
403 Chen, Chaoyang/Lin, Yumei(2002).S.29.

Für die Staatsunternehmen steht die Altersversorgung an erster Stelle und für die Unternehmen mit ausländischem Kapital spielt überraschenderweise die Krankenversicherung die erste Geige. Das begründet teilweise das Nachlassen von Unternehmen mit ausländischem Kapital beim Aufbau der betrieblichen Altersversorgung.

Die von den Unternehmen mit ausländischem Kapital gezahlten Löhne sind meistens höher als bei Staatsunternehmen, wie in der Tabelle 4-30 gezeigt wird. Das macht die Unternehmen mit ausländischem Kapital im Vergleich zu anderen Unternehmen schon attraktiver und die Ausgaben für betriebliche Altersversorgung können gespart werden.

Tabelle 4-30: Löhne der Staatsunternehmen und Unternehmen mit ausländischem Kapital im Vergleich

	Staatsunternehmen (Yuan pro Jahr)	Unternehmen mit ausländischem Kapital (Yuan pro Jahr)	Überschuss von Unternehmen mit ausländischem Kapital im Vergleich zu Staatsunternehmen (%)
Insgesamt	16.993	20.440	20,28
Beijing	32.106	46.442	44,65
Jilin	13.340	18.449	38,29
Heilongjiang	12.168	14.421	18,52
Jiangxi	12.042	12.088	0,38
Henan	13.756	14.016	1,89
Hubei	12.172	21.575	77,25
Hunan	14.271	14.700	3,01
Guangxi	14.931	16.638	11,43
Hainan	10.621	15.587	46,76
Chongqing	15.783	16.613	5,26
Sichuan	15.526	15.883	2,29
Yunnan	16.089	16.423	2,08
Shanxi	14.170	22.508	58,84
Gansu	14.616	16.719	14,39
Ningxia	15.510	16.628	7,21
Xinjiang	14.113	15.998	13,36

Quelle: in Anlehnung an Statistisches Jahrbuch(2005).

4.4.1.3 Aus der Perspektive der Betriebsrats

In vielen Unternehmen, besonders in privaten, fehlt meistens der Betriebsrat, oder manchmal wird der Betriebsrat gebildet, aber mit einer sehr zweifelhaften Effektivität.[404] Bei den Staatsunternehmen wird der Leiter des Betriebsrats vom Manager benannt. Das schwächt die Funktion des Betriebsrats bei Konflikten zwischen Manager und Arbeitnehmern und hat dann auch die Wirkung, dass bei der Implementierung einer betrieblichen Altersversorgung die Entscheidungen auf die lange Bank geschoben werden und de facto meistens nichts geht.

4.4.2 Äußere Entwicklungsbarrieren

4.4.2.1 Funktionslücken bei den bisherigen Entwicklungen

Das Funktionieren der bisher schon bestehenden betrieblichen Altersversorgungseinrichtungen kann man nicht erfolgreich nennen. Es gibt immer noch viel zu viele Probleme. Außerhalb der in Kap. 4.6.2 genannten Probleme gibt es noch folgende Lücken:

A. Um mehr Gebühren zu kassieren oder nur um die jährlichen Geschäftsaufgaben zu erfüllen haben die Versicherungsunternehmen bei den Betrugsaffären mitgeholfen. Versicherungsunternehmen haben entweder die Widerrufung durch einzelne Versicherte bei Gruppenprodukten zugelassen oder untergründige Verträge mit den Unternehmen abgeschlossen.[405]

B. Das individuelle Konto wird nicht gut betreut. Bei manchen Unternehmen wird das Kapital der betrieblichen Altersversorgung als Eigentum der Unternehmen in der Buchhaltung gutgeschrieben.[406]

C. Die in Kap. 4.1 genannte niedrige Rendite ist auch ein wichtiger Grund, der die Verbreitung der betrieblichen Altersversorgung verhindert.

4.4.2.2 Andere Elemente

Das Fehlen oder die Dysfunktion der Rahmenbedingungen, wie das Fehlen des Gesetzes, das Fehlen der klaren durchsetzbaren steuerlichen Vergünstigungen, Einschränkung des Teilnehmerkreises[407], fehlende Garantie der Sicherheit des Kapitals haben die weitere Entwicklung der betrieblichen Altersversorgung praktisch zum Stehen gebracht. Diese Punkte werden in Kapitel 6 genau diskutiert.

4.4.3 Bewertung

Aus der Analyse kann man sehen, dass manche Entwicklungsbarrieren wie fehlende oder ungenügende Gesetze oder Fehlen der steuerlichen Vergünstigungen durch die Regierung entfernt werden müssten. Andere Faktoren hängen von der inneren Struktur

---

[404] Chen, Zhong(2005).S.11.
[405] Ed itor der Zeitschrift(2004).S.20f.
[406] Li, Yanhua(2006).S.24.
[407] Wei, Jingfei(2003).S.15; Yu, Changsen(2000).S.5.

der Wirtschaft und der Gesellschaft ab, die sich nur schwer innerhalb eines kürzeren Zeitraums beseitigen lassen.

4.5 Funktionsmechanismus der chinesischen betrieblichen Altersversorgung

Die chinesische betriebliche Altersversorgung ist im Vergleich zur deutschen betrieblichen Altersversorgung ziemlich „jung". Der Funktionsmechanismus der chinesischen betrieblichen Altersversorgung wird von der chinesischen Regierung unter Berücksichtigung der internationalen, hauptsächlich der amerikanischen Erfahrungen entworfen, dessen Durchführbarkeit sich noch auf dem Prüfstand befindet.

Der Funktionsmechanismus lässt sich vereinfacht in vier Stufen gliedern, wie in Abbildung 4-8 dargestellt: nach der Planung der betrieblichen Altersversorgung werden durch Treuhand und Outsource externe Finanzdienstleistungsfirmen selektiert, die für die zukünftige Durchführung der betrieblichen Altersversorgung zuständig sind.

Abbildung 4-8: Vereinfachter Funktionsmechanismus der chinesischen betrieblichen Altersversorgung

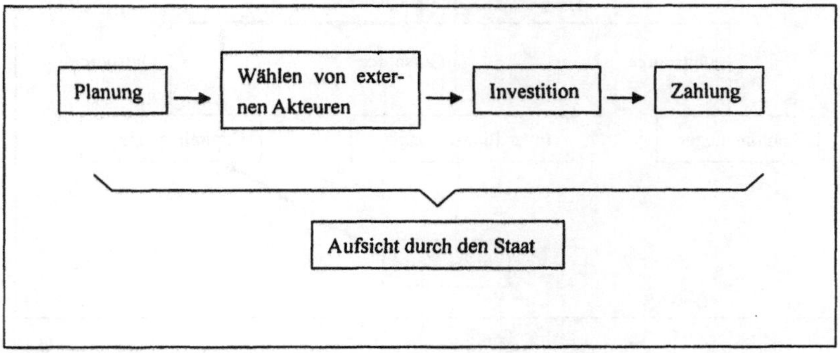

4.5.1 Beschreibung des Mechanismus

Nach der „Verordnung für die Durchführung der betrieblichen Altersversorgung" und der „Verordnung der Verwaltung des Kapitals der betrieblichen Altersversorgung" lässt sich der Funktionsmechanismus der chinesischen betrieblichen Altersversorgung in der Abbildung 4-9 darstellen.

Das Unternehmen, das die Einrichtung der betrieblichen Altersversorgung vorhat, muss zusammen mit den Arbeitnehmern oder mit den Beauftragten der Arbeitnehmer einen Plan unter Berücksichtigung der Vorschläge von Unternehmen, Arbeitnehmern, externen Dienstleistungsfirmen für z.B. Buchhaltungsfirmen oder Rechnungsprüfung usw. und Experten für die betriebliche Altersversorgung entwerfen.[408] [409] Für den

[408] Nach §4 der „Verordnung für die Durchführung der betrieblichen Altersversorgung" muss der Plan für die betriebliche Altersversorgung in den Staatsunternehmen oder in den Unternehmen, in denen der Staat die meisten Aktien besitzt, vom Belegschaftskongress die Genehmigung erhalten.

[409] Der Plan muss dem örtlichen Sozialamt eingereicht werden und dessen Genehmigung bekommen. Vgl. §6 „Verordnung für die Durchführung der betrieblichen Altersversorgung". Genaue Diskussion

Plan muss ein Treuhänder gewählt werden, der die Verantwortung für die weitere Durchführung zu hundert Prozente übernimmt. Der Treuhänder besorgt weiter Konto-, Investitions- und Kapitalmanager, die jeweils für ein bestimmtes Ressort zuständig sind. Im Folgenden werden Treuhänder Konto-, Investitions- und Kapitalmanager genau beschrieben.

Abbildung 4-9: Funktionsmechanismus und Fluss des Kapitals der chinesischen betrieblichen Altersversorgung

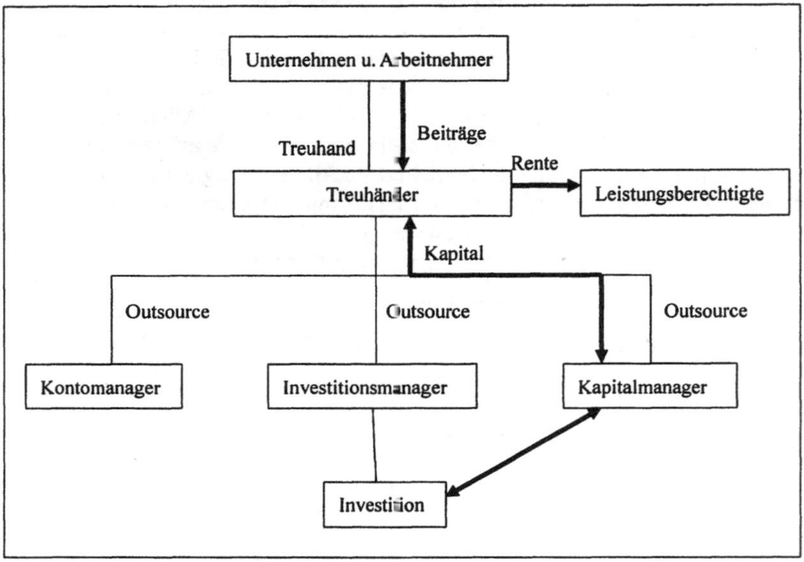

4.5.1.1 Treuhänder[410]

Der Treuhänder muss innerhalb Chinas registriert sein und über ein Registerkapital von nicht unter 0,1 Mrd. Yuan verfügen.[411] Der Treuhänder ist zuständig für alle Angelegenheiten über die zu verwaltende betriebliche Altersversorgung: Kontomanagement, Kapitalmanagement und Investitionsmanagement[412] und kann entweder selbst die Managements durchführen oder externe Zuständige mit bestimmten Aufgaben beauftragen[413]. Festlegung der Strategie für die Investition, Verfassung der finanziellen

darüber in Kap. 6.6.4.

410 Vorschriften über Treuhänder befinden sich in Kap. 2 §§10-18 der „Verordnung der Verwaltung von Kapital der betrieblichen Altersversorgung"

411 §12 „Verordnung der Verwaltung von Kapital der betrieblichen Altersversorgung", sowie §5 „Verordnung für die Zertifizierung der Verwaltungsinstitute für das Kapital der betrieblichen Altersversorgung".

412 Das Ressort von Treuhänder wird in §13 der „Verordnung der Verwaltung von Kapital der betrieblichen Altersversorgung" vorgeschrieben.

413 §45 der „Verordnung für die Durchführung der betrieblichen Altersversorgung" hat es vorgeschrieben,

Reporte, Sammlung der Beiträge sowie Zahlung der Rentenleistungen sind die Verpflichtungen des Treuhänders. Bis zu 0,2% des Nettokapitals der betrieblichen Altersversorgung stehen jährlich dem Treuhänder als Verwaltungsgebühr zur Verfügung.[414] Der Treuhänder steht unter Aufsicht der staatlichen Aufsichtsbehörden[415] und muss auch selbst Aufsicht über Konto-, Investitions- und Kapitalmanager üben. Das Kapital der betrieblichen Altersversorgung muss streng vom Eigenkapital der Treuhänder isoliert werden[416] und darf nicht für die Zahlung der Schulden des Treuhänders benutzt werden.[417]

Die „Verordnung für die Zertifizierung der Verwaltungsinstitute für das Kapital der betrieblichen Altersversorgung"[418] hat die Voraussetzung über die Zertifizierung von Treuhändern festgeschrieben. Als Treuhänder können Unternehmensrat und externe Treuhänder funktionieren.[419]

Im August 2005 wurde fünf Finanzdienstleistungsunternehmen nach den Vorschriften der „Verordnung für die Zertifizierung der Verwaltungsinstitute für das Kapital der betrieblichen Altersversorgung" die Erlaubnis zur Übernahme dieser Funktion als Treuhänder erteilt (Tabelle 4-31).

Tabelle 4-31: Liste der erlaubten Treuhänder

Fortune Trust & Investment Co., Ltd.
CITIC Trust and Investment Co., Ltd.
China Credit Trust Co., Ltd.
Pingan Insurance Company Pension Co., Ltd.
Taiping Pension Insurance Co., Ltd.

4.5.1.2 Kontomanager[420]

Der Kontomanager muss innerhalb Chinas registriert sein und sein Registerkapital soll nicht unter 50 Mio. Yuan liegen.[421] Die Verpflichtungen von Kontomanagern sind ü-

dass Kapitalmanagement und Investitionsmanagement nicht durch eine Firma durchgeführt werden dürfen. Deswegen kann der Treuhänder nicht alle Funktionen in eigenen Händen halten. Nach Tabelle 4-31, 4-32, 4-33 und 4-34 kann sehen man dass nur CITIC Trust and Investment Co., Ltd und Fortune Trust & Investment Co., Ltd. gleichzeitig als Treuhänder und Kontomanager funktionieren und Pingan Insurance Company Pension Co., Ltd. Taiping Pension Insurance Co., Ltd. gleichzeitig als Treuhänder und Investitionsmanager funktionieren können.

414 §53 „Verordnung der Verwaltung von Kapital der betrieblichen Altersversorgung".

415 Vgl. Kap. 6.5.

416 Vgl. Liu, Yunlong/Fu, Anping(2004).S.137ff.; Tian, Kun(2003).S.27f.; Geng, Guozhu/Zhu, Junsheng(2003) S.11; Chen, Hui/Cheng, Ming(2003). S.30f.

417 §5 „Verordnung der Verwaltung von Kapital der betrieblichen Altersversorgung".

418 Sozialministeriums2004[24]

419 Diskussion über Unternehmensrat als Treuhänder in Kap. 5.3.2.3.

420 Kontomanager wird in Kapitel 3 §§19-24 der „Verordnung der Verwaltung von Kapital der betrieblichen Altersversorgung" festgelegt.

421 §20 „Verordnung der Verwaltung von Kapital der betrieblichen Altersversorgung", §6 „Verordnung für die Zertifizierung der Verwaltungsinstitute für das Kapital der betrieblichen Altersversorgung". und vgl. Forschungsinstitut für Sozialsicherung des chinesischen Ministeriums für Arbeit und Sozialsicherung/Chinesische Taiping Versicherung GmbH (2003).S.181.

ber die Beiträge der Unternehmen, Investitionsgewinn, Kapitalakkumulation und Leistungszahlungen Buch zu führen sowie berechtigte Erkundigungen über Informationen des Kontos zu beantworten.[422] Der Kontomanager kann jeden Monat bis zu 5 Yuan von jedem Konto als Verwaltungsgebühr erheben.[423] Der Kontomanager unterliegt der Aufsicht durch den Treuhänder und die staatlichen Aufsichtsbehörden.

Das Konto für die betriebliche Altersversorgung sieht wie in Abbildung 4-10 gezeigt aus:

Abbildung 4-10: Kontostruktur der betrieblichen Altersversorgung

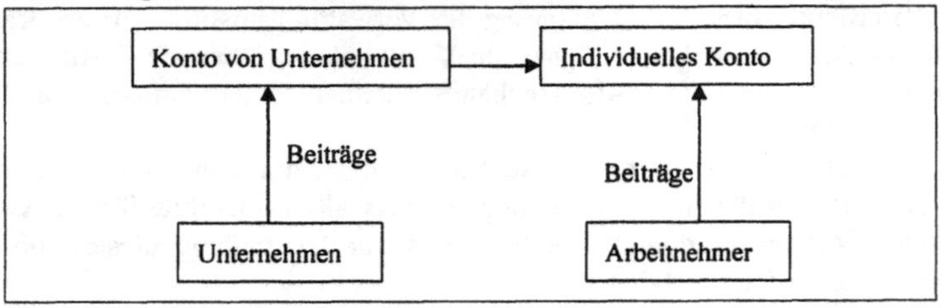

Die Beiträge durch die Unternehmen werden im Konto der Unternehmen registriert. Die Beiträge durch die Arbeitnehmer werden jeweils auf das individuelle Konto eingetragen. Nach Erfüllung der Vorschriften über Unverfallbarkeiten je nach den konkreten Verträgen werden die Beiträge vom Unternehmenskonto auf die individuellen Konten umgebucht. Das Konto wird eingefroren und darf nicht vor dem Renteneintrittsalter geöffnet werden.[424]

Tabelle 4-32 hat die genehmigten Kontomanager aufgelistet:

Tabelle 4-32: Liste der erlaubten Kontomanager

The Industrial and Commercial Bank of China
Communications Inc.
Shanghai Pudong Development Bank
China Merchants Bank Co., Ltd.
China Everbright Bank
CITIC Trust and Investment Co., Ltd
Warburg Trust and Investment Co. Ltd.
Xinhua Life Insurance Company
China Life Insurance Co., Ltd.
China Taiping Life Insurance Company, Ltd.
Taikang Life Insurance Co. Ltd.

[422] §21 „Verordnung der Verwaltung von Kapital der betrieblichen Altersversorgung". Genaue Beschreibung in Forschungsinstitut für Sozialsicherung des chinesischen Ministeriums für Arbeit und Sozialsicherung/Chinesische Taiping Versicherung GmbH (2003).S.201.
[423] §54 „Verordnung der Verwaltung von Kapital der betrieblichen Altersversorgung".
[424] §12 „Verordnung für die Durchführung der betrieblichen Altersversorgung".

4.5.1.3 Kapitalmanager[425]

Das Nettokapital von Kapitalmanagern darf nicht unter 5 Mrd. Yuan sein und muss innerhalb Chinas registriert sein[426]. Der Kapitalmanager soll das beauftragte Kapital betrieblicher Altersversorgung sicher verwahren; Überweisungsbefehle von Investitionsmanager oder Treuhänder durchführen; das Investitionsverhalten von Treuhänder oder Investitionsmanager beaufsichtigen und über das beauftragte Kapital Buch führen[427]. Die Obergrenze für die Verwaltungsgebühr macht pro Jahr 0,2% des Nettokapitals der betrieblichen Altersversorgung aus.[428] Das beauftragte Kapital darf weder mit seinem Eigenkapital noch mit anderem beauftragten Kapital gemischt werden.[429] Wenn der Kapitalmanager das Verhalten vom Investitionsmanager für gesetzwidrig hält, kann der Kapitalmanager die Hinweise ablehnen und gleichzeitig soll er dem Investitionsmanager, Treuhänder und der Aufsichtsbehörde Meldung machen.[430] Nach §45 der „Verordnung der Verwaltung des Kapitals der betrieblichen Altersversorgung" dürfen die Funktionen von Kapitalmanagement und Investitionsmanagement nicht durch eine Finanzdienstleistungsfirma durchgeführt werden.

Zurzeit dürfen in China sechs Finanzdienstleistungsfirmen als Kapitalmanager arbeiten,, die in Tabelle 4-33 gezeigt werden.

Tabelle 4-33: Liste der erlaubten Kapitalmanager

China Everbright Bank
China Merchants Bank Co., Ltd
Communications Inc.
Bank of China Ltd
The Industrial and Commercial Bank of China
China Construction Bank Ltd

4.5.1.4 Investitionsmanager[431]

Der Investitionsmanager muss innerhalb Chinas registriert sein und mindestens über ein Registerkapital von 1 Mrd. Yuan verfügen.[432] Der Investitionsmanager soll nach

[425] Kap. 4 §§25-32 „Verordnung der Verwaltung von Kapital der betrieblichen Altersversorgung" haben genau über Kapitalmanager vorgeschrieben.
[426] §26 „Verordnung der Verwaltung von Kapital der betrieblichen Altersversorgung", §7 „Verordnung für die Zertifizierung der Verwaltungsinstitute für das Kapital der betrieblichen Altersversorgung" und vgl. Forschungsinstitut für Sozialsicherung des chinesischen Ministeriums für Arbeit und Sozialsicherung/Chinesische Taiping Versicherung GmbH (2003).S.182.
[427] §27 „Verordnung der Verwaltung von Kapital der betrieblichen Altersversorgung". vgl. Liu, Yunlong/Fu, Anping(2004).S.140f.
[428] §55 „Verordnung der Verwaltung von Kapital der betrieblichen Altersversorgung".
[429] §32 „Verordnung der Verwaltung von Kapital der betrieblichen Altersversorgung".
[430] §28 „Verordnung der Verwaltung von Kapital der betrieblichen Altersversorgung".
[431] Kapitel 3 §§33-40 Festlegungen über Investitionsmanager liegen in „Verordnung der Verwaltung von Kapital der betrieblichen Altersversorgung"
[432] §34 „Verordnung der Verwaltung von Kapital der betrieblichen Altersversorgung" und §8 Verord-

der vom Treuhänder festgelegten Investitionsstrategie das Kapital der betrieblichen Altersversorgung kombiniert und umsichtig investieren, rechtzeitig mit dem Kapitalmanager den Restwert des Kapitals der betrieblichen Altersversorgung prüfen und mit dem Treuhänder und der betroffenen Aufsichtsbehörde die finanziellen Berichte über das Investitionsverhalten besprechen.[433] Der Investitionsmanager kann jährlich bis zu 1,2% des Nettokapitals der betrieblichen Altersversorgung als Gebühren erheben[434] und soll 20% von seinen Verwaltungsgebühren als Risikoreserve auf die Seite legen. Dieses Reservekapital wird beim Kapitalmanager einbehalten und als Erstattung für Investitionsdefizite benutzt. Die Obergrenze der Risikoreserve beträgt 10% des gesamten Kapitals der betrieblichen Altersversorgung.[435] Tabelle 4-34 zeigt, fünfzehn Investitionsmanager stehen in China zur Verfügung.

Tabelle 4-34: Liste der erlaubten Investitionsmanager

Fortis Fund Management Company Ltd. Shanghai
Pingan Insurance Company Pension
Yinhua Fund Management Company Ltd
Huaxia Fund Management Company Ltd
China Life Asset Management Co. Ltd
Huatai Asset Management Ltd
CITIC Securities Co. Ltd.
Taiping Pension Insurance Co., Ltd
China International Finance Ltd
Boshi Fund Management Co. Ltd
Jiashi Fund Management Ltd
China Merchants Fund Management Company Ltd
Rich Fund Management Ltd
E-tat Fund Management Ltd
Southern Fund Management Company Ltd

Kapital-, Konto- und Investitionsmanager müssen einerseits kooperieren und anderseits einander beaufsichtigen. Abbildung 4-11 hat das Dreieckverhältnis dargestellt.

---

nung für die Zertifizierung der Verwaltungsinstitute für das Kapital der betrieblichen Altersversorgung". und vgl. Forschungsinstitut für Sozialsicherung des chinesischen Ministeriums für Arbeit und Sozialsicherung/Chinesische Taiping Versicherung GmbH (2003).S.181.

433 §35 „Verordnung der Verwaltung von Kapital der betrieblichen Altersversorgung" und vgl. Yang, Yansui(2003).S.122ff..

434 §56 „Verordnung der Verwaltung von Kapital der betrieblichen Altersversorgung".

435 §58 „Verordnung der Verwaltung von Kapital der betrieblichen Altersversorgung".

Abbildung 4-11: Verhältnis zwischen Investitionsmanager, Kontomanager und Kapitalmanager

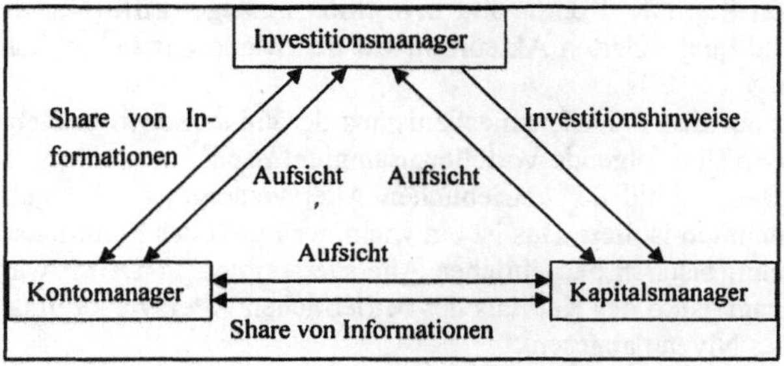

Kapital-, Konto- und Investitionsmanager sollen durch Informationsaustausch effektive Dienstleistungen anbieten und auch durch Aufsicht untereinander die Effektivität der Dienstleistungen garantieren.

4.5.2 Bewertung

Aus dem oben vorgestellten Funktionsmechanismus der chinesischen betrieblichen Altersversorgung lässt sich der Schluss ziehen, dass die betriebliche Altersversorgung sich nicht durch einzelne Branchen oder einzelne Finanzdienstleistungsfirmen durchführen lässt, sondern sich als ein Markt, wo viele Branchen und viele Finanzdienstleistungsfirmen kooperieren und konkurrieren, darstellt. Unterschiedliche Finanzdienstleistungsfirmen können verschiedene Funktionen für die betriebliche Altersversorgung leisten, wie in Tabelle 4-35 dargestellt:

Tabelle 4-35: Rolle der Finanzdienstleistungsfirmen

	Treuhänder	Investitionsmanager	Kontomanager	Kapitalmanager
Fondsfirma	J	J	J	N
Aktienfirma	J	J	J	N
Trust und Investitionsfirma	J	J	J	N
Kommerzielle Bank	N	N	J	J
Versicherungsfirma	N	N	J	N

Eine Erhebung hat gezeigt, dass die meisten Unternehmen bei der Wahl der Finanzdienstleistungsunternehmen nur auf die Gesetzmäßigkeit oder Gesetzbefolgung achten und kein effektives Auswahlkriterium kennen.[436] Ein Erlaubnissystem, das durch das Sozialministerium, die Wertpapieraufsichtskommission, die Bankenaufsichtskommis-

[436] Chen, Zhong(2005).S.10.

sion und die Versicherungsaufsichtskommission aufgebaut wird, hat verhindert, dass jede Finanzdienstleistungsfirma als Akteur teilnimmt und den Unternehmen bei der Auswahl von Kapital-, Konto- und Investitionsmanager hilft. Nur die Teilnahme der erlaubten und qualifizierten Akteure macht den Markt der betrieblichen Altersversorgung sicher.[437]

In Bezug auf den Funktionsmechanismus der chinesischen betrieblichen Altersversorgung lassen sich folgende Vorteile zusammenfassen[438]:

A. Das Kapital der betrieblichen Altersversorgung wird gut von den Unternehmen isoliert. Das ist ein wichtiger Punkt des Funktionsmechanismus der chinesischen betrieblichen Altersversorgung[439]. Damit wird das Veruntreuungsrisiko des Kapitals der betrieblichen Altersversorgung auf ein minimales Niveau abgesenkt.

B. Für jeden Abschnitt des Funktionierens der betrieblichen Altersversorgung ist professionelles Personal zuständig. Die Trennung in Investitionsmanager, Kontomanager und Kapitalmanager hat die Professionalität der Durchführung der betrieblichen Altersversorgung garantiert, damit die Verwertung des Kapitals teilweise gesichert wird.

C. Das Kapital wird schnell durch die fachlichen Investitionsfirmen in die Wirtschaft investiert. Die von der chinesischen Bevölkerung sehr geliebten und mittelbaren und dadurch uneffektiven Investitionsorgane – Banken werden bei der Investition der betrieblichen Altersversorgung ausgespart. Das Kapital verfügt über einen viel effektiveren Kreislauf.

D. Die Interessen der Begünstigten werden durch die Selbständigkeit des Kapitals der betrieblichen Altersversorgung und auch durch die Professionalität der Durchführung der betrieblichen Altersversorgung garantiert.

Aber man muss auch sehen, die Konkurrenz um die Erhöhung der Effizienz der betrieblichen Altersversorgung kann auch schädlich sein: übertriebene Konkurrenz zwischen den Finanzdienstleistungsfirmen mit gleichen Funktionen könnten die Verwaltungskosten der Firmen erhöhen und die Effizienz des Systems beeinträchtigen, damit würden die Interessen der Begünstigten wieder geschädigt werden.

Zweitens könnte die Verteilung des Funktionsmechanismus in Treuhänder, Konto-, Investitions- und Kapitalmanager das Haftungsrisiko erhöhen und damit hohe Herausforderungen an die staatliche Aufsicht stellen. Dieser Punkt wird in Kap. 6.5 erforscht.

Drittens ist der Entwurf über die Höhe der Gebühren problematisch. Nach §§53-57 der „Verordnung der Verwaltung des Kapitals der betrieblichen Altersversorgung" machen die Obergrenzen der Gebühren der betrieblichen Altersversorgung 1,6% des beauftragten Nettokapitals der betrieblichen Altersversorgung plus 5 Yuan pro Monat aus. Der chinesische durchschnittliche Lohn vom Jahr 2004 in der Höhe von 15.920 Yuan[440] wird als Beitragsbemessungsgrenze angenommen. 1/6 der Beitragsbemessungsgrenze beträgt die Obergrenze für den

---

[437] Vgl. Cao, Xueqin(2002). S.29.

[438] Der Funktionsmechanismus der chinesischen betrieblichen Altersversorgung wird auch in Kap. 5 und Kap. 6 unter Berücksichtigung der deutschen Erfahrungen intensiv diskutiert.

[439] Deng, Binwen (2004).S.32.

[440] Statistisches Jahrbuch(2005)

bemessungsgrenze beträgt die Obergrenze für den Beitrag.[441] Die Zahlungsdauer wird als 30 Jahre angenommen. Das Nettokapital der betrieblichen Altersversorgung wird als das durchschnittlich vom Treuhänder verwaltete Kapital innerhalb der 30 Jahre, Kapitalsumme in der Mitte des 15. Jahres verstanden – Investitionsgewinne und Inflationselemente werden vernachlässigt[442]. Der Anteil der jährlichen Gebühren für den Kontomanager im Wert von 60 Yuan am Nettokapital wird in Tabelle 4-36 beschrieben:

Tabelle 4-36: Mögliche Gebührenprozente für Kontomanager

Einkommenshöhe	Anteil von 60 Yuan am Nettkapital
1 * Durchschnittsgehalt	0,14589%
3/2 * Durchschnittsgehalt	0,09726%
2 * Durchschnittsgehalt	0,072945%

Quelle: Huang, Wenqing(2004). S.60.

Die gesamte Gebühr, die das Unternehmen für die externen Verwalter zahlen muss, wird in Tabelle 4-37 dargestellt:

Tabelle 4-37: Mögliche Gebührenprozente für alle externen Akteure

Einkommenshöhe	Gebührenprozent für Kontomanager	Gebührenprozent für Kapital-, Investitionsmanager und Treuhänder	Gesamte Gebührenprozente für alle Akteure
1 * Durchschnittsgehalt	0,14589%	0,2% +1,2%+0,2%	1,54589%
3/2 * Durchschnittsgehalt	0,09726%	0,2% +1,2%+0,2%	1,49726%
2 * Durchschnittsgehalt	0,072945%	0,2% +1,2%+0,2%	1,472945%

Quelle: Huang, Wenqing(2004). S.61.

Im Jahr 2003 betrug die durchschnittliche Rendite der Fondsinvestitionen 2,79%。Nach der Berechnung von Huang, Wenqing liegt nach der Investitionsbeschränkung für das Kapital der betrieblichen Altersversorgung[443] die Rendite der Fondsinvestitionen zwischen 1,08564% und 3,56514%.[444] Dann liegt die mögliche Spanne der Rendite der betrieblichen Altersversorgung zwischen -0,46295% und 2,0922%. Dagegen beträgt

441 §8 „Verordnung für die Durchführung der betrieblichen Altersversorgung"

442 Tatsächlich wird mit 15.920 Yuan wird die Beitragsbemessungsgrenze zu niedrig geschätzt. In den Städten, die betriebliche Altersversorgung aufgebaut haben, liegt der wirkliche Durchschnittslohn viel höher als 15.920. Deswegen können hier Investitionsgewinne und Inflationselemente zur Vereinfachung vernachlässigt werden.

443 §47 „Verordnung der Verwaltung von Kapital der betrieblichen Altersversorgung"

444 Huang, Wenqing(2004).S.61f.

die Rendite für die Sichteinlagen 0,72%, die Rendite der Termineinlagen mit einer Frist von einem Jahr 1,98%, die Rendite der Staatsanleihe mit einer Frist von drei Jahren 2,52% und die Rendite der Staatsanleihen mit einer Frist von fünf Jahren 4,4164%.[445]

Mit diesen Daten ist es berechtigt, die Effizienz der chinesischen betrieblichen Altersversorgung anzuzweifeln: Termineinlagen können sogar noch höhere Gewinne bringen als die betriebliche Altersversorgung. Ist der Entwurf der chinesischen Funktionsmechanismen wirklich gerecht? Oder sind die Gebühren zu hoch angesetzt? Ein Nachdenken über das Heruntersetzen der Gebühren scheint notwendig.

Bei den vier Akteuren der betrieblichen Altersversorgung lässt sich deutlich sehen, dass der Treuhänder eine wichtigere Funktion ausübt: er muss hundert Prozent Verantwortung für die Sicherheit des Kapitals der betrieblichen Altersversorgung übernehmen und bei der Wahl von Konto-, Investitions- und Kapitalmanager ist seine Meinung führend. In der Tat hat der Treuhänder zudem die Funktion den Markt zu erschließen. Er muss selbst neue Kunden für die betriebliche Altersversorgung finden. Normalerweise sind die Kosten für Markterschließung ziemlich hoch[446]. Aber er wird nur mit 0,2% des Nettokapitals der betrieblichen Altersversorgung bezahlt. Der Investitionsmanager bekommt viel mehr als er – 1,2% des Nettokapitals der betrieblichen Altersversorgung. Die niedrige Gebühr und die hohe Verantwortung passen nicht zusammen. Dieses Ungleichgewicht kann dem Treuhänder Anreiz geben, mit Konto-, Investitions- oder Kapitalmanager ein Komplott zu schmieden, um höhere und ungerechte Gebühren abzukassieren.

Die Gebühr spielt als Anreizinstrument für Treuhänder, Konto-, Investitions- und Kapitalmanager eine wichtige Rolle und entscheidet über den Erfolg der betrieblichen Altersversorgung. Die Gebühr darf nicht so hoch sein, dass die Rendite der betrieblichen Altersversorgung auf ein zu niedriges Niveau reduziert wird. Und die Gebühr darf auch nicht so niedrig sein, dass die Initiative der Akteure geschädigt wird. Eine richtige Verteilung der Gebühren zwischen den Akteuren nach ihren Rollen ist entscheidend.

4.6 Bewertung

4.6.1 Bestehende Organisationsformen

Die in 4.1 beschriebenen drei Organisationsformen der betrieblichen Altersversorgung funktionieren wie folgend:

Bei einer vom örtlichen Sozialamt verwalteten betrieblichen Altersversorgung legt das örtliche Sozialamt nach den örtlichen Situationen konkrete vor Ort gültige Vorschriften über die betriebliche Altersversorgung fest. Nach den Vorschriften entwerfen die Unternehmen eigene Pläne für die betriebliche Altersversorgung, die nach der Prüfung und Genehmigung durch den Belegschaftskongress wieder beim örtlichen Sozialamt eingereicht werden. Nach deren Genehmigung kann die betriebliche Altersversorgung von Unternehmen im Betrieb umgesetzt werden. Die betriebliche Alters-

---

[445] http://www.pbc.gov.cn (abgerufen am 01.02.2007)
[446] Zhuang, Zuojin/Cao, Weiqing/Ouyang, Juhua(2005).S.9.

versorgung kommt in den Genuss der örtlichen steuerlichen Vergünstigungen und die Beiträge von Unternehmen und Arbeitnehmern für die betriebliche Altersversorgung werden an die Organisation des örtlichen Sozialamtes weitergeführt, die dafür in der Bank ein eigenes Konto für die betriebliche Altersversorgung führt Für das Kapital der betrieblichen Altersversorgung werden externe professionelle Investitionsfirmen beauftragt. Die Leistungsberechtigten erhalten dann die Leistungen aus der betrieblichen Altersversorgung von den vom örtlichen Sozialamt beauftragten Banken.

Die von den Unternehmen/Branchen verwaltete betriebliche Altersversorgung wird hauptsächlich von Insidern verwaltet: nach der Genehmigung durch den Belegschaftskongress werden die Beiträge von Unternehmen und Arbeitnehmern für die betriebliche Altersversorgung auf ein eigenes Konto für die betriebliche Altersversorgung überwiesen, das die Unternehmen/Branchen eigens für die betriebliche Altersversorgung eröffnet haben. Die Finanzabteilung oder die der Branche unterliegende Finanzfirma ist zuständig für die Verwaltung bzw. Investition des angesparten Kapitals. Die Leistungen aus der betrieblichen Altersversorgung werden durch die Finanzabteilung oder die beauftragte Bank bezahlt.

Bei der von Versicherungsunternehmen verwalteten betrieblichen Altersversorgung wird die Funktion der traditionellen Versicherungsträger – Versicherungsunternehmen betont. Die Versicherungsunternehmen können nach den gültigen Versicherungsstandards für die Unternehmen neue Plane für die betriebliche Altersversorgung entwerfen. Oder die Unternehmen können auch zwischen den schon bestehenden Versicherungsprodukten wählen. Die Unternehmen zahlen den Versicherungsunternehmen Beiträge für die betriebliche Altersversorgung. Die innere Finanzabteilung des Versicherungsunternehmens ist zuständig für die Verwertung des Kapitals. Die Leistungen aus der betrieblichen Altersversorgung werden nach dem Vertrag durch die beauftragten Banken entrichtet.[447]

4.6.2 Probleme der bestehenden Organisationsformen

In der Praxis haben alle drei bestehenden Organisationsformen der betrieblichen Altersversorgung auch Nachteile gezeigt:

Die Verwaltung des Kapitals der betrieblichen Altersversorgung durch eine Organisation des örtlichen Sozialamtes hat einen geschichtlichen Hintergrund[448]. Am Anfang der Einführung der betrieblichen Altersversorgung war die betriebliche Altersversorgung nicht bekannt in der Gesellschaft, deswegen hat die Organisation des örtlichen Sozialamtes, die zuständig für die Verwaltung der gesetzlichen Rentenversicherung ist, die Verwaltungsverantwortung für das Kapital der betrieblichen Altersversorgung übernommen und ziemlich viel zur Verbreitung der betrieblichen Altersversorgung beigetragen[449]. Das örtliche Sozialamt verfügte auch über die staatlichen Funktionen. In

[447] Forschungsinstitut für Sozialsicherung des chinesischen Ministeriums für Arbeit und Sozialsicherung/Chinesische Taiping Versicherung GmbH (2003). S.152f.

[448] Vgl. Zhang, Meizhong/Li, Keqiang/Hu, Weiqing(2004). S.139.; Forschungsinstitut für Sozialsicherung des chinesischen Ministeriums für Arbeit und Sozialsicherung/Bosch Funds Management GmbH(2002).S.5, 71.

[449] An, Hua(2004).S.31.

Bezug auf die betriebliche Altersversorgung funktioniert das Sozialamt sowohl als Aufsichtsführender als auch als Beaufsichtigter, der die Durchführung der betrieblichen Altersversorgung in der Hand hat. Das örtliche Sozialamt ist sowohl zuständig für das Kontomanagement, das Investitionsmanagement, das Kapitalmanagement und auch für die Aufsicht über das Funktionieren der betrieblichen Altersversorgung. Durch die Vereinbarung der Durchführungsfunktion und Aufsichtsfunktionen auf einen Körper entstehen viele Probleme und Überstände. Durch diese Konstellation könnte die Ordnung des Marktes negativ beeinflusst werden und der weiteren Entwicklung der betrieblichen Altersversorgung Nachteile erbringen. Diese Gefahr lässt sich an Beispielen der in 2006 aufgetauchten vielen Korruptionsfälle durch die Sozialämter verdeutlichen: Der Auslöser der Aufdeckung der chinaweiten Veruntreuungen des Kapitals der Sozialen Sicherungen ist der Fall von Zhu, Junyi und Chen, Liangyu[450] in Shanghai. Danach wurden weitere Fälle in Zhejiang und anderen Provinzen bekannt. Obwohl schon im Jahr 1997 versucht worden ist, durch den neuen Entwurf eines komplizierten Kontosystems für die Rentenversicherung, wie in der Abbildung 4-12 und Abbildung 4-13 dargestellt, die Veruntreuung des angesparten Kapitals der Rentenversicherung zu verhindern, zeigt die Wirklichkeit eine andere Welt. Durch den Vergleich des alten und neuen Kontoentwurfs kann man sehen, dass im neuen Kontosystem ein Einnahme- und Ausgabekonto eingeführt worden ist. Der Entwerfer hoffte, durch die Einführung des Einnahme- und Ausgabekontos das Recht für das Beibehalten und die Verfügung über das Kapital zu trennen. Die Wirklichkeit zeigt, dass der Trennungsmechanismus nur für die normalen zuständigen Beamten funktioniert. Der ungerechte Zugriff von hohen Beamten auf die Ersparnisse der Rentenversicherung wird nicht wirksam verhindert. Durch das Fiskalkonto steht ihnen das Kapital der Rentenversicherung frei zur Verfügung.

Wenn das Kapital der betrieblichen Altersversorgung durch eine Organisation des örtlichen Sozialamtes verwaltet wird, ist der Staat wieder der potentielle Verantwortungsträger: scheitert die Investition des Kapitals, muss der Staat mit seinem fiskalen Budget einstehen. Das macht für die betriebliche Altersversorgung im Vergleich zur gesetzlichen Rentenversicherung keinen Unterschied. Der Aufbau der betrieblichen Altersversorgung ist so nur eine einfache Wiederholung der gesetzlichen Rentenversicherung und die Vorteile der betrieblichen Altersversorgung lassen sich dadurch nicht verdeutlichen. Eine Organisation des örtlichen Sozialamtes ist nicht die geeignete Organisation, die zuständig für das Kapital der betrieblichen Altersversorgung sein sollte.[451]

Wenn die betriebliche Altersversorgung von den Unternehmen/Branchen verwaltet wird, kann die Selbständigkeit des Kapitals der betrieblichen Altersversorgung nicht garantiert werden. Das Konto der betrieblichen Altersversorgung gehört den Unter-

---

[450] Über den Fall wurde in den deutschen Medien viel berichtet: Blume(2006).
http://www.ftd.de/politik/international/116085.html
http://www.dieneueepoche.com/articles/2006/10/04/56416.html
http://www.faz.net/s/RubFC06D389EE76479E9E76425072B196C3/Doc~E3D1070B4AF304993A6D978D553D9BCC8~ATpl~Ecommon~Scontent.html
http://www.welt.de/print-welt/article155435/KP-Chef_von_Shanghai_stuerzt_ueber_Korruptionsskandal.html

[451] Ou, Guofeng(2005).S.43.

nehmen/Branchen und wird nicht durch externe Selbständige beaufsichtigt. Dadurch kann die Sicherheit des Kapitals nicht garantiert werden. Besonders wenn Unternehmen/Brachen in eine finanzielle Krise geraten, wird das Risiko nicht ausgeschlossen, dass das Kapital von Unternehmen/Branchen für andere Zwecke benutzt wird.[452] Oder das Kapital wird wieder in die Unternehmen/Branchen zurückfließen[453].So ist die Korrelation zwischen Sicherheit der Unternehmen und Sicherheit des Kapitals ziemlich hoch.

Abbildung 4-12: Alter Kontoentwurf für das Kapital der Rentenversicherung

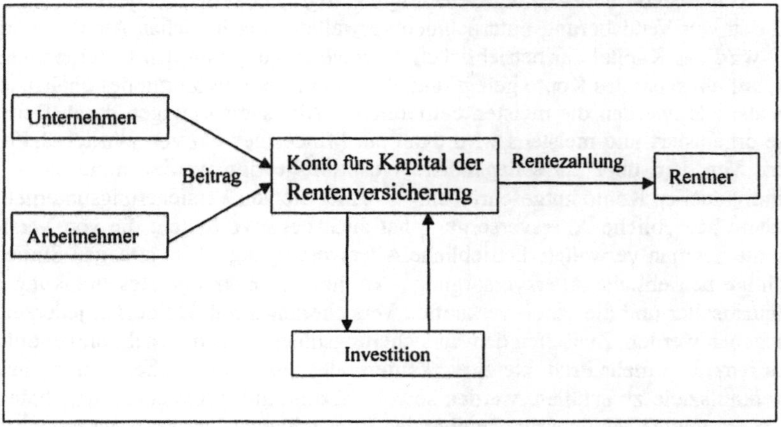

Abbildung 4-13: Neuer Kontoentwurf für das Kapital der Rentenversicherung

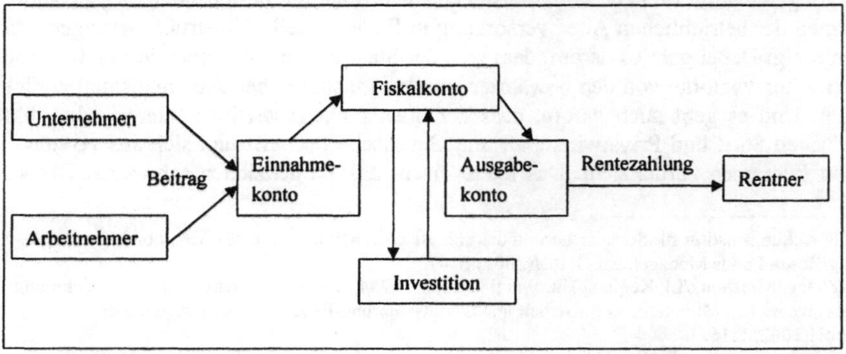

[452] Forschungsinstitut für Sozialsicherung des chinesischen Ministeriums für Arbeit und Sozialsicherung/Bosch Funds Management GmbH(2002). Im Vorwort und S.88.
[453] Cui, Shaomin/Wen, Wu(2003).S.69.

Wenn die Organisation des örtlichen Sozialamtes oder die Finanzabteilung/Finanzfirma von Unternehmen/Branchen über das Investieren entscheiden, fehlen ihnen meistens die fachlichen Verwalter und speziellen Investitionskenntnisse. Das wird die Qualität der Investition und auch die Effizienz der betrieblichen Altersversorgung negativ beeinflussen. Und für manche betriebliche Altersversorgung wird gar kein individuelles Konto für die Arbeitnehmer eröffnet[454]. Alles Kapital liegt auf einem Konto[455]. Eine Insider-Verwaltung unterliegt weder strengen Vorschriften noch einer effektiven Aufsicht. Die Abwesenheit eines fachlich effektiven Verwaltungssystems[456] könnte den Interessen der Berechtigten möglicherweise schaden.

Bei den von Versicherungsunternehmen verwalteten betrieblichen Altersversorgungen[457] wird das Kapital der betrieblichen Altersversorgung von den Unternehmen getrennt, auf ein separates Konto gelegt und obliegt der Verantwortung des qualifizierten Personals: z.B. werden die meisten betrieblichen Altersversorgungen durch Beitragszusage organisiert und meistens wird dann ein Mindestgewinn von jährlich 2,5% garantiert. Von dem über 2,5% liegenden Investitionsgewinn werden mindestens 70% dem individuellen Konto gutgeschrieben.[458] Aber die von Versicherungsunternehmen verwaltete betriebliche Altersversorgung hat auch negative Seiten: die von Versicherungsunternehmen verwaltete betriebliche Altersversorgung ist im strengen Sinne keine richtige betriebliche Altersversorgung – es gibt keine strenge Beschränkung über das Eintrittsalter und die schon verkauften Versicherungsprodukte dürfen jederzeit zurückgegeben werden. Zwischen den Versicherungsunternehmen besteht unrechtmäßige Konkurrenz. Um mehr Produkte zu verkaufen oder um die jährlichen, vorgeschriebenen Verkaufsziele zu erfüllen, werden sowohl Vermittlungsprovisionen angeboten als auch untergründige Vereinbarungen über den Rückzahlungs-Zeitpunkt gemacht.[459]

Der durch die „Verordnung für die Durchführung der betrieblichen Altersversorgung" und die „Verordnung der Verwaltung des Kapitals der betrieblichen Altersversorgung" eingeführte neue Funktionsmechanismus hat die bestehenden Organisationsformen der betrieblichen Altersversorgung in Frage gestellt. Umstrukturierungen wurden nötig. Dabei geht es darum, dass sich der Staat bei der Implementierung betrieblicher Altersvorsorge von den bewährten, marktwirtschaftlichen Automatismen zurückzieht. Und es geht auch darum, dass der Staat nicht zusätzliche Interessenkonflikte zwischen Staat und Privatwirtschaft und Gesellschaft schafft und sich aus verständlichen Interessen zurückzieht. Das letzte macht das Zurückziehen schwierig. Die von

---

[454] Forschungsinstitut für Sozialsicherung des chinesischen Ministeriums für Arbeit und Sozialsicherung/Bosch Funds Management GmbH(2002).S141.

[455] Zhang, Meizhong/Li, Keqiang/Hu, Weiqing(2004). S244.; Forschungsinstitut für Sozialsicherung des chinesischen Ministeriums für Arbeit und Sozialsicherung/Bosch Funds Management GmbH(2002).S.16.

[456] Forschungsinstitut für Sozialsicherung des chinesischen Ministeriums für Arbeit und Sozialsicherung/Bosch Funds Management GmbH(2002).S.89.

[457] Die chinesischen Versicherungsunternehmen bieten in Bezug auf betriebliche Altersversorgung drei Formen der Produkte: Participing Pattern, Universal Pattern und Uni-link Produkte. Vgl. Liu, Yunlong/Fu, Anping(2004).S214. Fn.1.

[458] Liu, Yunlong/Fu, Anping(2004).S.315.

[459] Forschungsinstitut für Sozialsicherung des chinesischen Ministeriums für Arbeit und Sozialsicherung/Chinesische Taiping Versicherung GmbH (2003). S.153.

einer Organisation des örtlichen Sozialamts und der Unternehmen/Branchen verwaltete betriebliche Altersversorgung macht 70% der gesamten chinesischen betrieblichen Altersversorgung aus.[460] Da mit der betrieblichen Altersversorgung schon viele ein großes Geschäft machen und viel Geld damit verdient wird, ist es sehr schwierig, die jetzt bestehenden formalen und informalen Strukturen aufzubrechen und die Struktur- und Ablauforganisationen effizienter zu Gunsten der Arbeitnehmer zu gestalten. In manchen Orten hat das Sozialamt versucht, mit dem Finanzministerium und dem Ministerium für Arbeit und der Sozialsicherung einen Kompromiss zu schaffen und eine Zwischenlösung herauszufinden.[461] Ein Sozialamt hat sich sogar so geäußert, ob die Unternehmen ihr Kapital von der Organisation des Sozialamtes zum Treuhänder switchen werden, hängt von den Unternehmen ab.[462]

Die von den Branchen verwaltete betriebliche Altersversorgung macht auch einen großen Anteil im Segment der betrieblichen Altersvorsorge aus: das Zentrum für betriebliche Altersversorgung der Branche Strom ist das größte Zentrum für betriebliche Altersversorgung Chinas.[463] Die Branchenzentren für betriebliche Altersversorgung wollen nicht einfach aus dem Markt der betrieblichen Altersversorgung zurücktreten. Ihre Strategie dagegen ist selbst Finanzdienstleistungsfirmen für Geschäfte der betrieblichen Altersversorgung aufzubauen[464], deren Drängen, sich auf die Liste der gesetzlich erlaubten Akteure zu bringen, bis jetzt noch keinen Erfolg hatte[465].

Die von Versicherungsunternehmen verwaltete betriebliche Altersversorgung lässt sich nur schwer in den neuen Funktionsmechanismus integrieren. Die betriebliche Altersversorgung wird meistens in Vertragsform festgeschrieben und lässt sich nicht verändern. Dieser Teil der betrieblichen Altersversorgung soll seine Form behalten und der Staat soll ihn gut beaufsichtigen. Neue betriebliche Altersversorgung soll nach dem neuen Funktionsmechanismus organisiert werden.

Der Übergang von bestehenden Organisationsformen zum neuen Funktionsmechanismus wird ein langer und schwieriger Prozess werden.

---

[460] Vgl. Chen, Zhong(2005).S.9.; Zhang, Shuxin(2002).S.32.

[461] An, Hua(2004).S.33.

[462] Ebd.

[463] Vgl.Forschungsinstitut für Sozialsicherung des chinesischen Ministerium für Arbeit und Sozialsicherung/Bosch Funds Management GmbH(2002).S.82f.; Chen, Zhong(2005).S.9.; An, Hua(2004).S.30.

[464] An, Hua(2004).S.32.

[465] Vgl. Tabelle 4-31, 4-32, 4-33 und 4-34.

Zweiter Teil:

Reformüberlegungen über die chinesische betriebliche Altersversorgung im Vergleich zur deutschen betrieblichen Altersversorgung

5. Systemvergleich

Wie in Kap. 2.2 gezeigt worden ist, sind einem Rechtsstaat die verschiedensten Rollen zuerkannt: Rahmensetzer, Regulierer, Planer, Initiator, Koordinator, (Anschub-)Finanzier, Infrastruktur-Bereitsteller, der Staat hat zu qualifizieren, zu mobilisieren, zu moderieren und zu makeln, er ist Motivator, Kontrolleur, und Evaluator, er ist das demokratische Steuer, er ist Kontrolleur, Öffentlichkeitsarbeiter und Multiplikator.[466]

In diesem Kapitel soll aus der Perspektive des Rahmensetzers in Bezug auf den Systementwurf der deutschen und chinesischen betrieblichen Altersversorgung die Verbesserungsmöglichkeiten der chinesischen betrieblichen Altersversorgung diskutiert werden.

5.1 Obligatorium der betrieblichen Altersversorgung

5.1.1 Die Argumente

Ob ein Obligatorium der betrieblichen Altersversorgung gesetzlich verankert werden soll, ist sowohl in Deutschland als auch in China, schon viel diskutiert worden.[467]

Die Befürworter für die Einführung einer obligatorischen betrieblichen Altersversorgung begründen ihre Haltung mit folgenden Argumenten:

1. Mit Zwang kann die betriebliche Altersversorgung in geplanter, kürzerer Zeit auf eine breitere Basis gestellt werden, die für eine effiziente nachhaltig wirksame Verbesserung der Versorgung im Alter sorgen könnte.
2. Beruht die betriebliche Altersversorgung auf Freiwilligkeit, werden viele auf die zusätzlichen Aufwendungen für die Altersvorsorge verzichten und werden sich – „nicht zu Unrecht" - als Trittbrettfahrer im Alter auf das Sozialhilfesystem verlassen. Das würde den Staat – meist in Abhängigkeit von der wirtschaftlichen Entwicklung eines Landes – möglicherweise nachhaltig schwer belasten.

Die Befürworter der fakultativen betrieblichen Altersversorgung halten mit vielen Gegenargumenten dagegen:

1. Die Maßnahmen einer obligatorischen betrieblichen Altersversorgung kann die erwerbstätige Bevölkerung nicht vollständig erfassen, weil eine obligatorische betriebliche Altersversorgung an das Arbeitsverhältnis angeknüpft werden muss und damit die Selbständigen nicht erfasst.
2. Ein Obligatorium kann hohe administrative Kosten verursachen. Dadurch werden auch die Funktionen der betrieblichen Altersversorgung beeinträchtigt, die wiederum negative Auswirkungen auf die Wirtschaft haben könnten.
3. Ein Obligatorium würde den Staat wieder mit der vollen Verantwortung für die Versorgung der Bürger belasten. Das widerspricht dem Gedanken der „Da-

---

466 Schuppert(2005).S.18,23.

467. z.B. Vgl. Arbeitsgemeinschaft für betriebliche Altersversorgung(1995). S.5f.; Zhang, Meizhong/Li, Keqiang/Hu, Weiqing(2004).S.121.; Heubeck(1996).S.104.; Arbeitsgemeinschaft für betriebliche Altersversorgung(1995). S.5f.; Kerschbaumer(2004).S..104.; Zhu, Weidong(2004). S.18.; Peng Xuemei(2005a). S.61; Geng, Guozhu/Zhu, Junsheng(2003) S.10.; Chen, Hualiang(2005).S.28.

seinsvorsorge“ des Staates und auch dem Gedanken vom „aktivierenden“ Staat. Den Erfolg der obligatorischen betrieblichen Altersversorgung müsste dann der Staat garantieren. Scheitert die obligatorische betriebliche Altersversorgung, muss der Staat dafür die Verantwortung übernehmen. In diesem Fall kann der Funktionsmechanismus der obligatorischen betrieblichen Altersversorgung anders als der der gesetzlichen Rentenversicherung sein, aber ihre Bedeutung und Verantwortung für den Staat lassen sich nicht von der Bedeutung und Verantwortung der gesetzlichen Rentenversicherung trennen. Die Probleme der gesetzlichen Rentenversicherung für den Staat tauchen in anderer Form wieder auf.

4. Die obligatorische betriebliche Altersversorgung wird die Personalzusatzkosten um den Unternehmerbeitrag erhöhen und in dem Maße die Konkurrenzfähigkeit der Unternehmen schwächen. Mit der Einführung eines Obligatoriums würde die betriebliche Altersversorgung die Bedeutung als personalpolitisches Instrument verlieren. Dadurch würde die betriebliche Altersversorgung für den Arbeitgeber zu einem reinen Kostenfaktor. Die obligatorische betriebliche Altersversorgung würde die Leistungsfähigkeit der einzelnen Unternehmen nicht berücksichtigen. Diese Problematik trifft vor allem die Grenzproduzenten, für die zusätzliche Kosten auf das Produkt praktisch die Schließung des Unternehmens bedeutet.

5.1.2 Vergleich zwischen Deutschland und China

5.1.2.1 Deutsche freiwillige betriebliche Altersversorgung

Die deutsche betriebliche Altersversorgung ist bis jetzt grundsätzlich auf der Basis der Freiwilligkeit aufgebaut. Mit der Einführung der Entgeltumwandlung wird den Arbeitnehmern das Recht gegeben, einen Anteil an Entgelt künftig in eine wertgleiche Anwartschaft auf Versorgungsleistungen im Alter umzuwandeln.[468] Damit wird das Mitentscheidungsrecht der Arbeitnehmer einbezogen[469], das die Entschlussfreiheit der Unternehmen nicht in großem Maße geschädigt hat. Mit der Rücksicht auf die nicht so optimistische wirtschaftliche Entwicklung in den letzten Jahren[470], die hohe Arbeitslosigkeit auf dem Arbeitsmarkt[471] und die Personalzusatzkosten der deutschen Unternehmen ist das Prinzip der Freiwilligkeit der deutschen betrieblichen Altersversorgung wohl berechtigt.

Die Aufwendung für Vorsorgeeinrichtungen von deutschen Unternehmen im Jahr 2000 im produzierenden Gewerbe machen 34,5% aus, davon beträgt der Anteil für die betriebliche Altersversorgung 7,1%. Die chinesischen Unternehmen geben für die Vorsorgeeinrichtungen ohne Zuwendung für betriebliche Altersversorgung schon knapp 30% aus[472].

---

468 §1 Abs.3 BetrAVG.
469 Vgl. Kap. 6.6.3
470 Vgl. Kap. 3.3.1.2
471 Vgl. Kap. 3.3.1.3
472 Vgl. Kap. 4.4.1.2

Die deutschen Unternehmen des produzierenden Gewerbes sind schon mit hohen Personalzusatzkosten belastet, wie in der Tabelle 5-1 gezeigt wird.

Tabelle 5-1: Aufwendungen für Versorgungseinrichtung von deutschen Unternehmen im Jahr 2000[1]*

Durchschnittliche Arbeitskosten für das produzierende Gewerbe, in Westdeutschland, je Arbeitnehmer und Jahr

	In Euro	In Prozent**
Vergütung arbeitsfreier Tage	**6.055**	**22,9**
Urlaub	3.556	13,5
Lohnfortzahlung im Krankheitsfall	1.071	4,1
Feiertage, sonstige Ausfalltage	1.428	5,4
Sonderzahlungen	**3.701**	**14,0**
Vermögenswirksame Leistungen	265	1,0
Fest vereinbarte Sonderzahlungen	1.666	6,3
Erfolgsabhängige Sonderzahlungen	698	2,6
Zusätzliches Urlaubsgeld	1.072	4,1
Aufwendungen für Vorsorgeeinrichtungen	**9.128**	**34,5**
Rentenversicherung	3.230	12,2
Arbeitslosenversicherung	1.082	4,1
Kranken- und Pflegeversicherung	2.357	8,9
Berufgenossenschaftsbeiträge	581	2,2
Betriebliche Altersversorgung*	***1.878***	***7,1***
Sonstige Personalzusatzkosten	**1.575**	**6,0**
Entlassungsentschädigungen	304	1,2
Auswärtige Beschäftigung	-	-
Umlage Insolvenzgeld, Mutterschaft usw.	154	0,6
Aus- und Weiterbildung	737	2,8
Belegschaftseinrichtungen, sonstiges	380	1,4
Personalzusatzkosten	**20.459**	**77,4**
Direktentgelt	**26.428**	**100,0**
Arbeitskosten******	**46.887**	**177,4**

* Einschließlich der geringfügig Beschäftigten und Heimarbeiter sowie ohne Aufwendungen für auswärtige Beschäftigung und daher mit früheren Erhebungen nur bedingt vergleichbar

** In Prozent des Direktentgelts

*** Ab 2000 einschließlich Aufstockungsbeträge zu Lohn und Gehalt sowie zur Rentenversicherung für Personen in Altersteilzeit; einschließlich Aufwendungen für sonstige Vorsorgeeinrichtungen

**** Summe aus Direktentgelt und Personalzusatzkosten

Quelle: Hemmer(2004).S.537.

Die hohen Personalzusatzkosten steigen von Jahr zu Jahr (Tabelle 5-2). Das gilt nicht nur für das produzierende Gewerbe. Auch im Dienstleistungssektor ist dies der Fall. Tabelle 5-3 stellt die hohen Personalzusatzkosten im Dienstleistungssektor dar.

Tabelle 5-2 : Entwicklung des Anteils der betrieblichen Altersversorgung an Personalzusatzkosten
- im produzierenden Gewerbe (%)

	West			Ost			Deutschland		
	2002	2003	2004	2002	2003	2004	2002	2003	2004
Betriebliche Altersversorgung*	**7,1**	**7,4**	**7,5**	**2,2**	**2,4**	**2,6**	**6,6**	**6,9**	**7,0**
Sozialversicherungs-Beiträge der Arbeitgeber**	27,4	27,6	28,1	27,8	28,1	28,6	27,5	27,7	28,2
Personalzusatzkosten	**77,4**	**77,9**	**78,2**	**65,7**	**66,2**	**66,9**	**76,3**	**76,8**	**77,1**
Anteil (in Prozent)	9,17	9,50	9,60	3,35	3,63	3,89	8,65	8,98	9,08

* Einschließlich Aufstockungsbeträge zu Lohn und Gehalt sowie zur Rentenversicherung für Personen in Altersteilzeit; einschließlich Aufwendungen für sonstige Vorsorgeeinrichtungen

** Einschließlich Unfallversicherung

Quelle: in Anlehnung an Hemmer(2004).S.541

Tabelle 5-3: Entwicklung des Anteils der betrieblichen Altersversorgung an Personalzusatzkosten
- im Dienstleistungssektor – (%)

	Großhandel		Einzelhandel		Kreditgewerbe		Versicherungsgewerbe	
	2000	2003	2000	2003	2000	2003	2000	2003
Betriebliche Altersversorgung*	**2,8**	**3,1**	**1,7**	**2,1**	**17,0**	**17,2**	**17,6**	**17,8**
Sozialversicherungs-Beiträge der Arbeitgeber**	26,2	26,9	25,9	26,6	26,4	27,1	26,6	27,4
Personalzusatzkosten	**65,8**	**66,4**	**64,8**	**65,4**	**104,3**	**103,8**	**101,9**	**102,2**
Anteil (%)	4,26	4,67	2,62	3,21	16,30	16,57	17,27	17,42

* Einschließlich Aufstockungsbeiträge zu Lohn und Gehalt sowie zur Rentenversicherung für Personen in Altersteilzeit; einschließlich Aufwendungen für sonstige Vorsorgeeinrichtungen

** Einschließlich Unfallversicherung

Quelle: Hemmer(2004).S.542.

5.1.2.2 Chinesische, freiwillige, betriebliche Altersversorgung

Die „Verordnung für die Durchführung der betrieblichen Altersversorgung" hat das Prinzip der Freiheit der chinesischen betrieblichen Altersversorgung festgelegt.[473] Aber die Diskussion über das Obligatorium der betrieblichen Altersversorgung lässt nicht nach. Die Befürworter der obligatorischen betrieblichen Altersversorgung glauben, dass die freiwillige betriebliche Altersversorgung mit ihren steuerlichen Vergünstigungen den Unterschied zwischen den Armen und Reichen noch größer machen wird. Eine gerechte Wirtschaft wäre wünschenswert, aber die negativen Folgen einer obligatorischen betrieblichen Altersversorgung müssen auch berücksichtigt werden:

1. Wie in 4.4.1.2 schon dargestellt, tragen die chinesischen Unternehmen schon ziemlich hohe Lasten für die Sozialversicherung der Arbeitnehmer. Im Vergleich zum Prozentsatz der Sozialversicherungsbeiträge der deutschen Unternehmen von 28,5% (in der Tabelle 5-3) beträgt der Anteil der chinesischen Unternehmen schon 36,5%[474]. Das ist schon sehr gefährlich für die chinesischen Unternehmen, die normalerweise sehr arbeitsintensive Produkte fabrizieren. Wenn die betriebliche Altersversorgung obligatorisch wird und dadurch die Leistungsfähigkeit der einzelnen Unternehmen signifikant geschmälert wird, werden viele Unternehmen die Last der betrieblichen Altersversorgung nicht mehr tragen können. Dies trifft besonders die Klein- und Mittelbetriebe, die immer noch eine starke Säule des chinesischen Exports sind.[475] Mit der allmählichen Aufwertung des RMB (Renminbi), was die chinesischen Produkte im Export automatisch verteuert, und der starken Konkurrenz aus Indien stehen die Klein- und Mittelbetriebe schon vor großen Schwierigkeiten. Eine obligatorische betriebliche Altersversorgung wird ihre Zukunft nicht effektiv sicherer machen.
2. China hat als ein arbeitintensives Land für die Produktion noch viele überschüssige Arbeitskräfte. z.B. Die vielen Arbeitskräfte auf dem Land werden mit dem Prozess der Urbanisierung allmählich in die Städte umziehen und weiteren Druck auf den Arbeitsmarkt ausüben. Mit steigenden Personalzusatzkosten gehen die Unternehmen leichter in Konkurs, was wieder die schwierige Konstellation auf dem Kapitalmarkt verschärft
3. Eine obligatorische Maßnahme kann die Unterschiede zwischen den Gebieten nicht berücksichtigen und lässt keinen freien Gestaltungsraum für die Gebiete zu, die sich in China auf unterschiedlichen Niveaus befinden.[476]
4. Die chinesische gesetzliche Rentenversicherung befindet sich noch in einer Reformphase.[477] Bis die noch anstehenden Probleme gelöst sind, werden noch viele Jahre vergehen. Gerade die gesetzliche Rentenversicherung stellt ein eklatantes Beispiel dar für die Uneffizienz der durch den Staat verwalteten Altersversorgung. Bevor der Staat und dessen Verwaltung nicht für die gesetzliche Rentenversicherung eine nachhaltig effizientere Lösung geschaffen hat, sollte man sich von wei-

[473] §2 „Verordnung für die Durchführung der betrieblichen Altersversorgung".
[474] Vgl. Kap. 4.4.1.2
[475] http://www.worldeconomy.org.cn/show_m.asp?id=854 (abgerufen am 21.01.2007)
[476] Chen, Hualiang(2005).S.28.
[477] Vgl. Kap. 4.2.5

teren, zusätzlichen Experimenten durch den Staat, in Sachen Verbesserung der Alterssicherung, distanzieren. Wenn die Beiträge für die betriebliche Altersversorgung in der Hand des Staates sind, besteht ja sowieso die große Gefahr, dass das Kapital der betrieblichen Altersversorgung für den Ausgleich der Defizite der gesetzlichen Rentenversicherung benutzt wird.

5. In der gesetzlichen Rentenversicherung, hat das individuelle Konto ähnliche Funktion wie die betriebliche Altersversorgung,[478] wie in der Abbildung 5-1 gezeigt wird:

Abbildung 5-1: Zusammensetzung der gesetzlichen Rentenversicherung

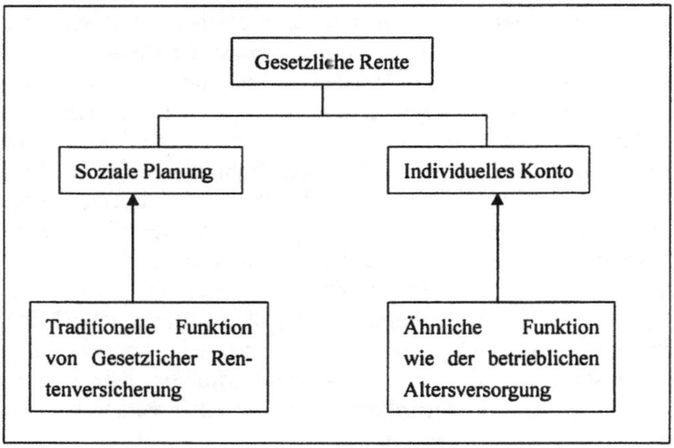

Die chinesische gesetzliche Rentenversicherung setzt sich aus der sozialen Planung und dem individuellen Konto zusammen. Die soziale Planung ist durch ein Umlageverfahren finanziert und funktioniert wie die traditionelle gesetzliche Rentenversicherung – durch Umverteilung der sozialen Ressourcen. Das individuelle Konto ist durch Kapitaldeckungsverfahren finanziert und soll durch weitere Investitionen seinen Wert behalten bzw. anwachsen. Der Funktionsmechanismus des individuellen Kontos sieht ähnlich wie der der betrieblichen Altersversorgung aus und übernimmt auch teilweise die Funktion der betrieblichen Altersversorgung, den Lebensstandard im Ruhestand zu gewährleisten. Wenn die betriebliche Altersversorgung obligatorisch ist, wird die betriebliche Altersversorgung wie ein wiederholtes und vergrößertes individuelles Konto funktionieren, dessen Effizienz und Erfolg sich zu einem weiteren chinesischen bürokratischen Abenteuer auswachsen könnte.

5.1.3 Schluss

Die oben dargestellte Analyse lässt den Schluss zu, dass die chinesische betriebliche Altersversorgung mit Berücksichtigung auf die deutschen Erfahrungen freiwillig ausgestaltet und auch dem Markt überlassen werden sollte, damit die Fehler- und Pan-

[478] Vgl Kap. 4.2.5

nenwahrscheinlichkeiten durch die Regierung ausgeschlossen werden können. Auf jeden Fall sollte die Staatsverwaltung die Finger bei der Aus- und Durchführung der betrieblichen Altersversorgung aus dem Spiel lassen. Aber Freiwilligkeit bedeutet auf keinen Fall hundertprozentige Freiheit. Der Staat soll durch eine Rahmengesetzgebung, und auch durch gezielte Maßnahmen wie steuerliche Maßnahmen[479] der Entwicklung der betrieblichen Altersversorgung Hilfeleistung geben, um die betriebliche Altersversorgung zu fördern und zu beschleunigen unter Vermeidung von möglichst starken, negativen Einflüssen auf die natürlichen Marktmechanismen.

Mit der weiteren Entwicklung der Wirtschaft und auch mit dem weiter fortschreitenden Urbanisierungsprozess soll nicht ausgeschlossen werden, dass in der Zukunft eine obligatorische betriebliche Altersversorgung möglich ist. Das hängt von den konkreten Konstellationen ab.

5.2 Einschränkung des Teilnehmerkreises

5.2.1 Deutschland

Laut §1 Abs.1 Satz 1 BetrAVG stellt der „Anlass eines Arbeitsverhältnisses" die Voraussetzung der Teilnahme an der deutschen betrieblichen Altersversorgung dar, die nicht nur den Arbeitenden selbst, sondern auch die Hinterbliebenen als Begünstigte der betrieblichen Altersversorgung einschließt. Gemäß § 84 Abs. 1 und 2 HGB und §17 BetrAVG fallen Arbeiter, Angestellte, Berufsauszubildende, arbeitnehmerähnliche Personen wie Selbständige, Vorstandsmitglieder einer AG und Geschäftsführer einer GmbH in den persönlichen Geltungsbereich der betrieblichen Altersversorgung.[480]

Anspruchsberechtigt auf Entgeltumwandlung sind Personen, die aufgrund ihrer Beschäftigung oder Tätigkeit in der gesetzlichen Rentenversicherung pflichtversichert sind.[481] Der Mindestumwandlungsbetrag für die betriebliche Altersversorgung beträgt ein Hundertsechzigstel der Bezugsgröße nach §18 Abs.1 SGB IV[482]

5.2.2 China

Eine der chinesischen Voraussetzungen für den Aufbau der betrieblichen Altersversorgung lautet: Teilnahme an der gesetzlichen Rentenversicherung und regelmäßige Zahlung des Beitrags.[483] Diese Voraussetzung allein sind schon für viele Unternehmen, die eine betriebliche Altersversorgung aufbauen möchten, nicht erfüllt[484]. Es sind hauptsächlich Arbeitnehmer in Staatsunternehmen oder staatsunternehmenähnlichen Betrieben, die der gesetzlichen Rentenversicherung angeschlossen sind und die damit auch für einen Beitritt in eine betriebliche Altersvorsorge begünstigt werden.[485] Ta-

---

[479] Vgl. Kap. 6.3.2
[480] Vgl. Masberg(2006).S.18.
[481] §17 Abs. 1 Satz 3 BetrAVG. vgl. Arbeitskammer des Saarlandes (2005). S.70 und Andresen(2001). S.59
[482] §1a Abs. 1 Satz4 BetrAVG
[483] Vgl. Fn.394.
[484] Vgl. Wei, Jingfei(2003).S.15; Yu, Changsen(2000).S.5
[485] Zheng, Gongcheng(2002).S.45.

belle 5-4 zeigt deutlich, dass der Verbreitungsgrad der chinesischen gesetzlichen Rentenversicherung nur sehr gering ist.

Tabelle 5-4: Verbreitungsgrad der gesetzlichen Rentenversicherung

Jahrgang	in der gesetzlichen Rentenversicherung Versicherte (Mio.)	Arbeitnehmer (Mio.)	Verbreitungsgrad (%)
1989	48,169	557,07	8,65
1990	52,007	653,23	7,96
1991	56,587	660,91	8,56
1992	77,747	667,82	11,64
1993	80,082	674,68	11,87
1994	84,941	681,35	12,47
1995	87,378	688,55	12,69
2000	104,475	739,92	14,12
2001	108,019	744,32	14,51
2002	111,288	753,6	14,77
2003	116,465	760,75	15,31
2004	122,503	768,23	15,95

Quelle: in Anlehnung an Statistisches Jahrbuch(2005) und China Labour Statistical Yearbook(2005)

In den verschiedenen Gebieten Chinas ist der Verbreitungsgrad der gesetzlichen Rentenversicherung ganz unterschiedlich: von 3,33% in Tibet bis 62,32% in Shanghai. Tabelle 5-5 zeigt, wie groß der Verbreitungsgrad der gesetzlichen Rentenversicherung von Gebiet zu Gebiet ist. Wenn die Einschränkung, dass nur die Bürger, die in der gesetzlichen Rentenversicherung sind, auch an der betrieblichen Rentenversicherung teilnehmen dürfen, aufrecht erhalten wird, werden die Ungerechtigkeiten noch weiter wachsen und die schon bestehenden großen Unterschiede zwischen den Gebieten noch größer: die schon Wohlhabenden werden reicher, die Armen noch ärmer.

Gemäß den offiziellen Daten, wie in der Tabelle 5-6 dargestellt, verfügt die gesetzliche Rentenversicherung über Überschuss. Die in Kap. 4.2.5.2 beschriebenen Probleme lassen sich dadurch nicht vom Tisch wischen: in den Überschüssen der gesetzlichen Rentenversicherung sind auch die Zuschüsse durch die zentrale Regierung sowie die Zuflüsse durch die lokalen Regierungen eingerechnet. Die zukünftige Schuld der gesetzlichen Rentenversicherung übersteigt die Zahlungsfähigkeit der gesetzlichen Rentenversicherung. Ohne die Zuschüsse droht die Gefahr, dass die gesetzliche Rentenversicherung zusammenbrechen wird

Tabelle 5-5: Verbreitungsgrad der gesetzlichen Rentenversicherung in verschiedenen Gebieten im Jahr 2004

Gebiet	Arbeitnehmer (Mio.)	Versicherte (Mio.)	Anteil (%)
Insgesamt	752	122,5	16,29
Beijing	8,95	3,11	34,75
Tianjin	4,22	1,95	46,21
Hebei	34,16	5,11	14,96
Shanxi	14,75	2,83	19,19
Innere Mongolei	10,19	2,37	23,26
Liaoning	19,52	7,67	39,29
Jilin	11,16	3,2	28,67
Heilongjiang	16,23	5,31	32,72
Shanghai	8,12	5,06	62,32
Jiangsu	37,2	9,25	24,87
Zhejiang	30,92	7,36	23,80
Anhui	34,53	3,45	10,00
Fujian	18,18	2,94	16,17
Jiangxi	20,4	9,87	48,38
Shandong	49,4	9,87	19,98
Henan	55,87	6,00	10,74
Hubei	25,89	5,85	22,60
Hunan	36	5,06	6,00
Guangdong	43,16	13,684	31,71
Guangxi	26,5	2,091	7,89
Henan	3,67	0,848	23,11
Chongqing	16,89	1,87	11,07
Sichuan	45,03	4,65	10,33
Guizhou	21,69	1,25	5,76
Yunan	24,01	1,76	7,33
Tibet	1,35	0,045	3,33
Shanxi	18,85	2,67	14,16
Gansu	13,22	1,41	10,67
Qinghai	2,63	0,42	15,97
Ningxia	2,98	0,48	16,11
Xinjiang	7,44	2,08	27,96

Quelle: in Anlehnung an Statistisches Jahrbuch(2005) und China Labour Statistical Yearbook(2005)

Tabelle 5-6: Haushalt der gesetzlichen Rentenversicherung in den letzten Jahren

Jahrgang	Einnahme (Mrd. Yuan)	Ausgabe (Mrd. Yuan)	Überschuss (Mrd. Yuan)
1990	17,88	14,93	9,79
1991	21,57	17,31	14,41
1992	36,58	32,19	22,06
1993	50,35	447,06	25,86
1994	70,74	66,11	30,48
1995	95,01	84,76	42,98
2000	227,81	211,55	94,71
2001	248,90	232,13	105,41
2002	317,15	284,29	160,80
2003	368,00	312,21	220,65
2004	425,84	250,21	297,50
2005	509,30	404,00	404,10

Quelle: in Anlehnung an China Labour Statistical Yearbook(2005) und http://www.molss.gov.cn/gb/zwxx/2006-06/12/content_119277.htm (abgerufen am 01.01.2007)

Ein vergrößerter Teilnehmerkreis könnte der gesetzlichen Rentenversicherung helfen, aus der Krise herauszukommen. Schon allein aus diesem Grund ist die Bedingung, die Teilnahme an der gesetzlichen Rentenversicherung als Voraussetzung für den Eintritt in die betriebliche Altersversorgung festzulegen, keine vernünftige Entscheidung.

Das Ziel des Aufbaus der betrieblichen Altersversorgung ist nicht die gesetzliche Rentenversicherung aus der Krise zu retten, sondern den Arbeitnehmern eine Alternative anzubieten, die ihren Lebensstandard im Alter garantiert. Die betriebliche Altersversorgung soll den Arbeitnehmern dazu dienen, eine Finanzierungsmöglichkeit für ihr Alter anzubieten, nicht dem Staat als eine Finanzierungsquelle für die gesetzliche Rentenversicherung zu dienen. Der Staat kann seine Verantwortung für die gesetzliche Rentenversicherung weder abschütteln noch auf andere abwälzen.

In der chinesischen Gesellschaft tut sich im übrigen noch ein anderes Paradoxon auf: Es sind gerade nicht diejenigen Bürger, die schon in der gesetzlichen Rentenversicherung gegen das Alter versichert sind, die eine weitere Versicherung im Ruhestand dringend nötig haben, sondern es sind die Mehrheit der übrigen Chinesen, die überhaupt noch keine Absicherung gegen die Verarmung im Alter haben, die in einem Alterssicherungssystem integriert werden sollten. Da müssen die chinesischen Rahmengesetze dringend nachgebessert werden.

Die Beschränkung des Teilnehmerkreises an der betrieblichen Altersversorgung entspricht nicht dem Ziel der Einrichtung der betrieblichen Altersversorgung und wird – für sich isoliert betrachtet – die Verbreitung der betrieblichen Altersversorgung eher verhindern. Und sein Effekt ist auch zweifelhaft: einerseits ist fragwürdig, in welchem Umfang diese Beschränkung über die Teilnahme an der betrieblichen Altersversorgung der gesetzlichen Rentenversicherung wirklich helfen wird. Anderseits ist es wohl möglich, dass die Anzahl der Teilnehmer an der gesetzlichen Rentenversicherung wegen des Anreizes der betrieblichen Altersversorgung ansteigt und der Staat wegen der größeren Beitragsgelder weniger Geld zuschießen müsste, aber in der Zukunft muss der Staat mehr für das unsichere Altersleben der heutigen Arbeitnehmer, die sowohl außerhalb der gesetzlichen Rentenversicherung als auch der betrieblichen Altersversorgung stehen, zahlen.

5.2.3 Schluss

Der Zugang zur chinesischen betrieblichen Altersversorgung soll erleichtert werden, In Anlehnung an die deutschen Erfahrungen sollte ein Arbeitsverhältnis die Voraussetzung der Teilnahme an der betrieblichen Altersversorgung sein.

Um der gesetzlichen Rentenversicherung einen passenden Anreiz anzubieten, soll es vorgeschrieben werden, dass nur diejenigen, die in der gesetzlichen Rentenversicherung versichert sind und regelmäßig Beiträge entrichtet haben, die steuerlichen Vergünstigungen genießen dürfen.

5.3 Durchführungswege

5.3.1 Die deutschen fünf Durchführungswege

5.3.1.1 Die Existenz der Durchführungswege

Die deutsche betriebliche Altersversorgung hat eine lange Geschichte[486] und kann durch fünf Durchführungswege beschrieben werden. Die besonderen Charaktere der fünf Durchführungswege können mit Befriedigung der Entwicklungsbedürfnisse begründet werden:

z.B. Die Unterstützungskasse darf keinen Rechtsanspruch auf ihre Leistung gewähren.[487] Diese Vorschrift ist historisch bedingt und geht auf die Einführung des Versicherungsaufsichtsgesetzes (VAG) zurück.[488] Bei der Einführung des Versicherungsaufsichtsgesetzes 1901 wurden die Kassen, die einen Anspruch auf ihre Leistungen gewähren, unter die Versicherungsaufsicht gestellt. Übrigens ist die Unterstützungskasse eine selbständige juristische Person. Dieser Charakter stammt aus der Einkommenssteuerreform im Jahr 1934, die die steuerliche Begünstigung für unselbständige Kassen ausgeschlossen hat.[489]

Wie in Kap. 3.4.5.5 vorgestellt, ist ein Pensionsfonds von vielen Praktikern der betrieblichen Altersversorgung gewünscht und unter Anlehnung an ausländische Erfahrungen auch eingeführt worden, umso mehr, als bei dieser Form eine größere Investi-

---

[486] Vgl. Kap. 3.2
[487] Vgl. § 1 Abs. 3 Nr. 1 VAG.
[488] Vg. Ahren(1981). S.115.
[489] Ebd.

tionsfreiheit gegeben ist und möglicherweise auch hohe Renditen erwirtschaftet werden können. Natürlich ist dann bei solchen unbeaufsichtigten Kapitalanlagestrategien von Pensionsfonds für den Arbeitgeber bei der Leistungszusage das Haftungsrisiko bei Kapitalverlusten größer als bei anderen Durchführungswegen – wenn die Rendite nicht hoch genug ist, um die zugesprochenen Leistungen zu decken, wird eine Nachschusspflicht des Arbeitgebers erwartet. Das kann den Arbeitgeber wieder anregen, mit dem von ihm beauftragten Pensionsfonds eine moderatere Anlagestrategie zu suchen.

5.3.1.2 Kongruenztendenz der Funktionen von Unterstützungskasse und Direktzusage

Zwischen der Unterstützungskasse und der Direktzusage ist der Unterschied nicht so groß und es zeigt sich der Trend, dass die Funktionen der Unterstützungskasse und Direktzusage zueinander laufen.

Obwohl die Unterstützungskasse eine juristische Person ist, hat das Bundesarbeitsgericht in mehren Entscheidungen[490] die Unterstützungskasse und das Trägerunternehmen als eine Einheit betrachtet, weil die Unterstützungskasse und das Trägerunternehmen sehr enge wirtschaftliche Beziehungen haben. z.B. Die Vermögensanlage liegt im freien Ermessen der Unterstützungskassen und manchmal geben die Unterstützungskassen ihren Trägerunternehmen ihr Vermögen als Darlehen zurück. Die Unterstützungskasse wird auch als „eine Art Zahlstelle oder Abwicklungseinrichtung der betrieblichen Altersversorgung der Trägerunternehmen“[491] betrachtet.

Der wesentliche Unterschied zwischen Direktzusage und Unterstützungskasse ist der Ausschluss des Rechtsanspruchs der Unterstützungskasse. Um die Interessen der Versorgungsbegünstigten zu schützen, hat das Bundesarbeitsgericht eine Korrektur zum Ausschluss des Rechtsanspruchs bei der Unterstützungskasse vorgenommen. In vielen Urteilen[492] hat das Bundesarbeitsgericht entschieden, dass Versorgungsansprüche gegen Unterstützungskassen einklagbar sind. Und diese Rechtssprechung wurde so mehrfach durch das Bundesverfassungsgericht bestätigt,[493] dass der Rechtsanspruch bei der Unterstützungskasse faktisch als bestehend betrachtet werden kann. Mit der Freiheit der Unterstützungskasse deren Trägerunternehmen mit Darlehen zu unterstützen, lässt sich die Unterstützungskasse in der Praxis nicht grundsätzlich von der Direktzusage unterscheiden.

5.3.1.3 Fünf Durchführungswege in der Praxis

Die Existenz der deutschen fünf Durchführungswege bringt sowohl Vorteile als auch Nachteile: Keiner der Durchführungswege kann als einzelner allen Erfordernissen genügen.[494] Zwischen den fünf Durchführungswegen können die Unternehmen den für sie geeignetsten Weg auswählen, um ihren speziellen Bedarf zu decken.

---

490 z.B. BAG, Urt. z.B. vom 31.Okt.1969 usw

491 Vgl Heubeck et al(1982)

492 Z.B. BAG, Urt. vom 21.Jul.1964.

493 BverfG, Urt. vom 19.Okt.1983, 14.Jan.1987, 16.Feb.1987.

494 Vgl. Wiesner(2005): S.210.

Wegen der Vielfalt der Durchführungswege und auch wegen der detaillierten Vorschriften über jeden Durchführungsweg (vgl. Tabelle 5-7) kann man nicht von einer besonderen Transparenz des Systems der deutschen betrieblichen Altersversorgung sprechen, und die Unternehmen können bei der Einführung der betrieblichen Altersversorgung komplizierte Erwägungen nicht vermeiden, die so auch viele Kosten mit sich bringen.

Tabelle 5-7: Besonderheiten der Durchführungswege in der Zusammenfassung[495]

Durchführungsweg	Direktzusage	Unterstützungskasse	Direktversicherung	Pensionskasse	Pensionsfonds
Eigenerer Anspruch gegen Versorgungsträger	kein Versorgungsträger vorhanden	nein	ja	ja	ja
Rechtsanspruch auf Weiterführung mit eigenen Beiträgen nach Beendigung des Arbeitsverhältnisses	nein	nein	möglich	möglich	möglich
Riester-Förderung	nein	nein	möglich	möglich	möglich
Garantierter Mindestzinssatz	nein	nein	ja	ja	nein
Vermögensansammlung	intern	extern	extern	extern	extern
Anlagebeschränkung	kein	kein	ja	ja	kaum
bilanzneutral	nein	ja	ja	ja	ja
Insolvenzversicherung durch den PSVaG	ja	ja	unter bestimmten Voraussetzungen**	nein	ja
Aufsicht	nein	nein	ja*	ja*	ja*

* Aufsicht der inländischen Einrichtungen erfolgt i.d.R. durch die Bundesanstalt für Finanzdienstleistungsaufsicht (BaFin)

** Insolvenzschutz besteht, wenn der Arbeitgeber die Direktversicherung verpfändet, abgetreten, beliehen oder dem Arbeitnehmer nur ein widerrufliches Bezugsrecht eingeräumt hat.

Quelle: Bundesversicherungsanstalt für Angestellte(2003). S.24.

495 Vgl. Tabelle 3-21.

Bei der Wahl der Durchführungswege müssen die Unternehmen viele Elemente berücksichtigen: die Besonderheiten jedes Durchführungswegs, Höhe der möglichen Renditen, ihre Haftungspflicht, die Zusageformen und die sozialversicherungsrechtliche und steuerliche Behandlung[496], Förderungsmöglichkeit durch Riesterrente, Insolvenzpflicht, Anpassungspflicht und auch Interessen der Arbeitnehmer sind in der folgenden Tabelle 5-7 zusammengestellt.
Trotz der fünf Wahlmöglichkeiten haben die meisten Unternehmen, wie in der Abbildung 5-2 gezeigt wird, nur einen Durchführungsweg angeboten:

Abbildung 5-2: Anzahl der angebotenen Durchführungswege nach Unternehmensgröße (%)

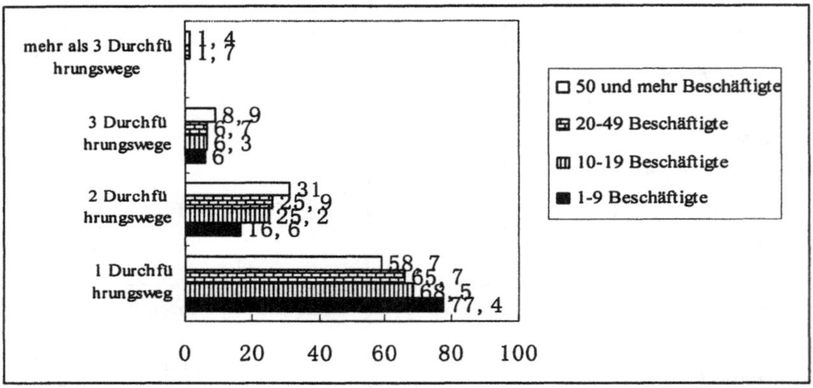

Quelle: Masberg(2006).S.39

5.3.2 Der chinesische Funktionsmechanismus

Im Vergleich zur deutschen betrieblichen Altersversorgung zeigt der Funktionsmechanismus der chinesischen betrieblichen Altersversorgung folgende Besonderheiten bzw. Nachteile:

5.3.2.1. Einseitigkeit des Funktionsmechanismus

Wie in Kap. 4.5 schon dargestellt wird, wird nur eine Durchführungsform der chinesischen betrieblichen Altersversorgung vorgeschrieben, die die Transparenz des Systems der chinesischen betrieblichen Altersversorgung garantiert aber gleichzeitig die Besonderheiten der verschiedenen Bedürfnisse von Unternehmen und Arbeitnehmer vernachlässigt. Das trifft besonders die Klein- und Mittelbetriebe, die über weniger Kapital und nur wenige Arbeitnehmer verfügen. Sie können einerseits mit ihren wenigen Beschäftigten im Vergleich zu großen Unternehmen bei dem Treuhänder keine guten Rabatte oder keine guten Bedingungen für ihre betriebliche Altersversorgung aushan-

[496] Genauere Darstellung vgl. Kap. 6.3.2

deln, anderseits fehlt ihnen die Gestaltungsfreiheit wegen ihren schwachen Handlungsfähigkeiten. Die meisten von ihnen müssen die bestehenden Produkte übernehmen angesichts der hohen Entwicklungsgebühren für neue Produkte. Das wird sowohl generell die Bereitschaft der Unternehmen zur Einführung einer betrieblichen Altersversorgung reduzieren als auch den Anreiz der betrieblichen Altersversorgung für Arbeitnehmer in den Klein- und Mittelbetrieben reduzieren.

Um das Problem zu lösen, müsste der Staat auf der einen Seite dafür sorgen, dass die Konkurrenz innerhalb der Treuhänder verbessert wird. Anstatt fünf Treuhändern sollten mehr qualifizierten Trust Companys die Erlaubnis als Treuhänder verliehen werden, damit es kein Monopol mehr auf dem Markt der betrieblichen Altersversorgung gibt und diversifizierte Produkte angeboten würden. Auf der anderen Seite kann überlegt werden, ob es nur eine Gestaltungsform geben soll für die Durchführung der betrieblichen Altersversorgung Sollen auch andere Strukturen zugelassen werden, die sowohl bessere Effizienz als auch höhere Sicherheit der betrieblichen Altersversorgung anbieten, damit so auch die Interessen der Klein- und Mittelbetriebe abgedeckt würden? z.B. durch eine strengere Aufsicht könnten die Versicherungsunternehmen direkt mit den Unternehmen in Vertrag treten für den Abschluss einer betrieblichen Altersversorgung, wie das in Deutschland mit dem deutschen Durchführungsweg der Direktversicherung funktioniert. Durch den Vertrag zwischen Arbeitgeber und Versicherungsunternehmen müsste so die Gebühr nur einmal erhoben werden, was im Vergleich zum chinesischen Treuhänder-Modell viel effizienter wirkte, welches heute erst der Genehmigung des Plans für die betriebliche Altersversorgung durch den Staat bedarf,[497] was eine Zusammenarbeit von fünf Akteuren wie Treuhänder, Konto-, Investitions- und Kapitalmanager benötigt[498], wofür dann regelmäßig hohe Transaktionskosten fällig werden[499]. Die staatliche Aufsicht für diese Produkte muss wegen ihrer vereinfachten Struktur im Vergleich zum Treuhänder-Modell noch strenger sein. Der Staat soll spezielle Vorschriften für die durch Versicherungsunternehmen verwalteten Produkte der betrieblichen Altersversorgung schaffen und je nach den Besonderheiten einen speziellen Überprüfungsprozess in Gang setzen. Oder der Staat kann eine spezielle Behörde oder eine Abteilung innerhalb des Sozialministeriums ins Leben rufen, wo alle Versicherungsunternehmen, die die Produkte der betrieblichen Altersversorgung anbieten, gemeldet sind und periodisch berichten sollen.

Jede Durchführungsform hat ihre Vorteile und spricht auch immer eine bestimmte Zielgruppe von Kunden an. Ein künstlicher Ausschluss wird nur die Effektivität der Wirtschaft negativ beeinflussen. Der Staat soll auch tolerant bleiben. Taucht bei der Entwicklung der betrieblichen Altersversorgung eine neue Form der Durchführung auf, soll der Staat nicht ohne Überprüfung diese Form ablehnen. Wenn der Staat mit sorgfältiger Auswahl die Gestaltungsformen der betrieblichen Altersversorgung verbessert und erweitert und auch Innovationen anregt und zulässt, wird die betriebliche Altersversorgung an Vitalität gewinnen.

---

[497] Vgl. Kap.6.6.4
[498] Vgl. Kap. 4.5.1
[499] Vgl. Kap. 4.5.2

5.3.2.2 Finanzierungsvorteile für die Unternehmen

Durch den Treuhändermechanismus wird in China das Kapital der betrieblichen Altersversorgung praktisch zu 100 % von den Unternehmen isoliert. Das hat zwei Seiten: das Kapital der betrieblichen Altersversorgung wird zwar so auf ein höheres Sicherheitsniveau gebracht, aber die Finanzierungsvorteile der betrieblichen Altersversorgung für die Unternehmen sind praktisch alle auf Null gesetzt worden, die dagegen im deutschen Modell beim Durchführungsweg der Direktzusage verwirklicht worden sind und die Entwicklung der deutschen betrieblichen Altersversorgung besonders in der Nachkriegszeit unterstützt haben.[500]

Der Durchführungsweg der Direktzusage als unmittelbarer Durchführungsweg[501] bringt auch Nachteile mit sich. Z.B. besteht die Gefahr, dass Pensionsrückstellungen – das sind für das Unternehmen transitorische Passiven – mit einer Insolvenz des Unternehmens ins Leere gehen oder es besteht auch die Gefahr, dass angesparte Pensionsgelder der betrieblichen Altersversorgung in Projekte mit hohem Risiko investiert werden. Sollen diese Risiken ausgeschlossen werden, und trotzdem die Möglichkeiten guter Anlagen – und damit Renditen – bewahrt bleiben, kann ein Treuhandmodell, das sogenannte CTA-Modell (Contractual Arrangement Model), die Lösung schaffen.

5.3.2.2.1 Das CTA-Modell der Direktzusage

Bei der Direktzusage bildet der Arbeitgeber für seine Zusage Rückstellungen, die in der Finanzbuchhaltung der Unternehmer als aufkumulierte Summe auf der Passivseite erscheint und deren jährlich dazukommende neu anzusparende Beiträge als Aufwand zu verbuchen sind, was wiederum die zu versteuernden Gewinne entsprechend reduziert §6a EStG[502].

Da diese Gelder nicht nur auf der Passivseite der Bilanzen zu erscheinen haben, sondern immer auch ein entsprechender Posten auf der Aktivseite erscheinen muss, und zwar als mündelsichere Anlage investiert, haben – wegen der damit verbundenen Verantwortung – in den letzten Jahren viele mittelständische und große Unternehmen mit der Direktzusage als Durchführungsweg ihre Pensionsverpflichtungen ausgelagert. In Abbildung 5-3 sind die Gründe für die Auslagerung der Pensionsverpflichtungen dargestellt. Die zwei wichtigsten Gründe der Auslagerung dieses Geschäftszweiges sind das dauernde Risiko und die bilanzpolitischen Aspekte. Danach gehen die Elemente wie geringer Verwaltungsaufwand, Erhöhung der Insolvenzsicherheit, größere Effektivität der Kapitalanlage und Selbstverständnis des Unternehmens auch in die Erwägungen der Unternehmen ein.

[500] Vgl. Kap. 3.2 und Andresen(2001).S.45.
[501] Vgl. Scheffler(1990).S.41.
[502] Bogner(1997).S.13., 28ff.

Abbildung 5-3: Reihenfolge der Gründe für die Auslagerung der Pensionsverpflichtungen

wichtig

Auslagerung von Risiken

Bilanzpolitik/Bilanzoptik

Geringer Verwaltungsaufwand

Erhöhung der Insolvenzsicherheit

Größerer Effektivität der Kapitalanlage

Selbstverständnis des Unternehmens

unwichtig

Quelle: Förster(2003).S.718

Der Penions-Sicherungs-Verein auf Gegenseitigkeit (PSVaG)[503] sichert nur Anwartschaften, die gesetzlich unverfallbar sind.[504] Für den Versicherungsbeitrag, der durch Entgeltumwandlung finanziert und über vier Prozent der Bezugsgröße liegt, ist der Überschussanteil erst nach zwei Jahren gegen Insolvenz zu versichern. Eine arbeitgeberfinanzierte betriebliche Altersversorgung ist erst nach Vollendung des 30. Lebensjahres unverfallbar und die Versorgungszusage muss mindestens fünf Jahre bestanden haben.[505] Die Obergrenze der Ansprüche auf laufende Leistungen gegen PSVaG ist auf das Dreifache der im Zeitpunkt der ersten Fälligkeit maßgebenden monatlichen Bezugsgröße nach § 18 SGB IV beschränkt[506].[507] Durch die Auslagerung der Pensionsverpflichtungen der Unternehmen verringert sich das Risiko für die Arbeitnehmer zu einem erheblichen Teil.

Nach internationalen Bilanzierungsstandards müssen die kapitalmarktorientierten Unternehmen ihre Pensionsverpflichtungen auslagern. Deswegen wird das CTA-Modell gerne als Notlösung eingesetzt.[508] Abbildung 5-4 sowie Abbildung 5-5 stellen den Unterschied von Direktzusage ohne CTA und mit CTA.

---

503 Vgl. Kap. 6.4.1.1

504 Mühlberger/Schwinger82006).S.174

505 § 1b Abs. 1 Satz 1 BetrAVG

506 §7 Abs..3 BetrAVG.

507 Weitere Diskussion über die Beschränkungen für die Leistungen aus dem PSVaG vgl. Mühlberger/Schwinger82006).S.175f.

508 Vgl. Malchow(2004).S.310.

Abbildung 5-4: Direktzusage ohne CTA

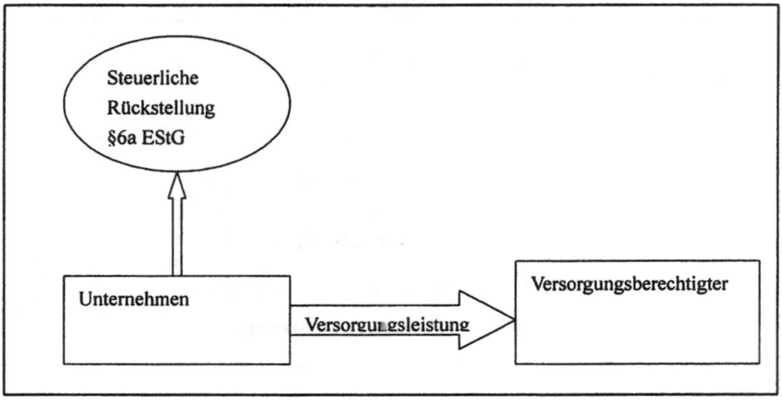

Quelle: Mühlberger/Schwinger(2006).S.170.

Abbildung 5-5: Klassisches Treuhandmodell[509]

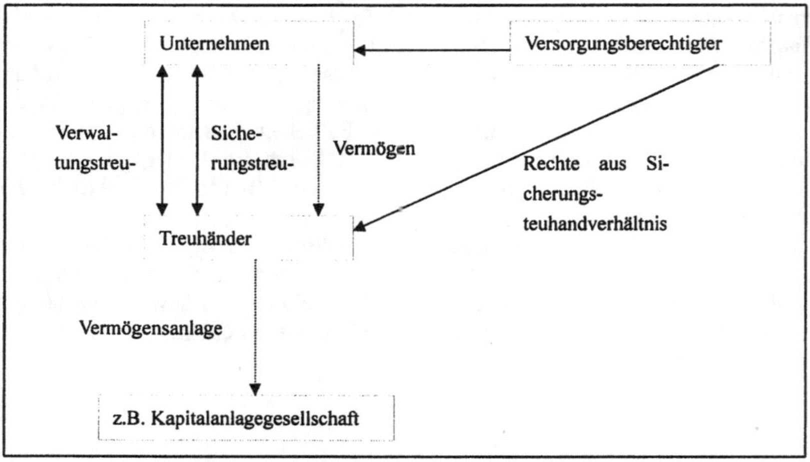

Quelle: Küppers/Louven/Schröder(2005).S.418.

Das CTA-Modell hat den willkürlichen Zugriff des Unternehmens auf das Kapital ausgeschlossen und garantiert die zweckadäquate Benutzung des angesparten Kapitals: das Unternehmen schließt mit dem Treuhänder einen Treuevertrag und überträgt als Treugeber dem Treuhänder die Vermögensgegenstände. Dadurch ist der Treuhänder dafür zuständig, das Vermögen zu verwalten bzw. zu investieren. Bei Insolvenz des

[509] Vgl. Mühlberger/Schwinger(2006).S.171.

Unternehmens haben die Versorgungsberechtigten Anspruch auf die Treuhänder. Neben dem Verwaltungstreuhandverhältnis besteht noch eine Sicherungstreuhand. Das Sicherungstreuhandverhältnis besteht zwischen dem Treuhänder und den Versorgungsberechtigten. Bei einem allfälligen Insolvenzfall des Unternehmens erlischt nach der Regelung der §§115 Abs. 1, 116 Satz 1 InsO die Verwaltungstreuhand, dagegen besteht die Sicherungstreuhand gemäß §328 Abs. 1 BGB weiter und steht dem Treuhänder ein Absonderungsrecht an den die Versorgungsverpflichtungen bedeckenden Vermögenswerte zu Verfügung[510].

5.3.2.2.2 Die deutschen Erfahrungen

Das CTA-Modell hat durch den Funktionsmechanismus einerseits das Zurechtrücken der Verantwortlichkeiten der betrieblichen Altersversorgung übernommen. Andererseits geht mit dem CTA-Modell der Vorteil der Direktzusage, Mittel aus den Sparanlagen der Altersversorgung für die Innenfinanzierung zu verwenden, verloren. Obwohl die Pensionsrückstellungen von der Weltbank ausgeklammert sind,[511] lässt sich die Anreizfunktion der Pensionsrückstellung für den freiwilligen Aufbau der betrieblichen Altersversorgung nicht vernachlässigen. Das gilt v.a. für China, wo die Darlehen für die Klein- und Mittelbetriebe (KMU) nur sehr spärlich verliehen werden, vor dem Hintergrund, dass die bankinternen Verwaltungskosten, verursacht durch die KMUs, verhältnismäßig die der Großunternehmen um ein Vielfaches übersteigen. Zusätzlich lassen sich die Sicherheiten dieser Darlehen, wegen der Flexibilität der Klein- und Mittelbetriebe, nur schwer kontrollieren.[512] Manche Klein- und Mittelbetriebe verfügen auch nicht über genügend festes Anlagenvermögen, was denn auch die Verpfändung schwer durchsetzbar macht.[513] 56.1% der Anträge auf ein Darlehen von chinesischen Klein- und Mittelbetrieben auf ein scheitern allein wegen ungenügender Mittel, die gegebenenfalls zur Verpfändung herangezogen werden könnten.[514] So setzen die Banken meistens für Darlehensanträge an KMUs strengere Voraussetzungen.[515] Viele kommerzielle Banken, z.B. Minsheng Bank, die in ihrer Aufbauphase die Klein- und Mittelbetriebe als eigentliche Zielgruppe festgelegt hatten, haben im Laufe der Zeit, angesichts der Schwierigkeiten im Kontakt mit den KMUs ihre Strategie geändert. So entstand eine typisch chinesische Struktur, in dem Sinne, dass heute viele chinesische Klein- und Mittelbetriebe durch ihre Arbeitnehmer oder über untergründige Banken finanziert werden.[516]

Auch die arbeitsintensive Produktionsweise der chinesischen Unternehmen hat die Kostensintensität des Aufbaus der betrieblichen Altersversorgung mitbestimmt, die die

---

510 Im Küppers/Louven/Schröder(2005).S.424 wird auch ein Kombinationsmodell vorgestellt, in dem die Sicherungstreuhand anstelle eines Absonderungsrechts ein Aussonderungsrecht hat Das Kombinationsmodell wird aus dem Treuhand-Modell weiterentwickelt, es wird hier nicht ausführlich vorgestellt. vgl. Küppers/Louven/Schröder(2005). S.418ff.

511 Heubeck(1996).S.101.

512 Vgl. Ai, Fang(2002).

513 Li, Enqiang(2003).S.19, Jin, Ping(2002).S.13.

514 N.N.(2004a)

515 Vgl. Jia, Lihong(2003). S.38; Liu, Huang(2002).S.21.

516 Gui, Zhaojun/Yang, Xu(2002).S.25.

bezüglich der Finanzierung schon in Schwierigkeiten stehenden Klein- und Mittelbetriebe in eine noch schwierigere Lage versetzt.

Die positive Funktion der Pensionsrückstellung in den Finanzbuchhaltungen der deutschen Direktzusage berücksichtigend wäre es ein durchführbarer Vorschlag: hat ein mit der betrieblichen Altersversorgung ausgestattetes Unternehmen eine gute Entwicklungsaussicht und alle Voraussetzungen für ein Darlehen erfüllt, soll dem Unternehmen die Gewährung eines Darlehens erleichtert werden. Diese Maßnahme kann einerseits den Aufbau der betrieblichen Altersversorgung fördern. Andererseits kann die Finanzierungsschwierigkeit der Klein- und Mittelbetriebe gemildert werden und effektive Impulse für die Entwicklung der Klein- und Mittelbetriebe geleistet werden. In der Anfangsphase der Einrichtung der betrieblichen Altersversorgung ist es gerecht, solche Maßnahmen einzuführen, deren Effektivität von den deutschen Erfahrungen der Direktzusage, Mittel in der Innenfinanzierung des Unternehmens zu verwenden, schon bestätigt wird.

5.3.2.3 Der Unternehmensrat

Der Unternehmensrat setzt sich aus Vertretern des Arbeitgebers und der Arbeitnehmer sowie aus Experten zusammen, wovon mindestens ein dritter der Beauftragte der Arbeitnehmer sein muss.[517] Durch die Möglichkeit, den Unternehmensrat als einen Treuhänder zu funktionieren, entstand die Idee, die Vorteile von durch Unternehmen verwalteter betrieblicher Altersversorgung in die chinesische betriebliche Altersversorgung zu integrieren. Ob der Unternehmensrat die Rolle des Treuhänders richtig ausüben kann, steht noch offen, besonders in den chinesischen Staatsunternehmen, wo ein effektives Anreiz- und Leistungsprüfungssystem fehlt und eine Insiderkontrolle als unvermeidlich gilt.[518]

Dazu kommt, dass die Einbeziehung des Unternehmensrates in die Rolle des Treuhänders durch die Bildung von informalen Machtstrukturen die Gefahr des Marktversagens noch erhöht, wie in der Abbildung 5-6 gezeigt.

Mit einem externen Treuhänder könnten Arbeitnehmer und Unternehmen eine potentielle Interessengemeinschaft bilden, die dann als Protagonist gegenüber dem Konto-, Kapital- und Investitionsmanager steht. Dagegen könnten Unternehmen und Unternehmensrat – möglicherweise auch zusammen mit den Arbeitnehmern – eine potentielle Interessengemeinschaft bilden, mit dem Unternehmensrat in der Funktion als Treuhänder, wegen der Familiarität des Personals. Unternehmen und Unternehmensrat können so zusammen die Befugnisse des Treuhänders beschneiden: z.B. Bezug der Leistungen vor dem Renteneintrittsalter, Missbrauch von steuerlichen Vergünstigungen usw. Gegen die Gefahr, die Funktionen des Unternehmensrats zu umgehen, muss der Staat einerseits die Intensität der Aufsicht verstärken – dessen Wirkung allerdings noch nicht erprobt ist – andererseits muss der Staat auch die Inhalte entsprechend korrigieren, wegen der strukturellen Unterschiede und der Funktionsweise von Unternehmensrat und externen Treuhändern. Das dürfte die Aufgaben, aber auch die Aufsichtskosten des Staates vermehren. Der Staat muss speziell die auf den Unternehmensrat

---

517 §16 „Verordnung für die Durchführung der betrieblichen Altersversorgung".

518 Vgl. Kap. 4.4.1.2.1.

gerichteten Aufsichtsprozesse und Aufsichtsvorschriften entwickeln, die nicht nur die Besonderheiten der normalen Finanzdienstleistungsunternehmen berücksichtigen, sondern auch den Charakter der chinesischen Unternehmen mit den unterschiedlichen Eigentumsformen, und besonders den Charakter der chinesischen, typischen Staatsunternehmen[519] in Erwägung ziehen. Es ist durchaus die Frage angebracht, ob sich angesichts der angebotenen unzulänglichen Leistungsqualität durch den Unternehmensrat diese bis jetzt gemachten Anstrengungen um eine verbesserte Alterssicherung gelohnt haben.

Abbildung 5-6: Potentielle Interessengemeinschaften mit unterschiedlichen Einsätzen von Treuhändern

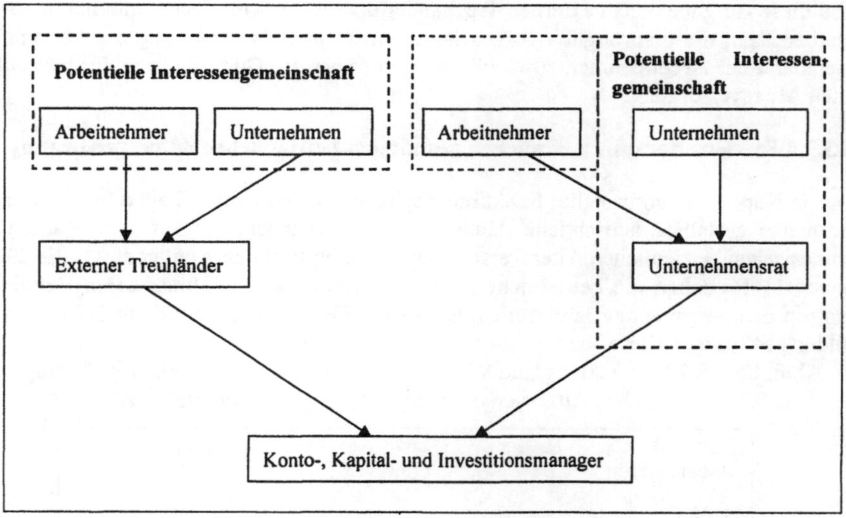

Dadurch, dass das angesparte Kapital der bAV-Einrichtungen vor dem Zugriff der Unternehmen sichergestellt worden ist, hat der Architekt dieses Systems erst einmal Sicherheit – und damit auch Vertrauen – in die chinesische betriebliche Altersvorsorge gebracht. Aber mit der Einbeziehung des Unternehmensrates in die Rolle des Treuhänders wird wieder ein unsicheres Element in den Funktionsmechanismus der betrieblichen Altersversorgung eingeführt, das die durch hohe Kosten unterstützte Sicherheit der chinesischen betrieblichen Altersversorgung beschädigt. Besonders schädlich ist, dass der Treuhänder auch noch die entscheidende Rolle für den Erfolg der betrieblichen Altersversorgung spielt[520] und die Unternehmen mit dem Kapitalmarkt verbindet. So verliert das Kapital der betrieblichen Altersversorgung beim Versagen des Treuhänders den Verantwortungsträger, was den Aufbau der betrieblichen Altersversorgung ins Leere laufen lässt.

---

[519] Vgl. Kap. 4.4.1.2.1

[520] Vgl. 4.5.1

Wie schon oben erwähnt wird, müssen ein Drittel der Mitglieder des Unternehmensrats Vertreter der Arbeitnehmer sein. Das macht die Professionalität des Unternehmensrats als Treuhänder zweifelhaft und lässt die Qualität der durch den Unternehmensrat angebotenen Leistungen weiter in einem unsicheren Lichte erscheinen. Die Durchführung der betrieblichen Altersversorgung benötigt jedoch sowohl Professionalität als auch entsprechende Erfahrungen. Den Plan der betrieblichen Altersversorgung zu entwickeln ist eine fachliche Arbeit. Nur professionelle Finanzdienstleistungsfirmen können diese Arbeit effektiv und effizient leisten.

Es gibt wohl Gründe genug, vorzuschlagen, dass der Unternehmensrat in den chinesischen bAV-Einrichtungen von der Funktion des Treuhänders enthoben werden soll und diese Aufgabe einem externen Treuhänder übergeben wird. Dem Unternehmensrat bleiben dann die ursprünglich vorgesehene Funktionen als Vertretung des Unternehmens und der Arbeitnehmer, sowie die Aufsicht über die Durchführung der betrieblichen Altersversorgung.

5.3.2.4 Existenz der durch Branchen gestalteten betrieblichen Altersversorgung

Der in Kap. 4.5.1 vorgestellte Funktionsmechanismus hat keine Chance für die durch Branchen gestaltete betriebliche Altersversorgung gegeben, die auf dem Markt der chinesischen betrieblichen Altersversorgung schon bestimmten Anteil hat.[521] Bis 2000 haben 11 Branchen die betriebliche Altersversorgung angenommen, deren Entwicklung in den vergangenen Jahren nicht zu vernachlässigen ist. Abbildung 5-7 und Abbildung 5-8 zeigen diese Tendenz auf:

Abbildung 5-7 Entwicklung und Wachstum der branchenbezogenen Einführung der betrieblichen Altersversorgung (Erfassung der Unternehmen)

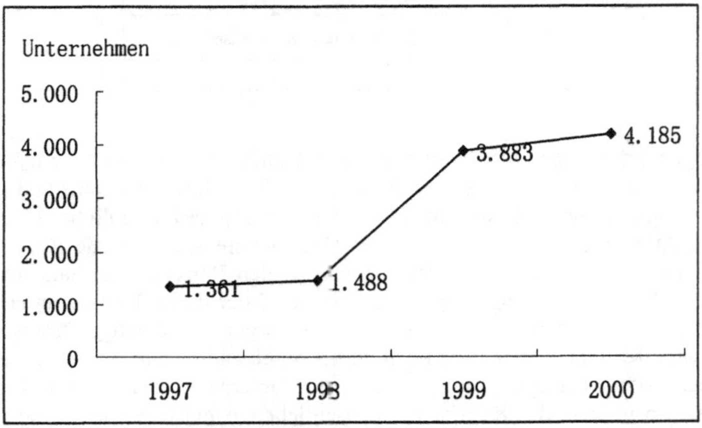

Quelle: Forschungsinstitut für Sozialsicherung des chinesischen Ministeriums für Arbeit und Sozialsicherung/Bosch Funds Management GmbH(2002).S.82

521 Vgl. Kap. 4.1.

Abbildung 5-8: Entwicklung und Wachstum der branchenbezogenen Einführung der betrieblichen Altersversorgung (Erfassung der Arbeitnehmer)

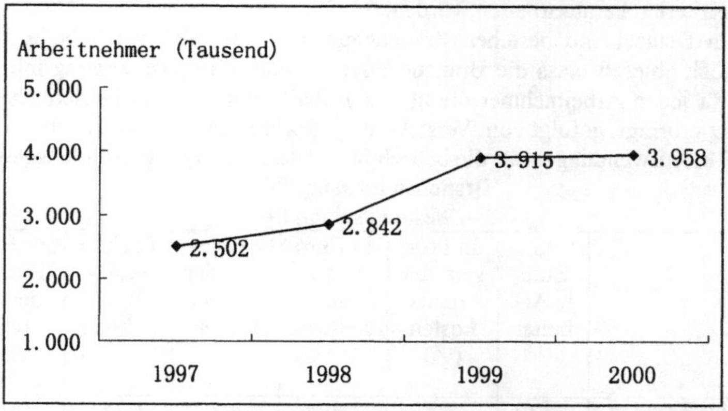

Quelle: Forschungsinstitut für Sozialsicherung des chinesischen Ministeriums für Arbeit und Sozialsicherung/Bosch Funds Management GmbH(2002).S.82

Die durch die Branchenverbände gestalteten betrieblichen Altersversorgungen haben die besseren Voraussetzungen für die Zielerreichung einer Alterssicherung. Wenn innerhalb einer Branche die betriebliche Altersversorgung auf die Beine gestellt wird, können einerseits die Besonderheiten der Branche schon beim Entwurf berücksichtigt werden. Andererseits können die in der Branche gültigen einheitlichen Usancen zur Portabilität der betrieblichen Altersversorgung beitragen. Besonders für Wirtschaftsbereiche, wo die Fluktuation der Belegschaft sehr hoch ist, kann die durch den Branchenverband gestaltete betriebliche Altersversorgung die Mobilität der Arbeitnehmer deutlich verbessern. Und die chinesischen Arbeitnehmer haben naturgemäß mehr Vertrauen zu der durch ihren Verband gestalteten betrieblichen Altersversorgung, weil „das Geld von den eigenen Leuten verwaltet wird.“ [522].

Besonders für die Branchen, in denen ein Monopol besteht, wie die Stromenergie, die Petrochemie, die Telekommunikation, die Banken, das Zivilluftwesen, die Erdölförderung, das Postwesen, die Tabakindustrie und die Eisenbahn ist die schnelle und durchgängige Verbreitung der betrieblichen Altersversorgung besonders einfach durchzusetzen. Die durch die Branchenverbände gestaltete betriebliche Altersversorgung erspart denn auch einen großen Teil an Verhandlungskosten mit jedem Unternehmen und macht die Einführung insgesamt viel effizienter. In den Branchen mit Konkurrenz unter den einzelnen Unternehmen sind die Durchsetzung und die Gestaltung einer betrieblichen Altersversorgung nur schwer durchzusetzen. Am ehesten findet man diese Strukturen der Alterssicherung für die Betriebsangestellten in gut geführten Unternehmen in bereits entwickelten Gebieten, wo die Hoffnung am ehesten

[522] Forschungsinstitut für Sozialsicherung des chinesischen Ministeriums für Arbeit und Sozialsicherung/Bosch Funds Management GmbH(2002).S.91.

begründet ist, dass andere Unternehmen der Branche diese Absicherungsstrukturen nachbauen würden. Auch für diese Branchen wäre es von Vorteil, wenn sie dabei einheitliche Kriterien herausarbeiten würden.

Auch in Deutschland bestehen Branchenunterschiede. Von der Tabelle 5-8 kann man deutlich ablesen, dass die Branche Energie- und Wasserversorgung mit 6.683 € pro Jahr für jeden Arbeitnehmer die höchsten Aufwendungen für betriebliche Altersversorgung erbringt, gefolgt vom Versicherungsgewerbe und Kreditgewerbe.

Tabelle 5-8: Aufwendungen für die betriebliche Altersversorgung nach (ausgewählten) Branchen im Jahr 2000
– Westdeutschland –

	In Euro je Arbeiter	In Prozent der Arbeitskosten (%)	In Euro je Angestelltem	In Prozent der Arbeitskosten (%)	In Euro je Arbeitnehmer	In Prozent der Arbeitskosten (%)
Produzierendes Gewerbe	1.120 396	2,8 1,0	2.894 1.148	4,8 1,9	1.757 666	3,7 1,4
Bergbau und Gewinnung von Steinen und Erden	1.583 153	3,2 0,3	3.985 224	5,6 0,3	2237 173	4,1 0,3
Verarbeitendes Gewerbe	1.138 437	2,9 1,1	2.832 1.184	4,7 2,0	1.775 718	3,7 1,5
Energie- und Wasserversorgung	5.518 1.653	10,0 3,0	7.586 2.436	11,4 3,7	**6.683** 2.094	1,09 3,4
Baugewerbe	468 66	1,3 0,2	880 189	1,8 0,4	558 93	1,4 0,2
Handel; Instandhaltung/ Reparatur von Kraftfahrzeugen und Gebrauchsgütern	-	-	-	-	483 139	1,3 0,4
Einzelhandel	-	-	-	-	314 93	1,0 0,3
Großhandel	-	-	-	-	678 187	1,7 0,5
Gastgewerbe	-	-	-	-	210 22	0,8 0,1
Kreditgewerbe	-	-	-	-	4.807 1.050	8,3 1,8
Versicherungsgewerbe	-	-	-	-	4.997 2.010	8,1 3,3

Quelle: Hemmer(2004).S.538.

Die bei der Entwicklung der deutschen durch Branchen gestalteten betrieblichen Altersversorgungen zeichnen sich durch folgende Besonderheiten aus.

1. Tarifvertrag
   Der Tarifvorrang geht mit den Betrieben sparsam um und lässt Einzelvereinbarungen zu. Insgesamt sind bis Ende 2002 für rund 300 Tarifbereiche neue Tarifverträge für eine Entgeltumwandlung abgeschlossen worden. Von dieser Regelung profitieren 19,2 Mio. Arbeitnehmer, was 77% aller Tarifvertrags-Arbeitnehmer ausmacht.[523] Davon gewährleisten im Jahr 2002 das Hotel- und Gaststättengewerbe, das Elektrohandwerk, der Groß- und Außenhandel und in Baden-Württemberg eine Arbeitgeberleistung.[524] Das Chemie-Modell beruht auf der arbeitnehmerfinanzierten betrieblichen Altersversorgung: wenn z.B. der Arbeitnehmer 478,57€ für die betriebliche Altersversorgung aufwendet, bekommt er 134,98€ Zulagen. Für jede weitere 100€, bekommt der Arbeitnehmer 13€ Förderung.[525] Mit der Tarifförderung hat die betriebliche Altersversorgung in der Chemie-Industrie schnell Fuß gefasst
2. Branchen-Pensionsfonds
   Die Metall- und Elektroindustrie und die chemische Industrie haben branchenspezifische Durchführungswege eingerichtet z.B. Für die Chemie-Industrie wurden 2004 tarifvertraglich geregelte Durchführungswege geschaffen und Branchen-Pensionsfonds[526] gegründet, an denen die Tarifvertragsparteien an der Entscheidung über die Entgeltumwandlung und an der Anlagepolitik mitwirken können. Durch die Branchen-Pensionsfonds wird nicht nur die Konkurrenz zwischen den Unternehmen neutralisiert, sondern auch die Konkurrenz zwischen den Anbietern von Vorsorge-Produkten angeregt.[527]
3. Arbeitszeitkonto
   Das Arbeitszeitkonto[528] ist ein effektives Instrument, auf dem Zeit oder Ansprüche auf Entgelt umgewandelt werden können, es wird von zwei Dritteln der Unternehmen genutzt[529]. Das Arbeitszeitkonto dient der kurz-, mittel- oder langfristigen flexibleren Gestaltung der Lebensarbeitszeit[530] und wird vermehrt als Ergänzung zur betrieblichen Altersversorgung eingesetzt[531]. Die Chemieindustrie hat im Jahr 2003 ein innovatives Langzeitkonto[532] eingeführt.[533] Bei

---

[523] Bunde sministerium für Wirtschaft und Arbeit(2002).S.637.
[524] Bunde sministerium für Wirtschaft und Arbeit(2002).S.636f.
[525] Sch ack(2005).S.720.
[526] Ebd. u nd Gunkel(2005).S.436.
[527] M artin(2005).S.35.
[528] Daf ür gibt es keinen einstimmigen Name. „Arbeitszeitkonto“ kann auch als „Zeitwertkonto“ oder „Arbeitszeitkonto“ genannt werden.
[529] Vgl. Mühlberger/Schwinger(2006).S.216.; Masberg(2006).S.25 und dort angegebene Literaturen.
[530] IBM(2003).S. 773.
[531] IBM(2003).S. 773.
[532] Wenn ein Arbeitszeitkonto eine Zeitgültigkeit für bis zu einem Jahr hat, wird es „Kurzzeitkonto“ genannt. „Langzeitkonto“ dient längerem Zeitraum. Wenn ein Arbeitszeitkonto besonders für die zukünftigen Frührentner durchgeführt wird, ist es „Lebensarbeitskonto“ zu nennen. Das Guthaben auf dem Kurzzeitkonto ist nach Hartz III ab 01. 07. 2004 insolvenzpflichtig. Das Guthaben auf dem Langzeitkonto ist erst insolvenzpflichtig, wenn es mehr als 27 Monate dauert und mehr als das Dreifache der monatlichen Bezugsgröße in der Sozialversicherung beträgt. Vgl. Mas-

dem Langzeitkonto können Zeitguthaben, Zulagen bzw. Zuschläge, übertarifliche Einmalzahlungen, Urlaubstage, Zeitausgleich für Mehrarbeit, Altersfreizeit als Einnahme des Arbeitnehmers auf dem Langzeitkonto gutgeschrieben werden. Als Ausgabe können Weiterbildung/Qualifizierung, Sabbatical/Kinderbetreuung, vorzeitiger Ruhestand und betriebliche Altersversorgung vom Langzeitkonto abgebucht werden, wie Abbildung 5-9 zeigt:

Abbildung 5-9 Langzeitkonten – Einstellungs- und Entnahmemöglichkeiten

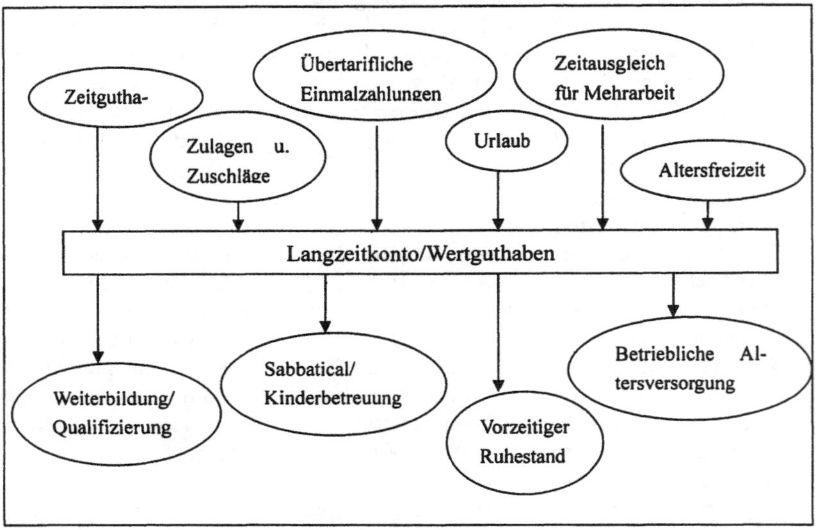

Quelle: Schwind(2003)S.713.

Das kapitalgedeckte Langzeitkonto als ein von der betrieblichen Altersversorgung abgetrenntes selbständiges System kann durch externe Fondslösungen finanziert werden. Im Vergleich zur kapitalgedeckten reinen betrieblichen Altersversorgung bringt das Langzeitkonto den Arbeitnehmern und Arbeitgebern mehr Flexibilität und stellt sich den Arbeitnehmern als ein neues Qualifizierungsinstrument für die Belegschaft vor[534]. Aber man muss auch gut prüfen, ob ein Langzeitkonto – wie oben beschrieben – einen nicht zu hohen Verwaltungsaufwand verursacht, was, bei entsprechender Vergeltung über dieses Konto zu schlechteren Vergütungen für die Arbeitnehmer und damit zu Unzufriedenheit führen könnte. Es ist klar, dass diese Verwaltung in Deutschland vor allem über relativ komplexe Informatikprogramme abläuft und dass eine manuelle Bearbeitung in jedem Hochlohnland nicht in Frage kommt. Über eine entsprechende Lösung in China müsste erst einmal nachgedacht werden.

berg(2006).S.26. und auch die dort gelisteten Literaturen
533 Schwind(2003).S.712.
534 Schw ind(2003)S.712.

Doch von der inhaltsreichen Idee eines Langzeitkontos könnten durchaus einige Komponenten in den Dienst der Verbesserung und Verbreitung der chinesischen betrieblichen Altersversorgung gestellt werden. Gerade weil viele chinesische Unternehmen durch die hohen Sozialleistungen übermäßig belastet sind würden die Überzeitzuschläge – statt ausbezahlt – auf einem Vorsorgekonto gutgeschrieben, erst einmal die Liquidität des Unternehmens entlasten; ebenso könnte man verfahren mit verzichtetem Urlaub, mit abgearbeiteten arbeitsfreien Tagen, mit Sonderzahlungen, Leistungsprämien u.a. Das hätte sowohl die aktive Mitgestaltung und Mitwirkung der Arbeitnehmer am Aufbau einer betrieblichen Altersvorsorge zur Folge, entlastete das Unternehmen von weiteren hohen Sozialleistungen und verbesserte obendrein auch das Image dieser Firmen.

Vor dem Herausgeben der „Verordnung für die Durchführung der betrieblichen Altersversorgung" und der „Verordnung der Verwaltung von Kapital der betrieblichen Altersversorgung" haben die Branchen die betriebliche Altersversorgung nach den Vorschriften über die gesetzliche Rentenversicherung verwaltet.[535] Jetzt wird die durch die Branchen gestaltete betriebliche Altersversorgung mit der Umstrukturierung konfrontiert, die zurzeit große Schwierigkeiten bereitet.[536] China sollte unter Zuhilfenahme der deutschen Erfahrungen mehr Entwicklungsraum für die durch die Branchen gestaltete betriebliche Altersversorgung gewähren und nicht alle betrieblichen Altersvorsorgeeinrichtungen formal beschränken.

5.4 Zusageform

Die Zusageform zeigt auf, wie und wovon die Leistungen der betrieblichen Altersrente abgleitet sind und mit welchem Geld ein Mitarbeiter später in seinem Rentenalter zu rechnen hat.

5.4.1 Zusageform der deutschen betrieblichen Altersversorgung

Kap. 3.4.4 stellt die vier Zusageformen vor, wovon drei in der deutschen betrieblichen Altersversorgung benutzt werden und eine in China praktiziert wird: Leistungszusage mit Mindestleistung, Beitragsorientierte Leistungszusage, Leistungszusage sowie Beitragszusage. Die Besonderheiten der deutschen Zusageformen werden in der Tabelle 5-9 zusammengefasst:

---

[535] For schungsinstitut für Sozialsicherung des chinesischen Ministeriums für Arbeit und Sozialsicherung/Bosch Funds Management GmbH(2002).S.89.
[536] Vgl. Kap. 4.6.

Tabelle 5-9: Zusageform der betrieblichen Altersversorgung

Zusageform	**Leistungszusage**	**Beitragsorientierte Leistungszusage**	**Beitragszusage mit Mindestleistung**
Gesetzliche Grundlage	§1 Abs. 1 BetrAVG	§1 Abs.2 Nr.1 BetrAVG	§1 Abs.2 Nr.2 BetrAVG
Definition	Der Betrieb sagt eine Leistung in einer bestimmten Höhe zu.	Die spätere Leistung errechnet sich aus der Höhe der Beiträge und den versicherungsmathematischen Rechnungsannahmen	Bestimmte Beiträge fließen an Versorgungsträger. Die Höhe der späteren Rente ergibt sich aus der Verrentung dieses vom Arbeitgeber garantierten Betrages und aus vom Versorgungsträger erwirtschafteten weiteren Erträgen.
Versorgungsaufwand	nicht fixiert	definiert	beim Arbeitgeber
Höhe der Versorgungsleistung	definiert	definiert	Nicht fixiert
Bedeutung der Rendite für die Leistungshöhe	keine	keine	Entscheidend
Kapitalanlagerisiko	beim Arbeitgeber	Die biometrischen Risiken des Arbeitnehmers beim Arbeitgeber; andere Risiken beim Arbeitnehmer	Bis Mindestleistung beim Arbeitgeber; danach beim Arbeitnehmer
Anwendungsgebiet	alle Durchführungswege	alle Durchführungswege	Direktversicherung, Pensionskasse und Pensionsfonds

Quelle: in Anlehnung an Masberg(2006).S.201.

Wenn eine betriebliche Altersversorgung nach dem Prinzip der „Leistungszusage" aufgebaut wird, trägt der Arbeitgeber alle Risiken. Bei der in der Zusageform der beitragsorientierten Leistungszusage gestalteten betrieblichen Altersversorgung liegen die biometrischen Risiken des Arbeitnehmers beim Arbeitgeber, andere Risiken wie das Risiko der Geldentwertung, Performance-Risiko der Kapitalanlage und das Risiko eines überproportionalen Anstiegs des Bemessungsgrundlagenparameters werden von den Arbeitnehmern getragen[537]. Nach dem Prinzip „Beitragszusage mit Mindestleistung" übernimmt der Arbeitgeber nur die Verantwortung für die Garantie der Mindestleistung. Von den drei Zusageformen ist der Arbeitgeber, der für seine betriebliche Altersversorgung die Zusageform „Beitragszusage mit Mindestleistung" wählt, mit dem niedrigsten Risiko behaftet. Obwohl die Beitragszusage mit Mindestleistung auf die Forderung der Wirtschaft hin eingeführt worden ist, erhält diese überraschenderweise keinen großen Zuspruch und wird nur von unter 50% der Unternehmen als „gut" beurteilt[538]. Die Einführung der „Beitragszusage mit Mindestleistung" zielt darauf ab, die Kosten der Unternehmen für den Aufbau der betrieblichen Altersversorgung auf ein Minimum zu reduzieren. Wie in Tabelle 5-10 dargestellt wird, ist es der finanzielle Aufwand, der die Unternehmen daran gehindert hat, eine betriebliche Altersversorgung aufzubauen.

Tabelle 5-10: Problembereiche bei der Gestaltung der betrieblichen Altersversorgung (Meinung gem. einer Umfrage, alle Angaben in %)

Mitarbeiteranzahl	bis 20	21 bis 100	101 bis 500	insgesamt
finanzieller Aufwand	56	64	67	63
organisatorischer Aufwand	31	31	24	30
Informationsmangel	45	25	15	26
Komplexität der Materie	50	37	34	39
Kein Einfluss auf Personal	31	26	20	25
Haftungsrisiko	39	34	31	35
Rechtliche Rahmenbedingungen	46	37	32	39

Quelle: MGSFF(2003).S.112.

Für die Unternehmen mit weniger als 500 Beschäftigten bildet der finanzielle Aufwand das größte Hindernis der Entwicklung der betrieblichen Altersversorgung. Das wird auch von Förster belegt, vgl. Abbildung 5-10: Der finanzielle Aufwand steht an erster Stelle bei den Gründen gegen die Einführung einer betrieblichen Altersversorgung, an den sich die wirtschaftliche Situation, der organisatorische Aufwand, die Komplexität der Materie und der Informationsmangel anschließen[539].

---

537 Vgl. Lösel(2004). S.59
538 Förster(2003).S.719.
539 Vgl. Kortmann/Haghiri(2003).S.57ff.

Abbildung 5-10: Reihenfolge der Gründe gegen die betriebliche Altersversorgung

wichtig	↓	Finanzieller Aufwand
		Eigene wirtschaftliche Situation
		Organisatorischer Aufwand
		Komplexität der Materie
unwichtig		Informationsmangel

Quelle: Förster(2003).S.717.

Um den finanziellen Aufwand der Unternehmen für die Einrichtung der betrieblichen Altersversorgung weiter zu reduzieren wird die Einführung der reinen Beitragszusage[540] diskutiert, deren Vor- und Nachteile im Vergleich zur Leistungszusage in Kap. 5.4.3 ausführlich diskutiert wird.

5.4.2 Zusageform der chinesischen betrieblichen Altersversorgung

In den chinesischen offiziellen Dokumenten wird nicht deutlich festgeschrieben, welche Zusageform benutzt werden soll. Aber in der „Mitteilung über die Verteilung der „Meinung über den Aufbau der betrieblichen ergänzenden Altersversorgung"" und „Verordnung für die Durchführung der betrieblichen Altersversorgung"[541] steht, dass die chinesische betriebliche Altersversorgung mit einem „individuellen Konto" verwaltet werden soll. Bei der Durchführung der „Leistungszusage" wird meistens ein gemeinsames Konto benutzt, wo die Guthaben für alle Begünstigten des Unternehmens gutgeschrieben werden. Das „individuelle Konto" wird meistens in der Zusageform „Beitragszusage" verwendet und die unterschiedlichen Beiträge des Individuums werden festgehalten. Die Zusageform „Beitragszusage" wird als die einzige offiziell gültige Zusageform in China verwendet. Das lässt sich an einigen Fällen verdeutlichen.

Fall 1: Buntmetall Branche

Zwei Finanzierungsweisen aus der Branche Buntmetall

Eine Finanzierungsart wird von z.B. der Legierungsfabrik von Zhuzhou durchgeführt. Die betriebliche Altersversorgung wird von Unternehmen und Arbeitnehmern zusammen finanziert. Die Berechnungsformel lautet:

$$Y=A+bX$$

Y: Monatlich zu bezahlender Beitrag an die bAV–Einrichtung; dieser Betrag wird paritätisch, d.h. zu gleichen Teilen vom Arbeitnehmer und dem Arbeitgeber getragen.

540 Vgl. Steinmeyer(2005) S. 16f. Blomeyer(1998). S. 72ff; Arbeitsgemeinschaft für betriebliche Altersversorgung e.V. (Aba)(1997). S.318ff..

541 §10 „Verordnung für die Durchführung der betrieblichen Altersversorgung".

A: Beitragsbemessungsgrundlage, die je nach dem Gewinn des Unternehmens zwischen 3-10 Yuan liegt.

b: Koeffizient für die Dienstzeit, der je nach Dienstzeit zwischen 0,5-1 Yuan schwankt.

X: Dienstzeit

Zahlungsform: in der Rentenform oder in der Kapitalzahlung

Eine zweite Finanzierungsweise wird durch Unternehmen wie Schmelzhütte von Zhuhou, Buntmetallkonzern von Tongling, Zhongse Aufbau Konzern Co.Ltd., Buntmetall Aufbau Co.Ltd. ausgeführt.

Der Beitrag wird nur vom Unternehmen bezahlt und nach der Dienstzeit eingerichtet:

Dienstzeit zwischen 0 und 15 Jahre → Beitrag = Dienstzeit * 2 Yuan
Dienstzeit über 16 Jahre → Beitrag = 15* 2 + (Dienstzeit -15)* 3Yuan
Zahlungsform: Rentenform oder Kapitalzahlung

Fall 2: Eisenbahnen

Die Beiträge werden zu gleichen Teilen von Arbeitnehmern und Unternehmen getragen.

Für alte und junge Arbeitnehmer gelten verschiedene Berechnungsgrundlagen:

Für Arbeitnehmer, die vor dem 31. 12. 1961 geboren wurden:

Beitrag = Monatliches Gehalt des Arbeitnehmers * (Alterskoeffizient + Dienstzeitkoeffizient)

Abstufung des Alterskoeffizienten:

Geburtsjahrgang	Alterskoeffizient
1961	6%
1960	7%
1959	8%
1958	9%
1957	10%
1956	11%
1955	12%
1954	13%
1953	14%
1952	15%
1951	16%
1950	17%
1949	18%
1948	19%
1947	20%

Abstufungen für den Dienstzeitkoeffizienten:

Dienstzeit	Dienstzeitkoeffizient
1 Jahre	1%
2 Jahre	2%

3 Jahre	3%
4 Jahre	4%
5 Jahre	5%
6 Jahre	6%
7 Jahre	7%
8 Jahre	8%
9 Jahre	9%
10 und mehr als 10 Jahre	10%

Alterskoeffizient und Dienstzeitkoeffizient sind bei der Einrichtung der betrieblichen Altersversorgung einmal festgesetzt worden und steigen nicht mehr mit dem Anwachsen der Dienstzeit.

Zahlungsform: Rentenform oder Kapitalzahlung

Für Arbeitnehmer, die vor dem 01.01.1962 geboren wurden:

Beitrag = Monatliches Gehalt des Arbeitnehmers * (Grundkoeffizient + Dienstzeitkoeffizient)

Der Grundkoeffizient bleibt für jeden Arbeitnehmer fest: 5%.

Für den Dienstzeitkoeffizienten gelten folgende Stufen:

1 Jahre	0,5%
2 Jahre	1%
3 Jahre	1,5%
4 Jahre	2%
5 Jahre	2,5%
6 Jahre	3%
7 Jahre	3,5%
8 Jahre	4%
9 Jahre	4,5%
10 und mehr als 10 Jahre	5%

Auch der Dienstzeitkoeffizient steht bei der Einrichtung der betrieblichen Altersversorgung fest und steigt nicht mehr mit dem Anwachsen der Dienstzeit.

Zahlungsform: Rentenform oder Kapitalzahlung

Fall 3: Post

Der Beitrag wird nach der Dienstzeit berechnet. Die Beiträge von Arbeitnehmern und Unternehmen werden zu gleichen Teilen getragen.

Die Beiträge der Unternehmen werden wie folgt abgestuft:

Dienstzeit	Beitrag pro Monat (Pro Jahr)
unter 5 Jahre	5 Yuan (60 Yuan)
6 – 10 Jahre	10 Yuan (120 Yuan)
11 – 15 Jahre	15 Yuan (180 Yuan)
16 – 20 Jahre	20 Yuan (240 Yuan)
21 – 25 Jahre	25 Yuan (300 Yuan)
26 – 30 Jahre	30 Yuan (360 Yuan)
31 – 35 Jahre	35 Yuan (420 Yuan)
über 36 Jahre	40 Yuan (480 Yuan)

Zahlungsform: Kapitalzahlung

Ist die Dienstzeit unter 9 Jahre	Mindestleistung 1000 Yuan
Dienstzeit zwischen 10 und 19	Mindestleistung 2000 Yuan
Dienstzeit über 20 Jahre	Mindestleistung 3000 Yuan
Wird ein staatlicher Preis ausgelobt	Zuschuss 1000 Yuan
Wird ein ministerieller oder provinzieller Preis vergeben,	Zuschuss 500 Yuan

5.4.3 Diskussion über die Reform der chinesischen Zusageform

Beitragszusage und Leistungszusage unterscheiden sich in vielerlei Hinsicht voneinander. z.B. In der Beitragszusage und der Leistungszusage verbergen sich unterschiedliche Risikos.[542] Tabelle 5-11 zeigt die Unterschiede zwischen beiden Zusageformen detailliert.

Tabelle 5-11: Vergleich zwischen Beitragszusage und Leistungszusage

	Leistungszusage	Beitragszusage
Beitrag	nicht fixiert	Fixiert
Leistung	fixiert	nicht fixiert
Investitionsentscheider	Arbeitgeber	Arbeitnehmer
Risikoträger	Arbeitgeber	Arbeitnehmer
Zahlungsweise	Rentenform	Rentenform oder Kapitalzahlung
Früh Verrentung	möglich	Oft nicht gestattet
Anspruch an Technik	hoch	Niedrig
Kontomanagement	Individuelles Konto nicht nötig	Individuelles Konto nötig
Portabilität	kompliziert	Einfach
Abhängigkeit von der Dienstzeit	groß	Klein
Verwaltungskosten	Viel für Technik	Viel für Kontohaltung
Komplexität	komplex	Durchsichtig

542 Lorz(1999).S.12f.; Liu, Yunlong/Fu, Anping(2004).S.22ff.; Peng, Xuemei(2005).S.33.

Es lässt sich kaum feststellen, welche Zusageform die bessere ist. Die Entscheidung hängt von den Perspektiven ab.

Bei der Leistungszusage wird dem Arbeitnehmer die Leistung in bestimmter Höhe in der Rentenform zugesagt. Dagegen wird bei der Beitragszusage nur die Höhe des Beitrags zugesagt und die daraus resultierende Leistung kann in der Rentenform oder als Kapitalzahlung gestaltet werden.[543] Die Beitragszusage schafft eine bessere Transparenz während der Anwartschaftsphase: die Arbeitnehmer wissen ganz genau wie viel auf ihrem Konto steht. Dagegen bietet die Leistungszusage eine klare Übersicht über die Ersatzquote.

Damit für die spätere Rentenzahlung genügend Kapital zusammenkommt, benötigt die Leistungszusage eine hohe und komplizierte mathematische Technik, die den Unternehmen hohe Kosten verursachen wird. Bei der Beitragszusage wird das individuelle Konto benutzt, das den Unternehmen hohen Verwaltungsaufwand bringt. Daraus kann man nicht ganz klar sagen, welche Zusageform mehr Kosten verursachen wird.

Mit der Leistungszusage tragen die Unternehmen das Risiko wie das Langlebensrisiko von Arbeitnehmern oder das Inflationsrisiko. Bei der Beitragszusage übernehmen die Arbeitnehmer alle Risiken, z.B. das Investitionsrisiko, das aber auch eine hohe Rendite mitbringen könnte. Erscheinen die Risiken als Imponderabilien, müssen die Unternehmen mit der Leistungszusage mehr unmessbare Kosten ertragen als mit der Beitragszusage.

Die Wahl der richtigen Zusageform soll von den Arbeitnehmern und Arbeitgebern zusammen unter Offenlegung aller relevanten Kriterien entschieden werden. Eine einfache Vorschrift über eine Zusageform schafft im System Transparenz und erleichtert für den Staat die Aufsicht. Aber aus der Perspektive der Effizienz des Systems der betrieblichen Altersversorgung soll Priorität haben, dass das Entscheidungsrecht über die Zusageform bei den Betroffenen liegt, nicht bei den Aufsichtsübenden.

Die Unternehmen und Arbeitnehmer sollen nach der Leistungsfähigkeit der Unternehmen und den Besonderheiten der Belegschaft z.B. Alter, Präferenz und Mobilität zusammen die passende Zusageform wählen.

z.B. Mit Berücksichtigung auf die Belegschaft:

Wenn die Belegschaft in einem Unternehmen unstabil ist, kann das Unternehmen die Beitragszusage wählen, damit das Unternehmen gut qualifizierte Beschäftigte anziehen kann. Wenn die Belegschaft risiko-averting ist, können die Arbeitnehmer verlangen, dass für sie die Leistungszusage gewählt wird, damit sie im Alter ein vorhersehbares Einkommen lebenslang bekommen. Normalerweise bevorzugen junge Mitarbeiter die Beitragszusage und ältere Mitarbeiter eher die Leistungszusage.

Mit Berücksichtigung auf das Unternehmen:

Wenn der Cashflow eines Unternehmens großen Schwankungen unterliegt, wird das Unternehmen eher die Leistungszusage wählen, damit es nicht von der festen Beitragszusage in jeder Periode eingeschränkt wird und sich je nach seinem Geschäftsergebnis frei über den Zahlungstermin der Beiträge entscheiden kann. Wenn das Unternehmen schnell wächst, kann es die Beitragszusage wählen, bei der der Beitrag von den Arbeitsleistungen der Arbeitnehmer abhängt und dadurch die Arbeitnehmer moti-

---

[543] Vgl. Kap. 3.4.4.1 und Kap. 3.4.4.2

viert werden, noch mehr zu leisten. Wenn das Unternehmen stabil bleibt und sich in gutem Zustand befindet, kann es die Leistungszusage wählen, weil solche Unternehmen meistens auch eine stabile Verwaltungs- und Personalstrategie haben, und so auch die Belegschaft stabil bleibt. Ist das Unternehmen in keiner optimalen Situation, ist die Beitragszusage die bessere Wahl, damit sowohl das Unternehmen als auch die Arbeitnehmer ein nicht zu hohes Risiko tragen müssen.

In Bezug auf die chinesischen Unternehmen ist die Einführung der Leistungszusage als Zusageform besonders wichtig für die älteren Mitarbeiter in den Staatsunternehmen, die schon über Jahre niedrige Löhne bekommen haben und somit keine oder zu geringe Beiträge in die gesetzliche Rentenversicherung einbezahlt haben.[544] Um ihren Lebensstandard im Alter zu garantieren, müsste der Staat/ das Unternehmen beim Aufbau der betrieblichen Altersversorgung mit der Beitragszusage auf einmal zu viel einzahlen, damit beim Eintritt des Renteneintrittsalters genug Kapital auf ihren Konten steht. Das würde den Staat bzw. die Unternehmen für eine lange Zeit stark belasten, was angesichts der vielseitigen Aufgaben des Staates und der schwierigen Situation der meisten Staatsunternehmen fast nicht zu schaffen wäre. Zusätzlich ließe sich die Summe des Kapitals nur schwer abschätzen. Nur die Leistungszusage lässt sich einfacher durchführen, was die Berechenbarkeit des Lebensstandards im Alter eher möglich macht.

Tabelle 5-12: Average Wage of Staff and Workers by Sector (Yuan pro Jahr) - Part 1 -

Year	Total	Farming, Forestry, Animal, Husbandry and Fishery	Mining and Quarrying	Manufacturing	Production and Supply of Electricity, Gas and Water	Construction	Geological Prospecting and Water Conservancy	Transport, Storage, Post and Telecommunications
1978	615	470	676	597	850	714	708	694
1980	762	616	854	752	1.035	855	895	832
1985	1.148	878	1.324	1.112	1.239	1.362	1.406	1.275
1986	1.329	1.048	1.569	1.275	1.497	1.536	1.604	1.476
1987	1.459	1.143	1.663	1.418	1.677	1.684	1.768	1.621
1988	1.747	1.280	1.964	1.710	1.971	1.959	2.205	1.941
1989	1.935	1.389	2.378	1.900	2.241	2.166	2.199	2.197
1990	2.140	1.541	2.718	2.073	2.656	2.384	2.465	2.426
1991	2.340	1.652	2.942	2.289	2.922	2.649	2.707	2.686
1992	2.711	1.828	3.209	2.635	3.392	3.066	3.222	3.114
1993	3.371	2.042	3.711	3.348	4.319	3.779	3.717	4.273
1994	4.538	2.819	4.679	4.283	6.155	4.894	5.450	5.690
1995	5.550	3.522	5.757	5.169	7.843	5.785	5.962	6.948
1996	6.210	4.050	6.482	5.642	8.816	6.249	6.581	7.870
1997	6.470	4.311	6.833	5.933	9.649	6.655	7.160	8.600
1998	7.479	4.528	7.242	7.064	10.478	7.456	7.951	9.808
1999	8.346	4.832	7.521	7.794	11.513	7.982	8.821	10.991
2000	9.371	5.184	8.340	8.750	12.830	8.735	9.622	12.319
2001	10.870	5.741	9.586	9.774	14.590	9.484	10.957	14.167
2002	12.422	6.398	11.017	11.001	16.440	10.279	12.303	16.044

544 Vgl. Kap. 6.1.2

Tabelle 5-12: Average Wage of Staff and Workers by Sector
(Yuan pro Jahr)
- Part 2 -

Year	Wholesale and Retail & Catering Service	Finance and Insurance	Real Estate Trade	Social Services	Health Care, Sporting and Social Welfare	Education, Culture and Arts, Radio, Film and Telefision	Scientific Research and Polytechnical Services	Government Agencies, Party Agencies and Social Organisations	Others
1978	551	610	548	392	573	545	669	655	k.A.
1980	692	720	694	475	718	700	851	800	k.A.
1985	1.007	1.154	1.028	777	1.124	1.166	1.272	1.127	k.A.
1986	1.148	1.353	1.216	980	1.343	1.330	1.492	1.356	k.A.
1987	1.270	1.458	1.327	1.085	1.446	1.409	1.620	1.468	k.A.
1988	1.556	1.739	1.715	1.719	1.752	1.747	1.931	1.707	k.A.
1989	1.660	1.867	1.925	1.926	1.959	1.883	2.118	1.874	k.A.
1990	1.818	2.097	2.243	2.170	2.209	2.117	2.403	2.113	k.A.
1991	1.981	2.255	2.507	2.431	2.370	2.243	2.573	2.275	k.A.
1992	2.204	2.829	3.106	2.844	2.812	2.715	3.115	2.768	k.A.
1993	2.679	3.740	4.320	3.588	3.413	3.278	3.904	3.505	3.371
1994	3.537	6.712	6.288	5.026	5.216	4.923	6.612	4.962	5.213
1995	4.248	7.376	7.330	5.982	5.860	5.435	6.846	5.526	6.295
1996	4.661	8.406	8.337	6.778	6.790	6.144	8.048	6.340	7.184
1997	4.845	9.734	9.190	7.553	7.559	6.759	9.049	6.981	6.838
1998	5.865	10.633	10.302	8.333	8.493	7.474	10.241	7.773	8.481
1999	6.417	12.046	11.505	9.263	9.664	8.510	11.601	8.978	10.068
2000	7.190	13.478	12.616	10.339	10.930	9.482	13.620	10.043	11.098
2001	8.192	16.277	14.096	11.869	12.933	11.452	16.437	12.142	12.590
2002	9.398	19.135	15.501	13.499	14.795	13.290	19.113	13.975	14.215

Quelle: Soziales Jahrbuch (2005).

Für die Branchenunternehmen Post und Stromkonzerne passt die Leistungszusage am besten. Diese Branchen haben eine lange Geschichte und meist auch einen hohen Anteil an älteren Mitarbeitern. Die Fluktuation der Arbeitnehmer ist in diesen Wirtschaftsbereichen nicht so groß, so dass mit der Leistungszusage der Lebensstandard der Arbeitnehmer im Alter besser garantiert werden kann. Übrigens verfügen diese Branchen meistens über gute Gewinne, und schon seit langer Zeit ist der Lohn in diesen Branchen höher als in anderen Branchen. Tabelle 5-12 zeigt es.
Diese Branchen können sich die Leistungszusage gut leisten. Wegen der großen Zahl von Arbeitnehmern in diesen Branchen lässt sich das Langlebensrisiko gut abdecken. Abbildung 5-11 stellt dar, dass die Einführung der Leistungszusage in diesen Branchen aus der Sicht von Arbeitnehmern und Unternehmen gut gewählt ist.

Abbildung 5-11: Begründung der Einführung der Leistungszusage in Post- und Strombranche

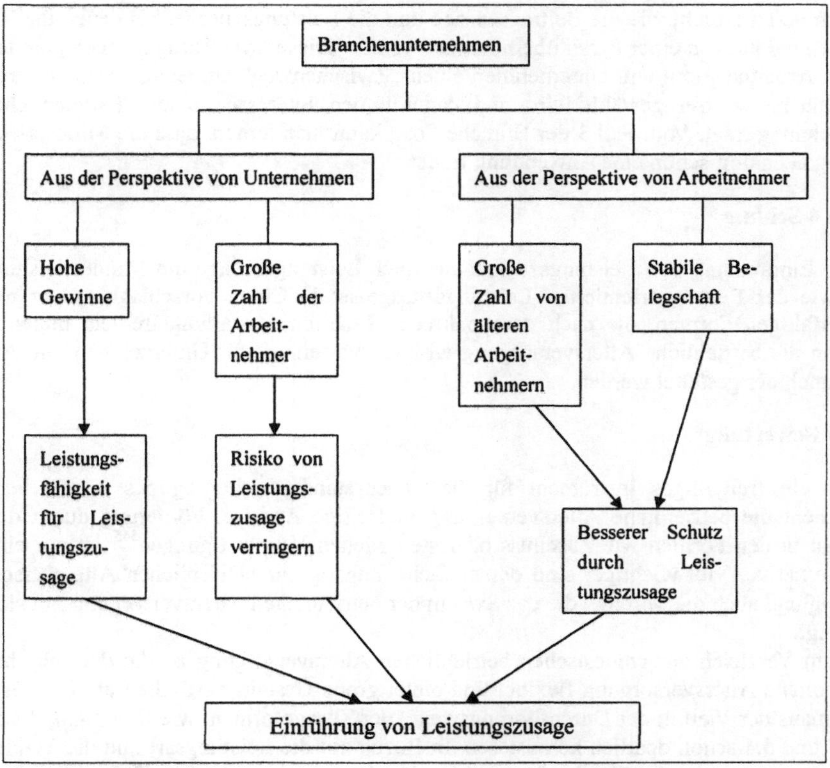

Die Branchen, deren Fluktuation der Belegschaft ziemlich hoch ist, wie die Pharmaindustrie, die Versicherungsbranchen, die Medien und die IT-Branche sollen dagegen die Beitragszusage wählen.

Im Vergleich zur Beitragszusage bietet die Leistungszusage noch einen Vorteil an: Die nach „Beitragszusage" organisierte betriebliche Altersversorgung funktioniert wie ein „Sparkonto". Anders als bei den normalen Sparkonten zahlt nicht nur der Besitzer des Kontos sondern manchmal auch sein Arbeitgeber in das Konto ein. Für das „Sparkonto" werden die Summe der Einzahlung, die Dauer der Einzahlung sowie der Anfang der Auszahlung festgeschrieben. Aber die nach „Leistungszusage" durchgeführte betriebliche Altersversorgung funktioniert nicht nur wie ein „Sparkonto" fürs Alter. Viel mehr übt die nach der „Leistungszusage" durchgeführte betriebliche Altersversorgung noch eine Umverteilungsfunktion aus, wie oben schon beschrieben: durch die große Zahl der Arbeitnehmer wird das Langlebensrisiko zwischen den Arbeitnehmern verteilt.

Die deutschen Zusageformen von Leistungszusage mit Mindestleistung, Beitragsorientierte Leistungszusage haben die Risiken zwischen Arbeitnehmern und Arbeitgebern verteilt, nicht wie die Beitragszusage und die Leistungszusage, bei denen die Risiken radikal von einer Partei übernommen werden. Diese zwei Zusageformen könnten den Arbeitnehmern und Unternehmen einen „Zwischenweg" anbieten, der nach ihren Bedürfnissen frei gewählt wird und dadurch den Interessen beider Parteien eher Rechnung trägt. Vom Fall 3 der Branche Post, kann man lernen, dass die Mindestleistung auch dort schon eine Anwendung findet.

5.4.4 Schluss

Die Einräumung von Leistungszusage und auch Leistungszusage mit Mindestleistung sowie der Beitragsorientierten Leistungszusage ist in China vorschlagbar. Nur mit vielfältigen Formen, die nach der konkreten Situation Gestaltungsfreiheit anbieten, kann die betriebliche Altersversorgung wirklich vorteilhaft für Unternehmen und Arbeitnehmer gestaltet werden.

5.5 Bewertung

Als ein freiwilliges Instrument für die Lebensstandardsicherung des Alterslebens braucht die betriebliche Altersversorgung vielseitige Anreize. Förderung durch den Staat in den Formen wie Zuschuss oder steuerlichen Vergünstigungen[545] ist nur eine Alternative. Viel wichtiger sind der einfache Zugang zur betrieblichen Altersversorgung und auch die Vorteile, die das System der betrieblichen Altersversorgung mit sich bringt.

Im Vergleich zur chinesischen betrieblichen Altersversorgung ist die deutsche betriebliche Altersversorgung flexibel und bietet große Gestaltungsfreiheit an. Das lässt sich aus der Vielfalt der Durchführungswege, der Zusageformen, wie Kap 3.4.4, 3.4.5, 5.3 und 5.4 schon deutlich herauslesen. In Bezug auf die Leistungsart und die Vereinbarungssorten ist das Gleiche feststellbar. Die deutsche betriebliche Altersversorgung bietet auch Leistungen im Falle Alter, Tod oder Invalidität an.[546] Nach Daten des Statistischen Bundesamtes bieten im Jahr 1990 23,5% der betrieblichen Altersversorgung Altersleistung an, 10,6% der betrieblichen Altersversorgung Alters- und Invaliditätsleistung, 32,3% der betrieblichen Altersversorgung Alters- und Hinterbliebenenleistung, 33,1% der betrieblichen Altersversorgung Alters- und Invaliditäts- und Hinterbliebenenleistung.[547] Eine betriebliche Altersversorgung mit Wahlmöglichkeit auf die Leistungsarten wird die Bedürfnisse der Arbeitnehmer besser abdecken.[548] Und die deutsche betriebliche Altersversorgung kann durch Kollektivvereinbarungen, wie Tarifverträge und Betriebsvereinbarungen oder durch Individuellvereinbarungen, wie be-

[545] Vgl. Kap. 6.3.
[546] Bei dem Pensionsfonds wird das Risiko von Invalidität und Hinterbliebenen nur zusätzlich abgedeckt.
[547] Statistisches Bundesamt(1995).S.109.
[548] Wellische(2002).S.233.

triebliche Übung und Gleichbehandlungsgrundsatz, Gesamtzusage und vertragliche Einheitsregelungen sowie Einzelzusage[549] aufgebaut werden.

Die Sicherheit der betrieblichen Altersversorgung soll garantiert werden. aber die Vereinheitlichung von Funktionsmechanismus ist kein guter Weg, die meistens nur bei dem obligatorischen System besser funktioniert. Wie D. Merten behauptet, wenn der Staat jegliches Risiko ausschließt, beseitigt er auch die Freiheit[550]: einseitiger und für die Unternehmen und Arbeitnehmer teuerer Funktionsmechanismus werden nur die Bereitschaft von Unternehmen und Arbeitnehmer, betriebliche Altersversorgung aufzubauen, zurückschrecken. Die Vereinheitlichung des Funktionsmechanismus wird der Vereinfachung der staatlichen Aufsicht helfen, aber auf keinen Fall der Verbreitung der betrieblichen Altersversorgung.

Zu Beginn des Aufbaus des Systems der betrieblichen Altersversorgung darf der Staat zur Sicherheit nur einen Funktionsmechanismus zulassen. Mit der Zeit soll die Vielfältigkeit der Gestaltung berücksichtigt werden. Sicherheit des Kapitals der betrieblichen Altersversorgung soll durch effektive Aufsicht nicht durch Einschränkung der Gestaltungsformen der betrieblichen Altersversorgung garantiert werden.

In Bezug auf die drei bestehenden Organisationsformen der chinesischen betrieblichen Altersversorgung soll eine Alternative für die weitere Existenz der von Branchen und von den Versicherungsunternehmen verwalteten betrieblichen Altersversorgung gefunden werden. Das Sozialamt oder die Organisation des örtlichen Sozialamtes dürfen auf keinen Fall weiter als Verwalter des Kapitals der betrieblichen Altersversorgung funktionieren. Die Existenz dieser staatlichen Aufsichtsorgane würde die Effizienz der betrieblichen Altersversorgung weiterhin stark beschneiden.

---

549 Masberg(2006).S.144ff.

550 Merten(1980).S.55. „Willensfreiheit" des Menschen unterscheidet den Mensch von anderen Lebewesen. Merten(1994).S.28. und Diskussion über das grundsätzliche Prinzip „Freiheit" vgl. Merten(1994a).S.89 und Merten(2006).S.233ff.

6. Vergleich aus der Perspektive der Staatsaufgaben

6.1 Staatsaufgaben

6.1.1 Staatsaufgabe allgemein

Die Umwandlung des Staatsverständnisses von der Erfüllungsverantwortung zum Gewährleistungsstaat impliziert eine Zielbündeländerung vom Staat als Alleinverantwortlicher auf die Gesamtgesellschaft, die jetzt „mit ins Boot" genommen werden soll, um die dauernd wachsenden Aufgaben des Staates zu lösen. Dabei gilt es nicht, dem Staat an den Aufgaben herumzuflicken, sondern vielmehr, das Aufgabenverständnis unter alle Menschen einer Gesellschaft im Staat zu bringen: also keine Verlagerung der Aufgaben, sondern eine Änderung des Verständnisses und eine Einladung aller in einer arbeitsteiligen Gesellschaft lebenden Menschen, aufzubrechen, jeder nach seinem Vermögen mit an der Lösung der anstehenden und sich immer schneller wandelnden und wachsenden Aufgaben und Probleme an der Gemeinwohlverwirklichung mitzuhelfen, in Form von gemeinsamen Lösungen suchenden Leistungen zwischen Staat und Privatwirtschaft. Kurz und positiv formuliert, übernimmt der Staat so immer mehr Steuerungsfunktionen bei der Lösung der Aufgaben und Probleme zwischen der Privatsphäre und den Zielen des Staates.

Der Gewährleistungsstaat beschreibt eine sich verändernde Rollenverteilung zwischen öffentlichem, privatem und drittem Sektor und benötigt ein gewährleistungstaugliches Recht, eine gewährleistungstaugliche Regierungs- und Verwaltungsorganisation.[551] Um die Verwaltung zu verwirklichen, sind folgende Programmformen[552] möglich:

A. Regulatives Programm – Gebote, Verbote, Anzeige- und Genehmigungspflichten
B. Anreizprogramm – positive und negative finanzielle Anreize
C. Leistungsprogramm – unmittelbare staatliche Leistungserbringung von Gütern und Dienstleistungen
D. Persuasives Programm – Information und Beratung
E. Prozedurales Programm – Teilhaberechte, Entscheidungsregeln und Rahmenvorschriften

Bei der Verwirklichung der Programme stehen folgende Instrumente zur Verfügung[553]:

A. Regulative Instrumente:
   a) Gebots- und Verbotsnormen, deren Einhaltung kontrolliert und deren Verletzung geahndet wird
   b) *Genehmigungsvorbehalte* Als präventive Aufsichtsmittel gelten Genehmigungsvorbehalt und Anzeigenvorbehalt.[554]

---

551 Schuppert(2005).S.41.
552 König/Dose(1993). Zitiert in Schuppert(2000).S.137.
553 Jann (1981) S.62. Zitiert in Schuppert(2000).S.137.
554 Schuppert(2000).S.895.

c) *Durchsetzungsmöglichkeiten*: Vollstreckungszwang, Sanktionszwang, Gesetze und Rechtsverordnungen[555], Verwaltungsakt

B. Finanzielle Instrumente:

a) *Finanzielle Transfers*, d.h. die Übertragung finanzieller Mittel an dazu Berechtigte wie beispielsweise Sozialhilfe und Wohngeld

b) *Finanzielle Anreize* durch Subventionen, Förderungen und Zuschüsse

c) *Negative Anreize* durch Abgaben, Steuern und Gebühren, Schaffung künstlicher Märkte z.B. durch Bildungsgutscheine

C. Informationelle Instrumente

a) *Informations- und Öffentlichkeitsarbeit*, z.B. durch Appelle und Empfehlungen unter Einsatz von Massenkommunikationsmitteln

b) *Indikative und informative Pläne und Programme*, z.B. Regierungs- und Absichtserklärungen sowie das Setzen von Orientierungsdaten

c) *Symbolische Belohnungen*, z.B. durch Titel, Ordensverleihungen und öffentliche Belobigungen

d) *Prozedurale Regelungen*, z.B. die Festlegung von Verfahrensregeln

Staatliche Intervention ist nützlich für die Sicherheit der Gesellschaft:[556] Ein Gewährleistungsrecht, das Regelungsstrukturen für eine arbeitsteilige Gemeinwohlverwirklichung bereitstellt.[557] schafft verlässliche Rahmenbedingungen für die Gesellschaft; finanzielle Maßnahmen wie steuerliche Vergünstigung oder staatliche Zuschüsse werden die Effektivität und Gerechtigkeit fördern; Prof. R. Scholz und Prof. R. Pitschas haben Informationsvorsorge als eine unverzichtbare und genuine Staatsaufgabe genannt,[558] die Informationsasymmetrien und Vertrauenslücken abbaut.

Macht der Staat die Wandlung zum Gewährleistungsstaat richtig und vollständig, hat die Gesellschaft erst eine Chance, sich auch effektiv und gerecht zu entwickeln.

6.1.2 Staatsaufgaben in Bezug auf die betriebliche Altersversorgung

Für den modernen „aktivierenden Staat“ ist es eine wichtige Aufgabe, durch bestimmte Maßnahmen den Aufbau der betrieblichen Altersversorgung zu fördern. Anders als die gesetzliche Rentenversicherung, die obligatorisch ist und durch den Staat durchgeführt wird, und auch anders als die kommerzielle Versicherung, die hundert Prozent nach dem Marktwirtschaftsprinzip funktioniert, muss der Staat die betriebliche Altersversorgung sowohl fördern als auch Konkurrenzfreiheit sichern:

Vorerst schafft der Staat die gesetzlichen Rahmenbedingungen, die zur Entwicklung der betrieblichen Altersversorgung sowohl die passende Freiheit gewähren, als auch angemessene Einschränkungen machen: Durch die Erlassung von Gesetzen, die Durchführung der passenden Aufsicht und den Entwurf eines guten Risikoschätzungs-

---

[555] Vgl auch Müller(2001).S.227ff, 234f.

[556] Petersen(1986).S.8.

[557] Schuppert(2005).S.18.

[558] Scholz/Pitschas(1984).S.106.

systems und der Schaffung einer guten Insolvenzversicherung können erst einmal die Interessen der Begünstigten geschützt werden.

Gerät die betriebliche Altersversorgung bei ihrer Verbreitung in Schwierigkeiten, soll der Staat auch dafür die passende Hilfe leisten: Neben dem Aufbau und der Erweiterung der betrieblichen Altersversorgung werden auch die Informationen über die zukünftige Kürzung der Leistungen der gesetzlichen Rentenversicherung und die Notwendigkeit der Eigenvorsorge fürs Alter unter die Menschen gebracht, ebenso, dass auch die zukünftige Sicherheit der Gesellschaft nur noch teilweise garantiert werden kann. Wenn das Bewusstsein der Arbeitnehmer, dass sie selbst etwas für ihr Alter machen müssen, nicht verbessert wird, stagniert die Eigenvorsorge, was natürlich auch die zukünftige Sicherheit der Gesellschaft gefährden wird, und daran kann niemand interessiert sein.

Der Staat ist auch verpflichtet, die Bürger, die normalerweise als Individuum unter Informationsasymmetrie leiden, mit Informationen zu versorgen. Nur mit ausreichenden und richtigen Informationen können die Bürger sachgerechte Entscheidungen vornehmen. Der Staat kann der Bevölkerung die Entscheidungen im Einzelnen nicht abnehmen, aber er kann den Menschen helfen, die richtigen Entscheidungen zu treffen, in dem er der Bevölkerung die Notwendigkeit des Aufbaus der betrieblichen Altersversorgung bewusst macht und sie über die Vielfältigkeit der Investitionen und Absicherungen für das Alter ins Bild setzt. Damit wird die Bereitschaft der Bevölkerung, sich mit dem Aufbau der zusätzlichen Altersvorsorge zu beschäftigen, um ein entscheidendes Stück größer.

Abbildung 6-1 zeigt die staatlichen Aufgaben in Bezug auf die betriebliche Altersversorgung.

Abbildung 6-1 : Die staatlichen Aufgaben in Bezug auf die betriebliche Altersversorgung

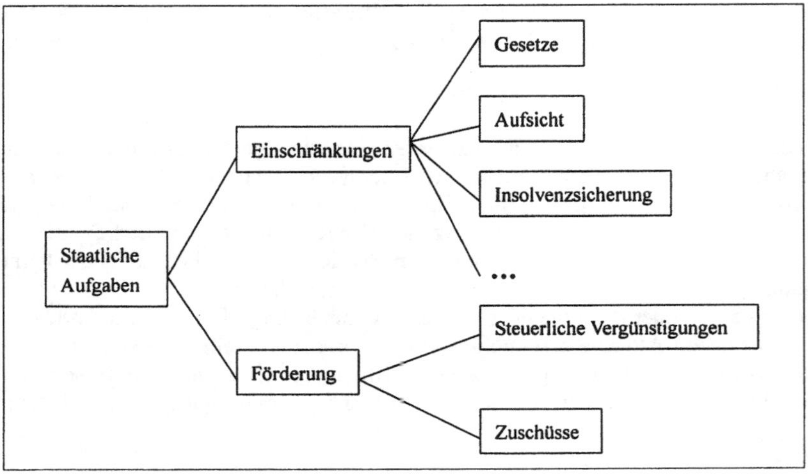

Der Staat kann nicht direkt, sollte aber indirekt für den Erfolg, respektive Misserfolg der betrieblichen Altersversorgung verantwortlich gemacht werden. Der Staat hat den Rahmen zu schaffen für eine freie Entwicklung der bAV-Einrichtungen, in den Händen von privatwirtschaftlichen Gesellschaften unter freien Marktverhältnissen, mit einer möglichst hohen Sicherheit für die Menschen, die später in ihrem Alter Anspruch auf eine Rente aus ihrem Ersparten anmelden. Und er darf nicht durch Verwaltungsverordnung sondern durch die finanzielle Politik das Funktionieren der betrieblichen Altersversorgung regulieren.

Entsprechend dem in der Abbildung 6-1 dargestellten Gedankengang wird das vorliegende Kapitel auf die Unterschiede und den Vergleich zwischen Deutschland und China eingehen, damit die für China nützlichen Maßnahmen – auch unter Berücksichtigung der deutschen Erfahrungen – herausgearbeitet werden können.

6.1.3 Diskussion über die chinesischen Aufgaben in Bezug auf die Vertiefung und Verbesserung der betrieblichen Altersversorgung

Der Weg der Verantwortung über die Altersversorgung in China hat einen langen Veränderungsprozess erlebt. Am Anfang übernahm die Familie die Aufgaben und die Verantwortung der älteren Generationen. Dann standen der Staat und die Unternehmen in der Pflicht. Doch die noch nicht abgeschlossene Wirtschaftstransformation, die Transformation der Planwirtschaft zur regulierten Marktwirtschaft fordert neue Dimensionen der Staatsaufgaben. Nach der Theorie der neuen Staats- und Verwaltungsreform ist der Staat weder Planer noch Kontrolleur der ganzen Wirtschaft, sondern Gewährleistender und Aktivierender. Der Staat tritt von der Verantwortung für die Altersversorgung zurück und gibt sie dem Individuum und den Unternehmen zurück. Der Staat soll für die betriebliche Altersversorgung ein gut funktionierendes System entwerfen, damit die weitere Entwicklung der betrieblichen Altersversorgung systematisch garantiert wird. Der Staat soll nicht mehr die Rolle als Führer übernehmen, sondern als Coach, Mentor, soll das System und die Gesetze schaffen und letztlich auch kontrollieren, ob immer alles zum Wohl der Schwächeren, der Beitragszahlenden abläuft. Das Individuum und die Unternehmen entscheiden über den Aufbau, der Staat beaufsichtigt die Durchführung und das Geschick, Zuverlässigkeit und Ehrlichkeit der Unternehmensführungen einerseits, aber auch der Markt andererseits bestimmen über den Erfolg dieser Versicherungswerke. Wie kann der Staat das nötige Verständnis unter die Bevölkerung bringen und diese veranlassen, sich aktiv an diesem Veränderungsprozess zu beteiligen, diese Veränderung verstehen und anerkennen lassen und wie kann der Staat die Bevölkerung veranlassen, sich aktiv an der Veränderung zu engagieren, diese Frage ist eine große Herausforderung für die chinesische Regierung.

Bei der Erweiterung der betrieblichen Altersversorgung sticht ein Problem besonders hervor: nicht alle Unternehmen können sich den Aufbau der betrieblichen Altersversorgung leisten. Besonders in der sozialistischen V.R. China, wo der Unterschied zwischen den Armen und Reichen schon sehr groß ist, ist es zu einem sehr empfindlichen Problem geworden. Die hohe Gewinne erzielenden Unternehmen bauen für ihre Mitarbeiter die betriebliche Altersversorgung auf, dagegen können die Grenzproduzenten nicht einmal mehr die Beiträge für die gesetzliche Rentenversicherung bezahlen.

Es scheint sich auch in China zu bewahrheiten, dass mit der Einführung der betrieblichen Altersversorgung die Reichen reicher und die Armen ärmer werden. Im Übrigen öffnet sich hier auch ein Problem der Gerechtigkeit: sollte das für steuerliche Vergünstigungen und staatliche Zuschüsse zurück gelegte Staatseinkommen nicht direkt den in Armut lebenden Menschen zugeführt werden? Nach Meinung der Verfasserin kann man die Antwort auf diese Frage in zwei Teilen geben:

A. Jedes Unternehmen hat seine eigene Leistungsfähigkeit. Nur um die oberflächliche Gleichheit zu erhalten, dürften die Unternehmen mit guten Gewinnen nicht die betriebliche Altersversorgung aufbauen. Es ist das Gleiche wie, dass die Unternehmen mit guten Gewinnen den Mitarbeitern kein hohes Gehalt zahlen dürfen. Das verhindert das Prinzip der freien Konkurrenz in der Marktwirtschaft und hat einen schlechten Einfluss auf die ganze Wirtschaft. Und vor der brutalen globalen Konkurrenz kann kein Unternehmen 100% Garantie für die Zukunft des Unternehmens anbieten. Es gibt kaum ein Beispiel für den Zusammenbruch der großen Unternehmen innerhalb eines Tages. Wenn die Arbeitnehmer nicht genug Geld für ihr Alter ansparen können, sollte der Staat dafür die Verantwortung übernehmen und die Auffangfunktion ausüben. Mit der betrieblichen Altersversorgung kann das zukünftige Altersleben der Arbeitnehmer besser gesichert werden und der Staat von seiner zukünftigen möglichen Belastung befreit werden. Freies-Konkurrenz-Prinzip und Zukunftsgarantie fürs Altersleben begründen den Aufbau der als personales Instrument funktionierenden betrieblichen Altersversorgung.

B. Wie in Kap. 2.2, 2.3, 2.4 und 6.1 schon diskutiert wurde, ist der Aufbau der betrieblichen Altersversorgung zu fördern und es ist eine der zurzeit wichtigsten Aufgaben des „aktivierenden Staates". Ob und wie die staatliche Förderung gewährleistet wird, hängt von der Konstellation des jeweiligen Landes ab. Die chinesischen Unternehmen, die keine guten Gewinn erzielen, und sich kaum die Beiträge für die gesetzliche Rentenversicherung leisten können, werden in zwei Kategorien geteilt:

    a) die schlecht geführten staatlichen Unternehmen, von denen sich die meisten in der Provinz wie Liaoning befinden, wo sich das frühere Zentrum für die Schwerindustrie befindet. Seit der Gründung der V. R. China, wird in den Staatsunternehmen Politik der niedrigen Löhne und hoher Wohlfahrt durchgeführt[559]: die Arbeitnehmer bekommen niedrige Löhne und dafür werden ihnen alle Lebensrisiken durch den Staat gedeckt: kostenlose Krankenversicherung – wenn man krank ist, kann man kostenlos medizinisch behandelt werden und kostenfreie Medikamente bekommen; kostenlose Invaliditätsversicherung – wenn man invalid ist, bekommt man Gehalt bis man stirbt; kostenlose Rentenversicherung – wenn das Renteneintrittsalter erreicht ist, bekommt man sofort Renten; auch die Ausbil-

[559] Sogenannte „Alle-in-einer-Hand-Politik". Vgl. 4.2.5.2.3. und vgl. auch Forschungsinstitut für Sozialsicherung des chinesischen Ministeriums für Arbeit und Sozialsicherung/Chinesische Taiping Versicherung GmbH (2003).S69.; Forschungsinstitut für Sozialsicherung des chinesischen Ministeriums für Arbeit und Sozialsicherung/Bosch Funds Management GmbH(2002). Im Vorwort und S.86.

dung der Kinder hängt von den Unternehmen ab[560]: manche Kinder gehen in die von den Unternehmen eingerichteten Kindergärten und Grundschulen; die Kinder konnten früher sogar die Arbeit der Eltern in den Unternehmen übernehmen, wenn ein Elternteil in Rente ging. Diese Unternehmen hatten einen typischen, chinesischen alten, autarken Charakter und sie funktionierten wie eine kleine Gesellschaft in sich.[561] Diese durch den Staat gewährleistete hohe Wohlfahrt hat die niedrigeren Löhne gerechtfertigt. Mit den wirtschaftlichen Reformen der Staatsunternehmen ging auch diese hohe Wohlfahrt verloren – manche Arbeitnehmer in den Staatsunternehmen verloren einfach ihre Arbeit und manche Arbeitnehmer in den Staatsunternehmen bekamen ihre Löhne nicht mehr bezahlt und standen vor der Gefahr, arbeitslos zu werden. In die gesetzliche Rentenversicherung wurde für sie kein Beitrag mehr eingezahlt. Seitdem die Arbeit immer weniger geworden ist, werden ihnen auch immer niedrigere Löhne gezahlt, und der Staat steht nicht in der Pflicht, für diese Arbeitnehmer die Altersvorsorge zu leisten. So kann es auch als eine geschichtlich entstandene Schuld des Staates verstanden werden. In der Verfassung ist verankert: „der Staat hat die Pflicht, das Leben der Rentner zu garantieren“[562]. Der Staat kann sich dieser Schuld nicht entziehen und soll sich effektiv für den Aufbau der Altersvorsorge dieser Arbeitnehmer einsetzen und auch die Beiträge für deren betriebliche Altersversorgung einzahlen. Das lässt sich auf keinen Fall in die staatliche Förderung einordnen.

b) die schlecht geführten nichtstaatlichen Unternehmen. Die Förderung solcher Unternehmen läuft im Allgemeinen unter Förderungsmaßnahmen des „aktivierenden Staates“, die jeweils unter Berücksichtigung auf das Budget und den staatlichen Ist-Zustand, wie in Kap. 6.3.1 und 6.3.2 diskutiert und erwogen werden. Die staatliche Förderung der betrieblichen Altersversorgung dagegen ist nicht mit der in Kap. 2.2 erwähnten Auffangverantwortung des Staates (Nach Kategorie der Weltbank, die Kernaufgabe D.) zu verwechseln. Wegen der ungenügenden Leistungsfähigkeit des Staates könnte es sein, dass die fördernde Funktion des Staates (Nach Kategorie der Weltbank, die Kernaufgabe F.) im Vergleich zur Auffangverantwortung für die Armen auf dem Land oder in den nichtländlichen Gebieten, vorläufig zu kurz kommt; diese fördernde Funktion des Staates darf aber auf keinen Fall mit der Auffangverantwortung vereint werden.

---

560 Forschungsinstitut für Sozialsicherung des chinesischen Ministeriums für Arbeit und Sozialsicherung/Bosch Funds Management GmbH(2002).S.2.; Peng, Xuemei(2005).S.161f.; Mao, Caixia(2004).S.11f.

561 Diese enge Verbindung von Arbeitnehmern zu den Unternehmen hängt einerseits von den damaligen wirtschaftlichen Strukturen ab, anderseits hat sie auch ihre geschichtlichen und kulturellen Hintergründe: sie kann auch als die Fortsetzung der Abhängigkeit der chinesischen Bauern von ihrem Boden und von der durch den Boden verbundenen Gesellschaft in der alten Agrargesellschaft betrachtet werden. Diese Abhängigkeit der Bauern vom Boden wird in einem klassischen Buch „Boden, Heimat und China“ intensiv diskutiert. vgl. Fei, Xiaotong(2006).

562 §44 der chinesischen Verfassung 1982

Die Reform der Altersversorgung ist nicht nur eine Reform an sich. Sie ist für den Staat auch ein guter Zeitpunkt, über die staatliche Verantwortung und über die Umverteilung in der Gesellschaft neu nachzudenken. So eine Reform ist auch eine Chance für den Staat, Fehler zu korrigieren. Obwohl in den letzten Jahren China in der wirtschaftlichen Entwicklung enorme Erfolge erzielt hat, lässt sich nur schwer kaschieren, dass die Gerechtigkeit innerhalb der Gesellschaft viel zu kurz gekommen ist. Bei der Reform der Altersversorgung sei für die schwächeren Schichten der Gesellschaft besondere Rücksicht geboten: Wenn sie schon in der Arbeitsphase vernachlässigt werden, dürfen sie nicht auch noch im Alter von den Früchten des wirtschaftlichen Aufschwungs ferngehalten werden.

6.2 Die Gesetze

6.2.1 Die Funktionen der Gesetze

Der Gewährleistungsstaat soll Rechtsordnung bereitstellen, z.B. geeignete Rechtsformen, Verwaltungsverfahren, Entscheidungstypen, Organisationstypen und geeignetes öffentliches Dienstrecht,[563] damit eine rechtliche Infrastruktur gesichert wird.[564]

Die Rechtsordnung soll die Verantwortung des Staates, die Verpflichtungen und das Recht der Anbieter und Begünstigten der betrieblichen Altersversorgung deutlich festlegen.[565] Durch eine effektive Rechtsordnung kann einerseits das Verhalten der Regierung beschränkt werden und andererseits das Verhalten der wirtschaftlichen Akteure unter Normen gesetzt werden: Der Staat darf weder in das Funktionieren der betrieblichen Altersversorgung willkürlich eingreifen, noch das Kapital der betrieblichen Altersversorgung abzweigen. Die Zahlung der Beiträge, das Verwalten des Kapitals der betrieblichen Altersversorgung, die Zahlung der Leistungen, die Sicherung des Kapitals der betrieblichen Altersversorgung sollen deutlich in den Rechtsordnungen verankert werden, damit die Interessen der Begünstigten und die per Gesetz eingesetzten Akteure gut geschützt werden.

Wenn steuerliche Vergünstigungen angeboten werden, ist es notwendig, dass die steuerlichen Maßnahmen rechtlich fundiert sind, damit keine gesetzliche Lücke Chancen für den Missbrauch der steuerlichen Vergünstigungen zulassen.

6.2.2 Ist-Zustand der chinesischen Rechtsordnungen über die betriebliche Altersversorgung

6.2.2.1 Probleme der bestehenden Rechtsordnungen

Im Vergleich zu den deutschen vollständigen und komplizierten Rechtsordnungen über die betriebliche Altersversorgung[566], können die chinesischen Rechtsordnungen über die betriebliche Altersversorgung als „bescheiden" beurteilt werden. In China ist bis

[563] Schuppert(2000). S.932.
[564] Franzius(2002).S.11ff.
[565] Vgl. Yang, Yansui(2003).S.65.; Wang, Hufeng(2004). S.84ff.
[566] Vgl. Kap. 3.2.2.

jetzt noch kein spezielles Gesetz über betriebliche Altersversorgung erlassen worden.[567] Wonach die chinesische betriebliche Altersversorgung funktioniert, sind die im Kap. 4.3 vorgestellten Dokumente, davon die wichtigsten zwei die „Verordnung für die Durchführung der betrieblichen Altersversorgung" und die „Verordnung der Verwaltung von Kapital der betrieblichen Altersversorgung" sind, die sich in kein spezielles Gesetz einordnen lassen.

Der Kodifizierungsprozess der chinesischen betrieblichen Altersversorgung lässt sich in vier Ebenen gliedern, wie in der Abbildung 6-2 dargestellt:

Abbildung: 6-2: Vier Ebenen des Kodifizierungsprozesses der chinesischen betrieblichen Altersversorgung

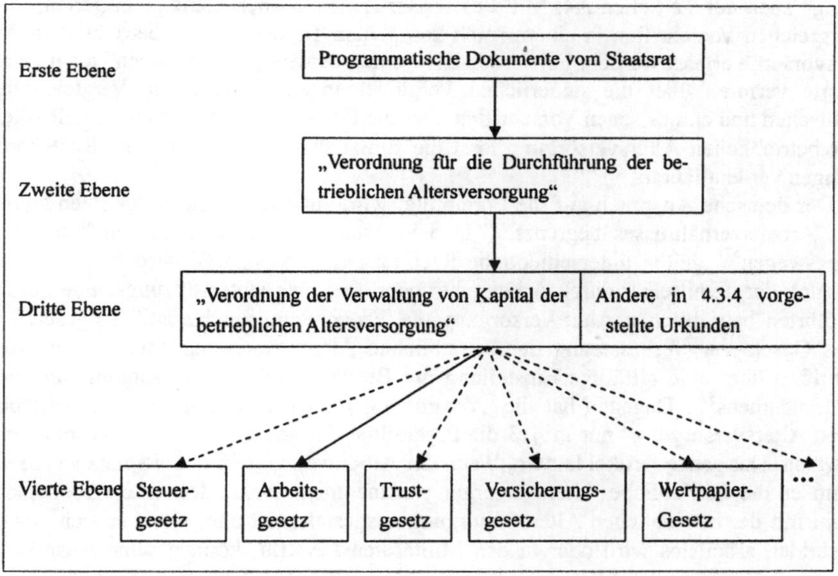

Mit den programmatischen Dokumenten des Staatsrats wird die betriebliche Altersversorgung zugelassen. Auf deren Basis wird die „Verordnung für die Durchführung der betrieblichen Altersversorgung" bekannt gemacht, die den Rahmen der Funktion der betrieblichen Altersversorgung festgelegt. Die „Verordnung der Verwaltung von Kapital der betrieblichen Altersversorgung" und andere im Kapitel 4.3.4 aufgelistete Urkunden haben auf der Basis der „Verordnung für die Durchführung der betrieblichen Altersversorgung" den Funktionsmechanismus der chinesischen betrieblichen Altersversorgung detailliert, die die konkrete Durchführung der chinesischen betrieblichen

[567] Forschungsinstitut für Sozialsicherung des chinesischen Ministeriums für Arbeit und Sozialsicherung/Bosch Funds Management GmbH(2002); Wang, Hufeng(2004).S.180.; Zhang, Meizhong/Li, Keqiang/Hu, Weiqing(2004).S.123, 244.; Forschungsinstitut für Sozialsicherung des chinesischen Ministeriums für Arbeit und Sozialsicherung/Bosch Funds Management GmbH(2002).S.3,15.; An, Hua(2004).S.32.

Altersversorgung aufzeichnen. Dann soll der Funktionsmechanismus der betrieblichen Altersversorgung in dem einzelnen Gesetz verankert werden, der bis jetzt nur im Arbeitsgesetz verwirklicht wurde.[568]

Die „Verordnung für die Durchführung der betrieblichen Altersversorgung" und die „Verordnung der Verwaltung von Kapital der betrieblichen Altersversorgung" sind keine richtigen Spezialgesetze. Die beiden Verordnungen schreiben nur einen groben Rahmen für das Funktionieren der chinesischen betrieblichen Altersversorgung vor. z.B. die „Verordnung für die Durchführung der betrieblichen Altersversorgung" umfasst nur 3 Seiten A4 mit der Schriftgröße von 12. Und mit der gleichen Schriftgröße hat die „Verordnung der Verwaltung von Kapital der betrieblichen Altersversorgung" auch nur 12 Seiten A4. Mit diesen paar Zeilen können keine detaillierten, umfangreichen Vorschriften in einem solch komplexen Thema wie der betrieblichen Altersvorsorge erfasst werden. Es werden z.B. in den beiden „Verordnungen" auch keine Worte verloren über die steuerlichen Vergünstigungen.[569] Auch ein Vergleich der deutschen und chinesischen Vorschriften über die Portabilität, und die Unverfallbarkeit der betrieblichen Altersversorgung lässt die Einfachheit der chinesischen Rechtsordnungen verdeutlichen:

Der deutsche Anspruch auf die Portabilität wird auf ein Jahr nach der Beendigung des Arbeitsverhältnisses begrenzt.[570] Und je nach den unterschiedlichen Durchführungswegen[571] gelten unterschiedliche Rechnungsmethoden. z.B. wird für die Übertragung der unmittelbar durch Arbeitgeber oder über eine Unterstützungskasse durchgeführten betrieblichen Altersversorgung die Versicherungsmathematik eingesetzt.[572] Das Gesetz zur Verbesserung der betrieblichen Altersversorgung enthält auch Vorschriften über eine allfällige Einstellung der Betriebstätigkeit oder Liquidierung des Unternehmens[573]. Dagegen hat die „Verordnung für die Durchführung der betrieblichen Altersversorgung" nur in §13 die Portabilität der betrieblichen Altersversorgung erwähnt. Der ganze Artikel lautet: „Wenn der Arbeitnehmer den Arbeitsplatz wechselt, kann er die betriebliche Altersversorgung mitnehmen. Wenn der neue Arbeitsplatz nicht mit der betrieblichen Altersversorgung ausgestattet ist oder wenn er sich weiter ausbildet, arbeitslos wird oder in den Militärdienst eintritt, können seine Ansprüche gegen die betriebliche Altersversorgung in dem alten Verwaltungsorgan beibehalten werden."

Nach dem deutschen Gesetz bleibt die Versorgungszusage unverfallbar, wenn der Arbeitnehmer zum Abbrechenszeitpunkt des Arbeitsverhältnisses mindestens 30 Jahre alt ist und die Versorgungszusage schon fünf Jahre bestanden hat.[574] Nach §1b Abs. 5 BetrAVG gilt für Entgeltumwandlung sofortige Unverfallbarkeit.

---

568 §75 Arbeitsgesetz
569 Vgl. Kap. 6.3.
570 §4 Abs.3 BetrAVG
571 §4 Abs.5 Satz 1 und 2 BetrAVG
572 §4 Abs.5 Satz 1 BetrAVG
573 §4 Abs.4 BetrAVG
574 §1b Abs. 1. Satz 1 BetrAVG.

Im Vergleich zu Deutschland gibt es in China keine offizielle Vorschrift über die Unverfallbarkeit, d.h. es hängt von den konkreten Vorschriften der Unternehmen ab.[575] Die Arbeitnehmer können im Konfliktfall über die Unverfallbarkeit keine gesetzliche Unterstützung finden. Es ist möglich, dass es in konkreten Verträgen über die betriebliche Altersversorgung die für die Arbeitnehmer ungünstigen Artikel über die Unverfallbarkeitsfristen gibt, die der Arbeitnehmer wegen der Abhängigkeit vom Unternehmen übernehmen muss. Bei manchen Unternehmen gilt die sofortige Unverfallbarkeit; bei anderen gilt die stufige Unverfallbarkeit[576]; bei manchen verfallen die Ansprüche der Arbeitnehmer auf die Beiträge durch die Unternehmen sofort, wenn er das Unternehmen verlässt, egal wie lange der Anspruch schon besteht und wie lange er im Unternehmen gearbeitet hat. Die Entscheidungsfreiheit der Unternehmen über die Unverfallbarkeit der Ansprüche auf die betriebliche Altersversorgung vermehrt einerseits die Schwierigkeit bei der Verwaltung der betrieblichen Altersversorgung, andererseits werden die Interessen der Arbeitnehmer nicht effektiv geschützt. Die Mobilität der Arbeitnehmer wird dadurch erheblich eingeschränkt. Eine im Gesetz einheitlich festgeschriebenen Unverfallbarkeitsfrist würde den Arbeitnehmern helfen, ein gesetzlich geschütztes Ressort zu haben.

Im Vergleich zu bestehenden deutschen Gesetzen wie dem Gesetz zur Verbesserung der betrieblichen Altersversorgung, das sich in einem zweiten Teil den steuerrechtlichen Vorschriften widmet, und auch dem Einkommensteuergesetz, dem Versicherungsaufsichtsgesetz, sowie dem Gesetz zur Neuordnung der einkommenssteuerlichen Behandlung von Altersvorsorgeaufwendungen und Altersbezügen u.a.[577], ist die Bearbeitungsbedürftigkeit der chinesischen Gesetze über die betriebliche Altersversorgung sehr deutlich.

6.2.2.2 Beachtungspunkte bei der chinesischen Gesetzgebung für die betriebliche Altersversorgung

In vielen Fällen braucht die Regierung in der Anfangsphase mehr Zeit für die Festlegung bestimmter Vorschriften und die Verfassung der Gesetze, ebenso auch für das Erlassen von Vorschriften über steuerliche Vergünstigungen,[578] wo sich die Regierung noch in der Forschungsphase befindet. Doch die Nichtexistenz eines Gesetzes für die betriebliche Altersvorsorge kann den Akzeptanzgrad der Bevölkerung zur betriebli-

---

[575] Vgl. Peng, Xuemei(2005).S.251ff..

[576] Z.B. in der Branche der Eisenbahn lautet die Vorschrift über die Unverfallbarkeit der betrieblichen Altersversorgung wie folgend:

Dienstzeit	Unverfallbarer Anteil
Unter zwei Jahre	0%
von zwei bis drei Jahren	20%
von drei bis vier Jahren	40%
von vier bis fünf Jahren	60%
von fünf bis sechs Jahren	80%
Über sechs Jahre	100%

[577] Vgl. Kap. 3.4.2.

[578] Vgl. Kap. 6.3.

chen Altersversorgung erheblich verringern und die Verbreitung der betrieblichen Altersversorgung behindern. Die Dringlichkeit für eine Kodifizierung sowie Revidierung der betroffenen Gesetze lässt sich nicht übersehen.

Bei der Schaffung der Gesetze müssen die gelebten Praktiken der schon bestehenden betrieblichen Altersversorgung berücksichtigt werden und die Besonderheiten beim Übergang der schon durchgesetzten Funktionsmechanismen in der „Verordnung für die Durchführung der betrieblichen Altersversorgung" und der „Verordnung der Verwaltung von Kapital der betrieblichen Altersversorgung" ins Auge gefasst werden. Für die schon bestehende betriebliche Altersversorgung soll für eine bestimmte Zeit eine Sonderreglung gelten, die einem erfolgreichen Übergang eine Stütze bietet.

Die Gesetze üben für die Durchführung der betrieblichen Altersversorgung eine „rahmengebende" Wirkung aus. Aber wenn eine Maßnahme oder ein Mechanismus neu eingeführt wird, müssen die betroffenen Bestimmungen bei der Durchführung mit den lokalen Gegebenheiten verbunden werden. Dadurch wäre es möglich, dass eine neue „potentielle Regel" entsteht, die offiziell nicht in den Gesetzen erscheint, nach der sich aber jeder richten kann.[579] Durch die „potentielle Regel" wird Effizienz der Maßnahmen/des Mechanismus verzehrt. Deswegen besteht immer die Notwendigkeit, die Bestimmungen gegen die potentielle Regel zu revidieren. Damit wird eine möglichst große Effizienz erzielt. „Das Recht steht seit 100 Jahren nicht als Stabilisierungsfaktor, sondern verändert sich nach zeitgerechtem Erkenntnisstand"[580]. Ein neu verfasstes Recht sollte zukunftsorientiert sein, jedoch muss der Gesetzgeber auch die über die Zeit notwendigen Veränderungen der Gesellschaft erkennen und damit auch anstehende Änderungen in Gesetzesstrukturen vornehmen, so dass bessere Entwicklungschancen durch die Bürger wahrgenommen werden können. Am Anfang kann ein Gesetz wegen des Fehlens von Erfahrungen erst einmal „bescheiden" ausfallen. Da Gesetze eine Art Spiegel der Gesellschaft sind, werden diese mit der Zeit ständig den Bedürfnissen angepasst und bereichert, ergänzt und korrigiert. Deutschland hat dabei gute Erfahrungen gemacht. Ein Beispiel dazu aus Deutschland wäre: wegen der Ähnlichkeit des Pensionsfonds zum Durchführungsweg mittels Pensionskasse wurden ab 01.01.2001 die steuerlichen und sozialabgabenrechtlichen Vorschriften über Pensionskassen und Pensionsfonds gleichgestellt.[581]

6.3 Staatliche Förderung

Durch Förderung kann der Staat indirekte Steuerungswirkungen[582] ausüben. Deutschland hat durch steuerliche Vergünstigungen, Zuschüsse sowie die Einführung der Entgeltumwandlung[583] - den Arbeitnehmern das Recht für den Aufbau der betrieblichen Altersversorgung gegeben - den Aufbau der betrieblichen Altersversorgung gefördert.

---

[579] z.B. Korruption kann als eine „potentielle Regel" genannt werden.

[580] Zitiert nach Prof. Pitschas am 14. Nov. 2006 beim Seminar „europäisches und Internationales Wirtschaftsrecht" an der Deutschen Hochschule für Verwaltungswissenschaften Speyer. Vgl.Voigt(1988).S.7. Recht ist ein „evolutionäres Universale".

[581] Vgl. § 3 Nr. 63 EStG; § 22 Nr. 5 Satz 1 EStG.

[582] Diskussion über mittelbare und unmittelbare Eingriffe und Modalitäten und Wirkungsfaktoren der Steuerung durch Recht.in:Franzius(2002).S.201.Fn.168.

[583] Vgl. Kap. 3.3.2.

Aus folgenden Daten lässt sich die Wichtigkeit der staatlichen Förderung herauslesen: Mit Dezember 2001 als Referenzmonat besitzt von den unterschiedlichen Branchen der Wirtschaftszweig Nahrungs-/Genussmittel im Bezug auf die betriebliche Altersversorgung den höchsten Wachstumsquotienten. (+16%), gefolgt vom Gastgewerbe mit 14%, von der Verbrauchsgüterindustrie mit 11%, und vom Gesundheits-/Veterinär- und Sozialwesen mit jeweils 10%.[584]

Als Gründe für den Ausbau bzw. Neubau der betrieblichen Altersversorgung haben die Betriebsstätten folgende Punkte genannt[585]:

- Verbesserung der Motivation der Arbeitnehmer (51%)
- Rechtsanspruch auf die Entgeltumwandlung (41%)
- steuerliche Förderung (23%)
- Anfrage bzw. Wunsch von Beschäftigen (39%)
- Tarifverträge bzw. Betriebsvereinbarungen (15%).

Die Betriebsstätten ohne betriebliche Altersversorgung haben ihre Nichteinführung der betrieblichen Altersversorgung mit folgenden Punkten begründet:

- fehlendes Interesse auf Seiten der Arbeitnehmer(68%)
- schlechte wirtschaftliche Lage (39%)
- keine Ahnung über die betriebliche Altersversorgung (4%).

41% der Unternehmen haben wegen des Rechtsanspruchs auf die Entgeltumwandlung die betriebliche Altersversorgung eingeführt. Steuerliche Vergünstigungen haben 23% der Unternehmen zur Einrichtung der betrieblichen Altersversorgung veranlasst. Und über die staatliche Förderung sowie durch intensive Werbung für die betriebliche Altersversorgung lassen sich die Nichteinführungsgründe – aufgelistet mit 68% und 4% - beseitigen.

Auch die chinesischen Daten zeigen die Wichtigkeit der staatlichen Förderung auf. Eine Erhebung[586] in 391 Unternehmen mit und ohne betriebliche Altersversorgung hat nach den Gründen der Einführung beziehungsweise Nichteinführung der betrieblichen Altersversorgung gefragt. Von den 107 Unternehmen, die die betriebliche Altersversorgung schon aufgebaut haben, haben 20,5% der Unternehmen „Genießen der steuerlichen Vergünstigungen" als Einführungsgründe genannt. 10,2% der bestehenden betrieblichen Altersversorgungen gehen auf die „Vorschrift durch die Regierung" zurück. (Vgl. Tabelle 6-1)

Von den 284 Unternehmen, wie Tabelle 6-2 zeigt, haben ein Fünftel als Gründe für den nicht Aufbau der betrieblichen Altersversorgung „von der Politik abhängig" gewählt und ein Zehntel „von dem Markt abhängig" gewählt. Man kann daraus schließen, dass durch eine gezielte effektive Förderungspolitik die Einrichtung der betrieblichen Altersversorgung schnell vorangebracht würde.

---

[584] Kortmann /Haghiri (2005). S.771.

[585] Ebd.

[586] Diese Erhebung wird hauptsächlich in Guangzhou, Shanghai und Beijing durchgeführt und die Hälfte der Unternehmen haben mehr als 500 Mitarbeiter. Das durchschnittliche Alter der Mitarbeiter liegt zwischen 20 und 40 . Vgl. Hewitt Firma(2003).S.54. Das führt dazu, dass das Ergebnis viel optimistischer ist als der durchschnittliche Wert in China.

Tabelle 6-1: Ziel des Aufbaus der betrieblichen Altersversorgung von chinesischen Unternehmen
(von den 107 Unternehmen mit betrieblicher Altersversorgung)

Grund	Prozent
Teil des Gehalts	75,7%
Ansporn zu sparen fürs Lebensalter	42%
das Alterseinkommens zu vermehren	29,9%
Genießen der steuerlichen Vergünstigung	20,5%
Ansporn durch die Arbeitnehmer	18,6%
Aktivieren für Arbeitnehmer	12,1%
Vorschrift durch die Regierung	10,2%

Quelle: Hewitt Firma(2003).S.54.

Tabelle 6-2: Planung des Aufbaus einer betrieblichen Altersversorgung
(von den 284 Unternehmen ohne betriebliche Altersversorgung)

	Anteil	
jetzt	6,4%	
Bis 2 Jahre	45,9%	
In 2 Jahre	19,1%	
Andere:	28,4%	
	Von der Politik abhängig	20,4%
	Von dem Markt abhängig	10,2%
	Von der finanziellen Situation des Unternehmens abhängig	14,2%
	kein Plan dafür	51,0%
	keine Angabe	4,1%

Quelle: Hewitt Firma(2003).S.55.

6.3.1 Staatliche Förderung außerhalb der steuerlichen Vergünstigungen

6.3.1.1 Deutsche Maßnahmen

Deutschland hat durch die Einführung der Entgeltumwandlung sowie der Riester-Förderung die Verbreitung der betrieblichen Altersversorgung gefördert.

6.3.1.1.1 Entgeltumwandlung[587] [588]

Die Entgeltumwandlung verschiebt die Initiative auf den Arbeitnehmer.[589] Anspruchsberechtigt auf Entgeltumwandlung[590] sind Personen, die aufgrund ihrer Beschäftigung oder Tätigkeit in der gesetzlichen Rentenversicherung pflichtversichert sind.[591]

Nach §1 Abs. 2 Nr.3 BetrAVG liegt betriebliche Altersversorgung vor, wenn künftige Entgeltansprüche in eine wertgleiche Anwartschaft auf Versorgungsleistungen umgewandelt werden. Der Arbeitnehmer finanziert die Entgeltumwandlung und verzichtet auf die Barauszahlung eines Teils seines Lohnes oder Gehalt, und der Arbeitgeber gibt im Gegenzug eine wertgleiche Versorgungszusage ab.[592] Das für die Entgeltumwandlung zu benutzende Gehalt muss zum Zeitpunkt der Entgeltumwandlungszusage noch nicht verdient sein.[593]

Das Netto-Einkommen, das versteuert und für die Sozialversicherung verbeitragt wird, ist riesterförderungsfähig; das wird in Kap. 6.3.1.1.2 beschrieben. Für das Netto-Einkommen gelten folgende Vorschriften:

Gemäß Übergangsregelungen des § 30 e BetrAVG ist der Rechtsanspruch auf Entgeltumwandlung im Jahr 2002 und 2003 bis zu 1% der jeweiligen Beitragsbemessungsgrenze in der gesetzlichen Rentenversicherung, im Jahr 2004 und 2005 2% und im Jahr 2006 und 2007 3% berechtigt. Ab dem 01. Januar 2008 darf der Rechtsanspruch bis zu 4% der jeweiligen Beitragsbemessungsgrenze in der gesetzlichen Rentenversicherung sein. Für die durch Entgeltumwandlung entstandenen Ansprüche auf die betriebliche Altersversorgung gilt sofortige Unverfallbarkeit.[594] Ansprüche auf betriebliche Altersversorgung müssen bis zum Umwandlungsbetrag von 4% der Bezugsgröße nach SGB IV sofort durch den Träger bei einer Insolvenzversicherung versichert werden. Der übrige Betrag wird erst nach zwei Jahren versichert[595]. Dem Arbeitnehmer, der eine Entgeltumwandlung im Sinn von §1 Abs. 2 Nr. 3 BetrAVG (§ 2 Abs. 2 Nr. 5 AEV) in Anspruch nimmt, wird eine Beitragsfreiheit in der Sozialversicherung bis zum 31. 12. 2008 angeboten.

6.3.1.1.2 Riester-Förderung

Durch die Riester-Förderung werden Zulagen ausgegeben, insbesondere für Bezieher niedrigerer Einkommen und Familien mit Kindern. Die Zulagenförderung ist an die Entgeltumwandlung angeknüpft. Wenn die Altersversorgungsbeiträge aus dem Nettoentgelt bezahlt werden, ist die Riester-Förderung möglich. Wenn die Leistungen der

---

587 Entgeltumwandlung wird auch Gehaltsverzicht oder Gehaltsumwandlung genannt

588 Vgl. Kap. 3.3.2.

589 Steinmeyer(2004).F.24

590 Diskussion über den Begriff „Entgeltumwandlung" vgl. Lösel(2004).S.152ff. über Rechtsnatur der „Entgeltumwandlung" vgl. Lösel(2004).S.170.

591 Vgl. 17 Abs. 1 Satz 3 BetrAVG n.F.

592 Arbeitskammer des Saarlandes(2005). S.12.

593 Vgl. Masberg(2006).S.25.

594 §1b Abs.5 BetrAVG.

595 Vgl. Arbeitskammer des Saarlandes (2005). S.72.

betrieblichen Altersversorgung in Form einer lebenslangen Rente bezahlt werden, hat der Arbeitnehmer einen Anspruch auf die staatliche Förderung. Die Kapitalisierung ist nicht förderfähig.

Für die Riester-Förderung gelten folgende Regelungen: nach §18 Abs. 1 SGB IV muss der Arbeitnehmer mindestens 1/160 der Beitragsbemessungsgrenze in der gesetzlichen Rentenversicherung durch Entgeltumwandlung für die betriebliche Altersversorgung einsetzen. Die Obergrenze liegt bei 4% der Bezugsgröße.

Wenn der Arbeitgeber einen riesterrentenförderungsfähigen Durchführungsweg wie Direktzusage oder Unterstützungskasse anbietet, kann der Arbeitnehmer verlangen, eine riesterrentenförderfähige Direktversicherung als Durchführungsweg zu wählen.[596]

Die Riester-Förderung besteht aus unmittelbaren Zulagen[597] und einem Sonderausgabenabzug der Versorgungsbeiträge vgl. Tabelle 6-3.

Tabelle 6-3: Grund- und Kinderzulagen sowie Sonderausgabenabzug

Jahr	Grundzulage	Zulage je Kind	Sonderausgabenabzug
2002	38€	46€	525€
2004	76€	92€	1050€
2006	114€	138€	1575€
2008	154€	185€	2100€

Für den Eigenbeitrag wird ein Mindesteigenbeitrag festgelegt, wie die Tabelle 6-4 zeigt.

Tabelle 6-4: Mindesteigenbeitrag

Jahr	Mindesteigenbeitrag	Sockelbetrag		
		ohne Kinder	mit einem Kind	Mit zwei und mehr Kindern
2002	1,00%	45€	38€	30€
2003	1,00%	45€	38€	30€
2004	2,00%	45€	38€	30€
2005	2,00%	90€	75€	60€
2006	3,00%	90€	75€	60€
2007	3,00%	90€	75€	60€
2008	4,00%	90€	75€	60€

Obwohl die Riester-Rente für die meisten Sparer die höchste staatliche Förderquote bietet,[598] glauben bis Mitte 2002 nur die Hälfte der Arbeiter und Angestellten, dass sie einen Anspruch auf die Riesterförderung haben. Über 50% der Beamten wissen gar nicht, ob sie förderberechtigt sind, vgl. Tabelle 6-5.

---

596 § 1a Abs.1 Satz 3 BetrAVG

597 Die unmittelbaren Zulagen setzt Grund- und Kinderzulage aus. Die Kinderzulage wird normalerweise an die Seite der Mutter gezahlt. vgl. §§84-85 EStG

598 Vgl. Gunkel(2005): S.435.

Tabelle 6-5: Riester-Berechtigung nach Selbsteinschätzung
„Bei der „Riester-Rente“ bezuschusst der Staat bei den meisten Bürgern Beiträge zur Altersvorsorge. Gehören Sie zu der Personengruppe, die solche Zuschüsse beantragen kann? “

Personengruppe	„Ja“	„Weiß nicht“	„Nein“
Arbeiter	49%	18%	33%
Angestellte	49%	20%	31%
Beamte	27%	19%	54%

Quelle: Reifner/Tiffe(2002). S.4

Nach dem Deutschen Institut für Altersvorsorge (DIA) machten im Januar 2004 die betrieblichen Riester-Verträge 2,7 Mio. aus[599]. Und das DIA ging im Januar 2005 von 6,1 Mio. Riesterverträgen aus, davon rd. 3,2 Mio. private Verträge.[600] Nur gut 20% der „Riester“-Berechtigten haben seit 2003 Riester-Verträge abgeschlossen.[601]

Gründe für die nicht optimale Verbreitung der Riester-Förderung können sein:

1. Obwohl die Riester-Rente aus dem Nettoentgelt finanziert wird, müssen die Leistungen sowohl komplett nachgelagert besteuert werden[602], als auch mit Sozialabgaben belastet werden. Dabei wird ein Teil des Entgeltes zweimal versteuert und verbeitragt.
2. Die Riester-Rente ist zu kompliziert[603] und wird mit uferloser Bürokratie[604] konfrontiert. Durch das AVmG hat der Gesetzgeber, die Bundesversicherungsanstalt für Angestellte (BfA) die „Zentrale Zulagen für Altersvermögen“(ZfA) für das Zulagenverfahren beauftragt und als zuständig erklärt. Die ZfA ist für die Festlegung der Zulagenberechtigung und die Zulagenhöhe zuständig. Die Zulagen für die Riester-Förderung müssen jedes Jahr bei der ZfA neu beantragt werden.
3. Die Abschluss- und Vertriebskosten für die Riesterverträge dürfen nur über zehn Jahre in Ansatz verteilt werden. Der Verkäufer kann von Riesterverträgen keinen guten Vorteil erbringen. Das hat auch möglicherweise die gewünschte Verbreitung der Riester-Förderung verhindert.[605]

Das Zulagenverfahren muss vereinfacht werden[606] Durch das am 1.1.2005 in Kraft tretende Alterseinkünftegesetz, wird für die Riester-Förderung das Dauerzulageverfahren eingeführt und damit ist die Riester-Rente bürgerfreundlicher gemacht worden. Danach muss die Riester-Förderung nicht mehr jährlich beantragt werden, sondern der Berechtige kann damit seinen Anbieter bevollmächtigen.

---

599 Vgl. „Riester-Rente Stagniert“, Presseerklärung des DIA vom 4.3.2004.
600 Stolz/Rieckhoff(2005). S.715.
601 Dommermutz, T/Hauer, M.(2005). S.50.
602 § 22 Nr. 5 Satz 4 EStG
603 Gerke(2004).S.57 und vgl. Andresen(2001).S.43.
604 Jaeger(2005): S. 229
605 Gunkel(2005).S.435.
606 Vg. Kerschbaumer(2004).S..105.

6.3.1.2 Übertragsmöglichkeit der deutschen Förderungsmaßnahmen auf China

Neben den fragwürdigen steuerlichen Vergünstigungen[607] ist in China keine andere Förderungsmaßnahme eingeführt worden. Ein staatlicher Zuschuss wie die deutsche Riester-Förderung könnte auch für China für die Verbreitung der betrieblichen Altersversorgung sehr hilfreich sein. Aber angesichts der chinesischen Gegebenheiten scheint der Zuschuss für den Aufbau der betrieblichen Altersversorgung nicht die dringendste Aufgabe zu sein.[608] Für verschiedene Länder, besonders wenn die Länder sich auf unterschiedlichen Entwicklungsniveaus befinden, haben die gleichen Mengen von sozialen Ressourcen nicht die identische Bedeutung. Zurzeit scheint die unmittelbare Zuschussform, die steuerlichen Vergünstigungen, möglicher als der direkte Zuschuss, was in Kap. 6.3.2 diskutiert wird.

Die Maßnahme „Entgeltumwandlung" kann möglicherweise ebenfalls für China nützlich sein.

Die Entgeltumwandlung in Deutschland ist keine Erfindung des Gesetzgebers, sondern das gibt es schon seit Mitte der 80er Jahre, Anfang der 90 Jahre.[609] Entsprechend der Regelung über die Entgeltumwandlung muss der Arbeitgeber den Zugang des Arbeitnehmers zur betrieblichen Altersversorgung ermöglichen, solange der Arbeitnehmer einen Anspruch auf Entgeltumwandlung hat. Der Arbeitgeber steht unter „Kontrahierungszwang"[610]. Durch Entgeltumwandlung wird der Entgeltcharakter der betrieblichen Altersversorgung betont: der Barlohn wird in eine Anwartschaft auf betriebliche Altersversorgung umgewandelt.[611]

Nach §115 SGB IV i.V.m. §2 Abs.2 Nr.5 ArEV gilt die Sozialabgabenfreiheit für die Beiträge für die betriebliche Altersversorgung per Entgeltumwandlung nur bis 2008. Ob die beitragsfreie Entgeltumwandlung über 2008 hinaus erhalten bleiben soll, dafür gibt es keine einstimmige Antwort. Einige Akademiker glauben, eine Verlängerung der Politik der beitragsfreien Entgeltumwandlung nach 2008 sei weder systematisch noch sozialpolitisch begründbar.[612] Andere sind der umgekehrten Meinung und behaupten, dass die doppelte Beitragspflicht von Beiträgen und Leistungen der betrieblichen Altersversorgung für die Sozialversicherung die weitere Entwicklung der betrieblichen Altersversorgung verhindern würde[613].

In Deutschland wird die Einführung des Anspruchs auf Entgeltumwandlung von über 70% der Unternehmen als „gut" beurteilt.[614] Nur 10% der Unternehmen haben den Wegfall der Sozialversicherungsfreiheit bei der Entgeltumwandlung als

[607] Vgl. Kap. 6.3.2.2
[608] Vg.. Kap. 4.2.6 und Kap.4.2.5.
[609] Grabner(2003).S.17.
[610] Masberg(2006).S.24.
[611] Grabner(2003).S.17.
[612] Thiede(2005).S.518. Als Gründe werden genannt: die beitragsfreie Entgeltumwandlung führt zur Steigerung des Beitragssatzes in der gesetzlichen Kranken- und Pflegeversicherung und zur Senkung der Leistung aus der gesetzlichen Rentenversicherung, die die jenigen, die keinen Anspruch auf die betragsfreie Entgeltumwandlung haben, auch einbezieht.
[613] Gunke(2005a). S.746ff.; Masberg(2006).S.24; Andresen(2001).S.42.
[614] Förster(2003).S.719.

„gut" festgelegt.[615] Von der Vorschrift „Sozialabgabenfreiheit" kann auch der Arbeitgeber durch Entgeltumwandlung profitieren. Nach einer Rechnung von Masberg (Tabelle 6-6) kann bei einem monatlichen Umwandlungsbetrag von 100€ der Arbeitgeber 21,10€ (196,00 + 273,00 + 91,00 +30,80 – 189,00 – 263,25 – 87,75 – 29,70) an Sozialabgaben sparen; d.h. jährlich spart der Arbeitgeber pro Arbeitnehmer 253,20 € (21,10*12).

Tabelle 6-6: Beispiel zur Entgeltumwandlung mit begrenzter Steuerfreistellung[616]

	ohne Entgeltumwandlung	mit Entgeltumwandlung
Bruttoarbeitslohn	2.800,00 €	2.700,00 €
- Lohnsteuer	497,00 €	465,75 €
- Solidaritätszuschlag	27,33 €	25,61 €
- Kirchensteuer	44,73 €	41,91 €
-Krankenversicherung	196,00 €	189,00 €
- Rentenversicherung	273,00 €	263,25 €
-Arbeitslosenversicherung	91,00 €	87,75 €
- Pflegeversicherung	30,80 €	29,70 €
Netto-Auszahlung	1640,14 €	1597,03 €

Quelle: Masberg(2006).S.305

Die Maßnahme wie Entgeltumwandlung mit Beitragsfreiheit, hat einerseits den Arbeitnehmern ein initiatives Recht gegeben, andererseits bringt die Maßnahme auch den Arbeitgebern effektive Vorteile mit. Eine solche Maßnahme könnte auch in China der Verbreitung der betrieblichen Altersversorgung effektiv helfen.

Aber die deutsche Entgeltumwandlung bedeutet für die Arbeitgeber – neben den obengenannten Vorteilen – immer noch eine große Last. Obwohl die betriebliche Altersversorgung durch Entgeltumwandlung meistens nur durch Arbeitnehmer finanziert wird, kommt auf die Arbeitgeber außer den Kosten für den Aufbau der betrieblichen Altersversorgung noch eine andere zusätzliche Verantwortung hinzu: z.B. wenn die betriebliche Altersversorgung nicht mit der Beitragszusage mit Mindestleistung strukturiert wird und wie ab dem 1. Jan. 2001 vereinbart worden ist, muss der Arbeitnehmer auch die Anpassungspflicht übernehmen. Dabei gilt das Garantieanpassungsprinzip – vom Arbeitgeber jährlich mit mindestens ein Prozent anzupassen.[617] [618] Im Vergleich zu deutschen Unternehmen sind chinesische Betriebe mit der Beitragszusage praktisch

[615] Ebd.

[616] Annahme: Lohnsteuertabelle 2005, Steuerklasse I, keine Kinder, 14% Beitragssatz zur Krankenversicherung, 9% Kirchensteuer und Wohnsitz in Westdeutschland. Masberg(2006).S.305f.

[617] Vgl. Arbeitskammer des Saarlandes (2005). S.58.

[618] Vgl. Kap. 6.6.2

ganz „entlastet“ und tragen nur die Verantwortung für die Beitragszahlung oder für den Aufbau- sowie den Verwaltungsaufwand für die betriebliche Altersversorgung.

Die vorherige Analyse hat die Einführung der Entgeltumwandlung in China begründet: das Entscheidungsrecht für den Aufbau der betrieblichen Altersversorgung soll in den Händen von Arbeitnehmern liegen. Die „Entgeltumwandlung“ könnte auch in China eingeführt werden und damit könnten die Arbeitnehmer auch mit der Entscheidungsfreiheit über den Aufbau der betrieblichen Altersversorgung ausgestattet werden.

Am 31. März 2003 war in Deutschland in 26% der Betriebe die betriebliche Altersversorgung eine reine Arbeitnehmerleistung. In 36 Prozent der Betriebe wurde die betriebliche Altersversorgung durch die Arbeitnehmer und Arbeitgeber gemischt finanziert. 47% Prozent der Betriebe leisteten die Beiträge zur betrieblichen Altersversorgung allein.[619] Dagegen wird in China in der „Verordnung für die Durchführung der betrieblichen Altersversorgung“ geschrieben: die betriebliche Altersversorgung soll von den Unternehmen und Arbeitnehmern zusammen finanziert werden.[620] Diese Vorschrift soll gelockert werden: die betriebliche Altersversorgung kann von den Unternehmen und/oder Arbeitnehmern finanziert werden. Damit können einerseits die Arbeitnehmer, die sich für eine betriebliche Altersversorgung interessieren, für sich eine betriebliche Altersversorgung aufbauen. Anderseits könnte aber auch der Weg für die Einführung der Entgeltumwandlung frei gemacht werden.

6.3.2 Steuerliche Vergünstigungen[621]

Nach D. Merten, ist Steuerpolitik in erheblichem Maße Gesellschaftspolitik und dient der sozialen Umverteilung.[622] Viele Länder haben versucht, durch eine vorläufige oder langfristige steuerliche Privilegierung die Vorteilhaftigkeit und die Beliebtheit der betrieblichen Altersversorgung zu steigern.

Ansatzpunkte für die Besteuerung der betrieblichen Altersversorgung können der Beitrag, der Ertrag aus Anlagen und die Leistung sein.[623] Steuerliche Vergünstigungen können folgende Konzepte[624] haben:

EET Das Konzept der nachgelagerten Besteuerung: in der Anwartsphase werden die Beiträge und die vom Versorgungsträger erzielten Erträge steuerlich nicht belastet. Erst bei der Leistungszahlung der betrieblichen Altersversorgung wird die Steuer erhoben.

---

619 Hemmer(2004).S.542.

620 §7 „Verordnung für die Durchführung der betrieblichen Altersversorgung“

621 Vgl. Kap. 3.4.5.

622 Merten(1980).S.51.

623 Kommission der Europäischen Gemeinschaft(2001)(Hrsg.): Beseitigung der steuerlichen Hemmnisse für die grenzüberschreitende betriebliche Altersversorgung. S.6.; Forschungsinstitut für Sozialsicherung des chinesischen Ministeriums für Arbeit und Sozialsicherung/Chinesische Taiping Versicherung GmbH (2003).S.23.; Zhang, Meizhong/Li, Keqiang/Hu, Weiqing(2004).S.104ff.; Liu, Yunlong/Fu, Anping(2004).S.103ff., Peng, Xuemei(2005).S.68,181f.

624 Nach den englischsprachigen Gewohnheiten, werden hier die international populären Notationen verwendet: „T“ für „Taxation“ (Besteuerung), „E“ für „Excemption“ (Freistellung.). EEE: wird nach der Reihenfolge von Beitragszahlung, Ertragsgewinnung und Leistungszahlung gelistet.

TEE Das Konzept der vorgelagerten Besteuerung: die Beiträge werden aus dem besteuerten Einkommen gezahlt und die Erträge bzw. Leistungen aus der betrieblichen Altersversorgung sind dann steuerfrei.

ETT Das Konzept der nachgelagerten Besteuerung mit Ertragsbesteuerung: nur die Beiträge sind steuerfrei. Die Erträge und die Leistungen werden besteuert.

TTE Das Konzept der vorgelagerten Besteuerung mit Ertragsbesteuerung: die Leistungen werden von der Steuer befreit. Für die Beiträge und Erträge werden Steuern erhoben.

EEE Das Konzept der Keinmalbesteuerung: die Beiträge, Erträge und Leistungen sind steuerfrei.

TTT Das Konzept der Vollbesteuerung: die Beiträge, Erträge und Leistungen sind alle steuerpflichtig.

TET Das Konzept der Doppelbesteuerung: Nur die Erträge werden steuerlich befreit. Für die Beiträge und Leistungen müssen Steuern bezahlt werden.

ETE Das Konzept der Zweimalbefreiung: Nur die Erträge werden besteuert. Für Beiträge und Leistungen müssen keine Steuern bezahlt werden.

Von den Konzepten bietet das Konzept EEE die größten steuerlichen Vergünstigungen. Durch das Konzept TTT wird die betriebliche Altersversorgung am schlechtesten unterstützt.

6.3.2.1 Deutsche Maßnahmen

Die deutschen steuerlichen Regelungen kann man mit „kompliziert“ qualifizieren. Für unterschiedliche Durchführungswege gelten verschiedene steuerliche Regelungen. Obwohl zurzeit die steuerlichen Vergünstigungsmaßnahmen schon etwas vereinfacht worden sind, gelten in Deutschland noch zwei wichtige Arten von steuerlichen Vergünstigungen: Rürup-Rente und Eichelförderung.

Rürup-Rente

Nach §10 EStG sind Beiträge zur ersten Schicht und die Eigenbeiträge zur Pensionskasse im Jahr 2005 zu 60% als Sonderausgaben von der Steuer abzuziehen. Danach steigen die abzugsfähigen Beiträge jedes Jahr um 2% bis sie 2025 100% erreicht haben. Für den Beitrag zur ersten Schicht werden jedes Jahr bis 20.000 als Sonderausgaben anerkannt. Beim Rentenbezug wird der Ertrag nach Kohortenprinzip besteuert.

Eichelförderung

Nach §3 Nr.63 EStG sind die Beiträge für Direktversicherung, Pensionskasse und Pensionsfonds bis zu 4% der Beitragsbemessungsgrenze in der gesetzlichen Rentenversicherung steuerfrei. Für die nach dem 31.12.2004 erteilten Neuzusagen ist noch ein zusätzlicher Festbetrag von 1800€ streuerfrei aufgestockt worden, sofern nach §40b EStG a.F. die Pauschalbesteuerung[625] nicht benutzt wird. 1.800 € ist für die Sozialver-

[625] Die für die Arbeitgeber einfachere Pauschalversteuerung für Direktversicherung und Pensionskasse wurde nur bis zum 30. 06. 2005 erlaubt, die nur durch die Durchführungswege Direktversicherung und Pensionskasse durchzusetzen.

sicherung zu verbeitragen, aber nicht zu besteuern. Und gemäß §3 Nr.63 EStG sind die Beiträge bis 4% BBG auch sozialversicherungsfrei. Leistungen aus den steuerfreien Beiträgen werden nach §22 Nr.5 EStG. voll besteuert.

Um Transparenz zu schaffen und das System zu vereinfachen, ist am 1.1.2005 das Alterseinkünftegesetz (§3 Nr.63 EStG) in Kraft getreten, sodass bis 2004 die betriebliche Altersversorgung bei allen fünf Durchführungswegen grundsätzlich nachgelagert besteuert wird. Genaue steuerliche Regelungen nach den Durchführungswegen werden in Tabelle 6-7 dargestellt.

Tabelle 6-7: Durchführungswege und steuerliche Vergünstigungen[626]

	DZ	UK	DV	PK	PF
Bestehende Zusagen und solche, die bis Ende 2004 zustande kommen					
Vorgelagerte Besteuerung	Nein		Ja (ggf. mit Pauschalversteuerung bis 1.753 Euro, max 2.148 euro)	Nur Beträge über 4% der BBG; ggf. mit Pauschalversteuerung bis 1.752 Euro (max. 2.148 Euro)	Nur Beiträge über 4% der BBG
Nachgelagerte Besteuerung	Ja (ohne Obergrenze)		Nur bei Riester-Förderung	Nur Beiträge bis 4% der BBG und bei Riester-Förderung	Nur Beiträge bis 4% der BBG und bei Riester-Förderung
Zusagen ab 2005					
Vorgelagerte Besteuerung	Nein		Nur für Beiträge, die den Förder-Rahmen überschreiten (4% der BBG zuzüglich 1800 euro)		
Nachgelagerte Besteuerung	Ja (ohne Obergrenze)		Ja (für Leistungen aus Beiträgen, die wegen Überschreitung der Höchstbeträge bereits vorgelagert versteuert wurden, ist nur der Ertragsanteil zu versteuern)		

Quelle: Fehr(2004). S.694.

6.3.2.2 Chinesische Maßnahmen

6.3.2.2.1 Probleme

Im Vergleich zu Deutschland, wo die nachgelagerte Versteuerung als die wichtigste steuerliche Vergünstigungsmaßnahme gewählt worden ist, sind die chinesischen steuerlichen Vergünstigungen noch übersichtlich geregelt worden.[627]

626 Vgl. auch Förster(2004).S.596.; Horlemann(2004). S.688ff.

627 Forschungsinstitut für Sozialsicherung des chinesischen Ministeriums für Arbeit und Sozialsiche-

Tabelle 6-8: Unterschiedliche Steuerliche Vergünstigungen von einigen Provinzen und Städten

Ort	Anteil der befreiten Beiträge an der Beitragsbemessungsgrenze	Dokument
Zhejiang Provinz	5	Zhejiang Provinz [1997]15
Beijing	Gleicher Beitragssatz wie in der gesetzlichen Rentenversicherung, nur für den Teil des Lohns, der über 300% des durchschnittlichen örtlichen Lohns liegt.	Beijing Sozialamt [1995]439
Zibo Stadt, Shandong Provinz	10	Zibo Stadt [1995] 103
Fujian Provinz	5	Fujian Provinz [1996]13
Shanghai Stadt	5	Shanghai [1997] *
Zhejiang Provinz	5	Zhejiang Provinz [1997]15
Anhui Provinz	5	Anhui Provinz[1997]58
Jiangsu Provinz	12,5	„Vorschrift über die nichtländliche Altersversorgung" der Jiangsu Provinz **
Sichuan Provinz	3-5	Sichuan Provinz[1997]151
Shenzhen Stadt	5	Shenzhen Stadt [1997]182
Guizhou Provinz	5	Guizhou Provinz [1998]34
Guangxi Provinz	30	Guangxi Provinz [1998]39
Liaoning Provinz	4	Liaoning Finanzamt [2001]9
Hubei Provinz	5	Hubei Reformarmt [1997]281,542
Dalian Stadt	4	„Mittelung über den Aufbau der betrieblichen Altersversorgung" der Dalian Stadt 2001*
Heilongjiang Provinz	5	Heilongjiang Provinz **
Yunnan	5	Yunnan Provinz**

* Genaue Nummer fehlt.
** Jahrgang und Nummer fehlen.

In der „Verordnung für die Verbesserung des Sozialsicherungssystems der nichtländlichen Gebiete"[628] wird festgehalten, dass „die von den Unternehmen bezahlten Beiträge für die betriebliche Altersversorgung innerhalb 4% der Beitragsbemessungsgrenze als Betriebsausgaben in der Buchhaltung gutgeschrieben"[629] werden. Das ist die einzige Vorschrift über die chinesische steuerliche Vergünstigungsmaßnahme des Staates.

---

rung/Bosch Funds Management GmbH(2002).S.15.; Zhang, Jie(2001).
628 Staatsrat 2000[42].
629 §2 Abs.10 „Verordnung für die Verbesserung des Sozialsicherungssystems der nichtländlichen Gebiete"

In der „Verordnung für die Durchführung der betrieblichen Altersversorgung“ wird nur ganz grob angedeutet, dass die durch die Betriebe bezahlten Beiträge nach den staatlichen Vorschriften in der Buchhaltung berücksichtigt werden können.[630]

In China gibt es über die steuerlichen Vergünstigungen zwei markante Phänomene: von Gebiet zu Gebiet unterschiedliche Politiken und keine einheitliche Meinung zwischen den Ministerien.

Die nationale Steuerbehörde hat am 24.04.2003 eine „Mitteilung über die Behandlung der Einkommenssteuer in der Buchhaltung“[631] erlassen. Deren §5 Abs.1 legt fest: die Unternehmen können gem. den Verfügungen des Staatsrats und der Provinzregierung die Beiträge für die betriebliche Altersversorgung vor Steuer abziehen. Diese Vorgabe ist von den Provinzen und Städten aufgenommen worden und über deren Steuerpolitik umgesetzt worden (vgl. Tabelle 6-8).

Nach den Angaben der Chinesischen Taiping Versicherung GmbH haben bis 14.10.2005 17 Provinzen steuerliche Vergünstigungsmaßnahmen veröffentlicht. Wie die Abbildung 6-3 zeigt.

Abbildung 6-3: Provinzen mit steuerlichen Vergünstigungsmaßnahmen

Quelle: Chinesische Taiping Versicherung GmbH(2005).S.7.

[630] §7 „Verordnung für die Durchführung der betrieblichen Altersversorgung“

[631] Nationale Steuerbehörde [2003]45.

Manche steuerlichen Vergünstigungen laufen in den Städten und Provinzen nur probeweise.[632] Die Vielfalt der steuerlichen Vergünstigungsmaßnahmen bringt auch viele Probleme mit sich. Die überregionalen Unternehmen müssen auf die unterschiedlichen Vorschriften Rücksicht nehmen. Die Mutterfirmen werden oft von der örtlichen Steuerbehörde wegen der Rechnungslegung der Tochterfirmen für die Beiträge der betrieblichen Altersversorgung angemahnt und verlangen Korrekturen. Das verursacht viele Kosten für die Unternehmen und verhindert obendrein die weitere Verbreitung der betrieblichen Altersversorgung.

Bei manchen Branchenunternehmen, die direkt vom Finanzministerium geleitet werden, ist die Konstellation noch kompliziert. Das Finanzministerium übernimmt die volle Verantwortung für die Branchenunternehmen. Deren Buchhaltung wird vom Finanzministerium überprüft. Das Finanzministerium anerkennt die örtlichen Maßnahmen nicht mit Ausnahmen der Vorschriften des Staatsrats von nur drei offiziellen Probeprovinzen: Liaoning Provinz, Jilin Provinz und Heilongjiang Provinz. Deswegen dürfen die Branchenunternehmen keine steuerliche Vergünstigung für ihre Beiträge für die betriebliche Altersversorgung anwenden.[633]

6.3.2.2.2 Diskussion über die steuerlichen Vergünstigungen

6.3.2.2.2.1 Zögerliche Haltung des Finanzministeriums und der nationalen Steuerbehörde

Steuerliche Vergünstigungen sind wichtig für die Unternehmen. Eine Erhebung innerhalb der Staatsunternehmen hat gezeigt, dass über 85% der befragten Mittel- und Großstaatsunternehmen die betriebliche Altersversorgung nicht aufbauen, wenn keine steuerlichen Erleichterungen erlassen werden.[634] Nach einer Erhebung der Chinesischen Taiping Versicherung GmbH haben über 70% der Unternehmen die steuerlichen Vergünstigungen als „attraktiv" beurteilt; Tabelle 6-9 zeigt das Ergebnis der Erhebung.

Die chinaweiten gültigen steuerlichen Vergünstigungen für die betriebliche Altersversorgung sind sehr wichtig. Das chinesische Ministerium für Arbeit und Sozialsicherung kennt die Wichtigkeit der steuerlichen Vergünstigungen für die Verbreitung der betrieblichen Altersversorgung ganz gut und hat auch viel für die Forschung der steuerlichen Vergünstigungen beigetragen: es hat mit der Chinesischen Taiping Versicherung GmbH und Bosch Funds Management GmbH zusammen über die Durchsetzbarkeit der steuerlichen Vergünstigungsmaßnahemen geforscht und die Ergebnisse als Bücher herausgegeben[635], was eigentlich die Aufgaben des Finanzministeriums und der nationalen Steuerbehörde wäre. Darüber schweigen sich allerdings das Finanzmi-

---

632 Guo, Xisi(2005).S.40.

633 Forschungsinstitut für Sozialsicherung des chinesischen Ministeriums für Arbeit und Sozialsicherung/Bosch Funds Management GmbH(2002). Im Vorwort und S.87.; Xie, Weiquan/Pei, Xianmei/Lin, Yongting(2005). S.24.

634 Qin, Qi(2005).S.96.

635 Zwei Bücher: Forschungsinstitut für Sozialsicherung des chinesischen Ministeriums für Arbeit und Sozialsicherung/Chinesische Taiping Versicherung GmbH (2003) und Forschungsinstitut für Sozialsicherung des chinesischen Ministeriums für Arbeit und Sozialsicherung/Bosch Funds Management GmbH(2002).

nisterium und die nationale Steuerbehörde aus. Das chinesische Ministerium für Arbeit und Sozialsicherung hat einmal erklärt, dass China das Konzept EET einführen würde, aber der Einführungstermin noch nicht feststeht, weil das chinesische Ministerium für Arbeit und Sozialsicherung noch mit anderen Staatsorganen darüber diskutieren wollte.[636]

Tabelle 6-9: Attraktivität der Steuerlichen Vergünstigungen für die Unternehmen

		attraktive	nicht attraktive	keine Ahnung
Durch chinesisches Kapital finanzierte Unternehmen	Beijing	86,8%	11,8%	1,3%
	Shanghai	74%	26%	0
	Shenyang	72%	28%	0
	Hangzhou	58,5%	39%	2,4%
	Dalian	78,4%	19,6%	2%
	Ningbo	60,5&	34,9%	4,7%
	Insgesamt	74,9%	23,1%	2%
Unternehmen mit ausländischem Kapital		69,9%	30,1%	0
Insgesamt		73,7%	24,9%	1,5%

Quelle: Chinesische Taiping Versicherung GmbH(2004).S.8.

Der Staat sollte im Rahmen seiner Budgethoheit darüber entscheiden, wie er Präferenzen für die Staatsaufgaben setzt und welchen Teil er für die Sozialleistungen einsetzen will.[637] In Bezug auf die steuerlichen Vergünstigungen für die betriebliche Altersversorgung hat die Zurückhaltung des Finanzministeriums und der nationalen Steuerbehörde viele Gründe:

Erstens, die Defizite der gesetzlichen Rentenversicherung[638] und die Dringlichkeit, es ist vor allem die Komplexität des Aufbaus und des Wiederaufbaus des Alterssicherungssystems auf dem Land[639], was mehr Großzügigkeit des Staates zur betrieblichen Altersversorgung verhindert hat. China befindet sich in einer Übergangsphase von einem autarken Agrarland zu einem Industrieland. Dagegen ist Deutschland schon ein hoch entwickeltes Industrie- und Dienstleistungsland. Obwohl die seit 1957 schon im Gesetz festgeschriebene deutsche Altershilfe für Landwirte reformbedürftig ist und die Reformrichtung noch nicht fest steht,[640] scheint das Leben der chinesischen Bauern noch sehr hilfsbedürftig. Der Boden gehört nicht den chinesischen Bauern, das unterscheidet die chinesische ländliche Altersversorgung deutlich von anderen Ländern. In den letzten Jahren haben sowohl die zentrale Regierung als auch die lokalen Regierungen schon viel für das Land ausgegeben, wie Tabelle 6-10 und Tabelle 6-11 zeigen.

[636] Xie, Weiquan/Pei, Xianmei/Lin, Yongting(2005). S.24.
[637] Merten(1980).S.49.
[638] Vgl. Kap. 4.2.5.2
[639] Vgl. Kap. 4.2.6.
[640] Vgl. Pitschas(2003).S.323ff.

Tabelle 6-10: Budgetary Expenditure on Agriculture (100 Mio.Yuan)
- Part 1 -

Year	Total	Share of total expenditure	Expenditure for supporting agricultural production and agriculture operating expenses	Expenditure for capital construction	Science and technology funds	Rural relief funds	Others
1950	2,74	4,03	1,99	k.A.	k.A.	0,75	k.A.
1951	4,19	3,43	3,67	k.A.	k.A.	0,52	k.A.
1952	9,04	5,25	2,69	3,84	k.A.	1,25	1,26
1953	13,07	5,96	4,22	5,77	k.A.	1,43	1,65
1954	15,79	6,47	6,26	4,87	k.A.	3,74	0,92
1955	17,01	6,47	7,84	5,71	k.A.	2,27	1,19
1956	29,14	9,76	9,85	13,63	k.A.	3,10	2,56
1957	24,57	8,30	9,06	10,93	k.A.	3,07	1,51
1958	43,28	10,81	8,76	30,26	k.A.	1,50	2,76
1959	58,24	10,72	22,06	29,91	k.A.	2,70	3,57
1960	90,52	14,06	33,73	45,43	k.A.	5,47	5,89
1961	54,79	15,39	30,92	12,35	k.A.	7,35	4,17
1962	36,82	12,49	17,88	8,67	k.A.	5,22	5,05
1963	54,98	16,56	21,57	18,48	0,81	6,96	7,16
1964	66,98	17,01	20,74	26,17	1,00	13,55	5,52
1965	55,02	11,96	17,33	23,51	1,05	7,37	5,76
1966	54,14	10,07	18,86	23,70	1,28	5,20	5,10
1967	45,64	10,38	15,94	22,08	0,30	4,14	3,18
1968	33,24	9,29	12,66	12,23	k.A.	2,79	5,56
1969	48,03	9,13	14,87	17,92	k.A.	3,58	11,66
1970	49,40	7,61	15,91	22,52	k.A.	3,14	7,83
1971	60,75	8,30	19,65	33,27	0,05	3,14	4,64
1972	65,13	8,50	25,10	31,47	0,07	4,10	4,39
1973	85,17	10,53	35,49	37,48	0,08	5,08	7,04
1974	91,21	11,54	38,23	36,97	0,13	4,01	11,87
1975	98,96	12,06	42,53	35,56	0,10	7,42	13,35
1976	110,49	13,71	46,01	39,91	0,78	10,48	13,31
1977	108,12	12,82	50,68	35,98	0,93	8,40	12,13
1978	150,66	13,43	76,95	51,14	1,06	6,88	14,63
1979	174,33	13,60	90,11	62,41	1,52	9,80	10,49
1980	149,95	12,20	82,12	48,59	1,31	7,26	10,67
1981	110,21	9,68	73,68	24,15	1,18	9,08	2,12
1982	120,49	9,80	79,88	28,81	1,13	8,60	2,07
1983	132,87	9,43	86,66	34,25	1,81	9,38	0,77
1984	141,29	8,31	95,93	33,63	2,18	9,55	k.A.
1985	153,62	7,66	101,04	37,73	1,95	12,90	k.A.
1986	184,20	8,35	124,30	43,87	2,70	13,33	k.A.
1987	195,72	8,65	134,16	46,81	2,28	12,47	k.A.
1988	214,07	8,59	158,74	39,67	2,39	13,27	k.A.
1989	265,94	9,42	197,12	50,64	2,48	15,70	k.A.
1990	307,84	9,98	221,76	66,71	3,11	16,26	k.A.

Tabelle 6-10: Budgetary Expenditure on Agriculture (100 Mio.Yuan)
- Part 2 -

Year	Total	Share of total expenditure	Expenditure for supporting agricultural production and agriculture operating expenses	Expenditure for capital construction	Science and technology funds	Rural relief funds	Others
1991	347,57	10,26	243,55	75,49	2,93	25,60	k.A.
1992	376,02	10,05	269,04	85,00	3,00	18,98	k.A.
1993	440,45	9,49	323,42	95,00	3,00	19,03	k.A.
1994	532,98	9,20	399,70	107,00	3,00	23,28	k.A.
1995	574,93	8,43	430,22	110,00	3,00	31,71	k.A.
1996	700,43	8,82	510,07	141,51	4,94	43,91	k.A.
1997	766,39	8,30	560,77	159,78	5,48	40,36	k.A.
1998	1154,76	10,69	626,02	460,70	9,14	58,90	k.A.
1999	1085,76	8,23	677,46	357,00	9,13	42,17	k.A.
2000	1231,54	7,75	766,89	414,46	9,78	40,41	k.A.
2001	1456,73	7,71	917,96	480,81	10,28	47,68	k.A.
2002	1580,76	7,17	1102,70	423,80	9,88	44,38	k.A.
2003	1754,45	7,12	1134,86	527,36	12,43	79,80	k.A.

Quelle: Statistisches Jahrbuch(2005).

Tabelle 6-11: Local Budgetary Expenditure on Agricultural Support and Operation (100 Mio. Yuan)

	1995	1996	1997	1998	1999	2000	2001	2002
Total	383,82	455,12	504,65	557,23	608,82	689,47	818,87	982,96

Quelle: Statistisches Jahrbuch(2005).

Wie viel der Staat in der Zukunft für das Land, und besonders noch für das Alterssicherungssystem ausgeben muss, steht noch offen. Zudem sind die sozialen Kosten und die Zuschüsse für die gesetzliche Rentenversicherung in den letzten Jahrzehnten ständig angestiegen, vgl. Tabelle 6-12.

Tabelle 6-12: Budgetary Expenditure on Pension and social Welfare
- Part 1 -

Year	Total	Pension for disable and bereaved families	Pension for retires	Relief funds and social welfare	Relief funds for nature disasters	Others
1952	2,95	1,23	k.A.	0,66	1,06	k.A.
1953	3,62	1,55	k.A.	0,77	1,30	k.A.
1954	6,04	1,76	k.A.	1,08	3,20	k.A.
1955	4,94	2,03	k.A.	1,25	1,66	k.A.
1956	5,67	1,75	k.A.	1,61	2,31	k.A.
1957	5,29	1,52	k.A.	1,36	2,41	k.A.
1958	3,22	1,20	k.A.	1,15	0,87	k.A.
1959	4,41	1,11	k.A.	1,17	2,13	k.A.
1960	7,94	1,46	k.A.	2,15	4,33	k.A.
1961	10,09	1,45	k.A.	2,44	6,20	k.A.
1962	8,14	1,73	k.A.	2,39	4,02	k.A.

Tabelle 6-12: Budgetary Expenditure on Pension and social Welfare
- Part 2 -

Year	Total	Pension for disable and bereaved families	Pension for retires	Relief funds and social welfare	Relief funds for nature disasters	Others
1963	10,15	1,93	k.A.	2,80	5,42	k.A.
1964	17,04	2,06	k.A.	2,87	12,11	k.A.
1965	10,94	2,31	k.A.	2,92	5,71	k.A.
1966	9,21	2,27	k.A.	3,19	3,75	k.A.
1967	8,16	2,44	k.A.	2,91	2,81	k.A.
1968	5,61	1,97	k.A.	k.A.	k.A.	k.A.
1969	6,67	2,39	k.A.	k.A.	k.A.	k.A.
1970	6,53	2,67	k.A.	3,86	k.A.	k.A.
1971	6,83	2,61	k.A.	2,69	1,53	k.A.
1972	8,15	2,88	k.A.	2,95	2,32	k.A.
1973	9,97	3,32	k.A.	3,29	3,36	k.A.
1974	9,16	3,49	k.A.	3,40	2,27	k.A.
1975	12,88	3,75	k.A.	3,47	5,66	k.A.
1976	24,07	4,15	k.A.	3,86	16,06	k.A.
1977	18,76	4,64	k.A.	3,98	10,14	k.A.
1978	18,91	2,93	2,34	4,62	9,02	k.A.
1979	22,11	3,57	2,89	5,41	10,24	k.A.
1980	20,31	4,51	3,41	5,36	7,03	k.A.
1981	21,72	4,54	3,44	5,08	8,66	k.A.
1982	21,43	4,86	3,48	5,45	7,64	k.A.
1983	24,04	5,39	3,62	6,58	8,45	k.A.
1984	25,16	6,20	3,64	7,92	7,40	k.A.
1985	31,15	7,13	4,88	7,71	10,25	1,18
1986	35,58	8,77	5,77	8,69	10,64	1,71
1987	37,40	9,87	6,68	9,04	9,91	1,90
1988	41,77	11,32	7,59	9,73	10,64	2,49
1989	49,60	14,43	8,56	10,80	12,88	2,93
1990	55,04	16,61	9,60	12,07	13,33	3,43
1991	67,32	17,21	10,32	13,18	22,51	4,10
1992	66,45	18,45	12,40	14,36	15,89	5,35
1993	75,27	20,78	14,09	17,01	15,40	7,99
1994	95,14	24,78	20,12	20,55	19,42	10,27
1995	115,46	29,11	22,78	24,19	27,27	12,11
1996	128,03	32,78	10,67	28,98	39,06	16,54
1997	142,14	37,62	13,51	36,57	34,51	19,93
1998	171,26	40,38	16,24	35,29	52,32	27,03
1999	179,88	54,57	19,68	48,52	34,05	23,06
2000	213,03	59,72	23,72	59,71	28,73	41,15
2001	266,68	69,86	30,26	89,99	35,17	41,40
2002	372,97	60,03	41,28	141,63	32,93	97,1
2003	498,82	99,15	42,19	217,69	55,71	84,08

Note: a) Perior to 1978, the expenditure for pension for retires was included in the item "Pension for disable". Since 1996, local pension for retires which are administrated by civil department has been excluded from the item "Pension for retires".

b) Since 1976, the relief funds for nature disasters included the earthquake relief funds.

Quelle: Statistisches Jahrbuch(2005).

Zweitens, die chinesische Staatsbilanz in den letzten Jahren sieht nicht so optimistisch aus, vgl. Tabelle 6-13:

Tabelle 6-13: Die chinesische Staatsbilanz

Jahrgang	Einkommen (Mrd. Yuan)	Ausgabe (Mrd. Yuan)	Überschuss (Mrd. Yuan)
1978	113,226	112,209	1,017
1980	115,993	122,883	- 6,89
1985	200,482	200,425	0,057
1989	266,49	282,378	- 15,888
1990	293,71	308,359	- 14,649
1991	314,948	338,662	- 23,714
1992	348,337	374,22	- 25,883
1993	434,895	464,23	- 29,335
1994	521,81	579,262	- 57,452
1995	624,22	682,372	- 58,152
1996	740,799	793,755	- 52,956
1997	865,114	923,356	- 58,242
1998	987,595	1.079,818	- 92,223
1999	1.144,408	1.318,767	- 174,359
2000	1.339,523	1.588,65	- 249,127
2001	1.638,604	1.890,258	- 251,654
2002	1.890,364	2.205,315	- 314,951
2003	2.171,525	2.464,9,5	- 293,47
2004	2.639,647	2.848,689	- 209,042

Quelle: Statistisches Jahrbuch(2005).

Seit 1989 verzeichnet China von Jahr zu Jahr ständig Defizite. Wenn die steuerlichen Vergünstigungsmaßnahmen eingeführt werden, werden entsprechend die betriebliche und private Einkommensteuer vermindert, die einen nicht zu vernachlässigenden Anteil am steuerlichen Einkommen ausmachen, vgl. Tabelle 6-14.

Tabelle 6-14: Entwicklung der betrieblichen und privaten Einkommensteuer

- Part 1 -

Jahrgang	1994	1995	1996	1997	1998	1999	2000
Total (Mrd. Yuan)	507,08	597,37	705,06	822,55	909,3	1.031,50	1.266,58
Betriebliche Einkommenssteuer (Mrd. Yuan)	63,97	75,31	81,15	93,17	85,63	100,94	144,46
Anteil an Betrieblicher Einkommenssteuer (%)	**12,62**	**12,61**	**11,51**	**11,33**	**9,42**	**9,79**	**11,41**
Private Einkommenssteuer (Mrd. Yuan)	7,27	13,15	19,32	25,99	33,86	41,43	66,04
Anteil an Privater Einkommenssteuer (%)	**1,43**	**2,20**	**2,74**	**3,16**	**3,72**	**4,02**	**5,21**

Tabelle 6-14: Entwicklung der betrieblichen und privaten Einkommensteuer
- Part 2 -

Jahrgang	2001	2002	2003	2004	2005	2006
Total (Mrd. Yuan)	1.516,55	1.699,66	2.046,61	2.571,80	3.086,58	3.763,63
Betriebliche Einkommenssteuer (Mrd. Yuan)	212,19	197,26	234,22	314,17	436,31	554,59
Anteil an Betrieblicher Einkommenssteuer (%)	**13,99**	**11,61**	**11,44**	**12,22**	**14,14**	**14,74**
Private Einkommenssteuer (Mrd. Yuan)	99,6	121,11	141,73	173,71	209,39	245,23
Anteil an Privater Einkommenssteuer (%)	**6,57**	**7,13**	**6,93**	**6,75**	**6,78**	**6,52**

Quelle: In Anlehnung an
http://www.chinatax.gov.cn/n480462/n480498/n480887/3354257.html
(abgerufen am 31.01.2007).

Abbildung 6-4: geschätzte Steuermindereinahmen durch das Alterseinkünftegesetz (Mio. €)

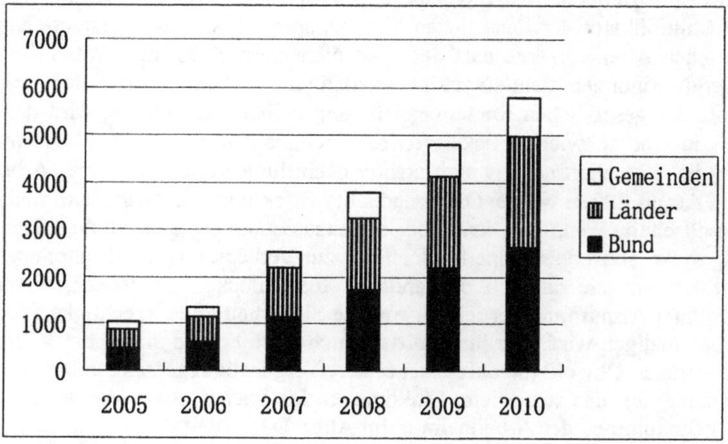

Quelle: BetrAV(2004). S.474.

Die nachgelagerten steuerlichen Vergünstigungen haben dem deutschen Finanzamt große Steuermindereinnahmen gebracht, wie die Abbildung 6-4 gezeigt hat. Das chinesische Finanzministerium und die nationale Steuerbehörde müssen sich genau überlegen, ob die verminderten steuerlichen Einkommen für den staatlichen Haushalt finanzierbar sind. Übrigens lassen sich die Vorteile der steuerlichen Vergünstigungen erst nach einigen Jahren zeigen, der Staat aber leidet sofort unter den Steuerausfällen. Der time lag kann den Staat, genauer gesagt die Entscheider des Finanzministeriums und der nationalen Steuerbehörde kurzsichtig machen.

6.3.2.2.2.2 Unterstützung der Einführung der einheitlichen steuerlichen Maßnahmen

Die offizielle Prognose über den Einfluss von steuerlichen Vergütungen auf den Aufbau der betrieblichen Altersversorgung wird jedes Jahr vom Forschungsinstitut für Sozialsicherung des chinesischen Ministeriums für Arbeit und Sozialsicherung und der Chinesischen Taiping Versicherung GmbH durchgeführt. Die Annahme der Prognose lautet: die steuerliche Vergünstigungsrate für Arbeitgeber ist 4% der Beitragsbemessungsgrenze; der Umfang des jährlichen Beitragsanteils der Arbeitnehmer und Arbeitgeber am Gehalt ist 11%; die jährliche Anstiegsrate des Gehalts von 2003 bis 2010 ist 3%, von 2011 bis 2100 4%; die persönliche Einkommenssteuerrate 5% bis 45%; die gewerbliche Einkommenssteuerrate 33%[641]. Das Ergebnis der Prognose wird in der Tabelle 6-15 gezeigt.

Die Tabelle 6-15 zeigt, wenn die staatliche Steuer um 1 Yuan gekürzt wird, dass das Kapital der betrieblichen Altersversorgung entsprechend um 5-6 Yuan steigt. Diesen großen Multiplikator der steuerlichen Vergünstigungen auf das angesparte Kapital der betrieblichen Altersvorsorge darf der Staat nicht vernachlässigen. Wenn die steuerlichen Vergünstigungen nicht eingeführt werden und der Staat in der Folge die hohe Ersatzquote der gesetzlichen Rentenversicherung beibehalten müsste, wird der Staat in Zukunft in eine schwierige fiskale Krise hineinmanövriert, die möglicherweise landesweit die Wirtschaft negativ statt positiv beeinflussen und zu weiterer Arbeitslosigkeit und Armut führen würde. Das schadet der Effektivität der Wirtschaft und der ganzen Gesellschaft. Wenn der Staat aber die Ersatzquote der gesetzlichen Rentenversicherung senkt, sonst aber keine Maßnahmen zur Verbesserung der Einkommen im Alter einführt, um die dadurch entstandenen Rentenlücken zu decken, werden viele Rentner unter Armut im Alter leiden, was die Sicherheit und Gerechtigkeit der Gesellschaft beschädigen wird. Der Staat müsste auch diese Folgen mit einem Vielfachen an Kosten ertragen Obwohl die durch steuerliche Vergünstigungen angereizte betriebliche Altersversorgung das steuerliche Einkommen des Staates etwas verringert, vermehrt sich das Einkommen der Arbeitnehmer im Alter. Das macht die Verkürzung der Rente aus der gesetzlichen Rentenversicherung möglich und wird die fiskalische Belastung wegen der gesetzlichen Rentenversicherung weiter verringern.

---

[641] Genaue Darstellung sowie Erklärung vgl. Forschungsinstitut für Sozialsicherung des chinesischen Ministeriums für Arbeit und Sozialsicherung/Chinesische Taiping Versicherung GmbH (2003). S.70ff..

Der Staat kann z.B. auch die stufenweise Übergangsregelung einführen. Damit würden die Härten durch eine drastische Minderung der steuerlichen Einnahmen für den Staat vermieden.

Steuerliche Vergünstigungen für die betriebliche Altersversorgung sollen im Kontext mit der gesamten Steuerpolitik betrachtet werden. Der Staat sollte dafür eine Richtlinie festlegen. Es ist keine gute Lösung, den Problemen aus dem Weg zu gehen, ohne eine wirkliche Lösung dafür zu schaffen.

Tabelle 6-15: Einfluss von steuerlichen Vergütungen auf den Aufbau der betrieblichen Altersversorgung

	summiertes Kapital der betrieblichen Altersversorgung (Mrd. Yuan)	summierte steuerliche Verkürzungen (Mrd. Yuan)	Summiertes Kapital der betrieblichen Altersversorgung/ summierte steuerliche Verkürzungen
2003	66,6	11,0	6,1
2004	147,1	24,4	6,0
2005	248,1	41,4	6,0
2006	367,6	61,8	5,9
2007	504,9	85,6	5,9
2008	662,7	113,4	5,8
2009	844,4	145,7	5,8
2010	1.053,8	183,6	5,7
2011	1.295,6	226,6	5,7
2012	1.566,6	275,5	5,7
2013	1.868,9	330,6	5,6
2014	2.205,1	392,7	5,6
2015	2.577,4	462,3	5,6
2016	2.988,3	540,0	5,3
2017	3.440,6	626,7	5,5
2018	3.936,9	723,0	5,4
2019	4.481,7	829,9	5,4
2020	5.076,2	948,0	5,4

Quelle: Forschungsinstitut für Sozialsicherung des chinesischen Ministeriums für Arbeit und Sozialsicherung/Chinesische Taiping Versicherung GmbH (2003). S.83.

6.3.2.2.2.3. Steuerliche Vergünstigungen für die persönlichen Beiträge

In China wird in den Vorschriften der zentralen sowie der lokalen Regierung kein Wort erwähnt über die steuerlichen Vergünstigungen für die von den Arbeitnehmern zu entrichtenden Beiträgen, die sie aus ihrem Nettolohn für die betriebliche Altersversorgung erbringen müssen.

Obwohl die Einkommenssteuer der privaten Haushalte nur einen kleinen Teil der ganzen steuerlichen Einnahmen ausmacht, liegt deren Anstiegsrate signifikant über der der steuerlichen Einnahmen des Staates, vgl. Tabelle 6-16.

Tabelle: 6-16: Anteil der Einkommensteuer der Individuen an der Steuereinnahme des Staates

	1999	2000	2001	2002	2003	2004
Einkommens-teuer der Individuen (Mrd. Yuan)	1.031,5	1.266,58	1.516,55	1.699,66	2.046,61	2.571,80
Anstiegsrate (%)	k.A.	0,05002	0,05000	0,04998	0,04995	0,04993
Steuereinnahme des Staates (Mrd. Yuan)	41,43	66,04	99,60	121,11	141,73	173,71
Anstiegsrate (%)	k.A.	59,40	50,82	21,60	17,03	22,56
Anteil (%)	4,01	5,21	6,57	7,13	6,93	6,75

Quelle: In Anlehnung an http://www.chinatax.gov.cn/n480462/n480498/n480887/3354257.html (abgerufen am 31.01.2007).

Die jährlich von den privaten Haushalten nicht deklarierte Einkommenssteuer wird, wie in der Tabelle 6-17 dargestellt, relativ hoch eingeschätzt:

Tabelle 6-17: Jährlich hintergezogene Einkommenssteuer von Individuen (von 1995-2002)

Jahrgang	Summe (Mrd. Yuan)
1995	2,8
1996	7,3
1997	28,2
1998	33,8
1999	49,2
2000	73,2
2001	80,4
2002	94,5

Quelle: Peng, Xuemei(2005).S.207.

Jährlich wird ein großer Teil der Einkommenssteuer der privaten Haushalte hinterzogen[642]. Die Einkommenssteuer der privaten Haushalte hat das Einkommen der chinesischen Bevölkerung nicht so stark beeinflusst wie geplant. Deswegen ist schon begründet, zu fragen, wie viel die einkommenssteuerlichen Vergünstigungen der Individuen zum Aufbau der betrieblichen Altersversorgung beitragen, wenn für einen großen Teil der Bevölkerung die Einkommenssteuer so wenig bedeutet, dass sie sogar die halbe Zeit deren Zahlung „vergessen“[643]. Ohne einen wirklichen, spürbaren Nutzen durch eine steuerliche Vergünstigung sind auch alle finanzpolitischen Anstrengungen umsonst und auch absolut ohne jede Wirkung auf die betriebliche Altersvorsorge. Die betriebliche Altersversorgung besser unter die Menschen zu bringen mit einkommenssteuerlichen Vergünstigungen ist damit das falsche Instrument. Dazu kommt, dass niemand sein Geld in die betriebliche Altersversorgung einzahlen will, wo die Benutzung des darin angesparten Kapitals sehr strengen Beschränkungen unterliegt. Da ziehen die privaten Haushalte die eigenen Investitionen solchen staatlich vorgegebenen „Abenteuern“ vor. Anders wäre es, wenn die Unternehmen sich für ihre Mitarbeiter ins Zeug legen und für die Arbeitnehmer die betriebliche Altersversorgung aufbauen würden, und wenn die Arbeitnehmer dann detailliert über die künftige Entwicklung der Renten aus der gesetzlichen Rentenversicherung und auch über die betriebliche Altersversorgung informiert würden; dann hätten die Arbeitnehmer keinen Grund mehr, das Angebot der Unternehmen abzulehnen. Für die Verbreitung der betrieblichen Altersvorsorge sind die Unternehmen zur Zeit eine bessere Adresse als irgendwelche finanzpolitischen Instrumente des Staates, besonders wenn der Staat noch weit entfernt ist von der Problembewältigung anderer, brennender Sozialziele, wie z.B. die Verbesserung der Lebensverhältnisse der Wanderarbeiter oder die Altersversorgung der Landbevölkerung. Deswegen stehen zurzeit die einkommenssteuerlichen Vergünstigungen für private Haushalte nicht zur Debatte.

6.3.2.2.2.4 Gedanken für die mögliche Einführung der einheitlichen steuerlichen Vergünstigungen

Steuerliche Vergünstigungen könnten auch als „Tax Shelter“ benutzt werden. z.B. Unternehmen und Arbeitnehmer könnten versuchen, vor dem Rentenfall oder sogar kurz nach der Einzahlung der Beiträge Geld aus der betrieblichen Altersversorgung abzuheben.[644] Wenn der Plan der betrieblichen Altersversorgung vor dem Rentenfall abgebrochen wird, muss sich der Staat dafür einsetzen, dass die steuerlichen Vergünstigungen zurückgezahlt werden.

---

642 Die Gründe für die Hinterziehung der Einkommenssteuer von Individuen ist vielseitig: kein effektiver Prüfungsmechanismus ist ein wichtiger Grund. Weitere Gründe könnten folgende sein: keine Tradition, Steuern zu zahlen; wie im Kapitel 4.2.1.1 schon erwähnte Vielseitigkeit der Einkommen; Lücke im Gesetz für Einkommenssteuer. usw. vgl. Peng, Xuemei(2005).S.210.

643 Nach einer von China Economic Monitoring and Analysis Center durchgeführten Erhebung haben nur 24,7% der Bevölkerung die Einkommenssteuer von Individuen rechtzeitig und vollständig eingerichtet. Vgl. Hu, Haiyan(2002).

644 Forschungsinstitut für Sozialsicherung des chinesischen Ministeriums für Arbeit und Sozialsicherung/Chinesische Taiping Versicherung GmbH (2003).S.38; Ye, Yuqing/Wang, Fanghua(2003).S.24.

Um den Menschen in Armut zu helfen, genügen ideologische Propaganda oder moralische Vorwürfe gegen die „schlechten" Reichen nicht, da helfen nur griffige Maßnahmen. Eine effektive Maßnahme bedeutet, nicht „jedem das Gleiche", sondern „jedem das seine" zu geben.[645] Für die Arbeitnehmer mit niedrigem Einkommen kann der Staat daran denken, z.B. mehr steuerliche Vergünstigungen für die durch die Unternehmen geleisteten Beiträge zu geben. Oder der Staat kann für die Unternehmen mit niedrigen Gewinnen höhere steuerliche Vergünstigungen anbieten als für andere Unternehmen, damit das Altersleben der in den Unternehmen mit schlechter Aussicht Arbeitenden besser geschützt wird.

6.3.2.2.3 Ein anderer Lösungsansatz

Ein effektiver Schub durch die steuerlichen Vergünstigungen scheint in kürzerer Zeit unmöglich. Ein anderer Lösungsansatz für die Förderung der betrieblichen Altersversorgung wird zurzeit diskutiert: die Trennung des individuellen Kontos von der gesetzlichen Rentenversicherung. Das individuelle Konto leistet in der Tat die Funktion der Lebensstandardsicherung. Ein System kann nur eine Funktion erfüllen – die gesetzliche Rentenversicherung soll nur die Umverteilungsfunktion und die Deckung der Grundbedürfnisse in den Augen haben und die Sparfunktion soll anderen Säulen überlassen werden. Viele Akademiker glauben,[646] das individuelle Konto soll von der gesetzlichen Rentenversicherung getrennt werden und in die betriebliche Altersversorgung integriert werden. Dieser Vorschlag ist in der Abbildung 6-5 dargestellt.

Nach der Trennung übernimmt ein System nur eine Funktion – die gesetzliche Rentenversicherung beinhaltet so nur die soziale Planung und garantiert das Existenzminimum. Die betriebliche Altersversorgung übernimmt zusammen mit der privaten Altersvorsorge die Sicherung des Lebensstandards. Dadurch könnte die Einrichtung der betrieblichen Altersversorgung schnell vorangebracht werden.

Dieser Lösungsansatz wird wieder mit dem gleichen Problem wie die steuerlichen Vergünstigungen konfrontiert: die Leistungsfähigkeit des Staates. Wenn das individuelle Konto wirklich von der gesetzlichen Rentenversicherung getrennt wird, muss der Staat in einer kurzen Zeit eine enorme Menge von Kapital zahlen. Das kann sich der Staat nicht leisten, besonders weil die meisten individuellen Konten leer sind.

Übrigens wird zurzeit kein effektives Auffangnetz gegen die Insolvenz der betrieblichen Altersversorgung aufgebaut[647]. Solange das individuelle Konto noch in den Händen des Staats ist, steht der Staat auch für die Sicherheit dieser Konten ein. Wenn das Kapital der individuellen Konten auf die betriebliche Altersversorgung umgebucht wird, verlieren die Arbeitnehmer den Schutz durch den Staat.

Dieser Vorschlag ist zurzeit in China undurchsetzbar, es wäre aber auch nicht besonders geschickt, eine solche Maßnahme isoliert von allen anderen Einflussfaktoren auf eine positive Entwicklung der Altersvorsorge, zu vollziehen.

---

645 Merten(1980).S.55.

646 Vgl. Chen, Zhong(2005).S.12; Huang, Lijun(2005).S.38; Wang, Hufeng(2004).S.67.;Peng, Xuemei(2005).S.171;

647 Vgl. Kap. 6.4.2.

Abbildung 6-5: Integrierung des individuellen Kontos in die betriebliche Altersversorgung

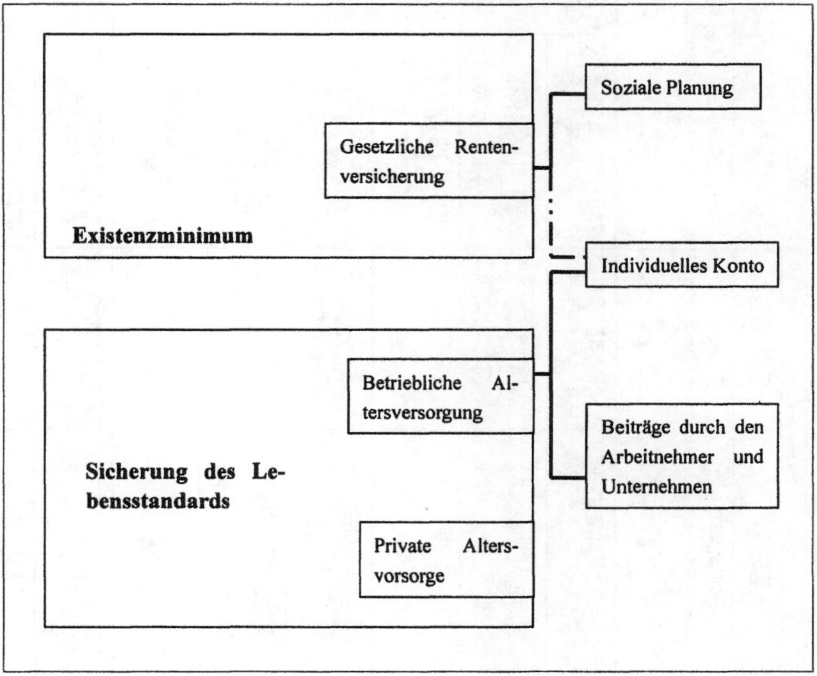

6.3.3 Bewertung

Im Vergleich zur chinesischen, man ist fast versucht zu formulieren, „sauberen“ „Null“ - Förderungspolitik haben die deutschen Unternehmen und Arbeitnehmer so viele Optionen, dass man fast die Übersicht über die Förderungspolitiken verlieren könnte:

Bei der Auswahl der passenden Durchführungswege muss der Arbeitgeber viele Elemente berücksichtigen: z.B. steuerliche Vergünstigungen, Zusageformen, Leistungsformen, Sozialabgabenbefreiung, Anpassungspflicht, staatliche Zulagen. Bei der Auswahl der günstigen Zuschüsse sowie der steuerlichen Vergünstigungen muss man noch den Familienstand, Alleinverdiener- oder Doppelverdienerehe, Zahl der Kinder, Höhe des Einkommens, Höhe des jährlichen Sparbetrages berücksichtigen.[648]

[648] Bunde sministerium für Arbeit und Sozialordnung(2002).S.32

Tabelle 6-18: Durchführungswege und ihre Parameter

		Direktzusage	Unterstützungskasse	Direktversicherung			Pensionskasse			Pensionsfonds	
Abgabenrechtliche Behandlung der Beiträge	Einkommensteuer	steuerfrei (kein Zufluss nach §11 EStG)		Nur Altzusagen: Pauschalbesteuerung (20%) nach §40b EStG	Bis zu 4% der BBG nach §3 Nr.63 EStG steuerfrei + Freibetrag: 1.800€	Sonderausgabenabzug und Zulagenförderung gemäß §§10a, 79ff. EStG	Nur Altzusagen: Pauschalbesteuerung (20%) nach §40b EStG	Bis zu 4% der BBG nach §3 Nr.63 EStG steuerfrei + Freibetrag: 1.800€	Sonderausgabenabzug und Zulagenförderung gemäß §§10a, 79ff EStG	Bis zu 4% der BBG nach §3 Nr.63 EStG steuerfrei + Freibetrag: 1.800€	Sonderausgabenabzug und Zulagenförderung gemäß §§10a, 79ff EStG
Abgabenrechtliche Behandlung der Beiträge – sozialabgaben	Arbeitgeberfinanziert	Beitragsfrei, da kein Zufluss		beitragsfrei nach §2 Abs.1 Nr. 3 ArEV	beitragsfrei nach §2 Abs.2 Nr.5 ArEV Freibetrag beitragspflichtig		beitragsfrei nach §§2 Abs.1 Nr.3 ArEV	beitragsfrei nach §2 Abs.2 Nr.5 ArEV Freibetrag beitragspflichtig		beitragsfrei nach §2 Abs.2 Nr.5 ArEV Freibetrag beitragspflichtig	
	Entgeltumwandlung	i. H. V. bis zu 4% der BBg beitragsfrei bis Ende 2008 gemäß §§14 Abs.1 S.2 115 SGB IV und §2 Abs.2 Nr.5 ArEV		beitragsfrei bis Ende 2008 nach §2 Abs.1 Nr.3 ArEV i.V.m. Art.35 Nr.8 AVmG	beitragsfrei bis Ende 2008 nach §2 Abs.2 Nr.5 ArEV; Freibetrag beitragspflichtig	Beitragspflichtig	Beitragfrei bis Ende 2008 nach §2 Abs.1 Nr.3 ArEV i.V.m. Art.35 Nr.8 AVmG	beitragsfrei bis Ende 2008 nach §2 Abs.2 Nr.5 ArEV; Freibetrag beitragspflichtig	beitragspflichtig	beitragsfrei bis Ende 2008 nach §2 Abs.2 Nr.5 ArEV; Freibetrag beitragspflichtig	Beitragspflichtig
Steuerliche Behandlung der Leistungen zum Zeitpunkt der Auszahlung		als Einkünfte aus nichtselbständiger Arbeit nach §19 Abs. 1 Nr.2 EStG zu versteuern		bei Rentenzahlung: Ertragsanteilbesteuerung nach §§22 Nr.1 S.3 Buchstabe a EStG	grundsätzlich als „sonstige Einkünfte" nach §§22 Nr.5 EStG voll nachgelagert versteuert		bei Rentenzahlung: Ertragsanteilbesteuerung nach §22 Nr.1 S.3 Buchstabe a EStG	grundsätzlich als „sonstige Einkünfte" nach §§22 Nr.5 EStG voll nachgelagert versteuert			
Leistungsarten		Alters-, Invaliditäts- und Hinterbliebenenabsicherung möglich								Zusatzversicherung nur in Verbindung mit einer Altersleistung	
Leistungsform		Wahl zwischen Renten- und Kapitalzahlungen								Pflicht zur Rentenzahlung	
Zusageform		Leistungszusage Beitragsorientierte Leistungszusage		Leistungszusage Beitragsorientierte Leistungszusage Beitragszusage mit Mindestleistung							
Anpassungspflichtung		Keine Anpassungsprüfungspflicht der Renten bei Kapitalleistungen			Keine Anpassungsprüfungspflicht der Renten bei Kapitalleistungen oder Beitragszusage mit Mindestleistung						
		Anpassung in der Anwartschaftsphase ist freiwillig; Anpassungsprüfpflicht bei laufenden Leistungen jede 3 Jahre bei Leistungszusage oder beitragsorientierte Zusage									

Quelle: in Anlehnung an Masberg(2006).S.237 und S.307

Die Vielfalt der Förderungswege macht einerseits viele Kombinationen möglich und gibt den Arbeitgebern viele Wahlmöglichkeiten. Anderseits kann die Vielfalt die Arbeitgeber verunsichern und ihre Entscheidung erschweren. Nur Experten vermögen die detaillierten Vorschriften zu durchblicken. Ein Außenstehender vermag kaum das System in seiner ganzen Breite in all seinen Fassetten erkennen. In Tabelle 6-18 wird versucht, die Durchführungswege mit den dazugehörenden, relevanten Parametern darzustellen.

Die Durchsichtigkeit der Förderungsmaßnahmen ist kein Ziel an sich, würde aber den Arbeitgebern Vertrauen zum System der betrieblichen Altersversorgung geben und ihnen helfen, schnelle und richtige Entscheidungen zu treffen.

Um die Förderungsmaßnahmen transparent zu machen, müssen die Gesetzgeber erst sorgfältig darüber nachdenken, besonders wenn China am Anfang eines Systementwurfs steht und systematisch keine geschichtliche Last hinter sich hat.

Übrigens sind nicht erst die Fördermaßnahmen gefragt, sondern ein umfassender Systementwurf, angefangen mit einem oder einer Anzahl auf China zugeschnittenen Modellen, dann einer Machbarkeitsstudie und zuletzt eines Projektplans, der den Weg der Realisierung aufzeigt, immer unter Berücksichtigung der unterschiedlichen Gegebenheiten, die über das riesige Land verteilt anzutreffen sind, aber auch der politischen und gesellschaftlichen speziell chinesischen Strukturen, die eventuell tangiert oder sogar angepasst werden müssen.

6.4 Insolvenzsicherung

6.4.1 Deutsche Insolvenzsicherung

6.4.1.1 Pensions-Sicherungs-Verein Versicherungsverein auf Gegenseitigkeit (PSVaG)

6.4.1.1.1 Allgemein

Eine wichtige Maßnahme für die deutsche Insolvenzsicherung ist die Einrichtung des Pensions-Sicherungs-Vereins, der vom Gesetz zur Verbesserung der betrieblichen Altersversorgung (BetrAVG) 1974 geschaffen wurde. Er wurde durch die Bundesvereinigung der Deutschen Arbeitgeberverbände, den Bundesverband der Deutschen Industrie und den Verband der Lebensversicherungsunternehmen nach §14 BetrAVG gegründet und ist zugleich Träger der Insolvenzsicherung von Versorgungszusagen Luxemburger Unternehmen.[649] PSVaG wird in §§7 – 15 BetrAVG und in §§15 – 53b VAG gesondert geregelt, durch § 91 des Einführungsgesetzes zur Insolvenzordnung (EGInsO) ergänzt kodifiziert. PSVaG bietet eine Nichtpersonenversicherung in Form einer Vermögensschadenversicherung an,[650] funktioniert als Träger der Insolvenzsi-

[649] Vgl. „Abkommen zwischen der Bundesrepublik Deutschland und dem Großherzogtum Luxemburg über Zusammenarbeit im Bereich der Insolvenzsicherung betrieblicher Altersversorgung" in: BGBl II 2001. S.1258-1260.
[650] Fehn s(1995).S.95

cherung und als Versicherungsverein auf Gegenseitigkeit und unterliegt der Aufsicht durch die Bundesanstalt für Finanzdienstleistungsaufsicht[651].

Der PSVaG wird durch die Beiträge der Arbeitgeber finanziert, die Direktzusage, Unterstützungskasse oder Pensionsfonds und unter bestimmten Umständen[652] die Direktversicherung gewählt haben. Das Verhältnis zwischen dem PSVaG und den Arbeitgebern ist gemäß §10 Abs.1. BetrAVG öffentlich-rechtlich. Die Arbeitgeber tragen das geschäftliche Risiko des Versicherungsvereins und sind sowohl Mitglieder als auch Kunden des Versicherungsvereins.[653]

Anders als die drei Durchführungswege, Direktversicherung, Pensionskasse und Pensionsfonds, die unter der Aufsicht der BaFin stehen, steht die Investition des durch Direktzusage oder Unterstützungskasse gesammelten Kapitals unter freiem Ermessen der Verwalter des Kapitals, das durch Direktzusage oder Unterstützungskasse zusammengekommen ist. Deswegen werden die Direktversicherung und die Pensionskasse aus der Insolvenzversicherung ausgeklammert, weil die Leistungsfähigkeit der Direktversicherung und Pensionskasse als externe Versorgungsträger grundsätzlich nicht von der Insolvenz durch den Arbeitgeber gefährdet wird[654]. Die Versicherungsaufsicht ist gegen die Insolvenz von Direktversicherung und Pensionskasse zuständig. Nur wenn die Leistungen der Direktversicherung vom Arbeitgeber beliehen oder abgetreten werden, springt der Pensionssicherungsverein der Direktversicherung ein und schließt die Sicherheitslücke. Die über Pensionsfonds durchgeführte betriebliche Altersversorgung, die eine bestimmte Leistung zugesagt hat, soll ebenfalls bei der PSVaG versichert werden, weil der freie Raum der Anlagepolitik von Pensionsfonds im Vergleich zu Direktversicherung und Pensionskasse die Realisierung der Einstandspflicht des Arbeitsgebers möglich macht. Der PSVaG steht erst ein, wenn sowohl Pensionsfonds als auch Unternehmen (wegen der Subsidiärhaftung[655]) zahlungsunfähig sind. Abbildung 6-6 zeigt die Anteile der einzelnen Durchführungswege.

Man kann gut erkennen, dass in den vergangenen zehn Jahren die Anteile der einzelnen Durchführungswege fast unverändert geblieben sind: die unmittelbare Versorgungszusagen machen über 88% aus. Die Unterstützungskassenzusagen und die widerruflichen oder beliehenen Direktversicherungen machen nur kleine Anteile aus.
Die Obergrenze der durch den PSVaG gewährleisteten Leistung beträgt das Dreifache der monatlichen Bezugsgrößen nach §18 SGB IV.[656] Der Pensionsversicherungsverein hat gemäß § 16 BetrAVG keine gesetzliche Anpassungspflicht. Nur wenn eine vertragliche Verpflichtung des Arbeitgebers besteht, muss der Pensionsversicherungsverein für den Konkursfall des Arbeitgebers die Versorgungsleistungen an die Leistungsempfänger anpassen.[657]

---

[651] §14 Abs. 1 Satz 3 BetrAVG.
[652] Wenn der Arbeitgeber die Direktverischerung beliehen, abgetreten oder verpfändet hat oder dem Arbeitnehmer nur ein widerrufliches Bezugsrecht garantiert wurde.
[653] Vgl. Peiner(2000). S.131ff. Müller(2000).S.12f.
[654] Vgl. Gerke/Heubeck(2002). S. 433ff., S.440f.
[655] Vgl. §1 Abs. 1 Satz 3 BetrAVG und Kap. 6.6.1.
[656] Vgl. §7 Abs.3 BetrAVG, §2 Abs.4 AIB
[657] Vgl. BAG 22. Mär.1983-3 AZR 574/81.

Aus der Tabelle 6-19 kann man deutlich herauslesen, dass sich in den letzten Jahrzehnten der Pensions-Sicherungs-Verein schnell verändert hat und eine immer wichtigere Funktion bei der Sicherung des Lebensstandards der Arbeitnehmer im Alter ausübt.

Die Mitgliederzahl ist von Jahr zu Jahr gestiegen. Insgesamt betragen die gemeldeten Versorgungsempfänger 486.287 und machen 10.723 Sicherungsfälle aus.

Abbildung 6-6: Anteile der einzelnen Durchführungswege

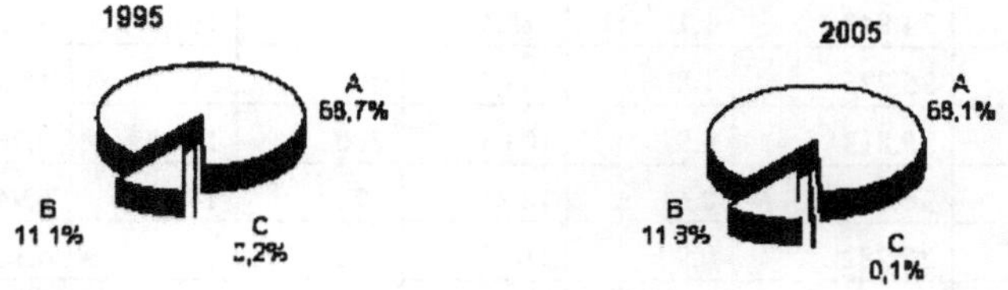

A = unmittelbare Versorgungszusagen
B = Unterstützungskassenzusagen
C = widerrufliche oder beliehene Direktversicherungen
Quelle: Pensions-Sicherungs-Verein(2006).S.10.

Tabelle 6-19: Entwicklung des Pensions-Sicherungs-Vereins vom 1. Jan. 1975, Beginn des Geschäftsbetriebs, bis 31. Dez. 2005
- Part 1 -

Geschäftsjahr	Mitglieder Anzahl (31. Dez.)	Beitragsatz (Promille)	Beitragsvolumen (€)	Sichrungs fälle Anzahl	Schden-V olumen (Mio. €)	Gemeldete Versorgungs-Empfänger Anzahl
1975	31.045	1,5	56,5	249	38,2	5.060
1976	31.685	1,9	8,16	267	83,7	8.814
1977	32.102	1,9	87,4	248	65,6	4.745
1978	32.778	0,7	36,5	187	39,7	4.765
1979	32.518	1,1	60,9	154	65,2	5.346
1980	32.547	1,4	85,9	161	87,3	6.879
1981	33.895	2,0	137,5	246	141,6	11.780
1982	33.977	6,9	521,5	363	623,9	39.584
1983	33.746	3,7	281,6	322	264,3	10.689
1984	33.968	2,6	218,6	369	200,2	8.036
1985	34.662	1,4	135,6	366	194,0	7.461

Tabelle 6-19: Entwicklung des Pensions-Sicherungs-Vereins vom 1. Jan. 1975, Beginn des Geschäftsbetriebs, bis 31. Dez. 2005

- Part 2 -

Geschäftsjahr	Mitglieder Anzahl (31. Dez.)	Beitragsatz (Promille)	Beitragsvolumen (€)	Sicherungsfälle Anzahl	Schden-Volumen (Mio. €)	Gemeldete Versorgungs-Empfänger Anzahl
1986	34.848	1,1	118,4	332	191,0	8.135
1987	35.725	1,8	244,4	307	299,5	15.891
1988	35.813	0,9	103,3	200	158,8	4.460
1989	36.051	0,6	72,8	173	143,4	4.943
1991	37.282	0,9	116,0	162	201,5	6.165
1992	37.758	0,8	115,5	207	216,7	10.487
1993	38.115	3,1	467,5	326	703,9	34.349
1994	38.179	2,3	363,3	348	425,4	18.414
1995	38.573	2,6	426,7	388	489,3	15.228
1996	39.045	2,6	481,2	404	724,6	41.948
1997	39.233	2,7	482,6	406	422,8	12.737
1998	39.737	1,2	223,6	399	387,7	11.763
1999	39.774	2,8	530,5	394	610,6	27.751
2000	39.778	2,1	439,9	442	548,1	14.898
2001	39.893	2,5	546,0	479	614,1	17.339
2002	40.643	4,5	1.016,8	705	1.481,4	43.565
2003	45.858	4,5	1.036.1	726	877,2	29.125
2004	53.102	3,6	881,8	657	760,6	19.456
2005	59.636	4,9	1.237,7	580	1.234,0	29.371

Quelle: www.psvag.de (abgerufen am 28.12.2006)

6.4.1.1.2 Finanzierung

Zurzeit wird der PSVaG durch das Rentenwertumlageverfahren als mittleres Verfahren zwischen dem Kapitaldeckungsverfahren und dem reinen Ausgabe-Umlageverfahren finanziert.[658] Die Beitragshöhe richtet sich nach dem Schadensvolumen des Vorjah-

658 www.psvag.de (abgerufen am 02.01.07).

res[659] und unterscheidet sich von Jahr zu Jahr. Abbildung 6-7 zeigt, vom Jahr 1998 an gibt es eine deutliche Anstiegsstendenz des Beitragssatzes.

Abbildung 6-7: Entwicklung des Beitragssatzes für den PSVaG

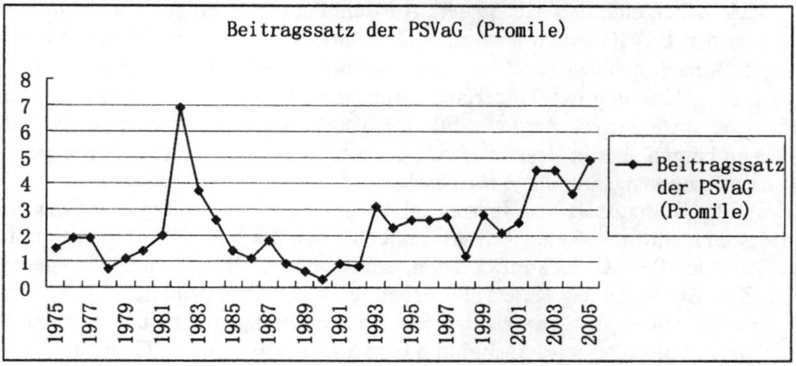

Quelle: www.psvag.de (abgerufen am 02.01.07)

Für die verschiedenen Durchführungswege gelten unterschiedliche Bemessungsgrundlagen für die Erhebung der PSVaG – Beiträge, wie in der Tabelle 6-20 dargestellt wird:

Tabelle 6-20: Bemessungsgrundlagen für die Zahlungen an den PSVaG[660]

Durchführungsweg	Bemessungsgrundlagen für den PSVaG bei den üblichen Vertragsgestaltungen
Direktzusage	Höhe der Rückstellung
Unterstützungskasse	Pauschaldotiert: Deckungskapital für Rentner bzw. 20 fache Reservepolsterzuwendung für Anwärter ab 28 Jahren Rückgedeckt: Deckungskapital für Rentner bzw. für Anwärter ab Versicherungssumme
Direktversicherung	Höhe des Beleihungswertes
Pensionskasse	Generell keine Beitragspflicht
Pensionsfonds	20% der Rückstellung einer vergleichbaren Direktzusage

Quelle: Buttler(2005).S.88.

[659] Vgl. § 6 AIB, §10 Abs.3, §9 Abs. 2 BetrAVG.
[660] Vgl. Wiesner(2005). S.527ff.

Obwohl das CTA-Modell[661] die Risikostruktur der unmittelbaren Versorgungszusagen deutlich geändert hat,[662] muss die betriebliche Altersversorgung mit dem CTA-Modell nach §9 Abs.2 Satz 1 BetrAVG auch dem PSVaG den Beitrag in voller Höhe bezahlen.[663] Viele haben eine risikoadäquatere Ausrichtung der Beiträge[664] unterstützt. Die Beiträge an den PSVaG sollen nach dem Gesamtrisiko jeder betrieblichen Altersversorgung, z.B. nach den Zusageformen wie Leistungszusage und Beitragszusage, oder der Insolvenzgefährdung des Trägerunternehmens und der Verschiedenheit der Anlagenstrategien differenziert werden. Z.B. im Vergleich zu unmittelbaren Durchführungswegen bergen sich in Pensionsfonds geringere Insolvenzrisiken; deswegen wird die Beitragsbemessungsgrundlage für Pensionsfonds nur um 20% reduziert.

Obwohl der Beitragssatz von Jahr zu Jahr steigt, beziffert die Regierung das Volumen der noch nicht finanzierten Anwartschaft auf rund 2,2 Mrd. €.[665] Um sich mit der großen Last der PSVaG zu konfrontieren, sind schon viele Vorschläge vorgebracht worden. Z.B. Ein Vorschlag lautet: alle Arbeitgeber, die die betriebliche Altersversorgung anbieten, sollen der gesetzlichen Insolvenzsicherungspflicht unterworfen werden.[666] Dieser Vorschlag wird auch durch Gerke und Heubeck im „Gutachten zur zukünftigen Funktionsfähigkeit der Insolvenzsicherung durch den Pensions-Sicherungs-Verein VVG“[667] vorgestellt und eine risikoabhängige Verteilung der Durchführungswege in drei Gruppen empfohlen, wie in der Tabelle 6-21 dargestellt wird.

Die Gruppe I übernimmt das Insolvenzrisiko eines Unternehmens und soll der PSVaG den höchsten Beitrag zahlen. Bei der zweiten Gruppe wird durch eine abgegrenzte Vermögensmasse das Insolvenzrisiko reduziert und sie soll dann ein Fünftel des Beitrags der Gruppe I entrichten. Gruppe III unterliegt dem Insolvenzrisiko wie die Versicherungsunternehmen und kann so entweder einen noch niedrigeren Beitrag zahlen als Gruppe II oder extern versichert werden.[668]

Andere Vorschläge wie Erhebung von Austrittsbeiträgen für die Unternehmen oder Umstellung auf vollständige Kapitaldeckung[669] werden auch viel diskutiert. Der letzte Vorschlag befindet sich schon auf seinem Weg der Durchsetzung: ein Gesetzesentwurf der Bundesregierung (16/1936) sieht vor, dass die Finanzierung der PSVaG auf volle Kapitaldeckung umzustellen ist.[670] Das bedeutet, dass die Mitglieder der PSVaG das im laufenden Jahr durch Insolvenz verursachte Schadensvolumen vollständig durch den kapitalisierten Barwert bezahlen müssen. Das Rentenwertumlageverfahren hat seine Nachteile: z.B. der Beitragssatz schwankt sehr stark und die durch Insolvenz verursachten Lasten werden in die Zukunft verschoben. Aber mit dem Kapitaldeckungsverfahren muss der PSVaG das Kapital weiter investieren, damit der Zukunfts-

---

[661] Vgl. Kap. 5.3.2.2.
[662] Gerke(2004).S.47.
[663] Höfer(2005).S.739.
[664] Z.B. Gerke/Heubeck(2002),S.435; Hoppenrath(2005).
[665] www.bundestag.de (abgerufen am 30.01.2007)
[666] Steinmeyer(2004), F68.; Gerke(2004).S.65.
[667] Gerke/Heubeck(2002).S.433.
[668] Gerke/Heubeck(2002).S.478ff.
[669] Hoppenrath(2005). S.414.
[670] www.bundestag.de (abgerufen am 30.01.2007)

wert des Kapitals erreicht wird. Das bedeutet, der PSVaG wird mit dem Kapitalmarktrisiko konfrontiert. Neben seiner sozialpolitischen Funktion wird der PSVaG als Auffanglösung gleichzeitig auch mit einer Aufwertungsfunktion belastet. Diese zwei Funktionen lassen sich definitiv nicht in einem und dem gleichen Institut verwirklichen. Das ist wie bei der gesetzlichen Rentenversicherung, die kann auch nur das Existenzminimum garantieren und für die Lebensstandardsicherung muss ein anderes Ressort beauftragt werden. Nach Meinung der Verfasserin sollen Reformen innerhalb des PSVaGs eingeführt werden aber der PSVaG soll weiter durch das Rentenwertumlageverfahren finanziert werden.

Tabelle 6-21: Risikoabhängige Verteilung der Durchführungswege

	Risiko		
	I	II	IIII
Risikoprofil	Unternehmens Individuelles Insolvenzrisiko	Unternehmens-Individuelles Insolvenzrisiko, reduziert durch abgesetzte Vermögensmasse	Insolvenzrisiko eines Versicherungs-Unternehmens
Durchführungs-wege	- Unmittelbare Pensionszusage - Unterstützungskasse - Direktversicherung vom Typ I*	- Pensionsfonds - Pensionskasse - Asset-Backing-Modell II	- Direktversicherung vom Typ III** - Kongruent rückgedeckte Unterstützungskasse

* Direktversicherung vom Typ I – Direktversicherung mit widerruflichem Bezugsrecht bzw. mit Abtretung oder Beleihung

** Direktversicherung vom Typ III - Direktversicherung mit unwiderruflichem Bezugsrecht

Quelle: Gerke/Heubeck(2002).S.478.

6.4.1.2 Andere Insolvenzpräventionen

Die Pensionskasse ist von der Insolvenzsicherungspflicht befreit und wird wegen seiner engen Sozialbindung durch das BaFin beaufsichtigt.[671] Die Anlagepolitik der Pensionskasse ist nach §§54 und 54a VAG stark sicherheitsorientiert

Der PSVaG ist auch nicht für die Insolvenz der Versicherungsunternehmen zuständig. Die Direktversicherung ist nicht insolvenzsicherungspflichtig, wenn ein unwiderrufliches Bezugsrecht eingeräumt wird.[672] Um die Interessen der Versicherten zu

671 Vgl. Kap. 6.5.2.
672 Gerke(2004).S.51.

schützen, schufen die Lebensversicherungsunternehmen mit der Protektor Lebensversicherung AG[673] unter Zustimmung der BaFin eine bracheninterne Auffangeinrichtung. Die Protektor Lebensversicherungs AG ist umlagefinanziert und wird von allen aktiven deutschen Lebensversicherungsunternehmen getragen. Der Beitrag der Mitgliederunternehmen beträgt bis zu einem Prozent ihrer Kapitalanlage.[674] Aber die Funktionsfähigkeit und Effizienz von Protektor als Auffangpool für die ganze Wirtschaft im Fall von schweren Kapitalmarktkrisen werden zu Recht angezweifelt[675]

6.4.2 Die chinesische Insolvenzsicherung

Wie viele Erfahrungen schon gezeigt haben, kann die staatliche Aufsicht keine hundertprozentige Sicherheit garantieren. Auf die Sicherheit des Kapitals der betrieblichen Altersversorgung legen die Unternehmen großen Wert.[676]

Zu früheren Zeiten, als die chinesischen Versicherungsunternehmen bankrott gingen, stand noch der Staat für die offen gebliebenen Leistungen ein. In der Gegenwart wird für die chinesischen Versicherungsunternehmen erst einmal ein Kapitalstock aufgebaut, der bei der Insolvenz der Versicherungsunternehmen eingesetzt werden soll. Die Versicherungsunternehmen müssen einen bestimmten Prozentsatz[677] ihres Gebühreneinkommens in den Kapitalstock einzahlen, der von der Versicherungsaufsichtskommission verwaltet wird. Für Aktieninvestoren wird eine Schutzfondsfirma aufgebaut.[678] Für die Schutzfondsfirma für Aktieninvestoren müssen die Börsen und Aktieninvestitionsfirmen jährlich bestimmte Beiträge zahlen.[679] Für die Fundsmanagementfirmen wird auch ein Konkurssicherungsfonds geplant.[680]

Obwohl durch das Treuhandmodell der chinesischen betrieblichen Altersversorgung die Sicherheit des Kapitals der betrieblichen Altersversorgung gewährleistet ist, steht das Verlustrisiko bei der Reinvestition des angesparten Kapitals noch offen, das viele unterschiedliche Ursachen haben kann, wie z.B. die Pflichtverletzung der Beteiligten und Fehlentwicklungen auf den Kapitalmärkten.

Als Maßnahme gegen das Verlustrisiko ist in der „Verordnung der Verwaltung von Kapital der betrieblichen Altersversorgung“ folgende Vorschrift festgeschrieben worden: Der Investitionsmanager soll 20% von seinen Verwaltungsgebühren als Risikoreserve auf die Seite legen. Dieses Risikoreservekapital wird beim Kapitalmanager einbehalten und wird dann als Erstattung für Investitionsdefizite benutzt. Die Obergrenze der Risikoreserve beträgt 10% des Nettokapitals der betrieblichen Altersversorgung.[681]

---

673 Vgl. www.protektor-ag.de (abgerufen am 21.01.2007)

674 www.protektor-ag.de (abgerufen am 21.01.2007).

675 Gerke(2004).S.45f.

676 Xie, Weiqun/Pei, Xianmei/Lin, Yongting(2005).S.23.

677 Der Prozentsatz unterscheidet sich von Sparte zur Sparte.

678 Am 29.05.2005 wird die Schutzfondsfirma für Aktieninvestoren gegründet. Vgl. http://www.wst.cn/dispbbs.asp?boardID=274&ID=232748. (abgerufen am 20.09.2006).

679 Vgl. „Verordnung für Schutzfonds für Aktieninvestoren“. Aktienaufsichtskommission, Finanzministerium und Volksbank[27]

680 http://finance.sina.com.cn (abgerufen am 21.01.2007).

681 „Verordnung der Verwaltung von Kapital der betrieblichen Altersversorgung“ § 58.

Ob 10% des Nettokapitals der betrieblichen Altersversorgung das Investitionsrisiko vollständig decken können, steht noch offen. Übrigens muss man sehen, dass durch den Aufbau von Risikoreservekapital das Investitionsrisiko nur innerhalb eines einzelnen Investitionsmanagers gedeckt wird. Die Verlustschutzfunktion kann sozialisiert werden, indem ein Kapitalstock durch alle Investitionsmanager - je nach ihrer eigenen Risikoklasse – gemeinsam finanziert wird. Durch die Verteilung des Verlustrisikos auf größere Gesellschaftskreise können alle Beteiligten sowohl am Investitionserfolg des Kapitals der betrieblichen Altersversorgung wie auch von einem geringeren Verlustrisiko profitieren.

Die chinesische betriebliche Altersversorgung wird nach der Beitragszusage organisiert und die Ziele der Begünstigten können noch nicht effektiv garantiert werden. Noch übernimmt der Treuhänder prinzipiell die ganze Verantwortung für die betriebliche Altersversorgung. Aber für die Treuhänder, deren Sozialbindung so eng ist, ist keine besondere Insolvenzeinrichtung aufgebaut worden. Wenn die staatliche Aufsicht versagt, und der Treuhänder seinen Verpflichtungen nicht nachkommen kann, ist die Folge für die Menschen mit ihren berechtigten Leistungsansprüchen verheerend. Deswegen sollten weitere Schutzmaßnahmen für die Sicherheit des Kapitals der betrieblichen Altersversorgung getroffen werden. Z.B. könnte ein Kompensationsfonds aufgebaut werden.[682] Oder eine Dachversicherung für alle Treuhänder könnte die Sicherheitslücken schließen. § 58 der „Verordnung der Verwaltung von Kapital der betrieblichen Altersversorgung“ greift für eine so wichtige Aufgabe zu kurz. Eine Zusammenwirkung der präventiven und kompensatorischen Sicherungssysteme wäre wünschenswert.

Der Kapitalstock für Versicherungsunternehmen, der Konkurssicherungsfonds für Fundsmanagementfirmen und andere Maßnahmen bilden zusammen die erste Garantie für die Sicherheit des Kapitals der betrieblichen Altersversorgung. Der durch alle Investitionsmanager finanzierte Kapitalstock verbessert dann das Sicherheitskonzept. Die Dachversicherung für alle Treuhänder wird das Restrisiko der Insolvenz von betrieblichen Altersvorsorgeeinrichtungen übernehmen. Mit so einem Insolvenzsicherungssystem, wie es die Abbildung 6-8 darstellt, kann die Sicherheit des Kapitals von betrieblichen Altersversorgungseinrichtungen optimal geschützt werden.

Aber so ein Insolvenzsicherungssystem ist nicht ohne Probleme: steigen durch das kaskadenförmige Absicherungssystem die Verwaltungskosten, geht das auf Kosten der Leistungsempfänger, d.h. der Rentner, was die Effizienz des Altersvorsorgesystems schmälert und im Gesamten weniger attraktiv macht als andere, auf dem Markt angebotene Versicherungssysteme. Um das Problem zu lösen, muss der Hintergrund für die Einführung der betrieblichen Altersversorgung wieder berücksichtigt werden: mit dem Aufbau der betrieblichen Altersversorgung hat die in Schwierigkeiten steckende gesetzliche Rentenversicherung bessere Möglichkeiten, aus der Krise herauszukommen und das Altersleben der Arbeitnehmer zu sichern. Die Sicherheit des Kapitals der betrieblichen Altersversorgung ist entscheidend für den Paradigmenwechsel[683] der gesetzlichen Rentenversicherung. Es lohnt sich, mit etwas höheren Kosten ein effektives

---

[682] Chen, Hualiang(2005a).S.63.

[683] Der Paradigmenwechsel hängt eng mit der in Kap. 2.2 vorgestellten Rollenveränderung des Staates zusammen.

Insolvenzsicherungssystem aufzubauen, damit die Erfolgschance für das Rentensicherungssystem verbessert wird. Aber man muss den Beitragssatz für den Konkurssicherungsfonds vernünftig festlegen. Sowohl ein zu hoher als auch ein zu niedriger Beitragssatz wird den Erfolg der betrieblichen Altersversorgung negativ beeinträchtigen: ein zu hoher Beitragssatz wird die Effizienz der betrieblichen Altersversorgung reduzieren und ein zu niedriger Beitragssatz kann keinen genügenden Schutz gewähren. Präzise, wirtschaftliche Rechnungen werden helfen, den optimalen Wert herauszufinden. Wichtig ist auch, dass die unterschiedlichen Risikoklassen der Dienstleistungsunternehmen berücksichtigt werden. Jedes Dienstleistungsunternehmen hat entsprechend seiner Risikoklasse seinen eigenen Beitragssatz zu entrichten und trägt damit seine adäquate Verantwortung.

Abbildung 6-8: Vorgeschlagtes Insolvenzsicherungssystem

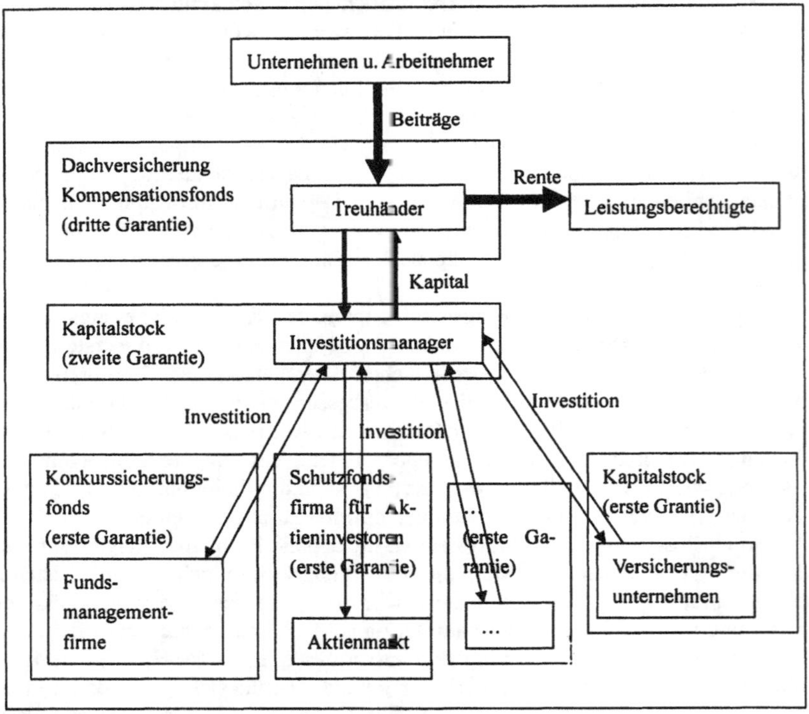

Kein Insolvenzsicherungssystem kann die Risiken hundertprozentig abdecken. Wenn betriebliche Altersversorgungen in der Lage sind, sichere und damit bessere Altersversicherungsprodukte als andere Altersversorgungsformen anzubieten, werden sie für die risikoaversen Menschen attraktiver und erfolgreicher sein. Die spezifischen auf die betriebliche Altersversorgung ausgerichteten Insolvenzsicherungsmaßnahmen sind absolut notwendig, und nicht zuletzt die effekt ven Insolvenzsicherungsmaßnahmen sind es, die die umfangreichen Reformanstrengungen gegen die Altersarmut zum Erfolg führen.

6.5 Aufsicht

6.5.1 Staatliche Aufsicht allgemein

Die staatliche Aufsicht, die als Scharnier zwischen öffentlichem und privatem Sektor dient,[684] kann vielseitig begründet werden:

1. Informationsasymmetrie
   Für eine einzelne Person ist es unmöglich, alle Informationen für sich zu beschaffen und aus den erhaltenen Informationen die richtigen auszuwählen. Durch eine staatliche Aufsicht kann teilweise garantiert werden, dass genügende und richtige Informationen zur Verfügung stehen.
2. Lange Laufzeit der Altersicherungsprodukte
   Von der Einzahlung der Beiträge bis zur Auszahlung der Rentenansprüche vergeht eine lange Laufzeit, innerhalb derer sich viele Risikoelemente entwickeln können, z.B. ungerechtes Abzweigen des Kapitals, risikoreiche Investitionen, Insolvenz der Unternehmen, Inflation, usw., die nicht durch einen Einzelnen vermieden werden können. Eine effektive staatliche Aufsicht könnte diese Risiken auf ein Minimum reduzieren.
3. Komplexität des Finanzmarktes
   Die Qualität der Versorgungsproduktanbieter lässt sich für normale Bürger schwer einschätzen. Auch für die Unternehmen, die nicht mit den Finanzmärkten zu tun haben, sind die Leistungsfähigkeit und Stabilität des Anbieters nicht transparent. Staatliche Aufsicht ist deswegen unentbehrlich, wenn effektive Aufsicht durch den einzelnen schwer durchsetzbar ist.
4. Möglichkeit von Monopolausübung durch den Arbeitgeber
   Arbeitgeber können die betriebliche Altersversorgung als Kontrollinstrument über die Arbeitnehmer benutzen. Z.B. durch ungerechte Vorschriften die Mobilität der Arbeitnehmer verhindern und die Belange der Arbeitnehmer gefährden. Durch staatliche Aufsicht kann solches Verhalten der Arbeitgeber beschränkt werden.
5. Marktversagen
   Als eine zur gesetzlichen Rente komplementäre Einkommensquelle für die Arbeitnehmer im Alter spielt die betriebliche Altersversorgung eine wichtige Rolle, auch für die Stabilität der Gesellschaft. Gegen die Gefahr des Marktversagens ist eine staatliche Aufsicht notwendig. Die betriebliche Altersversorgung wird meistens steuerlich begünstigt. Um die Effekte der steuerlichen Vergünstigungen zu schützen, soll der Staat sich für die Sicherheit der betrieblichen Altersversorgung einsetzen.

Vier Bausteine eines Gewährleistungsverwaltungsrechts[685] lauten Qualifikation und Auswahl privater Akteure, Ergebnissicherung durch Lenkung und Kontrolle, Evalua-

---

[684] Schuppert(2000).S.912.
[685] Schuppert(2005).S.43f.

tion und Lernen, Effektive staatliche Rückholoptionen. In Bezug auf die Aufsicht über die betriebliche Altersversorgung erscheint uns die staatliche Aufsicht in vielen unterschiedlichen Formen: z.B. Richtlinien feststellen, nach den Vorschriften des VAG (Gesetz über die Beaufsichtigung der privaten Versicherungsunternehmen und Bausparkassen) die Erlaubnis erteilen, Investitionsanteile auszuarbeiten, Kapitalausstattungen zu konstituieren, Zweigniederlassungen akkreditieren, vor Ort kontrollieren, Informationen kontrollieren, usw.[686]

6.5.2 Die deutsche Aufsicht über die betriebliche Altersversorgung

6.5.2.1 BaFin

Über die Investition der angesparten Gelder von der Direktzusage und der Unterstützungskasse wird keine staatliche Aufsicht ausgeübt. Für die Aufsicht über Direktversicherung, Pensionskasse und Pensionsfonds sind die Bundesanstalt für Finanzdienstleistungsaufsicht (BaFin) und die Versicherungsaufsichtsbehörde des jeweiligen Landes zuständig.

Aufgaben und Zweck der BaFin werden in §§81 und 83 VAG festgeschrieben: Die BaFin überwacht die Einhaltung der gesetzlichen Regelungen, vertritt als Verbraucherschutzbehörde die Interessen der Versicherten und trägt zur langfristigen Stabilität des gesamten Finanzsektors bei.[687]

Die BaFin wird je in eine Banken-, Versicherungs-, und Wertpapieraufsicht/Asset-Management unterteilt (Abbildung 6-9). Die Abteilung 5 der Versicherungsaufsicht ist speziell für die Aufsicht über die betriebliche Altersversorgung zuständig (Abbildung 6-10).

Die Aufsicht über die betriebliche Altersversorgung wird nach Durchführungswegen und nach Branchen geteilt: Pensionskasse und Pensionsfonds stehen im Mittelpunkt der Abteilung der Versicherungsaufsicht 5. Die Aufsicht über die Direktversicherung wird hauptsächlich durch die Abteilung der Versicherungsaufsicht 2 übernommen.

Die Versicherungsaufsicht ist entsprechend dem föderalistischen System der Bundesrepublik Deutschland auf Bund und Länder aufgeteilt: Die BaFin beaufsichtigt für den Bund die in Deutschland tätigen privaten Versicherungsunternehmen, die wirtschaftlich von erheblicher Bedeutung sind und die öffentlich-rechtlichen Wettbewerbsversicherer, die über die Grenzen eines Bundeslandes hinaus tätig sind. Die Aufsichtsbehörden der Länder beaufsichtigen vor allem die öffentlich-rechtlichen Versicherer, deren Tätigkeiten auf das jeweilige Bundesland beschränkt sind und die privatrechtlichen Versicherer, die wirtschaftlich von geringerer Bedeutung sind.[688]

Die Versicherungsaufsicht wird aufgeteilt in die „Erlaubniserteilung“ und die „laufende Aufsicht“. Nur die Unternehmen, die die Erlaubnis der BaFin bekommen, dürfen ihren Betrieb ausüben. Bei der laufenden Aufsicht ist die BaFin dafür zuständig, Informationen zu sammeln, den Geschäftsbetrieb zu beobachten, die Ordnungsmäßigkeit

---

[686] Forschungsinstitut für Sozialsicherung des chinesischen Ministeriums für Arbeit und Sozialsicherung/Chinesische Taiping Versicherung GmbH (2003).S.169.

[687] Vgl. www.bafin.de (abgerufen am 21.01.2007)

[688] www.bafin.de (abgerufen am 08.01.2007)

der Unternehmen an das Versicherungsaufsichtsgesetz (VAG), das Versicherungsvertragsgesetz (VVG) und das Bürgerliche Gesetzbuch (BGB) zu prüfen, die Überschussbeteiligungen, die Risikogerechtigkeit der Kapitalanlagen und die versicherungstechnischen Rückstellungen der Versicherungsunternehmen zu kontrollieren und die Rechnungen zu überprüfen. Unter bestimmten Umständen kann die BaFin auch eine örtliche Prüfung durchführen und oder Zweigniederlassungen eröffnen.[689]

Die BaFin kann Rundschreiben, Auslegungsentscheidungen, Merkblätter & Formulare Leitfäden, aufsichtliche Offenlegung, Bekanntmachungen, Verlautbarungen, Schreiben benutzen. Und nach dem VAG kann die BaFin alle „geeigneten und erforderlichen" Anordnungen treffen sowie über eine Reihe von Sonderbefugnissen verfügen.[690]

Abbildung 6-9: Organigramm von Bafin

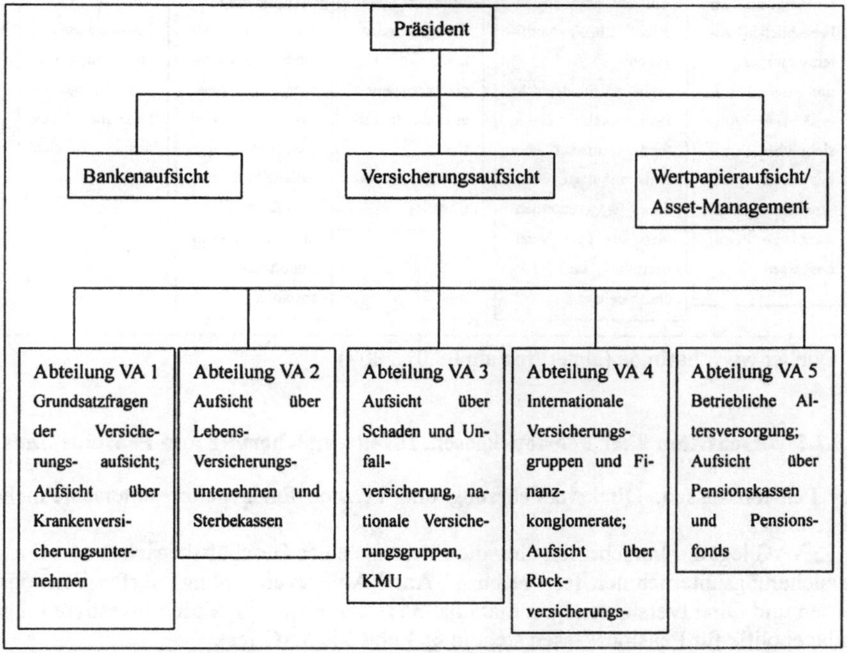

Quelle: www.bafin.de (abgerufen am 08.01.2007)

---

[689] www.bafin.de (abgerufen am 08.01.2007)
[690] www.bafin.de (abgerufen am 08.01.2007)

Abbildung 6-10 :Organigramm von Abteilung Versicherungsaufsicht 5 von Bafin

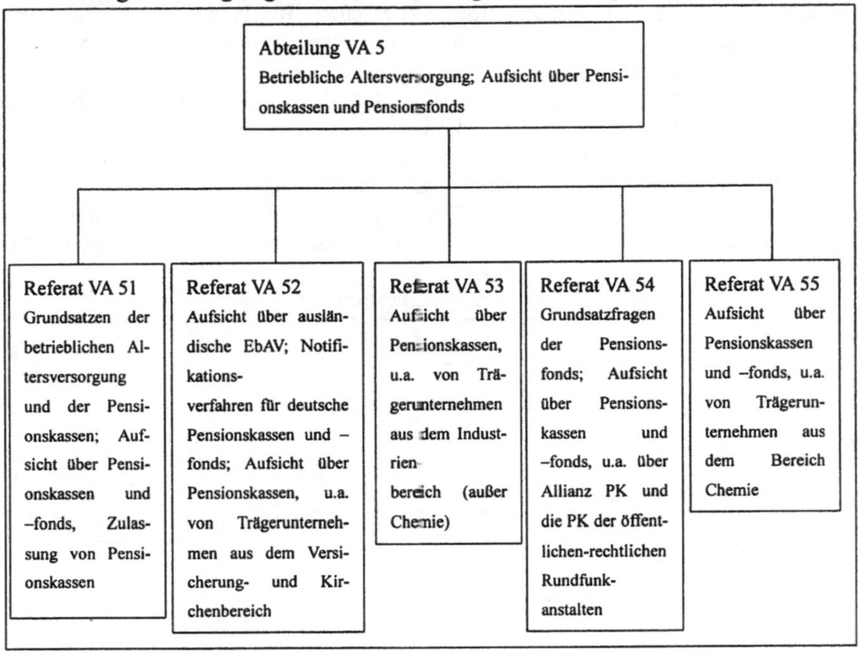

Quelle: www.bafin.de (abgerufen am 08.01.2007)

6.5.2.2 Vorschriften über Pensionskassen, Direktversicherung und Pensionsfonds

Für Pensionskassen, Direktversicherung und Pensionsfonds gelten unterschiedliche Regelungen:

§5 VAG legt die Vorschriften über die Erlaubnis eines Geschäftsbetriebes von einem Versicherungsunternehmen fest. Nach §2 AnlV(Anlageverordnung) dürfen Pensionskassen und Direktversicherungen maximal 35% der Assets in Aktien investieren. Die Anlagepolitik für Pensionskassen steht in §54 und 54a VAG fest.

Die Kapitalausstattung von Pensionsfonds wird in §§112ff VAG geregelt. §4 des Versicherungsaufsichtsgesetzes (PFKapAV), §3 Anlv und §115 VAG legen die Anlagemöglichkeiten des gebundenen Vermögens von Pensionsfonds vor. Das Grundprinzip für die Investition von Pensionsfonds ist die „Prudent Man Rule“, d.h. es sind die Anlagegrundsätze anzuwenden, die auch ein Sachkundiger und gewissenhafter Dritter anwenden würde. Nach §115 VAG gilt für die Pensionsfonds das Prinzip der größtmöglichen Sicherheit bei höchstmöglicher Rentabilität. Für die Aufsicht gelten weniger die quantitativen Vorgaben, sondern die qualitativen Kriterien.

6.5.3 Die chinesische Aufsicht über die betriebliche Altersversorgung

6.5.3.1 Organisation der chinesischen Aufsicht

Wegen des chinesischen speziellen Funktionsmechanismus der betrieblichen Altersversorgung lässt sich die Aufsichtsorganisation einer BaFin in China nicht durchführen. Die deutschen Organisationen: Pensionskassen oder Pensionsfonds dienen wie eine Tür, durch welche die Tätigkeiten der betrieblichen Altersversorgung eingesehen werden können. Die chinesische betriebliche Altersversorgung wird über Verträge zwischen den unterschiedlichen Finanzdienstleistungsfirmen organisiert und fast alle Finanzdienstleistungsfirmen wie die Banken, Versicherungsunternehmen, Fondsmanagementunternehmen u.a .werden in einen Plan der betrieblichen Altersversorgung einbezogen. Der Aufbau einer speziellen Aufsichtsbehörde für die betriebliche Altersversorgung wäre nicht vorstellbar, weil deren Aufgaben viele Schnittsstellen mit denen der chinesischen Volksbank, Wertpapieraufsichtskommission, Versicherungsaufsichtskommission und Bankenaufsichtskommission hat und Doppelspurigkeiten im Aufbau der Aufsichtsbehörde mit gleichen Aufgaben nicht zu vermeiden wäre. Mit einer neu gebauten Aufsichtsbehörde würden auch viele Probleme entstehen, z.B. eine auf die betriebliche Altersversorgung speziell bezogene Politik kann die normale Tätigkeit der Banken und Versicherungsunternehmen stark beeinflussen. Die betriebliche Altersversorgung soll in die gesamte Wirtschaft eingepasst, und nicht wegen ihrer besonderen Bedeutung isoliert werden. Die Aufsicht über die betriebliche Altersversorgung soll in die bestehende Aufsichtsstruktur integriert werden und mit Rücksicht auf die ganze Wirtschaft kann so die Gestaltung der betrieblichen Altersversorgung effektiver sein.

Abbildung 6-11: Struktur der chinesischen Aufsicht für die betriebliche Altersversorgung

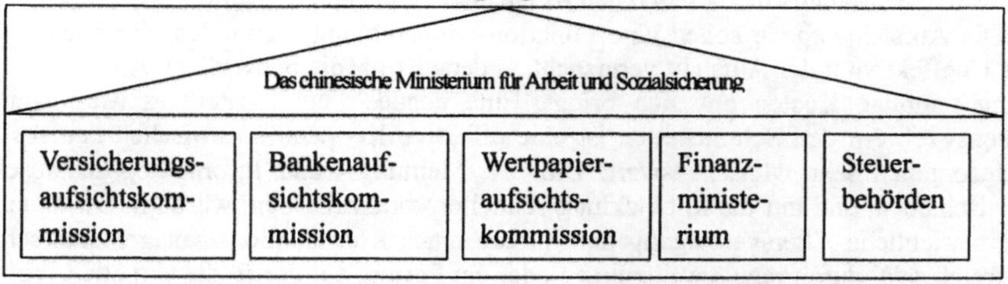

Zurzeit liegt die Aufsicht über die betriebliche Altersversorgung in der Hand des chinesischen Ministeriums für Arbeit und Sozialsicherung, Versicherungsaufsichtskommission, Bankenaufsichtskommission, Wertpapieraufsichtskommission, Finanzministerium und Steuerbehörden. Die Struktur kann wie in Abbildung 6-11 dargestellt werden.

Die Funktionsverteilung in Treuhänder, Konto-, Investitions- und Kapitalmanager hat die staatliche Aufsicht schwierig gemacht, die die Arbeit nicht nur des Staatsorgans benötigt. Das chinesische Ministerium für Arbeit und Sozialsicherung funktioniert wie ein Dachorgan und organisiert und koordiniert die Zusammenarbeit zwischen den anderen Organen. Bei der schon bestehenden Aufsichtsstruktur wäre die Koordination zwischen Ministerien und Behörden sehr wichtig für die erfolgreiche Beaufsichtigung der betrieblichen Altersversorgung. Nur mit einer detaillierten Aufgabenverteilung, effektivem Informationsaustausch und leistungserbringender Zusammenarbeit kann die erfolgreiche Durchführung der betrieblichen Altersversorgung mit Garantie aufgezogen werden. Beim Herausgeben der „Verordnung für die Durchführung der betrieblichen Altersversorgung" und der „Verordnung der Verwaltung von Kapital der betrieblichen Altersversorgung" haben das chinesische Ministerium für Arbeit und Sozialsicherung, die Versicherungsaufsichtskommission, die Bankenaufsichtskommission und die Wertpapieraufsichtskommission ganz gut zusammen gearbeitet: jede Kommission formuliert einen eigenen Entwurf für die Richtlinien. Die Entwürfe werden dann beim Ministerium für Arbeit und Sozialsicherung redigiert, und zusammengefasst und an den Staatsrat weitergeleitet. Deswegen konnten die zwei wichtigen Richtlinien relativ schnell zustande kommen. Bis jetzt ist diese Zusammenarbeit der Organe in Bezug auf die betriebliche Altersversorgung noch nicht in einem Gesetz verankert, und auch die Zusammenarbeit befindet sich noch auf einem niedrigen Niveau. Z.B. das Finanzministerium hat bis jetzt noch keine klaren Vorstellungen über die steuerlichen Vergünstigungen bei der betriebliche Altersversorgung geäußert,[691] obwohl das Ministerium für Arbeit und Sozialsicherung die Verbreitung der betrieblichen Altersversorgung mit voller Kraft vorangetrieben hat.

Die Struktur der Aufsicht darf nicht zu kompliziert werden. Komplizierte Strukturen ziehen immer Ineffizienz nach sich. Auch die Aufsichtsausübenden dürfen nicht über eine zu große Macht verfügen. Große Macht birgt die Gefahr des Rentseeking der Machtinhaber in sich. Die durch Regierungsversagen verursachten Wohlfahrtsverluste könnten sogar größer sein als die vom Marktversagen hervorgebrachten Wohlfahrtsverluste. Die Macht soll zwischen den Aufsichtsorganen gerecht verteilt werden.

Die Aufsichtsorgane sollen eine Funktionswiederholung vermeiden, die einerseits die Uneffektivität der Aufsicht verursacht, anderseits für die betriebliche Altersversorgung unnötige Kosten mit sich bringt. Eine genaue Funktionsteilung wäre wünschenswert. An den Schnittstellen ist eine effektive Kooperation zwischen den Aufsichtsorganen sehr wünschenswert. Um den Meinungs- und Informationsaustausch anzuschieben, und um die Entwicklung schneller voranzutreiben, würde in Bezug auf die betriebliche Altersversorgung der Aufbau eines Koordinationsmanagements sehr hilfreich sein, durch reguläre Sitzungen oder ein Forum, auf denen die aktuellen Probleme über die betriebliche Altersversorgung und Verbesserungsmöglichkeiten der Personalpolitik des Sozialministeriums, mit Berücksichtigung der chinesischen Volksbank, der drei Aufsichtkommissionen, des Finanzministeriums, der Steuerbehörden und anderen betroffenen sowie interessierten Organisationen zur Sprache gebracht werden könnten. Das Sozialministerium hätte dann den Überblick über die Beaufsichtigung durch die drei Aufsichtskommissionen zu halten und die Verantwortung dafür zu übernehmen.

---

[691] Vgl. Kap. 6.3.2.

Abbildung 6-12: Aufsichtssubjekte der chinesischen betrieblichen Altersversorgung

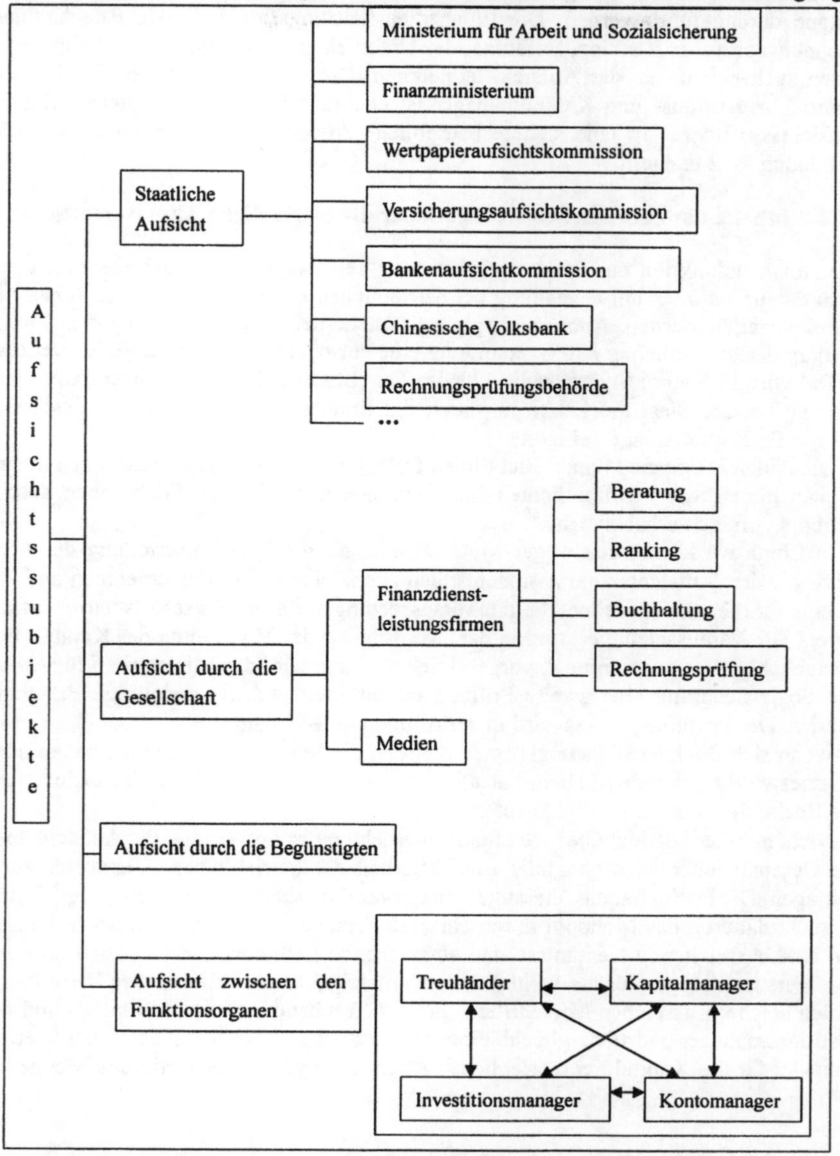

Quelle: in Anlehnung an das Forschungsinstitut für Sozialsicherung des chinesischen Ministeriums für Arbeit und Sozialsicherung/Chinesische Taiping Versicherung GmbH (2003). S.231.

Der Staat ist nicht allmächtig. Die Aufsicht soll auch nicht nur durch die staatlichen Organe durchgeführt werden. Die Finanzdienstleistungsfirmen[692] wie Buchhaltung, Rechnungsprüfung, Ranking, Beratung, der Unternehmensrat, sogar die Arbeitnehmer sollen auch bewußt an der Aufsicht teilnehmen. Die Aufsicht zwischen Treuhänder, Konto-, Investitions- und Kapitalmanager ist ebenfalls hilfreich. Ein vielschichtiges Aufsichtssystem macht eine sichere betriebliche Altersversorgung möglich, wie die Abbildung 6-12 darstellt

6.5.3.2 Inhalte der chinesischen Aufsicht über die betriebliche Altersversorgung

Die Aufsichtsfunktion des Staates wird in zwei Teile gegliedert: einerseits achtet der Staat darauf, dass bei der Gestaltung der betrieblichen Altersversorgung die Vorschriften eingehalten werden. Anderseits spielt die Sicherheit des Kapitals bei der Durchführung der betrieblichen Altersversorgung eine entscheidend wichtige Rolle. Der erste Teil wird in Kap. 6.6 vorgestellt. Für das Durchführen der betrieblichen Altersversorgung hat der Staat die Kontrolle durch die Erlaubniserteilung und die Beschränkungen für Kapitalanlagen eingeführt.

Die Aufsichtsorgane können Richtlinien festlegen, wo nötig Niederlassungen in den Städten bilden, die veröffentlichten Informationen kontrollieren, Stichproben durchführen, Umfragen erheben, usw.[693]

In China wird ein zweistufiger Mechanismus für die Erlaubniserteilung durchgeführt: die drei Aufsichtskommissionen sollen zuerst eine Prüfung übernehmen und Erlaubnis für die Akteure teilen, die die Voraussetzungen für den Geschäftsbetrieb erfüllt haben. Die Voraussetzungen sind in der „Verordnung der Verwaltung des Kapitals der betrieblichen Altersversorgung" vorgeschrieben. Dann wird das Ministerium für Arbeit und Sozialsicherung eine zweite Prüfung durchführen und die endgültige Erlaubnis erteilen. Der Prüfungsprozess wird in der Abbildung 6-13 dargestellt.

Wenn sich die Dienstleistungsfirmen nicht an die Vorschriften gehalten haben oder gesetzeswidrig gehandelt haben, hat das Ministerium für Arbeit und Sozialsicherung das Recht, die Erlaubnis zu widerrufen.

Nicht nur die Aufsicht über die Finanzunternehmen ist notwendig, die Aufsicht über die Geschäftsleiter wird ebenfalls zur Sicherheit der betrieblichen Altersversorgung beitragen. Die BaFin hat das Vieraugenprinzip für die Geschäftsleiter festgelegt[694] und versucht dadurch das Monopol durch einzelne Personen zu verhindern. Nach der BaFin sind ausreichende Kenntnisse und ausreichende Leitungserfahrung auch notwendige Voraussetzungen für die Wahl der Geschäftsleiter. In der chinesischen Verordnung fehlen solche hilfsreichen Vorschriften. Ein für Treuhänder, Konto-, Kapital- und Investitionsmanager wörtlich gleichbleibender Satz, dass „die Zahl der qualifizierten Manager für das Kapital der betrieblichen Altersversorgung eine bestimmte Menge er-

---

[692] For schungsinstitut für Sozialsicherung des chinesischen Ministeriums für Arbeit und Sozialsicherung/Bosch Funds Management GmbH(2002).S.146.

[693] In Anlehnung an www.csrc.org.cn, www.cbrc.org.cn, www.circ.org.cn. (abgerufen am 05.01.2007)

[694] www.bafin.de (abgerufen am 10.01.2007)

reichen muss“[695], dient als personalpolitische Vorschrift für die Dienstleistungsfirmen. Das reicht aber auf keinen Fall aus.

Abbildung 6-13: Der Prüfungsprozess für die Erlaubnisteilung

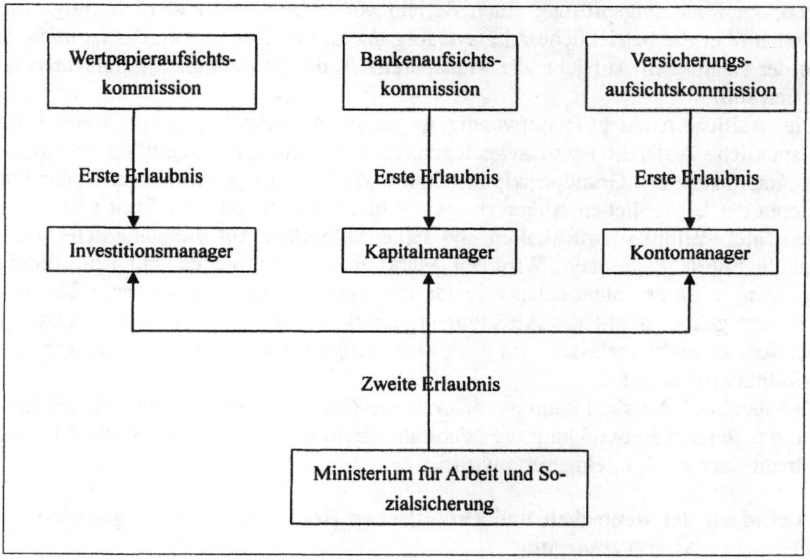

Wie in Deutschland wird auch in China eine quantitative Aufsicht (draconian regulation) durchgeführt. §§47 und 49 Die „Verordnung der Verwaltung des Kapitals der betrieblichen Altersversorgung“ hat die Anteile der Kapitalanlagen festgeschrieben. Die Vorschriften lauten:

- Untergrenze des zirkulierenden Kapitals 20%
- Obergrenze der Termineinlagen 50%, davon soll die Untergrenze des Anteils der Staatsschulden 20% sein[696]
- Obergrenze der Wertpapier- und Versicherungsprodukte 30%, mit einer Obergrenze des Aktienanteils von 20%
- Obergrenze für die Investition in eine Aktien oder einen Fonds ist 5% der Aktien oder des Fonds. Gleichzeitig beträgt die Obergrenze für die Investition in Aktien oder einen Fonds 10% des Kapitals der betrieblichen Altersversorgung.
- Das Kapital der betrieblichen Altersversorgung darf nicht in eine andere betriebliche Altersversorgung investiert werden.

Der Staat soll auch eine strenge Aufsicht über die Werbung für die betriebliche Altersversorgung ausüben: z.B. darf keine irreführende Werbung gemacht werden. Der

---

[695] §12 Satz 4, §20 Satz 4, §26 Satz 3, §34 Satz 4 „Verordnung der Verwaltung des Kapitals der betrieblichen Altersversorgung“

[696] Es wird in Kap. 6.6 angesprochen.

Inhalt der Werbung soll auf seine Wahrheit genau geprüft werden und alle wichtigen Informationen müssen groß geschrieben werden. usw.

Die Dienstleistungsunternehmen werden aufgefordert, rechtzeitig Rechnung zu führen, der Rechnungsprüfung einen Bericht vorzulegen, und andere wichtige Informationen über die betriebliche Altersversorgung zu veröffentlichen; das ist auch Aufgabe der staatlichen Aufsicht, die Transparenz in der betrieblichen Altersversorgung schaffen soll.

Die staatliche Aufsicht ist notwendig, gegen das Außerkraftsetzen der freien Märkte. Die staatliche Aufsicht ist so auszulegen, dass die marktwirtschaftlich organisierte, freie Konkurrenz das Grundprinzip sein soll und dessen Regelmechanismen das Funktionieren der betrieblichen Altersversorgung übernehmen soll. Der Staat soll sich mit seinen Interventionen zurückhalten und seine Aktivitäten auf die steuerliche oder finanzielle Politik begrenzen. Wird der Markt durch Absprachen und Kartellbildung umgangen, muss der Staat entsprechende Instrumente einsetzen können, effizient dagegen anzugehen, damit die Altersvorsorgeeinrichtungen ihre Ziele zu Gunsten der Arbeitnehmer nicht verlassen und auch eine stetige Balance zwischen Sicherheit und Flexibilität erreicht wird.

Die staatliche Aufsicht kann an sich nie ein Ziel sein, sondern vielmehr ein Instrument, das je nach Entwicklung der Wohlfahrtsziele nach den Gesetzen der Ökonomie mal mehr oder weniger eingesetzt wird.

6.6 Leitideen der deutschen und chinesischen Regierung beim Organisieren der betrieblichen Altersversorgung

Beim Organisieren bzw. Reorganisieren sind die deutsche und chinesische Regierung unterschiedliche Wege gegangen und haben so auch unterschiedliche Strukturen geschaffen.

6.6.1 Zusageformen

Wie in Kap. 3.4.4 schon vorgestellt wird, treffen wir in Deutschland drei Zusageformen an: Leistungszusage, Beitragszusage mit Mindestleistung und Beitragsorientierte Leistungszusage. In China wurde dagegen nur eine Zusageform eingeführt: die reine Beitragszusage.

In Kap. 5.4 sind die vier Zusageformen schon vorgestellt worden. Die Leistungszusage bietet die größte Sicherheit in bezug auf die Leistungsansprüche. Bei der Beitragszusage mit Mindestleistung garantiert der Arbeitgeber „Leistungen zur Alterssicherung“[697] und bei der „beitragsorientierten Leistungszusage“ eine „Anwartschaft auf Alters-, Invaliditäts- oder Hinterbliebenenversorgung“[698]. Obwohl von den drei Zusagenformen die Beitragszusage mit Mindestleistung eine Zusage auf niedrigstem Niveau bedeutet, werden die Interessen der begünstigten Arbeitnehmer besser wahrgenommen als bei der Beitragszusage, die übrigens auch die einzige Zusageform in Chinas ist.

---

[697] §1 Abs.2 Nr.2 BetrAVG

[698] §1 Abs.2 Nr.1 BetrAVG

Wenn der Versorgungsträger den Leistungsverpflichtungen nicht in voller Höhe nachkommen kann, muss der Arbeitgeber nach §1 Abs. 1 Satz 3 BetrAVG der sog. Subsidiärhaftung auf Grund seines Versorgungsversprechens gegenüber dem Arbeitnehmer entsprechend nachrangig dafür einstehen. Das Risiko ist für den Arbeitgeber nur schwer zu kalkulieren: es kann ja sein, dass er in der Zukunft die ganzen Leistungsansprüche der Arbeitnehmer selbst decken muss. Mit der Einführung der reinen Beitragszusage dagegen gehen die chinesischen Unternehmen bei der Einführung der betrieblichen Altersversorgung fast kein unkalkuliertes Risiko ein. Alles was die chinesischen Unternehmen leisten müssen, sind die vorher abgesprochenen Beiträge.

Übrigens gilt nach §1 Abs.2 Nr.4 BetrAVG noch die Umfassungszusage, sofern „der Arbeitgeber sich klar dazu bekennt, Leistungen aus Eigenbeiträgen des Mitarbeiters, [...] als Leistungen der betrieblichen Altersversorgung zu umfassen“[699]. Von der Umfassungszusage kann man die große Verantwortung des deutschen Arbeitgebers für die betriebliche Altersversorgung erkennen: er ist nicht nur für seine eigenen Beiträge, sondern auch für die Beiträge der Arbeitnehmer verpflichtet.

6.6.2 Anpassungspflicht der deutschen Arbeitgeber

Der Arbeitgeber muss nach §16 BetrAVG alle drei Jahre eine Anhebung der laufenden Leistungen aus der betrieblichen Altersversorgung prüfen. Diese Pflicht darf er aus wirtschaftlichen Gründen teilweise oder ganz ablehnen. Die Anpassung in der Anwartschaftsphase ist freiwillig. Die Anpassungsvorschrift geht auf eine Entscheidung des 3. Senats vom 20.3.1973 zurück, die erstmals eine Anpassungsverpflichtung des Arbeitgebers bei (stark) gestiegenen Lebenshaltungskosten befürwortet hatte.[700]

Mit der Grundsatzentscheidung des BAG vom 28.4.1992[701] ist das „Hälftelungsprinzip“ eingeführt worden: für den Anpassungszeitraum bis 1.1.1975 muss nur der halbe Teuerungsausgleich gewährt werden[702]. Bei Neuzusagen ab 1999 kann der Arbeitgeber nach § 16 Abs. 3 BetrAVG die Leistungen der betrieblichen Altersversorgung pauschal 1% pro Jahr anpassen.[703] Gut 55% der Unternehmen haben die Begrenzung der Rentenanpassung auf 1% als „gut“ angenommen.[704]

Für die Anpassungsentscheidung gibt es einen langen und komplizierten Prüfungsprozess. Als Prüfungsmaßstab dienen der Verbraucherpreisindex eines 4-Personen-Haushaltes und die durchschnittliche Nettolohnentwicklung. Und der ganze Entscheidungsprozess der Anpassung nach §16 BetrAVG sieht wie in der Abbildung 6-14 gezeigt.

[699] Kemper. et al.(2005).§1 Rz.449.
[700] Lieb(2004):S.617 und vgl. die dort hingewiesenen Literaturen.
[701] BAG vom 28.4.1992 – 3 AZR 142/91
[702] Bode/Grabner/May(2003).S.108.
[703] Vgl. Kap. 3.4.4.4.
[704] Förster(2003).S.719.

Abbildung 6-14: Anpassungsentscheidung nach §16 BetrAVG

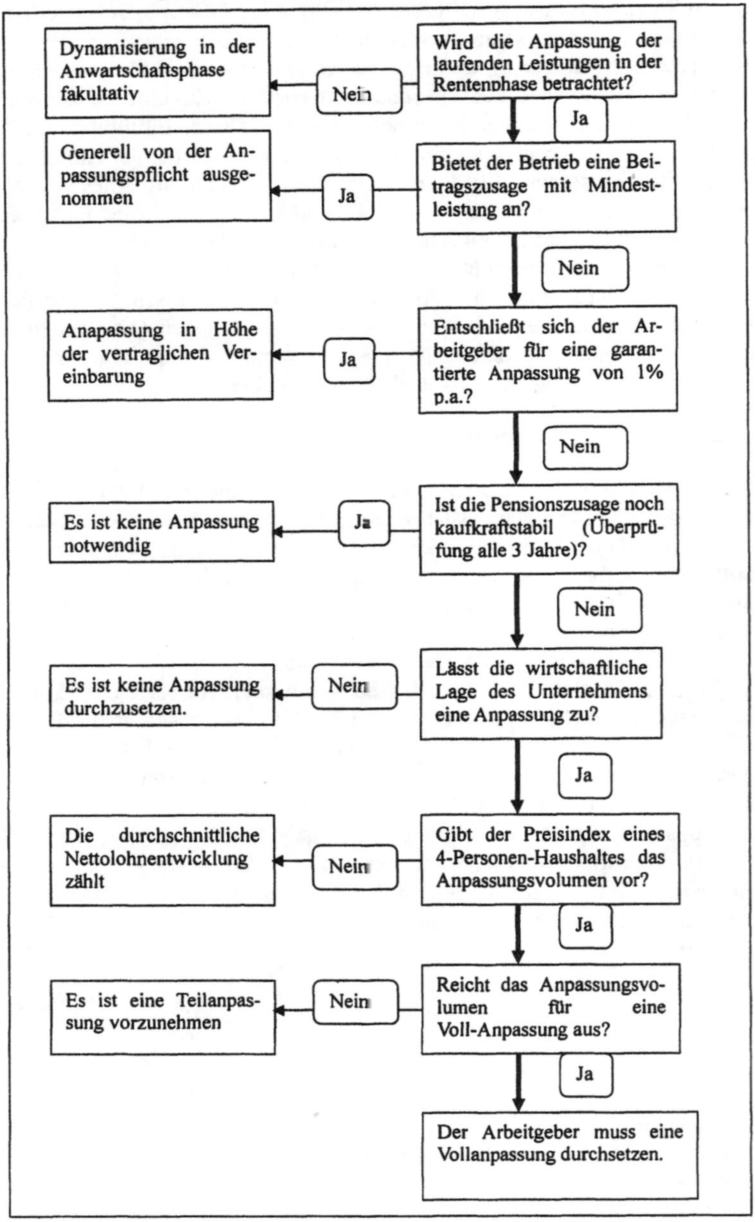

Quelle: Masberg(2006).S.227.

Das Ziel der Anpassungspflicht der Arbeitgeber ist ein Schutz gegen inflationsbedingte Entwertung der Leistungen. Dadurch werden aber die Arbeitgeber mit einer nicht kalkulierbaren und nicht vorfinanzierbaren Verpflichtung zur Anpassung[705] konfrontiert. Bei Neuzusagen wird versucht, die besonders lästige Anpassungsverpflichtung vermeiden zu können.[706] Selbst bei den Akademikern wird die Anpassungsvorschrift nicht besonders willkommen geheißen. Anpassung wird als eine kaum zu rechtfertigende Überforderung des Arbeitgebers[707] genannt und Heubeck behauptet, dass die Anpassungspflicht des §16 BetrAVG mehr Schaden angerichtet als Nutzen gestiftet habe.[708] Blomeyer und Höfer haben die Meinung von Heubeck geteilt und fordern eine grundsätzliche Neuregelung.[709]

Trotz aller Einwände gegen eine Anpassungspolitik muss man die gute Absicht des Gesetzgebers anerkennen, den Arbeitnehmern einen möglichst hohen Schutz sichern zu wollen.

6.6.3 Mitbestimmungsrecht der Arbeitnehmer

Für die Direktzusage, Unterstützungskasse, Direktversicherung, Pensionskasse und Pensionsfonds gelten unterschiedliche steuerliche Vorschriften, die unterschiedlichen Verwaltungs- und Kostenaufwand verursachen können.[710] Die Arbeitgeber haben die Freiheit, sich für einen konkreten Durchführungsweg und Leistungsträger und die Leistungsstruktur entscheiden zu können,[711] die „Entschlussfreiheit"[712] genannt wird. Der Arbeitnehmer bekommt auch ein einseitiges Mitbestimmungsrecht in Bezug auf den Durchführungsweg bei der Entgeltumwandlung.[713] Die Mitbestimmungsfunktion des Betriebsrats wird beschränkt und eventuell auch ausgeschlossen.[714] Die Unternehmensfreiheit (Art. 2 GG) wird betont[715], und die Gestaltungsrechte liegen beim Arbeitnehmer, dem Arbeitgeber und den Tarifvertragsparteien.[716]

In China haben beim Aufbau einer betrieblichen Altersversorgung die Arbeitgeber und der Betriebsrat ein Mitbestimmungsrecht. In Staatsunternehmen und in den Unternehmen, in denen der Staat die Mehrheit der Aktien hat, ist die Zustimmung des Belegschaftskongresses notwendig.[717] Übrigens kann auch ein Unternehmensrat gebildet werden, der speziell für die betriebliche Altersversorgung zuständig ist.[718]

---

705 Li eb(2004).S.621.
706 a. a.O..S.617.
707 a. a.O.). S.616.
708 a. a.O. S.621
709 Ebd.
710 Arb eitskammer des Saarlandes (2005). S.22.
711 Vgl. §1a Abs. 1 Satz 3 BetrAVG. i. V. m. §§10a, 82 Abs.2 EStG. Und vgl. auch Kemper, et al .(2005). §1 Rz.366, 371.
712 Kemper, et al(2005). §1 Rz.14.
713 Vgl. §1a Abs. 1 Satz 3 BetrAVG.
714 Arb eitskammer des Saarlandes (2005). S.22 und Kemper, et al .(2005). §1 Rz.366.
715 Ebd.
716 Kemper, et al .(2005). §1 Rz.366. und vgl. dort angegebene Literatur.
717 §4 „Verordnung für die Durchführung der betrieblichen Altersversorgung"
718 §§16, 17 „Verordnung für die Durchführung der betrieblichen Altersversorgung"

Im Vergleich zwischen Deutschland und China in Bezug auf das Mitbestimmungsrecht der Arbeitnehmer lässt sich ein deutlicher Unterschied erkennen: in beiden Ländern ist das Mitbestimmungsrecht der Arbeitnehmer formal in den Entscheidungsprozess eingebaut worden. In Deutschland verfügen die Arbeitnehmer über ein direktes Mitbestimmungsrecht, in China hat der Staat versucht, einen offiziellen Funktionsmechanismus für die Arbeitnehmer zu schaffen, die den einzelnen Arbeitnehmern, die sich im Vergleich zum Arbeitgeber auf der schwächeren Seite befinden, einen strukturellen Schutz gewährleisten, d.h. das Mitbestimmungsrecht der Arbeitnehmer wird mehr durch Organe wie Betriebsrat, Belegschaftskongress sowie Unternehmensrat ausgeübt.

6.6.4 Bestimmungsrecht des Staates beim Aufbau einer betrieblichen Altersversorgung

Nach §6 Verordnung für die Durchführung der betrieblichen Altersversorgung muss beim Aufbau einer betrieblichen Altersversorgung der Plan für die betriebliche Altersversorgung vom örtlichen Sozialamt genehmigt werden. Der Prozess ist in Abbildung 6-15 und Abbildung 6-16 dargestellt:

Abbildung 6-15: Genehmigung des Plans der betrieblichen Altersversorgung durch das Sozialamt (Mit externem Treuhänder)

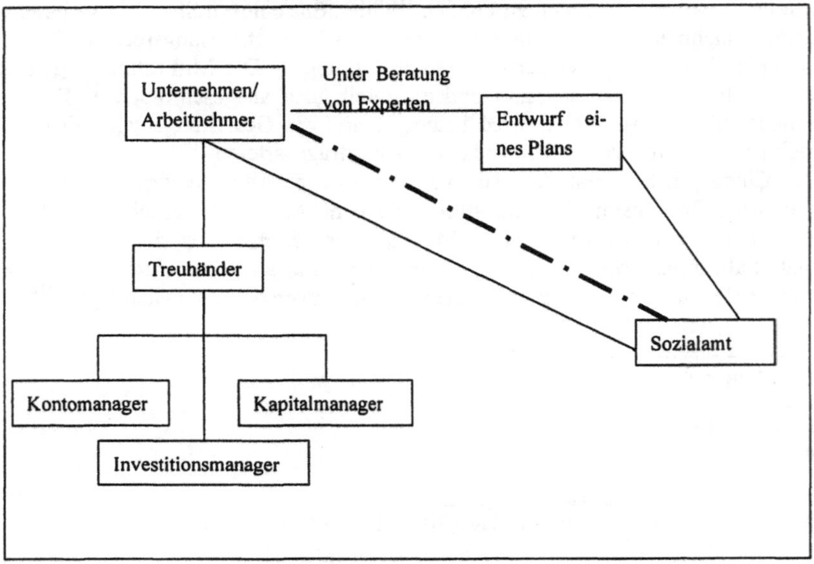

Abbildung 6-16: Genehmigung des Plans der betrieblichen Altersversorgung durch das Sozialamt (Mit Unternehmensrat als Treuhänder)

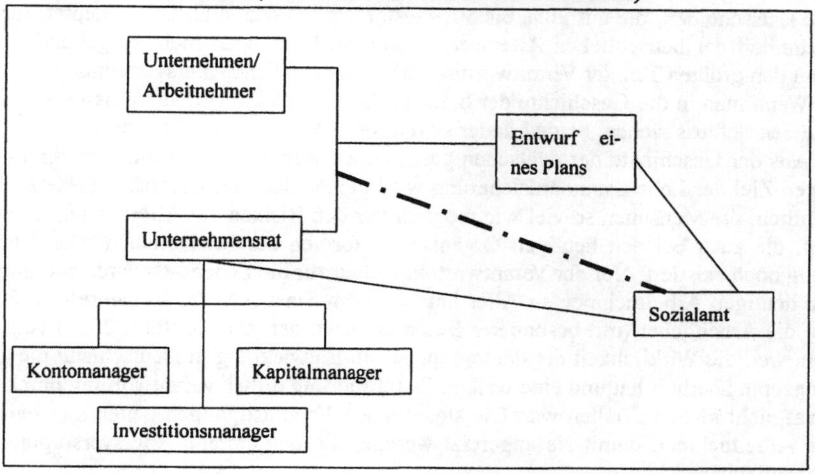

Je nachdem, ob ein Unternehmensrat oder ein externer Treuhänder eingesetzt wird, wird der Plan des Unternehmens unter Beratung von Experten oder in Zusammenarbeit mit dem Unternehmensrat entworfen. Erst nach Gutheißung durch das Sozialamt darf die betriebliche Altersversorgung betrieben werden.

Der Staat hat die Arbeitnehmer als schwächere Seite im Arbeitsverhältnis erkannt und versucht durch das Genehmigungsverfahren über das Sozialamt die Arbeitnehmer vor ungerechten Vorschriften zu schützen. Ein anderer Grund für die Einführung des Genehmigungsverfahrens ist der Schutz des staatlichen Eigentums in den Staatsunternehmen.[719] Wie in Kap. 4.4.1.2.1 schon beschrieben, gibt es eine latente Gefahr, dass Manager der Staatsunternehmen ihre Macht missbrauchen und Pläne für eine betriebliche Altersversorgung nicht zum Wohl der Mitarbeiter sondern zu ihrem eigenen Nutzen erstellen, Leistungsansprüche auf ihre Konten fließen lassen und das Kapital der angesparten Gelder veruntreuen.

6.6.5 Ergebnisse

Aus der obigen Analyse zeigt sich, dass beim Aufbau, Organisieren bzw. Reformieren der betrieblichen Altersversorgung Deutschland die Arbeitgeber immer mehr mit dem Hauptteil der Verantwortung über die Garantie der Rentenansprüche aus der betrieblichen Altersversorgung belastet. Dagegen schlagen die Chinesen einen anderen Weg ein. Um den Arbeitnehmern einen genügend hohen Schutz zu schaffen, übernimmt der Staat, und nicht die Arbeitgeber, die Verantwortung für die Sicherstellung der über die Kapitalisierung finanzierten betrieblichen Altersrente. Für diese Version spricht das

[719] Zhang, Meizhong/Li, Keqiang/Hu, Weiqing(2004).S.123.

Genehmigungsverfahren für die Einführung einer betrieblichen Altersversorgung durch das Sozialamt, aber auch die Vorschriften über die Investition der Kapitalanlage in Staatsschulden, die auf 20% bis 50% festgelegt worden sind. Das bedeutet, für die Sicherheit der betrieblichen Altersversorgung wird der Staat mehr eingebunden und trägt den größten Teil der Verantwortung für die betriebliche Altersversorgung.

Wenn man in die Geschichte der beiden Länder zurückblickt, kann man noch einen anderen Schluss ziehen: beide Länder sind ihrer Tradition treu geblieben.

Aus der Geschichte der deutschen gesetzlichen Rentenversicherung und ihrem früheren Ziel der Lebensstandardsicherung wird die Absicht des deutschen Gesetzgebers deutlich: die Menschen so viel wie möglich vor den Risiken der Altersarmut zu schützen, die auch bei den heutigen Organisationsformen der betrieblichen Altersversorgung noch existiert. Nur der Verantwortungsträger für die Lebensstandardsicherung für die heutigen Arbeitnehmer im Alter hat sich vom Staat (vor der Rentenreform 2001) auf die Arbeitgeber (mit besonderer Betonung nach der Rentenreform 2001) verschoben, weil die Wirklichkeit der demographischen Entwicklung in Deutschland die alten Konzepte überholt hat und eine weitere Durchführung dieser Verantwortung durch den Staat nicht mehr zu halten war. Die steuerlichen Vergünstigungen gelten meistens für die Arbeitnehmer, damit sie angereizt werdne, die betriebliche Altersversorgung für sich aufzubauen.[720]

China hat die Strategie der Vergangenheit im Wesentlichen bis jetzt beibehalten, durch den Staat den Arbeitnehmern im Alter die Garantie zu geben, ein menschenwürdiges Leben führen zu können[721], selbst wenn es nach der Wirtschaftsreform für den Staat schwieriger geworden ist und viele Arbeitnehmer aus dem Auffangnetz des Staates herausgefallen sind. Bei der Einführung der betrieblichen Altersversorgung steht die Eigenverantwortung der Arbeitnehmer im Vordergrund: mit der reinen Beitragszusage als der einzigen Zusageform in China wird der Entgeltcharakter der betrieblichen Altersversorgung betont. Die Arbeitgeber werden nur mit der Last für die Beitragszahlung konfrontiert und die steuerlichen Vergünstigungsmaßnahmen haben sogar die Arbeitgeber als Zielgruppe. Der Staat glaubt, dass durch das Genehmigungsverfahren und durch den höheren Anteil der Staatsschulden an der Kapitalanlage der betrieblichen Altersversorgung der Staat teilweise die Verantwortung für die betriebliche Altersversorgung mittragen würde.

6.7 Wichtige Punkte bei der weiteren Verbreitung der betrieblichen Altersversorgung in China

6.7.1 Praxisbezogene Maßnahmen

Um die betriebliche Altersversorgung so weit wie möglich zu verbreiten, spielt die Praxisbezogenheit der Maßnahmen eine sehr wichtige Rolle. Genau gesagt, müssen sich die Maßnahmen den Gegebenheiten der Unternehmen und der unterschiedlichen Gebiete anpassen. Auch die Pläne der betrieblichen Altersversorgung sollen flexibel gestaltet werden.

---

720 Vgl. Kap. 6.3.

721 Vgl. Kap. 4.2.5.2.3 und Kap. 6.1.3.

6.7.1.1 Gegenmaßnahmen für die unterschiedlichen Gegebenheiten

6.7.1.1.1 Unterschiede Innerhalb eines Unternehmens

Nach einer Erhebung des Forschungsinstituts für Sozialsicherung des chinesischen Ministeriums für Arbeit und Sozialsicherung und der Chinesischen Taiping Versicherung GmbH glauben 68.3% der Unternehmen, dass die betriebliche Altersversorgung die alten Arbeitnehmer begünstigt für. 50,0% der Unternehmen sind die Mitarbeiter in den Verwaltungsstellen am wichtigsten. 50,0% der Unternehmen bevorzugen die Forschungsmitarbeiter als wichtige Begünstigte der betrieblichen Altersversorgung. Nur 13,6% der Unternehmen bevorzugen die Arbeitnehmer in der Produktion.[722] Um die Diskriminierung bei der Verteilung der betrieblichen Altersversorgung zu vermeiden, z.B. dass nur Verwaltungspersonal oder Mitarbeiter, die die Schlüsseltechnik des Unternehmens beherrschen, Ansprüche auf die betriebliche Altersversorgung haben, sollen im Gesetz minimale Anteile aller Sektoren in den Unternehmen festgeschrieben werden, die an der betrieblichen Altersversorgung teilhaben müssen.

Auch soll bei der Einrichtung der betrieblichen Altersversorgung die Effektivität der betrieblichen Altersversorgung berücksichtigt werden. Der mindeste Teilnehmeranteil der betrieblichen Altersversorgung darf die Effektivität der betrieblichen Altersversorgung nicht beeinträchtigen, da die Motivation für die betriebliche Altersversorgung für die Arbeitnehmer nicht vernachlässigt werden darf. Den Mitarbeitern an verschiedenen Arbeitsplätzen mit unterschiedlichen Arbeitsplatzwerten dürfen nicht gleiche Rentenansätze angeboten werden. Auch die Arbeitsleistungen soll ein Kriterium für die Verteilung der Leistungsansprüche auf die betriebliche Altersversorgung sein. D. Merten behauptet, gleiche Renten bedeuten keine Gerechtigkeit.[723] Wenn die unterschiedliche Behandlung der Mitarbeiter an verschiedenen Arbeitsplätzen vernünftig genutzt wird, kann die betriebliche Altersversorgung eine positive Funktion für die weitere Entwicklung des Unternehmens leisten. Besonders bei neuem Aufbau der betrieblichen Altersversorgung dürfen für ältere und junge Mitarbeiter nicht die gleichen Rechnungsmethoden angesetzt werden. Besonders sollen in den chinesischen Staatsunternehmen die Interessen der älteren Mitarbeiter, ihre vergangenen Dienstjahre, mit berücksichtigt werden. Werden jedoch die Unterschiede der durch die Differenzierung der Arbeitsplätze und der Abstufung nach Leistungsvermögen verschieden angesetzten Renten der Menschen nach dem Arbeitsleben zu groß angesetzt, wirkt das kontraproduktiv auf die Motivation der Mitarbeiter und schädigt das Betriebsklima, zerstört die Teamarbeit und führt letztlich zu einem signifikanten Abfall der Unternehmensleistungen.

6.7.1.1.2 Unterschiede zwischen unterschiedlichen Unternehmen

Außer Volkseigentum gibt es in China noch andere Eigentumsformen. Bei der wirtschaftlichen Entwicklung haben die Unternehmen mit unterschiedlichen Eigentums-

[722] Forschungsinstitut für Sozialsicherung des chinesischen Ministeriums für Arbeit und Sozialsicherung/Chinesische Taiping Versicherung GmbH (2003). S.69.
[723] Vgl.Merten(1992).S.43.

formen ihre eigene Kultur entwickelt. Wie in Kap. 4.4.1.2 schon vorgestellt, haben unterschiedliche Unternehmen in Bezug auf die betriebliche Altersversorgung verschiedene Konzepte entwickelt. Bei der Verbreitung der betrieblichen Altersversorgung sollen die Besonderheiten jeder Eigentumsform zum Tragen kommen, es soll bei der Gestaltung der betrieblichen Altersversorgung ein gewisser Freiraum geschaffen werden.

Nach der Marktanalyse der chinesischen Taiping Versicherung GmbH[724] gibt es vier Klassen von Unternehmen, die die betriebliche Altersversorgung am meisten voran getrieben haben. Zu den ersten zählen die großen und megagroßen Staatsunternehmen, die auch hohe Gewinne erzielen. Zur zweiten Klasse gehören die Aktiengesellschaften, besonders die notierten Aktiengesellschaften, die durch den Aufbau der betrieblichen Altersversorgung sowohl zu einem guten Ruf für die Firma gelangen, als auch – und das hängt auch mit dem guten Ruf zusammen – am besten zu hoch qualifiziertem Personal kommen. Z.B. als Lenovo die betriebliche Altersversorgung aufbaute, startete die Firma eine breite Propaganda dafür. Zur dritten Klasse zählen die Unternehmen mit ausländischer Kapitalbeteiligung und internationale Firmen, die den Einfluss der Mutterfirmen haben und mit der betrieblichen Altersversorgung Personalpolitik betreiben. Zur letzten Klasse gehören die privaten Unternehmen, besonders die großen, die sich am häufigsten in den entwickelten Gebieten wie Jiangsu, Zhejiang, Fujian usw. befinden und die Wichtigkeit und den Aufbau der betrieblichen Altersversorgung schon ins Auge gefasst haben.

Für diese Unternehmen soll der Staat mit wirksamen Maßnahmen den Aufbau der betrieblichen Altersversorgung beschleunigen, z.B. mit vorläufigen steuerlichen Vergünstigungen. Wenn die Unternehmen, die die Einrichtung der betrieblichen Altersversorgung schon geplant haben und diese Pläne realisieren, werden sie für andere Unternehmen eine Signalfunktion und eine Vorbildfunktion ausüben und die Dringlichkeit der Realisierung solcher Vorsorgeeinrichtungen auch für andere Unternehmen verdeutlichen. Für die Unternehmen mit verschiedenen Eigentumsformen sollen auch unterschiedliche Schwerpunkte gesetzt werden.

Für die Staatsunternehmen, sollen deren Reformen vertieft werden, damit die betriebliche Altersversorgung nicht mehr missbraucht wird. Nur wenn die Verantwortungen zwischen den Managern und dem Staat klar verteilt werden und nicht einzelne Personen über alle Angelegenheiten des Unternehmens entscheiden können, kann sich die Zukunft des Unternehmens nach allen Seiten entwickeln und die betriebliche Altersversorgung als wichtige Personalpolitik eingesetzt werden.

Für die privaten Unternehmen, die meistens über keine hohe Leistungsfähigkeit verfügen, soll schwerpunktmäßig die Finanzierung der Beiträge durch die Arbeitnehmer hervorgehoben werden, sodass die Unternehmen nur die Verwaltungskosten übernehmen müssen, ähnlich der deutschen Entgeltumwandlung. Das kann die Attraktivität der betrieblichen Altersversorgung für die Unternehmen erhöhen. Die Perspektive, dass Klein- und Mittelbetriebe, die meistens privater Natur sind, betriebliche Altersversorgung aufbauen, sieht nicht so optimistisch aus. Eine Erhebung hat gezeigt, dass

---

[724] Wan, Yun(2004).S.40f.; An, Hua(2004).S.31.

die meisten Klein- und Mittelbetriebe es für unmöglich halten, innerhalb der nächsten drei Jahre eine betriebliche Altersversorgung aufzubauen. Vgl. Abbildung 6-17:

Abbildung 6-17: Möglichkeit für den Aufbau der betrieblichen Altersversorgung

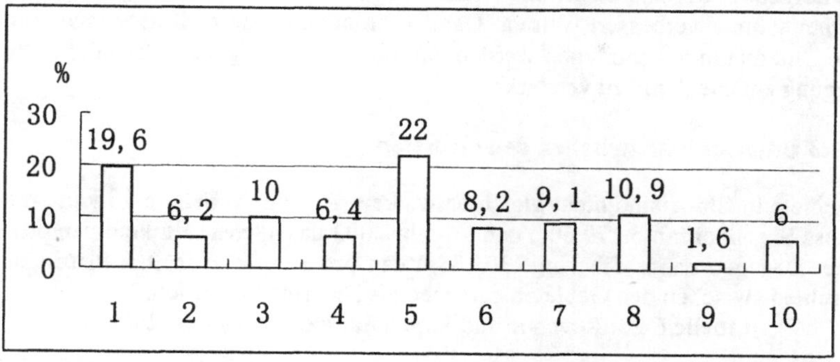

Quelle: Chen, Zhong(2005).S.12.

Mit „1“ als ganz unmöglich und „10“ als sehr möglich, liegt die Durchschnittsnote bei 4,72. Nur 27,6% der Unternehmen haben die Möglichkeit für den Aufbau der betrieblichen Altersversorgung über 7 skaliert.

Die Klein- und Mittelbetriebe spielen für die Gesamtwirtschaft eine wichtige Rolle: Bis Ende 2005 gab es schon insgesamt 42 Mio. Klein- und Mittelbetriebe, die 99% der gesamten Unternehmenszahl in China betragen und deren Produkte und Leistungen 59% der GIP ausmachen.[725] In den Klein- und Mittelbetrieben sind 75% der Arbeitnehmer angestellt.[726] Das Kapital von Klein- und Mittelbetrieben beziffert sich auf 61,1% des gesamten Kapitals des Industriesektors. Dieser Anteil ist in den letzten sieben Jahren um 15,7% gestiegen Vgl. Tabelle 6-22:

Tabelle 6-22: Kapitalanteil der industriellen Betriebe

	1997	2004
Großbetriebe	54,6	38,9
Mittelbetriebe	15,3	32,9
Kleinbetriebe	30,1	28,2

Quelle: Statistisches Jahrbuch(2005).

In den Klein- und Mittelbetrieben ist der Betriebsrat meistens schlecht konfiguriert und die Anstellung von Saisonarbeitern ist ein sehr verbreitetes Phänomen[727]. Das verschlechtert die Chancen von Klein- und Mittelbetrieben, betriebliche Altersversorgung für ihre Arbeitnehmer einzurichten. Für die Klein- und Mittelbetriebe ist beson-

[725] http://www.smeclub.cn/aboutsmem/SMEstatics/200610/20061024224650.html (abgerufen am 09.03.2007)

[726] Wang, Hufeng/Chen, Xiaoyun(2004).S.94. und vgl. Zhu, Sheng/Han, Xiaoyi(2003). S.49

[727] Zhu, Sheng/Han, Xiaoyi(2003). S.49

dere Rücksicht geboten, z.B. ihnen mehr Beratung zu gewähren oder ihnen besonders angepasste Vergünstigungen zu verschaffen.

Für die Unternehmen mit ausländischem Kapital sollen deren Betriebsräte mit mehr Druck aufgebaut werden, damit die Verhandlungs- und Mitbestimmungsmöglichkeiten der Arbeitnehmer verbessert werden. Dann kann auch in dieser Klasse mehr Einfluss auf die Unternehmen genommen werden, um die Verbreitung der betrieblichen Altersversorgung entsprechend zu verstärken.

6.7.1.1.3 Unterschiede zwischen den Gebieten

Die Gebiete in China sind nicht gleich entwickelt. Aus der Tabelle 6-23 kann man sehen, dass Shanghai mit 5.179,60 Yuan im Jahr 2003 das höchste Einkommen pro Kopf erzielte. Dagegen nahm Tibet mit 301,85 Yuan pro Kopf den letzten Platz ein. Den Unterschied zwischen den Gebieten darf man als „enorm" beurteilen.

Tabelle 6-23: Revenue and Expenditure of Provinces (2003)
- Part 1 -

	Revenue				Expenditure			
Region	Absolute amount (100 million yuan)	Total budgetary revenue sequence	Per capital budgetary revenue (yuan/ per person)	Per capital budgetary revenue sequence	Absolute amount (100 million yuan)	Total budgetary expenditure sequence	Per capital budgetary expenditure (yuan/per person)	Per capital budgetary expenditure sequence
Beijing	592,38	6	4068,54	2	734,80	7	5046,70	3
Tianjin	204,53	17	2023,05	3	312,08	26	3086,84	4
Hebei	335,83	10	496,13	19	640,74	10	946,58	23
Shanxi	186,05	19	561,41	15	415,69	20	1254,35	18
Inner Mongolia	138,72	24	582,86	13	447,26	17	1879,24	9
Liaoning	447,05	7	1061,88	7	784,38	6	1863,14	10
Jilin	154,00	23	569,53	14	409,23	21	1513,42	12
Heilong-jiang	248,86	14	652,32	11	564,91	13	1480,76	13
Shanghai	886,23	2	5179,60	1	1088,44	2	6361,43	1
Jiangsu	798,11	3	1077,65	6	1047,68	3	1414,64	14
Zhejiang	706,56	5	1509,74	5	896,77	5	1916,18	7
Anhui	220,75	16	344,38	28	507,44	15	791,64	30
Fujian	304,71	11	873,60	8	452,30	16	1296,73	17
Jiangxi	168,17	21	395,32	25	382,10	22	898,21	26
Shandong	713,79	4	782,24	9	1010,64	4	1107,55	21
Henan	338,05	8	349,69	27	716,60	9	741,28	31

Tabelle 6-23: Revenue and Expenditure of Provinces (2003)
- Part 2 -

Region	Revenue				Expenditure			
	Absolute amount (100 million yuan)	Total budgetary revenue sequence	Per capital budgetary revenue (yuan/ per person)	Per capital budgetary revenue sequence	Absolute amount (100 million yuan)	Total budgetary expenditure sequence	Per capital budgetary expenditure (yuan/per person)	Per capital budgetary expenditure sequence
Guangdong	1315,52	1	1653,91	4	1695,63	1	2131,80	6
Guangxi	203,66	18	419,31	23	443,60	18	913,32	24
Hainan	51,32	28	632,80	12	105,40	31	1299,63	16
Chongqing	161,56	22	516,17	18	341,58	24	1091,31	22
Sichuan	336,59	9	386,89	26	732,30	8	841,72	29
Guizhou	124,56	26	321,86	30	332,35	25	858,79	28
Yunnan	229,00	15	523,31	16	587,35	11	1342,21	15
Tibet	8,15	31	301,85	31	145,91	28	5404,07	2
Shaanxi	177,33	20	480,57	20	418,20	19	1133,33	20
Gansu	87,66	27	336,77	29	300,00	27	1152,52	19
Qinghai	24,04	30	450,19	21	122,04	29	2285,39	5
Ningxia	30,03	29	517,76	17	105,78	30	1823,79	11
Xinjiang	128,22	25	662,98	10	368,47	23	1905,22	8

Quelle: Statistisches Jahrbuch (2005).

Stellt man sich einmal die großen Unterschiede in China vor, darf man nicht erwarten, dass die betriebliche Altersversorgung in allen Gebieten gleichzeitig auf das gleiche Niveau gebracht werden kann. Wie die Daten Deutschlands in der Tabelle 6-24 zeigen, variieren auch in Deutschland die Ausgaben für die betriebliche Altersversorgung von Gebiet zu Gebiet: Die Ausgaben Berlins für den Aufbau der betrieblichen Altersversorgung betragen 2.304 € je Arbeitnehmer und Jahr als Maximum. Dagegen liegt Mecklenburg-Vorpommern mit 148 € je Arbeitnehmer am Ende der Liste.

Der unterschiedliche wirtschaftliche Entwicklungszustand fordert in Bezug auf die Einrichtung der betrieblichen Altersversorgung auch unterschiedliche Maßnahmen in den verschiedenen Gebieten. Mittel- und Westchina ist im Vergleich zu Ost- und Südchina weniger entwickelt. Die Unternehmen in Mittel- und Westchina haben im Durchschnitt eine schwächere Leistungsfähigkeit und müssen auch für die Einrichtung der betrieblichen Altersversorgung mehr Kosten zahlen wegen des Fehlens des Ausmaßeffekts. Sie brauchen mehr Unterstützung vom Staat. Der Staat darf nicht über alle Gebiete die gleichen Maßnahmen verhängen und sollte im Allgemeinen den Gebieten eine möglichst große Entscheidungsfreiheit gewähren.

Tabelle 6-24: Aufwendungen für die betriebliche Altersversorgung je Vollzeitbeschäftigte nach Bundesländern 2000 – Produzierendes Gewerbe – (darunter: Nettozuführungen zu den Pensionsrückstellungen)

Land	In Euro je Arbeiter	In Prozent der Arbeitskosten	In Euro je Angestellten	In Prozent der Arbeitskosten	In Euro je Arbeitnehmer	In Prozent der Arbeitskosten
Baden-Württemberg	1.342 464	3,2 1,1	2.090 892	3,6 1,5	1.615 620	3,4 1,3
Bayern	938 369	2,5 1,0	3.938 1.687	6,3 2,7	2.051 858	4,4 1,8
Berlin	1.499 462	3,9 1,2	3.381 1.043	5,6 1,7	**2.304** 710	4,8 1,5
Berlin-Ost	1.408 286	3,7 0,8	4.029 760	6,8 1,3	2.462 477	5,3 1,0
Berlin-West	1.547 555	4,0 1,4	3.087 1.172	5,1 1,9	2.226 827	4,6 1,7
Brandenburg	177 73	0,6 0,3	653 318	1,5 0,7	310 142	1,0 0,4
Bremen	942 492	2,5 1,3	2.198 1.010	3,9 1,8	1.435 696	3,2 1,5
Hamburg	1.272 693	2,9 1,6	3.183 1.343	4,8 2,0	2.209 1.012	4,0 1,8
Hessen	395 -64	1,0 -0,2	2.447 1.358	4,1 2,3	1.158 464	2,5 1,0
Mecklenburg-Vorpommern	83 13	0,3 0,0	336 111	0,9 0,3	**148** 38	0,5 0,1
Niedersachsen	2.020 967	5,0 2,4	2.488 1.150	4,4 2,0	2.163 1.023	4,8 2,3
Nordrhein-Westfalen	999 277	2,5 0,7	2.801 689	4,7 1,2	1.603 415	3,5 0,9
Rheinland-Pfalz	922 323	2,4 0,9	3.887 1.729	6,6 2,9	2.050 858	4,4 1,9
Saarland	461 119	1,2 0,3	2.708 1.184	5,1 2,2	1.080 413	2,6 1,0
Sachsen	111 27	0,4 0,1	763 141	2,0 0,4	283 57	1,0 0,2
Sachsen-Anhalt	82 19	0,3 0,1	481 111	1,2 0,3	184 43	0,6 0,1
Schleswig-Holstein	494 212	1,4 0,6	1.022 389	2,0 0,8	693 279	1,7 0,7
Thüringen	120 21	0,5 0,1	549 117	1,5 0,3	230 46	0,8 0,2
Durschnitt: Produzierendes Gewerbe	984 346	2,6 0,9	2.687 1.055	4,6 1,8	1.577 592	3,5 1,3

Quelle: Hemmer(2004).S.539.

6.7.1.2 Flexibilität beim Planentwurf für die betriebliche Altersversorgung

Beim Entwurf der betrieblichen Altersversorgung soll der Plan flexibler gestaltet werden. z.B. sollten die Unternehmen nach ihren laufenden Gewinn über ihren Beiträgen für die betriebliche Altersversorgung frei entscheiden können. So müssten die Unternehmen nicht vor den großen Kosten beim Einrichten der betrieblichen Altersversorgung zurückschrecken.

Das latente, zum Teil große Misstrauen der Arbeitnehmer zu den Unternehmen und damit auch zur betrieblichen Altersversorgung[728] lässt sich nicht in einem Tag beheben. Solches Vertrauen kann nur durch wahrhaftigeres Verhalten der Unternehmen gewonnen werden, dann soll auch mehr und gezieltere Werbungen für die betriebliche Altersversorgung gemacht werden und die Portabilität der betrieblichen Altersversorgung besser gestaltet und auch bekannter gemacht werden. Die Arbeitnehmer müssten jährlich mindest zweimal über ihren Kontostand informiert werden. Damit würden die Arbeitnehmer mehr und mehr in die betriebliche Altersversorgung eingebunden und das Vertrauen könnte wieder aufgebaut werden. Die Unternehmen könnten Belohnungskonzepte für die Arbeitnehmer entwickeln, worin die betriebliche Altersversorgung verankert würde. Die Arbeitnehmer sollten sich frei entscheiden können, in Verbindung mit welchen anderen Maßnahmen sie nach ihrer Präferenz die betriebliche Altersversorgung wählen könnten. Allerdings sind diese Ideen kostensintensiv und lassen sich nur durch wirtschaftlich starke Unternehmen durchsetzen.

6.7.2 Wichtige Punkte für die Regierung

Die betriebliche Altersversorgung wird in China durch den Staat von oben nach unten durchgeführt. Es ist die Aufgabe des Staates, eine Plattform für die betriebliche Altersversorgung zu schaffen, damit deren Durchsetzung und Verbreitung auch erfolgreich funktionieren kann.

Der Staat soll die Bevölkerung eingehend über die Wichtigkeit der Einrichtung der betrieblichen Altersversorgung informieren und auch passende Anreize für sie schaffen.

Es gibt Unternehmen, die als Avantgardisten die betriebliche Altersversorgung für ihre Mitarbeiter bereits eingeführt haben. Da diese Firmen bereits eine Menge Kosten für den Aufbau des Marktes sowie für dessen Erschließung mitgetragen haben, darf der Staat bei der Förderung des Aufbaus der betrieblichen Altersversorgung diese Unternehmen nicht diskriminieren. Der Staat sollte auch keine ungleiche Behandlung üben, wegen der Eigentumsform des Unternehmens, wegen des Unternehmensumfangs und auch nicht wegen des Standortes des Unternehmens. Auch sollte der Staat versuchen, Diskriminierung der Arbeitnehmer innerhalb des Unternehmens wegen des Alters oder des Geschlechtes zu verringern. Gerechtigkeit ist ein Nebenziel bei der Verbreitung der betrieblichen Altersversorgung.

Der Staat macht sowohl kurzfristige wie auch langfristige Politik Kurzfristige politische Aktivitäten sind steuerliche Vergünstigungen, staatliche Zuschüsse, Abbau der psychologischen Barrieren usw.. Langfristige Wirkungen haben meistens Strukturver-

[728] Vgl. Kap. 4.4.1.1

änderungen und Eingriffe in die gesellschaftliche Ordnung. Die Bereitstellung der Rahmenbedingungen für die betriebliche Altersversorgung gehört zur Ordnungspolitik: es gibt aber durchaus auch zielkonforme andere Reformen, die der Verbreitung der betrieblichen Altersversorgung helfen; z.B. Bekämpfung der Korruption, Reformen der Staatsunternehmen, Reform des Kapitalmarktes, Koordinierung der wirtschaftlichen Entwicklung von verschiedenen Gebieten, Reform der gesetzlichen Rentenversicherung, usw.. Die Probleme innerhalb des gesetzlichen Rentensystems, der niedrige Verbreitungsgrad der gesetzlichen Rentenversicherung sowie die fehlende Bildung eines Kapitalstocks für die ehemaligen Arbeitnehmer bankrott gegangener Staatsunternehmen lassen sich nicht allein durch die Verbreitung der betrieblichen Altersversorgung lösen.

Die Entwicklung der betrieblichen Altersversorgung hängt von den Ergebnissen anderer Reformen ab. Der Staat darf die betriebliche Altersversorgung nicht isoliert betrachten, sondern im Kontext mit der Politik für die ganze Gesellschaft. Alle politischen Ziele und Maßnahmen, die nur Einzelinteressen vertreten statt der Allgemeinheit nützen, sind Gift für die Wohlfahrt eines Staates. Die Marktmechanismen müssen hingegen genau unter die Lupe genommen werden, und wo der Markt Ungerechtigkeiten schafft, muss der Staat Umverteilungsmaßnahmen anordnen.

Dritter Teil:

Thesen und Zusammenfassung

7. Thesen und Zusammenfassung

Ein System kann nur eine Funktion übernehmen. Die gesetzliche Rentenversicherung ist für das Existenzminimum zuständig. Die betriebliche Rentenversicherung zusammen mit der privaten Vorsorge soll zur Erhaltung des Lebensstandards beitragen. Eine möglichst weite Verbreitung der betrieblichen Altersversorgung wird auch beim Umbau der gesetzlichen Altersversorgung helfen. Die betriebliche Altersversorgung stellt nicht nur Fragen zu deren Finanzierung, sie verändert vor allem die Lebensqualität der heutigen Arbeitnehmer im Alter und könnte sogar die Sicherheit der Gesellschaft gefährden, wenn die Versorgung der älteren Leute nicht sichergestellt werden kann. Deswegen sind sorgfältige Überlegungen unentbehrlich.

Bei der Reform bzw. dem Aufbau der betrieblichen Altersversorgung haben sowohl Deutschland wie auch China ihre Tradition beibehalten. Deutschland möchte die Arbeitnehmer nicht zu sehr belasten. Die Verantwortung für die Sicherheit der betrieblichen Altersversorgung lastet auf den Schultern der Unternehmen. Die Verantwortung dafür hat dagegen teilweise die chinesische Regierung übernommen.

In Bezug auf die Unterschiede zwischen Deutschland und China, darf man die deutschen Erfahrungen nicht ohne genaues und kritisches Hinterfragen in die chinesischen Verhältnisse übertragen. Nur mit Berücksichtigung des Gesamtkontextes einer chinesischen politischen, wirtschaftlichen und sozialen Inventur und durch genaues Hinschauen auf die enormen Unterschiede in der chinesischen Gesellschaft und Kultur über ein Land mit mehr als 1,4 Mrd. Menschen, lassen sich wohl auch einige Elemente der deutschen Erfahrungen mit der betrieblichen Altersvorsorge zur Lösung der chinesischen Altersvorsorge zu Rate ziehen

Für die vorliegende Arbeit, in China die betriebliche Altersvorsorge zu forcieren und auf ein solideres Fundament zu stellen, werden folgende Verbesserungen vorgeschlagen:

In Bezug auf die Gestaltung der betrieblichen Altersversorgung:

- In China wird das Treuhändermodell vorgeschrieben. Für die Umgestaltung der bestehenden Organisationsformen sollte besondere Rücksicht walten und die Interessen der Begünstigten sollten nicht aus den Augen verloren werden.
- Die Gebührenverteilung zwischen Treuhänder, Konto-, Investitions- und Kapitalmanager müsste neu überdacht werden. Der Treuhänder z.B., der eine wichtigere Funktion ausübt als die anderen, sollte besser entlohnt werden.
- Die Bindung der betrieblichen Altersversorgung an die gesetzliche Rentenversicherung ist fragwürdig und sollte aufgehoben werden. Alle Unternehmen dürfen eine betriebliche Altersversorgung einrichten. Um die gesetzliche Rentenversicherung zu fördern, sollen nur die Unternehmen und deren Arbeitgeber, die schon an der gesetzlichen Rentenversicherung teilnehmen, steuerlich begünstigt werden.
- Im Vergleich zu den fünf deutschen Durchführungswegen für die betriebliche Altersversorgung ist der chinesische Funktionsmechanismus der betrieblichen Altersversorgung einfacher gestrickt (was nicht unbedingt als nachteilig beurteilt werden sollte). Damit die Unternehmen in China vermehrt an betrieblichen

Altersvorsorgeeinrichtungen partizipieren, könnte man auch vorschlagen, dass den Unternehmen mit der betrieblichen Altersversorgung Prioritäten für die Gewährung eines Darlehens gewährt werden sollten.

- Der Unternehmensrat sollte nicht als Treuhänder funktionieren. Er soll entweder nach den Zertifizierungskriterien über den Treuhänder neu organisiert werden oder nur die Aufsichtsfunktion ausüben.
- Es sollen neue Entwicklungsräume für die durch Branchen gestaltete betriebliche Altersversorgung gewährt werden. Das deutsche Arbeitskonto kann in China eingeführt werden.
- Die drei deutschen Zusageformen Leistungszusage und auch Leistungszusage mit Mindestleistung sowie Beitragsorientierte Leistungszusage könnten in China eingeführt werden.
- In Zukunft soll der Staat mit der Entwicklung des Marktes der betrieblichen Altersversorgung mehr Freiheit für die Gestaltung der betrieblichen Altersversorgung gewähren z.B. Diversifizierung der Durchführungswege und der Zusageformen, damit die Flexibilität und Vitalität der betrieblichen Altersversorgung verbessert werden.
- Das örtliche Sozialamt soll sich aus der Durchführung der betrieblichen Altersversorgung zurückziehen, um die Effektivität der staatlichen Aufsicht zu garantieren.

In Bezug auf das staatliche Verhalten:

- Die betriebliche Altersversorgung soll jetzt schnell in einem speziellen Gesetz kodifiziert werden. Das Gesetz soll konkrete Vorschriften über die Umgestaltung der bestehenden Organisationsformen enthalten. Um die „potentielle Regel" zu bekämpfen, muss das Gesetz eventuell ständig revidiert werden.
- Um die betriebliche Altersversorgung besser vor Insolvenz zu schützen, soll ein Kapitalstock von den Investitionsmanagern finanziert werden. Und für die Treuhänder soll entweder ein Kapitalstock oder eine Dachversicherung ins Leben gerufen werden.
- Eine effektive staatliche Aufsicht ist Garantie für den Erfolg der betrieblichen Altersversorgung. Nur mit effektiver Koordination zwischen den Aufsichtsorganen ist eine erfolgreiche Aufsicht möglich. Die Aufsicht über die betriebliche Altersversorgung soll nicht nur auf die Schultern des Staates geladen werden, sondern vielmehr soll ein vielschichtiges Aufsichtssystem geschaffen werden.
- Der Staat soll auch für die Geschäftsleiter der Finanzdienstleistungsfirmen Kriterien festschreiben.
- Die Entgeltumwandlung kann in China eingeführt werden.
- Wenn das System der betrieblichen Altersversorgung selbst attraktiv gestaltet wird, hilft die Verbreitung der betrieblichen Altersversorgung besser als außenseitige Vergünstigungsmaßnahmen.
- Der Staat sollte für seine Funktionen und Aufgaben in Bezug auf die Verbesserung der betrieblichen Altersvorsorge Prioritäten setzten und über die Einführung der Zuschüsse oder steuerlichen Vergünstigungen bessere Entscheidungsunterlagen schaffen. Für die Unternehmen steuerliche Vergünstigungen für die

Beiträge für die betriebliche Altersversorgung einzuführen wäre zurzeit vorschlagbar. Steuerliche Vergünstigungen für die von den Arbeitnehmern geleisteten Beiträge können in die Zukunft verschoben werden.

- Der Staat sollte nach den konkreten Gegebenheiten für unterschiedliche Unternehmen und unterschiedliche Gebiete eine praxisbezogene Politik entwerfen. Einheitlichkeit wird der Verbreitung der betrieblichen Altersversorgung nicht helfen.
- Die Bildung einer betrieblichen Altersvorsorgeeinrichtung in einem Unternehmen sollte an eine Mindestzahl von teilnehmenden Arbeitnehmern festgebunden werden.
- Die Interessen der Menschen, die in besonders großer Armut oder sozial ungerechten Verhältnissen leben, sollten besonders berücksichtigt werden. Soziale Gerechtigkeit aufarbeiten ist Programm und darf nicht vernachlässigt werden.

Die betriebliche Rentenversicherung kann nicht unabhängig von der Gesellschaft, der Wirtschaft und der Politik des Landes und ohne Seitenblick auf die anderen Vorsorgemaßnahmen eines Volkes betrachtet werden Die betriebliche Altersversorgung soll mit der ersten und dritten Säule zusammen analysiert, bewertet und in einer neuen Synthese zu einem leistungsfähigen Instrument der Vorsorge für Menschen nach dem Arbeitsleben entwickelt werden, auch integriert in die chinesische, wirtschaftliche Entwicklung der gesamten chinesischen Konjunktur. Um den Erfolg der betrieblichen Altersversorgung zu garantieren, müssen gleichzeitig auch andere, begleitende Reformen durchgeführt werden. Da stehen z.B. an erster Stelle die Reform der Staatsunternehmen, die wirtschaftliche Entwicklung, die Bekämpfung der Korruption und die Schaffung von Programmen zur Bekämpfung der Armut.

Man muss sehen, dass die Verbreitung der betrieblichen Altersversorgung nur ein Teil der jetzigen Reform des Sozialsicherungssystems ausmacht. Die Verbreitung der betrieblichen Altersversorgung kann die Probleme der gesetzlichen Rentenversicherung nicht lösen. Der Staat darf sich nicht seiner Verantwortung bzw. Schuld für die ehemaligen Arbeitnehmer der bankrott gegangenen Staatsunternehmen sowie für die Arbeitnehmer in den schlecht geführten Staatsunternehmen entziehen. Er muss sich der Verantwortung stellen und sich aktiv für die Verbesserung des Lebensstandards dieser Arbeitnehmer engagieren.

Die Verbreitung der freiwilligen betrieblichen Altersversorgung ist eine Daueraufgabe und wird es auf lange Zeit auch bleiben. Die staatlichen Eingriffe können wohl helfen, in einer kurzen Zeit ein System aufzubauen, aber nicht den ganzen Markt zu schaffen. Für die Akzeptanz der Gesellschaft soll eine Übergangsphase vorgesehen werden. Der Staat soll entsprechend der konkreten Gegebenheit praxisbezogene Politik entwerfen. Nur durchsetzbare Politik ist gute Politik.

Literaturverzeichnis

Arbeitsgemeinschaft für betriebliche Altersversorgung e.V. (Aba)(1997): Thesen der Aba zur Integration von Beitragszusagen in das BetrAVG, BetrAV S.318-320.

Arbeitsgemeinschaft für betriebliche Altersversorgung e.V.(aba)(2002): Der deutsche Pensionsfonds. Eigenverlag. Heidelberg.

Arbeitsgemeinschaft für betriebliche Altersversorgung e.V. (Aba)(Hrsg.)(2003): Pensionskassen. Eigenverlag. Heidelberg.

Ahren, Peter(1981): Neuordnung der Unterstützungskassen dringlicher denn je. In: BetrAV1981. S.114-123.

Ahren, Peter/Walkiewicz, Nowowiejski(1986): Die Aufgaben der betrieblichen Altersversorgung in der Bundesrepublik Deutschland. In: Die Angestelltenversicherung. S.226-231.

Ahren, Peter/Heger, Heinz-J.(1995): Neustrukturierung der betrieblichen Altersversorgung – aus der Sicht des Unternehmens. In: Deutsche Steuer-Zeitung. 83. Jg. S.485-493.

Ahren, Peter/Föster, Wolfgang(1996): Gesetz zur Verbesserung der betrieblichen Altersversorgung. München.

Ahren, Peter/Föster, Wolfgang/Rössler, Norbert(1995): Steuerrecht der betrieblichen Altersversorgung: mit arbeitsrechtlicher Grundlegung. Lose-Blatt-Sammlung 4. aufl. Köln.

Ahren, Peter/Förster, Wolfgang/Rößler, Nobert(2001): Steuerrecht der betrieblichen Altersversorgung – mit arbeitsrechtlicher Grundlegung. Schmidt-Verlag Köln

Ai, Fang(2002): Analyse der Entwicklung über chinesische Klein- und Mittelbetriebe. In: Zeitung über Wirtschaft vom 02.07.2002

Altendorf, Hans-Jochen(1987): Der versicherungstechnische Aufbau der deutschen Pensionskassen. Karlsruhe.

An, Hua(2004): Angebot und Nachfrage der chinesischen betrieblichen Altersversrogung im Unbalance. In: Versicherung von China. 3/2004 S.30-33

Andresen, Boy-Jürgen(1998):Betriebliche Altersversorgung als strategische Komponente einer effizienten Gesamtvergütung. In: Cramer, J.-E./ Förster, Wolfgang/Ruland, Franz.(Hrsg.): Handbuch zur Altersversorgung. Frankfurt am Main. S.315-330.

Andresen, Boy-Jürgen et al.(1999): Arbeitsrecht der betrieblichen Altersversorgung mit sozialversicherungs-rechtlicher Grundlage, Loseblatt. Köln.

Andresen, Boy-Jürgen(2001): Chance und Herausforderungen für die betriebliche Altersversorgung nach der Rentenreform. In: Landesversicherungsanstalt Rheinland-Pfalz(Hrsg.): 11. Speyerer Sozialrechtsgespräch – Altersvorsorge in drei Säulen – Chancen und Risiken S. 41-71.

Andreß, Hans-Jürgen/Heien, Thorsten/Hofäcker, Dirk(2001): Wozu brauchen wir noch den Sozialstaat? – Der deutsche Sozialstaat im Urteil seiner Bürger. Opladen – Westdeutscher Verlag.

Arnim, Hans Herbert (1983): Volkwirtschaft. 4. Auflage. Frankfurt a.M.

Arbeitskammer des Saarlandes (2005): Betriebliche Altersversorgung. AK-Infodienst für Betriebs- und Personalräte Merziger Druckerei und Verlag. Saarbrücken

Arbeitsgemeinschaft für betriebliche Altersversorgung(1995): Memorandum zur Sicherung und Förderung bei der betrieblichen Altersversorgung in Deutschland. 1995. Arbeitsgemeinschaft für betriebliche Altersversorgung(2003). Handbuch der betrieblichen Altersversorgung H-BetrAV – die neue Betriebsrente mit Riestre-Förderung Textsammlung 2. neu bearbeitete Auflage. Forkel Verlag Heidelberg

Bandemer, Stephan von et al(1995): Staatsaufgaben – von der „schleichenden Privatisierung" zum „aktivierenden Staat". In: Behrens, Fritz(Hrsg.): Den Staat neu denken. Reformperspektiven für die Landesverwaltungen. Berlin. S.41-60.

Banner, Gerhard(1991): Von der Behörde zum Dienstleistungsunternehmen – die Kommunen brauchen ein neues Steuerungsmodell. VOP 1/1991 S.6-11.

Barth, Hans.-J.(1998): Perspektiven der gesetzlichen Rentenversicherung auf längere Sicht. DRV. 53. Jg. Heft.6-7-8. S.356-366

Becher, G.ünter(2004): Sind Leistungszusagen „out"? BetrAV 2004.S.116-117.

Becker, Susanne/Faik, Jürgen(1998): Nichtvormarbeisverhältnisse: eine Gefahr für die gesetzliche Rentenversicherung? DRV. Heft.5. 53. Jg. S.273-297

Berner-Lüll, Anette/Drochner, Sabine(1998): Novellierung des Betriebsrentenrechts. In: Betriebsberater. 1998 S.1002- 1008.

Bertelsmann Stiftung(Hrsg.)(2002): die Riester-Rente: „Wer hat sie, wer will sie?". In: Bertelsmann Stiftung Vorsorgestudien, 14. 2002.

BetrAV(2004): Verlustgeschäft für Finanzamt. BetrAV S.473-475.

Birg, Herwig(1975): Analyse und Prognose der Bevölkerungsentwicklung in der Bundesrepublik Deutschland und ihren Regionen. Berlin

Blanke,Bernhard/Schridde, Henning(1999): Bürgerengagement und aktivierender Staat. In: Aus Politik und Zeitgeschichte. Hat.B24-25. S.3-12.

Blien, Uwe/Meyer, Wofgang(2000): Bevölkerungsdynamik und Arbeitsmarkt. In: Müller, Ulrich/Nauck, Bernhard/Diekmann, Andreas(Hrsg.): Handbuch der Demographie 2: Anwendungen, Berlin u.a. S.1025-1065.

Blomeyer, Wolfgang/Otto, Klaus(1997): Gesetz zur Verbesserung der betrieblichen Altersversorgung: Kommentar. München.

Blomeyer, Wolfgang(1998): Flexibilisierung des Betriebsrentenrechts durch Beitragszusagen, BetrAV S.72-74.

Blume, Georg(2006): Schlag gegen Shanghai – die chinesische Staatsführung nutzt eine Korruptionsafäre, um politische Gegner loszuwerden. Sie haben die falsche ökonomische Gesinnung. In: DIE ZEIT vom 28.09.2006. Nr.40

Blumrath, Peter Niklaus(1987): Die Entwicklungsmöglichkeiten des Drei-Säulen-Konzeptes der Alterssicherung. Karlsruhe.

BMGS (Hrsg.): Nachhaltigkeit in der Finanzierung der sozialen Sicherungssysteme – Bericht der Kommission, 2003,

Bode,Christoph/Grabner, Edwin R./May, Gerhard H.(2003): Teuerungsanpassung der Betriebsrenten in 2003 – Anstieg von Lebenshaltungskosten und Nettoeinkommen im Zeitraum 2000/2003 bzw. ab Rentenbeginn. BetrAV. S.105-110.

Bode, Olaf H.(2003): Strukturelle Wettbewerbsnachteile von Versicherungsverein auf Gegenseitigkeit – Stellt der Gleichordnungskonzern einen adäquaten Lösungsnanstatz zur Beseitigung dieser Nachteile dar? In: Kirchhoff, Ulrich/Trilling, Gerhard/Cox, Helmut(Hrsg.): Öffentlich Wirtschaft, Sozialwirtschaft und Daseinsvorsorge im Wandel – Zum Spannungsfeld von europäischer Wettbewerbsordnung und Allgemeininteresse. Festschrift für Helmut Cox. Transfer Verlag. Regensburg. S.343-366.

Bogner, Stefan(1997): Unmittelbare betriebliche Rentenzusage aus finanzwirtschaftlicher Sicht. Deutscher Universitäts-Verlag Wiesbaden

Bonoli,Giuliano et al.(2003): European Welfare Futures. Toward a Theory of Retrenchment. Cambridge. Polity Press

Börsch-Supan, Axel(1999): „Hausehold Savings in Germany“, TMR Projekt on Savings, Pensions and Portfolio Choice, Mannheim.

Börsch-Supan, Axel(2002): Eine Blaupause für eine nachhaltige Rentenreform in Deutschland. Paper für die Tagung „Reforming Old-Age Pension Systems“ der Herbert-Giersch-Stiftung. Magdeburg, Mai 2000. Online Resource der Bibliothek der Mannheim Universität

Börsch-Supan, Axel/Essig, Lothar/Willke, Christina(2005): Rentenlücken und Lebenserwartungen: Wie sich die Deutschen auf den Anstieg vorbereiten. Deutsches Institut für Altersvorsorge. Köln

Börsch-Supan, Axel/Lührmann, Melanie(2000): Prinzipien der Renten- und Pensionsbesteuerung. Frankfurter Institut Stiftung Marktwirtschaft und Politk. Bad Homburg.

Börsch-Supan, Axel/Schnabel, Reinhold(1998): Social Security and Declining Labor-Force Participation in Germany. In: American Economic Review, Papers and Proceedings, Vol. 88. S.173-178

Bosbach, Gerd(2004): Kein Anlass zu Furcht und Panik – Fakten und Mythen zur „demografischen Katastrophe“. DRV. 59.Jg. Heft.11-12. S.725-749.

Brentano, Lujo(1879): Die Arbeiterversicherung gemäß der heutigen Wirtschaftsordnung. Leipzig.

Brombacher-Steiner, Verena(1998): Das Drei-Säulen-Modell der Schweiz. DRV. 53. Jg. Heft. 6-7-8. S.432-438.

Brooke, Roger(1991): The Enabling Authority. In: Public Administration S.525-532.

Bruno-Latocha, Gesa/Grütz, Jens(2001): Zusätzliche Altersvorsorge im Altersvermögensgesetz. DRV S.401-424.

Bruno-Latocha, Gesa(2000): Betriebliche und private Altersvorsorge in Deutschland: Empirische Befunde und Perspektiven. In Deutsche Rentenversicherung. 55. Jg. Heft.3-4. S.139-164

Bruno-Latocha, Gesa/Devetzi, Stamatia(2001): Pensionsfonds in Deutschland und in Europa. DRV. 56. Jg. Heft 8-9 2001 S.436-499.

Bruno-Latocha, Gesa/Tippelmann, Ortrun(2003): Betriebliche Altersversorgung im Umbruch – aktuelle Entwicklungen durch das AvmG. In Deutsche Rentenversicherung. 58. Jg. Heft 1-2. S.13–29.

Budäus, Dietrich(1994): Public Management. Konzepte und Verfahren zur Modernisierung öffentlicher Verwaltung. 2. Aufl.

Budäus, Dietrich(1997): Produkte als Grundlage eines modernen Verwaltungs-managements. In: Deutscher Städtetag (Hrsg.): Verwaltungsmoder-nisierung – Dialog zwischen Praxis und Wissenschaft. Köln., S.101-127.

Budäus, Dietrich (2003): Die Gewährleistung der Daseinsvorsorge durch Public Private Partnership. In: Kirchhoff, Ulrich/Trilling, Gerhard(Hrsg.): Öffentlich Wirtschaft, Sozialwirtschaft und Daseinsvorsorge im Wandel – Zum Spannungsfeld von europäischer Wettbewerbsordnung und Allgemeininteresse. Festschrift für Helmut Cox. Transfer Verlag. Regensburg. S.23-38.

Bulmahn, Thomas(2003): Zur Entwicklung der privaten Altersvorsorge in Deutschland: Vorsorgebereitschaft, Vorsorgeniveau und erwartete Absicherung im Alter. In: Kölner Zeitschrift für Soziologie und Sozialpsychologie. Jg.55. S.29-54

.Bundesbank(1999): Zur Entwicklung der privaten Vermögenssituation seit Beginn der neunziger Jahre. In: Monatsbericht der Deutschen Bundesbank. Jahnuar 1999. S.33-50.

Bundesinstitut für Bevölkerungsforschung(2004): Bevoelkerung : Fakten - Trends - Ursachen - Erwartungen ; die wichtigsten Fragen. Schriftenreihe des Bundesinstituts für Bevoelkerungsforschung. Wiesbaden

Bundesministerium der Finanzen(BMF)(Hrsg.)(1998): Bericht des Arbeitskreises „Betriebliche Pensionsfonds“ im Auftrag des „Forums Finanzplatz beim Bundesministerium der Finanzen“, Schriftenreihe des Bundesministeriums der Finanzen 64, Bonn: Stollfuß.

Bundesministerium des Innern(1998): Moderner Staat – Moderne Verwaltung. Das Programm der Bundesregierung. Berlin

Bundesministerium für Arbeit und Sozialordnung(Hrsg.)(1996): Empische Befunde zur „Scheinselbständigkeit“, Ergebnisse des IAB-Projekts 4-448V „Freie Mitarbeiter und selbständige Einzelunternehmer mit persönlicher und wirtschaftlicher Abhängigkeit“. Bonn.

Bundesministerium für Arbeit und Sozialordnung(Hrsg.)(1998): ASID'95. Infrastest Burke Sozialforschung: Alterssicherung in Deutschland 1995 - die Einkommen von Personen und Ehepaaren ab 55 Jahren, Foruschungsbericht 264/I, München

Bundesministerium für Arbeit und Sozialordnung(Hrsg.)(2001): Alterssicherung in Deutschland 1999. Zusammenfassung wichtiger Untersuchungsergebnisse. Bonn: Eigenverlag.

Bundesministerium für Arbeit und Sozialordnung(2002): Die betriebliche Altersvorsorge. Stand Mai 2002. Berlin: Eigenverlag.

Bundesministerium für Gesundheit und Soziale Sicherung(2003): Situation und Entwicklung der betrieblichen Altersversorgung in Privatwirtschaft und öffentlichem Dienst 2001-2003 BetrAV S.745-773.

Bundesministerium für Wirtschaft und Arbeit(2002): Tarifvertragliche Arbeitbedingungen im Jahr 2002 – Bericht des Bundesministeriums für Wirtschaft und Arbeit. Auszug. BetrAV S.636-644.

Bundesregierung(2001): Lebenslagen in Deutschland – Erster Armuts- und Reichtumsbericht. Berlin. Drucksache 328/01 vom 10. Mai 2001.

Bundesregierung(2001): Alterssicherungsbericht 2001, Drucksache 14/7640. Deutscher Bundestag. Berlin

Bundesversicherungsanstalt für Angestellte(2003): Betriebliche Altersversorgung. Geförderte Altersvorsorge. H.Heenemann GmbH & Co., Berlin

Buth, Andrea K./Hermanns, Michael(2004): Restrukturierung, Sanierung, Insolvenz. 2. vollständig neu bearbeitete Auflage. Verlag C.H. Beck München.

Buttler, Anke(1996): Steuerliche Behandlung von Unterstützungskassen. Karlsruhe

Buttler, Andreas(2005): Einfürhung in die betriebliche Altersversorgung. 4. neu bearbeitete Aufl. Verlag Versicherungswissenschaft Karlsruhe

Cai, Liang.(1999): Character und Intensivität der chinesischen betriebliche Altersversorgung. In: Demographie und Wirtschaft 1/1999. S.17-20.

Cao, Xueqin(2002): Allmählicher Aufbau der betrieblichen Altersversorgung, die die chinesische Konstellation passt. In: Shanghai Finanz 10/2002. S.27-29.

Chen, Chaoyang/Lin, Yumei(2002). Chinesisches modernes Unternehmenssystem. Verlag für chinesische Entwicklung. Beijing.

Chen, Chunyan/Huang, Shunxiang(2005): Funktionieren der betrieblichen Altersversorgung – internationale Erfahrungen und Wahl von China. In: Forschung über Produktivkraft. 7/2005. S.119-123.

Chen, Hualiang(2005): Ananlyse über die steuerliche Behandlung der betrieblichen Altersversorgung. In: Chinesische soziale Versicherung. 9/2005. S.28-29.

Chen, Hualiang(2005a): Compensation fund – die letzte Versicherung für die Sicherheit der betrieblichen Altersversicherung. In: Chinesische soziale Versicherung. S.63-64

Chen, Hui/Cheng, Ming(2003): Vermarktung der betrieblichen Altersversorgung In: Moderne Managementwissenschaft. 6/2003. S.30-32..

Chen, Lu(2005): Studie über das Investitionsmanagement der chinesischen betrieblichen Altersversorgung. Masterarbeit. Manuscript. Wuhan Ligong Universität

Chen, Pinglu(2004): Averting the old age crisis. In: Soziale Versicherung von China. 5/2004. S29-30.

Chen, Tianxiang(2004): Probleme bei der Besteuerung der chinesischen betrieblichen Altersversorgung. In: Versicherung von China. S.26-27.

Chen, Zhong(2005): über die chinesische betriebliche Altersversorgung und die Verantwortung der Arbeitgeber. In: Forschung über Versicherung. 10/2005. S.9-13.

Chinesische Kommission für die alten Menschen(2006): Forschungstendenz über die Veralterungstendenz der chinesischen Bevölkerung. In: www.finance.sina.com.cn. (abgerufen am 24. 12. 2006.)

Chinesische Taiping Versicherung GmbH(2004): Marktforschungsbericht. Manuskript.

Chinesischer Taiping Versicherung GmbH(2005): Plan für fünf Jahre. Manuskript.

Cui, Shaomin/Wen, Wu(2003): Theorie, Funktion und Verwaltung der betrieblichen ergänzenden Altersversorgung. Verlag der chinesischen Arbeit und sozialen Versicherung. Beijing

Davis, E. Philip(1997): Pension Funds. Retirement-Income Security, and Capital Markets, Oxford.

Deng, Binwen(2004): Betriebliche Altersversorgung in dem Treuhänderverhältnis ist die erste Wahl der chinesischen betrieblichen Altersversorgung – Anregungen der europäischen und amerikanischen betrieblichen Altersversorgung für die chinesische betrieblichen Altersversorgung. In: Ziffer und Reichtum. S.32-33.

Deng, Wenbiao(2005): Forschung über die Aufsicht über die chinesische betriebliche Altersversorgung. In: Akademische Zeitschrift des Versicherungsinstituts. 5/2005. S.24-26.

Dent, Mike(2006)(Hrsg.): Questioning the new public management. Reprint. Ashgate Verlag. Aldershot

Deutsche Bank Research(1995): Von der Pensionsrückstellung zum Pensionsfonds: Eine Chance für den deutschen Finanzmarkt. Frankfurt am Main.

Deutsche Bundesbank(2001): Die betriebliche Altersversorgung in Deutschland. Monatsbericht, 2001(März). S.45-61.

Deutscher Bundestag(1997): Alterssicherungsbericht 1997. Unterrichtung durch die Bundesregierung. 13. Wahlperiode, Drucksache 13/9570. 30.12.1997.

Deutsches Aktieninstitut(1996): Betriebliche Altersvorsorge ausgliedern. Pensionsfonds versus Pensionsrückstellungen. Mitteilungen des deutschen Aktieninstituts. Eigenverlag.

Deutsches Institut für Altersvorsorge GmbH(1999): Reformerfahrungen im Ausland: Ein systematischer Vergleich von sechs Ländern. Eigenverlag Köln.

Deutsches Institut für Altersvorsorge(2004): Rentenbarometer. Köln.

Deutscher Bundestag(2001): Bericht der Bundesregierung über die gesetzliche Rentenversicherung, insbesondere über die Entwicklung der Einnahmen und Ausgaben, der Schwankungsreserve sowie des jeweils erforderlichen Beitragssatzes in den könftigen 15 Kalenderjahren gemäß § 154 SGB VI (Rentenversicherungsbericht

2001) und Gutachten des Sozialbeirats zum Rentenversicherungsbericht 2001. Bundestags-Drucksache 14/7639.

Die Bertelsmann Stiftung(2003): Altersvorsorge 2003: Wer hat sie, wer will sie? – Auszug- BetrAV S.454-457.

Dommermuth, Thomas/Hauer, Michael(2005): Ist die Basisrenten-Versicherung im Vergleich zur betrieblichen Altersversorgung rentable? ZO. 2005. S.50-57.

Dietrich, Thomas/Rühle, G.-Hans (1985): Das Arbeitsrecht der betrieblichen Altersversorgung. In: Arbeitsgemeinschaft für Betriebliche Altersversorgung(Hrsg.): Handbuch der betrieblichen Altersversorgung. Band I. Grundlage und Praxis. Wiesbaden.

Dirrigl, Hans(1997): Die Kosten von Direktzusagen auf betriebliche Altersversorgung unter Berücksichtigung der Lohn- und Steuerfinanzierung. In: Wagner. Franz W.(Hrsg.): Steuerberatung im Spannungsfeld von Betriebswirtschaft und Recht. Stuttgart. S. 53-79.

Dresp, Friedhelm(1995): Unterstützungsskasse. In: Arbeitsgemeinschaft für betriebliche Altersversorgung(Hrsg.)(1995): Handbuch der betrieblichen Altersversorgung. 8.aufl. Heidelberg.

Drukarczyk, Jochen(1990): Was kosten betriebliche Altersversorgung? In Der Betriebswirt. 50/1990. S.333-353.

Drukarczyk, Jochen(2000): Direktzusagen, Lohnsubstitution, Unternehmenswert und APV-Ansatz. In: Andresen, Boy-Jürgen/Förster, Wolfgang/Doetsch (Hrsg.):Betriebliche Altersversorgung im Zeichen der Globalisierung, Festschrift Norbert Rößler zum 60. Geburtstag. O. Schmidt Köln

DRV-Schriften(2002):Rentenversicherung in Zeitreihen, Band 22 Juli 2002 S. 238.

Du, Peng(1994): Forschung über den chinesischen Veralterungsprozess. Verlag der Volksuniversität China. Beijing

Dünn, Sylvia/Fasshauer, Stephan(2001): Die Retenreform 2000/2001 - Eine Rückblick DRV S.266-275.

Dünn, Sylvia/Fasshauer, Stephan(2003): Ein Jahr Riesterrente - eine Überblick aus Sicht der gesetzichen Rentenversicherung DRV S.1-12

Dünn, Sylvia/Fasshauer, Stephan(2003a): Die Reform der gesetzlichen Rentenversicherung. Aktuelle Optionen. In: Deutsche Rentenvversicherung. 58 Jg. Heft 8. S.444-464.

Dünn, Sylvia/Fasshauer, Stephan (2003b): Die Aufgaben der gesetzlichen Rentenversicherung im Zusammenhang mit der neuen bedarfsorientierten Grunsicherung. DRV S.249-263.

Dünn, Sylvia/Rüb, Katrin(2003): Die Neureglung der bedarfsorientierten Grundsicherung im Alter und bei Erwerbsminderung zum 1. Januar 2005. DRV.S.614-627

Duwendag, Dieter (2003): Globalisierung aus ökonomischer Sicht: Schritt-macher, Trends, Folgewirkungen, in: Schmidt, Oliver (Hrsg.): Die neuen Kommandohöhen: Untersuchungen über Globalisierung und Politik. Berlin: Verlag für Wissenschaft und Forschung, S.119-135.

Duwendag, Dieter(2004): Globalisierungseffekte „Race to Bottom“ oder „Race to the Top“? In: Benz, Arthur/Siedentopf, Heinrich/Sommermann, Karl-Peter (Hrsg.): Institutionalwandel in Regierung und Verwaltung: Festschrift für Klaus König zum 70. Geburtstag. Berlin: Duncker & Humblot. S.685-695.

Eckert, Carsten/Mössle, Klaus/Wolff, Ulrich(2005): Aspekte des Risikomanagements bei der Fundierung von Leistung- und Beitragszusagen in der bAV. BetrAV 2005 S.233-237.

Ebinger, Gerhard(2001): Neue Modelle der betrieblichen Altersversorgung. Peterlang Frankfurt am Main u.a.

Editor der Zeitschrift(2004): Zurücknehmen der Beiträge für die betriebliche Altersversorgung durch Widerrufen der Verträge. In: Technik und Wirtschaft von chinesischen privaten Unternehmen. 5/2004 S.13-23.

Editor von System der Sozialenversicherung(2000). In: System der Sozialenversicherung(2000). 5/2000. S.17.

Ehrentraut, Oliver(2006): Alterung und Altersvorsorge – Das deutsche Drei-Säulen-System der Alterssicherung vor dem Hintergrund des demographischen Wandels. Sozialökonomische Schriften Band 29. Peter Lang Frankfurt am Main.

Eichhorn, Peter/Friedrich, Peter(2002): Verwaltungslexikon. 3. neue bearbeitete Aufl. Nomos Verlagsgesellschaft Baden-Baden

Eifert, Martin(1998): Grundversorgung mit Telekommunikationsleistungen im Gewährleistungsstaat. Nomos Verlagsgesellschaft Baden-Baden.

Eifert, Martin(2006): Regulierungsstrategien. In: Hoffmann-Riem, Wolfgang/Schmidt-Aßmann, Eberhard/Voßkule, Andreas(Hrsg.): Grundlagen des Verwaltungsrechts Band I Methoden, Maßstäbe, Aufgaben, Organisation. Verlag C.H.Beck Müchen S.1237-1310

Eitenmüller, Stefan(1996): Die Rentabilität der gesetzlichen Rentenversicherung – Kapitalmarktanaloge Renditeberechnungen für die nahe und die ferne Zukunft. DRV, 51. Jg. Hf. 12 S.784-798

Eitenmüller, Stefan/Hein, Winfried(1998): Potentielle Effizienzvorteile kontra Übergangskosten. Modellrechnungen zu den Belastungswirkungen bei einem Wechsel des Finanzierungsverfahrens in der gesetzlichen Rentenversicherung. DRV. 53. Jg. Hf. 9-10. S.634-654.

Emmerich, Knut. et. al(2001): Signalisiert die aktuelle Besserung am Arbeitsmarkt bereits die Trendwende? Beschäftigungsentwicklung und Beschäftigungsaussichten in Deutschland. IAB-Werkstattbericht, Nr.5/2001. Institut für Arbeitsmarkt- und Berufsforschung. Nürnberg.

Enquete-Kommision „Demographischer Wandel“(1998): Zweiter Zwischenbericht der Enquete-Kommision Demographischer Wandel – Herausforderungen Unserer Älter Werdenden Gesellschaft an den Einzelnen und die Politik, Reihe, „Zur Sache“ 8/98. Bonn: Deutscher Bundestag.

Enquete-Kommision „Zukunft der Erwerbsarbeit" (1998b): Zwischenbericht der Enquete-Kommission vom 7. Juli 1995. Landtag Nordrhein-Westfalen, 12. Wahlperiode, Drucksache 12/3121.

Enquete-Kommision „Demographischer Wandel"(2002): Schlussbericht der Enquete-Kommission „Demographischer Wandel – Herausforderungen unserer älter werrdenden Gesellschaft an den Einzelnen und die Politik", Bundestags-Drucksache 14/8800. Berlin: Deutscher Bundestag.

Esser, Klaus/Sieben, Günter(1997)(Hrsg.): Betriebliche Altersversorgung – eine betriebswirtschaftliche Analyse. Deutsche Gesellschaft für Betriebswirtschaft E.V. Schäffer Poeschel Verlag Stuttgart.

Europäische Kommission(2000): Beschreibung der sozialen Lage in Europa. Luxemburg.

Europäische Zentralbank(2000): Die Finanzpolitik im Euro-Währungsraum unter den Bedingungen einer alternden Bevölkerung. In: Monatsbericht der Europäische Zentralbank. Juli. 2000. S.63-78.

Eurostat(1997): Jahrbuch 1997 – Europa im Blick der Statistik 1986-1996, Luxemburg.

Eurostat(2003): Der statistische Wegweiser durch Europa : Daten aus den Jahren 1991-2001. : Eurostat Jahrbuch. Luxemburg

Eurostat(2004): Der statistische Wegweiser durch Europa : Daten aus den Jahren 1992-2002. : Eurostat Jahrbuch Panorama der Europäischen Union / Europäische Kommission

Evers, Adalbert(2000): Soziale Gerechtigkeit, Sozialstaat und Innovation. In: Mezger, Erika/West, Klaus-W.(Hrsg.): Aktivierender Sozialstaat und politisches Handeln. Hans Böckler Stiftung. Schüren Verlag, Marburg. S.13-30.

Fan, Hailin(1997): Entwicklung und Aussicht des chinesischen ländlichen Alterssicherungssystems. In: Forschung über Demographie. 6/1997. S.15-17.

Fei, Xiaotong(2006): Boden, Heimat und China. Volksverlag Shanhai. Shanghai.

Fehling, Michael(2006): Regulierung als Staatsaufgabe im Gewährlesitungsstaat Deutschland – Zu den Konturen eines Regulierungsverwaltungsrechts. In: Hill, Hermann(Hrsg.): Die Zukunft des öffentlichen Sektors. Nomos Verlaggesellschaft. Baden-Baden

Fehn, Hans(2004): Die Vermögensanlage bei kommunalen und kirchlichen Zusatzversorgungskassen. BetrAV S.343-344.

Fehns, Gundula(1995): Versicherungsrechtliche Fragen zum Pensionsicherungs-Verein. Veröffentlichungen des Seminars für Versicherungswissenschaft der Universität Hamburg und des Vereins zur Förderung der Versicherungswissenschaft in Hamburg e.V. Reihe A. Rechtswissenschaft Heft 85. VVW Karlsruhe

Fehr, Hans(2004): Verteilungswirkungen der nachgelagerten Besteuerung. BetrAV S.694 -701.

Fiedler, Jobst(2002):Aufgabenkritik und Konzentration auf Kernaufgaben. In: Blanke, Bernhard, et al(Hrsg.): Handbuch zur Verwaltungsreform. 2. Auflage. Leske+Budrich, Oplladen. S.105-117

Forsbach, Walter(1982): Zur Entwicklung der betrieblichen Altersversorgung, insbesondere der Unterstützungskassen. In: BetrAV 1982. S.156-160.

Forschungsinstitut für Demographie und Arbeitswirtschaft des chinesischen Instituts für Sozialwissenschaft(2001): Das chinesische demographische Jahrbuch. Verlag des chinesischen Instituts für Sozialwissenschaft für Demographie und Arbeitswirtschaft. Beijing

Forschungsinstitut für Sozialsicherung des chinesischen Ministeriums für Arbeit und Sozialsicherung/Bosch Funds Management GmbH(2002): System und Verwaltungsnormen der chinesischen betrieblichen Altersversorgung. Chinesischer Verlag für Arbeit und Sozialsicherung, Beijing.

Forschungsinstitut für Sozialsicherung des chinesischen Ministeriums für Arbeit und Sozialsicherung/Chinesische Taiping Versicherung GmbH(2003): Steuerliche Politik und das Funktionieren der chinesischen betrieblichen Altersversorgung. Chinesischer Verlag für Arbeit und Sozialsicherung, Beijing

Forschungszentrum über Entwicklung von Staaten(2005): Wachstumspotential und Wachstumsaussicht bis 2020.

Forsthoff, Ernst (1938): Die Verwaltung als Leistungsträger, Stuttgart, Berlin. 1938.

Förster, Wolfgang(2001): betriebliche Altersversorgung – unverzichtbares Element einer strategisch ausgerichteten Gesamtvergütung. DB 24/2001, Beilag 5 S.5-10.

Förster, Wolfgang(2003): Betriebliche Altersversorgung im Meinungsbild der Unternehmen BetrAV S.715-719.

Förster, Wolfgang(2004): Neue steuerliche Rahmenbedingungen für Betriebsrente durch das Alterseinkünftegesetz. BetrAV S.592-598.

Franco, Algieri/Jouhette, Sylvain(2003): Arbeitskräfteerhebung – Wichtige Ergebnisse 2002 EU und EFTA. In: Eurostat – Statistik kurz gefasst, 15/2003

Franzius, Claudio(2002): Gewährleistung im Recht. Vorüberlegungen zur rechtlichen Strukturierung privater Gemeinwohlbeiträge am Beispiel des Umweltschutzes. Diskussionspapiere des Europäischen Zentrums für Staatswissenschaften und Staatspraxis 36/2002.

Frey, Johannes, M.(2006): Privatisierung im New Public Management. Dr. Hut München

Fuchs, Juergen(1997): Welche Wirkungen gehen von der demographischen Entwicklung auf den Arbeitsmarkt aus? In: Statistische Informationen zum Arbeitsmarkt: Konzepte und Kritik, Anwendung und Auslegung. Beiträge zum wissenschaftlichen Kolloquium am 14./15. November in Wiesbaden. Stuttgart. S.55-76.

Gaugler, Eduard(1987): Die Rolle der betrieblichen Altersversorgung aus personalwirtschaftlicher Sicht. In: Zeitschrift für betriebswirtschaftliche Forschung. S.860-874.

Gaßmann, Ursula(1998): Geringfügige Beschäftigung. Fakten sprechen gegen Handlungsbedarf. In: Gesellschaftspolitische Kommentare. Heft.7. S.15-18.

Geng, Guozhu/Zhu, Junsheng(2003): Über betriebliche Altersversorgung. In: Versicherung von China. 7/2003. S.10-13.

Gerke, Wolfgang(2004): Alterssicherung im Wettbewerb. In: Gerke, Wolfgang/ Schwintowski, Hans-Peter(Hrsg): Alterssicherung aus rechtlicher und ökonomischer Sicht. 1. Aufl. Nomos Verlaggesellschaft Baden-Baden. S.8-61.

Gerke, Wolfgang/Heubeck, Klaus(2002): Gutachten zur zukünftigen Funktionsfähigkeit der Insolvenzsicherung durch den Pensions-Sicherungs-Verein VVG BetrAV. 5/2002 S.433-483.

Gesamtverband der Deutschen Versicherungswirtschaft e.V.(GDV)(2002): Nach der Reform – Das bringt die neue Rente. Berlin: Eigenverlag.

Gohdes, Alfred E.(1997): Versicherungsmathematische Finanzierungsverfahren für betriebliche Versorgungsverpflichtungen. In: Neuburger, Edgar(Hrsg.)(1997): Mathematik und Technik betrieblicher Pensionszusagen.2. überarb. Aufl. Karlsruhe. S.192-213.

Grabner, Edwin(1999): Der betriebliche Pensionsfonds – Eine beitragsdefinierte betriebliche Versorgungseinrichtung auf bestehender Grsetzesgrundlage. In: Der Betrieb. 52 Jg. S.901-910.

Grabner, Edwin(2003): Entgeltumwandlung in der betrieblichen Altersversorgung. BetrAV S.17-25

Graef, Helga(1960): Die betriebliche Altersfürsorge. Düsseldorf.

Grauwe, Paul De(2002): The Euro at Stake? – The Monetary Union in an Enlarged Europe. CESifo Form 3, No. 2. 2002. S.58-62.

Grimm, Dieter(1990): Wachsende Staatsaufgaben – Sinkende Steuerungsfähigkeit des Rechts, Nomos Verlaggesellschaft Baden-Baden..

Groner-Weber, Sabine(2000): Der aktivierende Staat – Konzepte und Entwicklungsoptionen. In: Mezger, Erika/West, Klaus-W.(Hrsg.): Aktivierender Sozialstaat und politisches Handeln. Hans Böckler Stiftung. Schüren Verlag, Marburg. S.167-172.

Grundsatzabteilung, DGB-Bundesvorstand(2000): Soziale Gerechtigkeit, Sozialstaat und Innovation. In: Mezger, Erika/West, Klaus-W.(Hrsg.): Aktivierender Sozialstaat und politisches Handeln. Hans Böckler Stiftung. Schüren Verlag, Marburg. S.201-211.

Gui, Zhaojun/Yang, Xu(2002): Finanzierungsprobleme der Mittel- und Kleinbetriebe der Zhejiang Provinz. In: Sozialwissenschaft von Zhejiang. 4/2002. S.24-25.

Gunkel, Alexander(2005): IVS – 25 Jahre im Dienste der Altersversorgung. BetrAV 2005. S.434-438

Gunkel, Alexander(2005a): Beitragsfreie Entgeltumwandlung: eine anderer Standpunkt. BetrAV. 2005 S.746-749.

Guo, Xisi(2005): Forschung über die steuerlichen Vergünstigungsmaßnahmen für die betriebliche Altersversorgung in China. In: Forschung der Wirtschaft Shanghai. 9/2005. S.36-44.

Hanke, Thomas(1998). Die Zeit Schröders Regierungsprogramm bricht mit Tabus der Partei. In: Die Zeit. http://www.zeit.de/archiv/1998/11/spdtabu.txt.19980305.xml (abgerufen am 21.01.2007)

Hartmann, Werner(1974):Betriebsrente, Direktversicherung als betriebliche Altersversorgung. München.

Haueisen, Peter(1983): Unmittelbare Versorgungszusage und Direktversicherung als Gestaltungsformen der betrieblichen Altersversorgung. Frankfurt/Main.

Hauser, Richard et al(1998): Entwicklung und Verteilung von Einkommen und Vermögen der privaten Haushalte in Deutschland in 1969/70 bis 1995. Gutachten im Auftrag der Kommission für Zukunftsfragen der Freistaaten Bayern und Sachsen. In: Kommission für Zukunftsfragen der Freistaaten Sachsen und Bayern(Hrsg.): Erwergstätigkeit und Arbeitslosigkeit in Deutschland. Entwicklung, Ursachen und Maßnahmen. S.321-547.

He, Ping(2002): Ist-Zustand und Bewertung der chinesischen betrieblichen Altersversorgung. In. Zeitung für chinesische Arbeit und Versicherung. Von 5.9.2002.

He, Shufang/Ye, Jie(2006): Funktionen der betrieblichen Altersversorgung bei der Verwaltung. In: Chinesische soziale Versicherung 5/2006. S.26-27.

Heien, Thorsten(2002): Wohlfahrtsansprüche der Bürger und sozialpolitische Realität in Europa. Berlin: Logos Verlag.

Grohmann, Heinz(2003): Die Alterung unserer gesellschaft. Ursachen, Wirkungen, Handlungsoptionen. In: Zeitschrift für bevölkerungswissenschaft. Demographie. Heft. 2-4 S.443-463.

Heißmann, Ernst(1967): Die betrieblichen Ruhegeldverpflichtungen. 6. aufl. Verlag Dr. Otto Schmidt KG, Köln.

Heißmann, Ernst(1968): Die Altersversorgung im Spiegel der sozialpolitischen Diskussion. Wiesbaden.

Heller, Bernd(2001): Die Neureglungen des Altersvermögensgesetztes DangVers. S.232-239.

Hemmer, Edmund(2004): Aufwendungen für die betriebliche Altersversorgung in Deutschland. BetrAV S.536-542.

Hemmer, Edmund(2004a): SOEP-Auswertung: Monatliche Bruttobetriebsrente 2003. BetrAV S.667.

Heubeck, Klaus(1996): die betriebliche Altersversorgung zwischen gesetzlicher Rentenversicherung und privater Eigenvorsorge. In: GVG und Weltbank(Hrsg.): die Alterssicherungssysteme vor der demographischen Herausforderungen. – Das Säulen-Modell der Weltbank als Lösungsansatz. Irmgard Vollmer Verlag. S.91-104

Heubeck, Georg(1970): Private Lebensversicherung, gesetzliche Rentenversicherung und betriebliche Altersversorgung als Komponenten der Vorsorge. ZversWiss. S.317-350.

Heubeck, Georg et al.(1982): Kommentar zum Betriebsrentengesetz. Bd. I, Arbeitsrechtliche Vorschriften, 2. Aufl. Heidelberg.

Heubeck, Klaus/Rürup, Bert(2000): Finanzierung der Altersversorgung des öffentlichen Dienstes – Probleme und Optionen. Sozialökonomische Schriften 20. Peter Lang Frankfurt am Main u.a.

Hewitt Firma(2003): Was kann man machen? – Wahl der 400 Unternehmen – eine Erhebung über die betriebliche Altersversorgung. In: Chinesische soziale Versicherung. 8/2003. S.54-55.

Hieber , Otto L.(1986): Der Einfluss der betrieblichen Altersversorgung auf den Unternehmenswert, Frankfurt am Main.

Hoffmann-Riem, Wolfgang(1997): Tendenzen in der Verwaltungsrechtsentwicklung. DÖV S.433-442

Hoffmann-Riem, Wolfgang(2000): Verantwortungsteilung als Schlüsselbegriff moderner Staatlichkeit. In: Kirchhof, Paul u.a.(Hrsg.): Staaten und Steuern. Festschrift für Klaus Vogel zum 70. Geburtstag. S.47-64.

Hoffmann-Riem, Wolfgang(2001):Modernisierung von Recht und Justiz. Eine Herausforderung des Gewährleistungsstaates. Suhrkamp Frankfurt am Main.

Hilger, Marie Luise(1959): Das betriebliche Ruhegeld – Zugleich ein Beitrag zum Recht der betrieblichen Altersversorgung. Heidelberg.

Hilger, Marie Luise(1969): Anrechnungs- und Begrenzungsklause in betrieblichen Ruhegeldreglungen. In: Festschrift für Otto Kunze. Berlin. S.291-302.

Himmelreicher, Ralf K/Holger, Viebrok(2002): Die „Riester-Rente" und einige Folgen für die Alterseinkünfte. Erste Ergebnisse aus dem Projekt die „Sozial- und Verteilungspolitische Bedeutung der Rahmenbedingungen privater Altersvorsorge". Bremen im September 2002. Abgerufen am 21.01.2007 auf der Webseite: www. Bos5.boeckler-boxen.de/fix/download/himmelreicher.pdf

Himmelreicher, R.K./Holger, Viebrok(2003): Die „Riester-Rente" und einige Folgen für die Alterseinkünfte – Befunde einer Simulationsstudie auf der Grundlage typischer Erwerbs- und Familienbiographien. ZeS-Arbeitpapiere Zentrum für Sozialpolitik Centre for Social Policy Research. Bremen: Eigenverlag.

Höfer, Reinhold(Hrsg.) (1998): Neue Chancen für Betriebsrente. Die Novellierung des Betriebsrentengesetzes. Stuttgart. 1998.

Höfer, Reinhold(1999): Gesetz zur Verbesserung der betrieblichen Altersversorung, Bd. 1, Arbeitsrecht, 4. Aufl., Loseblatt, München.

Höfer, Reinhold(2005): Pensionsrückstellung oder Treuhandlösungen (CTA) oder Übergang auf Pensionsfonds. BetrAV 2005. S.739-742.

Höfer, Reinhold/Abt, Oskar(1982): Gesetz zur Verbesserung der betrieblichen Altersversorgung, Kommentar, Band I, Arbeitsrechtlicher Teil, 2. Auflage. München.

Hoffmann, Edeltraut/Walwei, Ulrich(1998): Normararbeitsverhältnis: ein Auslaufmodell? Überlegungen zu einem Erklärungsmodell für den Wandel der Beschäftigungsformen. In: Mitteilungen aus der Arbeitsmarkt- und Berufforschung. Heft.3. S.409-425.

Höhn, Charlotte(1999): Die demographische Alterung – Bestimmungsgrände und wesentliche Entwicklungen. In: Grünheid, E/Höhn, C.(Hrsg.): Demographische Alterung und Wirtschaftswachstum, Schriftenreihe des Bundesinstituts für Bevölkerungsforschung, Band 29. Opladen, S.9-33.

Höhn, Charlotte/Hullen, Gert(1993): Bestimmungsgründe der Alteung der Bevölkerung in Deutschland. Gerstern, heute und morgen – Szenarien von 1987 bis 2060. in: Otto, J(Hrsg.): Die älter werdende Gesellschaft, Deutsche Gesellschaft für Bevölkerungswissenschaft, 27. Arbeitsjahrgang in Bad Homburg, Materialien zur Bevölkerungswissenschaft, 80, S.7-39.

Höhne, Heinz(1968): Die betriebliche Altersversorgung. In: Handbuch der betrieblichen Altersversorgung. 5. Auflage. Stuttgart.

Hör, Michael(2000): Betriebliche Altersversorgung in Deutschland: marktorientierte Berwertung von Versorgungszusagen unter besonderer Berücksichtigung steuerlicher Gestaltungsmöglichkeiten. Verlag für Wissenschaft und Forschung. Berlin.

Holger, Viebrok/Hendrik, Dräther(1999): Alterssicherung auf der Grundlage von Sicherheit – Rentabilität und sozialer Verantwortung, Schriftenreihe der Gesellschaft für Versicherungswissenschaft und Gestaltung 32. Köln: Eigenverlag.

Homburg, Stefan/Richter, Wolfram F.(1990): Eine effizienzorientierte Reform der GRV. In: Felderer, B.(Hrsg.): Bevölkerung und Wirtschaft, Berlin. S.183-191.

Hoppenrath, Martin(2005): Perspektiven der Insolvenzsicherung. BetrAV. 2005 S.412-417

Horlermann, Heinz-Gerd(2004): Steuerliche Neureglungen des Alterseinkünftegesetzes. BetrAV. S.688-694.

Huang, Lijun(2005): Definition der betriebichen Altersversorgung. In: Finanz von Südwestchina. 1/2005. S.37-39.

IBM(2003): Marktanalyse der IBM zur Riester-Reform. BetrAV S.773-774

Huang, Wenqing(2004): Analyse über Rendite und Gebührprozent der betrieblichen Altersversorgung. In: Chinesische soziale Versicherung. 8/2004. S.60-62.

Hu, Junsheng(2005): Überblick über die betriebliche Altersversorgung in bestimmten Städten. In: Chinesische soziale Versicherung. 3/2005 S.16.

Hu, Haiyan(2002). Zahlung der Einkommenssteuer von Individuum in Finanz und Wirtschaft aktuell vom 14.06.2002.

Hu, Xiaoyi(2005): Drei Probleme der Ersatzquote der Altersrente. Zeitung für chinesische Arbeit und Versicherung 01.04.2005

Ifo-Instititut(1996): Ifo Insitut für Wirtschaftsforschung, Siebentes Forschungsvorhaben zur Situation und Entwicklung der betrieblichen Altersversorgung, München 1996

Ifo-Insititut(2000): Betriebliche Altersversorgung, Achtes Forschungsvorhaben zur Situation und Entwicklung der Betrieblichen Altersversorgung, bearbeitet von Wolfgang Ruppert. München: Eigenverlag.

Infratest Sozialforschung(2003). Situation und Entwicklung der betrieblichen Altersversorgung in der Privatwirtschaft – Zwischenbericht. München.

Internationale Bank für Wiederaufbau und Entwicklung/Weltbank(1997): Weltentwicklungsbericht 1997 - Der Staat in einer sich ändernden Welt. Bonn.

International Labor Office(1984): Into the Twenty-first Century, the Development of Social Security (Geneva: ILO)

International Labor Office(1992): The ILO and the elderly – Activities and Services the International Labor Office Can offer to Improve the Situation of the Elderly. Geneva.

Jaeger, Harald(2005): Für wen lohnt sich nun was wirklich? – Einzelfragen der Beratung nach dem Alterseiinkünftegeetz. BetrAV S.225-230.

James, Estelle(1996): The world bank's Three-Pillar system: will it prove income security to the world's aging population? In: GVG und Weltbank(Hrsg.): die Alterssicherungssysteme vor der demographischen Herausforderungen. – Das Säulen-Modell der Weltbank als Lösungsansatz. S.43-61.

Jann, Werner(1981): Kategorien der Policy-Forschung, Speyerer Arbeitshefte Nr.37, Speyer.

Jann, Werner/Wewer, Göttrik(1998): Helmut Kohl und der „Schlanke Staat" – Eine verwaltungspolitische Bilanz. In: Wewer, Göttik(Hrsg.): Bilanz der Ära Kohl, Opladen. S.229-266.

Jann, Werner(2006): Public Management - Grundlagen, Wirkungen, Kritik - Festschrift für Christoph Reichard zum 65. Geburtstag. Ed. Sigma. Berlin

Jens, Alber(2001): Recent Development of the German Welfare State: Basic Continuity or Paradigm Shift? Zes-Arbeitspapiere. Zentrum für Sozialpolitik Centre for Social Policy Research. Bremen: Eigenverlag.

Jensen, Michael C./Meckling, William H.(1976): Theory of the Firm – Managerial Behavior, Agency Costs and Ownership Structure. In: Journal of Financial Economics 3 (1976). S.305-360.

Jia, Lihong(2003): Forschung über die Finanzierung der chinesischen Mittel- und Kleinbetriebe. In: Wirtschaftliche Reform. 1/2003. S.38-39.

Jin, Ping(2002): Theoretische Analyse zur Finanzierungsprobleme der chinesischen Mittel- und Kleinbetriebe. In: Forschung über Handel. 3/2002. S.13-15.

Kaufmann, Otto/Köhler, Peter A.(2002): Die neue Alterssicherung – Leitfaden, Nomos. Baden Baden.

Küpers, Christoph/Louven, L./Schröder, Jan(2005): Contractual Trust Arrangements – Insolvenzsicherung und Bilanzverkürzung. BetrAV S.417-425.

Kemper, Kurt. et al.(2005): BetrAVG – Kommentar zum Gesetz zur Verbesserung der betrieblichen Altersversorgung. 2. überarbeitete und erweiterte Auflage. Luchterhand Verlag. München.

Kerschbaumer, Judith(2004): Die Ausweiterung der betrieblichen Altersversorgung über Tarifverträge: Wunschdenken oder Realität? BetrAV 2004 S.101-105.

KGSt(Hrsg.): Dezentrale Ressourcenverantwortung: Überlegungen zu einem neuen Steuerungsmodell, Bericht Nr. 12/1991, Köln. 1991.

KGSt(Hrsg.): Wege zum Dienstleistungsunternehmen Kommunalverwaltung: Fallstudie Tilburg, Bericht Nr. 19/1992, Köln. 1992.

KGSt(Hrsg.): Das Neue Steuerungsmodell: Begründung – Konturen – Umsetzung, Bericht Nr.5/1993, Köln. 1993

KGSt(Hrsg.): Budgetierung: Ein neues Verfahren der Steuerung kommunaler Haushalte, Bericht Nr.6/1993, Köln. 1993.

Klaus, Kortmann/Schatz, Christof(2000): Altersvorsorge in Deutschland 1996. (AVID 96). Lebensverläufe und künftige Einkommen im Alter, Tebellenbände und Methodenbericht, Hrsg. Von VDR und BMA, CD zu GRV-Schriften Band 19 und BMA-Forschungsbericht Band 277. Bonn und Frankfurt/main.: Egenverlag.

Klaus, Kortmann/Schatz, Christof(2001): Altersvorsorge in Deutschland 1996. Sonderauswertung für das Zentrum für Sozialpolitik der Universität Bremen, München: Eigenverlag.

Klaus, Michealis/Reinhold, Thiede(2000): „Reform der gesetzlichen Rentenversicheurng: zwischen Kontinuität und Paradigmenwechsel", In: Die Angestelltenversicherung, 47. Jg., Heft.12. S.426-436.

Klose, Hans-Ulrich et. al(1993): Altern hat Zukunft – Bevölkerung und dynamische Wirtschaft. Opladen: Westdt. Verl.

Klunzinger, Eugen(1998): Einführung in das bürgerliche Recht – Grundkurs für Studierende der Rechts- und Wirtschaftswissenschaften. München.

Koch, Peter(1995): Die historische Entwicklung des Versicherungsverein auf Gegenseitigkeit. In: Peiner, Wolfgang(1995)(Hrsg.): Grundlagen des Versicherungsverein auf Gegenseitigkeit. Gotharer Verischerung Karlruhe. S.13-26.

König, Klaus/Dose, Nikolai(1993): Klassifikationsansätze zum staatlichen Handeln. In: dieselben.(Hrsg.): Instrumente und Formen staatlichen Handeln. Köln usw. S. 3 – 150.

Kohl, Jörg(1998): Einstellung der Bürger zur sozialen Sicherung, insbesondere zur Alterssicherung – Ein Überblick über die forschungslage. DRV. 53. Jg. Heft. 9-10. S.477-493.

Korpi, Walter(2000): Faces of Inequality: Gender, Class and Patterns of Inequalities in Different Types of Welfare States. In: Social Politics 7 (2). P. 127-191.

Krätzer, Daniel(2002): Einlagensicherung. O.V.

Kortmann, Klaus./Haghiri, Parnwa(2003): Situation und Entwicklung der betrieblichen Altersversorgung in Privatwirtschaft und öffentlichem Dienst 2001-2003. Enbericht im Auftrag des Bundesministeriums für Gesundheit und Soziale Sicherheit. München

Kortmann, Klaus/Haghiri, Parnwa(2004): Situation und Entwicklung der betrieblichen Altersversorgung in Privatwirtschaft und öffentlichem Dienst 2001-2003. – Untersuchung von Infratest Sozialforschung im Auftrag des Bundesministeriums für Gesndheit und Soziale Sicherung (BMGS). BetrAV. S.745-773.

Kortmann, Klaus/Haghiri, Parnwa(2005): Situation und Entwicklung der betrieblichen Altersversorgung in Privatwirtschaft und öffentlichen Dienst 2001-2004. BetrAV. S.766-775.

Kortmann, Klaus/Schatz, Christof(2000): Altersvorsorge in Deutschland – Lebensläufe und künftige Einkommen im Alter. Forschungsbericht von Infratest Burke Sozialforschung, Hrsg. Von VDR und BMA. In: DRV-Schriften Band 19 und BMA-Forschungsbericht Band 227, Frankfurt am Main 2000

Krahnen, Jan Peter(1990): Über den Wert impliziter Treueprämien: Betriebliche Altersversorgung aus finanzierungstheoretischer Sicht. In: Schmalenbachs Zeitschrift für betriebswirtschaftliche Forschung. 42. Jg. S.199-215

Kretschmer, Hans-Jürgen(1997): Die Regelungsvorhaben zur Bekämpfung der „Scheinselbständigkeit“ aus Sicht der sozialgerichtlichen Praxis. RdA. 1997. S.327-333.

Kruse, Edgar(2000): Sterblichkeit und fernere Lebenserwartung von Versichertenrentnern der gesetzlichen Rentenversicherung – Aktuelle Ergebnisse einer Sterbtaffelrechnung für 1996/1998

Lai, Lijuan/Zhang, Mingrui(2003): Nachdenken über die betriebliche Altersversorgung. In: Arbeit von China. 1/2003. S.17-19.

Lamping, Wolfram(2002): Der aktivierende Staat. Positionen, Begriffe, Strategien. Arbeitskreis Bürgergesellschaft und Aktivierender Staat der Friedrich-Ebert-Stiftung. Bonn.

Langmantel, Erich/Vogler-Ludwig, Kurt(1997): Entlastungspotential eines Teilkapitalstocks unter alternativen Bevölkerungsannahme. Studie im Auftrag der Enquete-Kommission Domographischer Wandel, München.

Langohr-Plato, Uwe(2002): Rechtshandbuch betriebliche Altersversorgung. 2. Aufl. ZAP-Verl. für die Rechts- und Anwaltspraxis. Recklinghausen

Lauk, Kurt J.(1995): Deutschland am Scheideweg. Die deutsche Wirtschaft im internationalen Wettbewerb. In: Internationale Politik. S.47-52.

Leinert, Johannes(2004): Es geht auch ohne Zwang: Hohe Teilnahmequoten in der bAV durch automatische Entgeltumwandlung. BetrAV 2004. S.447-449.

Lewis, John(1992): Gender and the Development of Welfare Regimes. In: Journal of European Social Policy 23 P.159-173.

Li, Enqiang(2003): Fünf Schwieirigkeiten der der chinesischen Mittel- und Kleinbetriebe. In: Zeitschrift fuer chinesische Wirschaft und Handel. 1/2003. S.19-20.

Li, Hong(2005): Nachdenken über die Entwicklung der chinesischen betrieblichen Altersversorgung. In: Zeitschrift für Preis. 2/2005. S.22-23.

Li, Yanhua(2006): Probleme und Lösungsanalyse zur jetzigen Entwicklung der chinesischen betrieblichen Altersversorgung. In: Wirtschaft in Tangshan. 3/2006. S.23-24.

Li, Zhen(1998): Das soziale Sicherungssystem und Entwicklung der Wirtschaft. Verlag der Wuhan Universität. Wuhan

Liang, Hong(2006): China: Brighter outlook for 2007. Economic Research from the GS Institutional Portal at https://portal.gs.com (abgerufen am 21.01.2007)

Liang, Hong/Yi, Heng(2005): Ehre und Trau: Aufstieg von China. Economic Research from the GS Institutional Portal at https://portal.gs.com. Global Economic Paper Nr. 133. (abgerufen am 21.01.2007)

Lieb, Manfred(2004): Die Pflicht zur Anpassung von Betriebsrenten nach §16 BetrAVG – eine kauf zu rechtfertigende Überforderung des Arbeitgebers. BetrAV. S.616-623.

Lin, Sunmen(2004): Ananlyse der amerikanischen und japanischen betrieblichen Altersversorgung und Verbesserung der chinesischen betrieblichen Altersversorgung. In: System der sozialen Versicherung. 1/2004. S.8-13.

Lin, Wenhao(2005): betriebliche Altersversorgung – Fallstudie. In: Forschung des Personal Resources. 11/2005. S.54-55.

Lin, Yi(1995): Theorie und Politik der Rentenrefomen. Verlag der westnördlichen Finanzhochschule. Chengdu.

Liu, Changping(2005): Urbanisierung: Schlüssel zur Lösung der chinesischen Probleme auf dem Land. Aus: www.csss.whu.edu.cn (abgerufen am 02.01.2007)

Liu, Huang(2002): Optimales Finanzierungsstrategie der der chinesischen Mittel- und Kleinbetriebe. In: Chinesische Mittel- und Kleinbetriebe. 9/2002. S.21.

Liu, Jixin(2004): Forschung über die Rentenreform in Lateinamerika. Verlag der chinesischen Arbeit und sozialen Versicherung. Beijing.

Liu, Yujuan/Liu, Lin(2006): Nachdenken über die Regierungsverantwortung für betriebliche Altersversorgung. in: Tech. Information Development and Ecomomy. 1/2006. S.16-19.

Liu, Yunlong/Yao, Zhizhong/Fu, Anping(2002): Entwicklung der chinesischen betrieblichen Altersversorgung und Unterstützung durch die steuerlichen Vergünstigunen. In: Management Welt. 4/2002. S.45-54.

Liu, Yunlong/Fu, Anping(2004): Betriebliche Altersversorgung – Modellanalyse und internationaler Vergleich. Chinesischer Finanzverlag. Beijing

Lohmann, Henning(2004): Berufliche Selbständigkeit von Frauen und Männern im internationalen Vergleich – Welche Rolle spielt die Vereinbarkeit von Familien und Erwerbstätigkeit. In: Schmid, G./Gangl, M./Kupka, P.(2004): Arbeitsmarktpolitik und Strukturwandel: Empirische Analysen. – Beiträge zur Arbeitsmarkt- und Berufsforschung. Institut für Arbeitsmarkt- und Berufsforschung der Bundesagentur für Arbeit. BeitrAB 286. Nürnberg. S.205-226.

Lombard, Karen.V.(2001): Female self-employment and demand for flexible, nonstandard work schedles. In: Economic Inquiry. 39 (2). P.214-237.

Lorz, Wolfgang(1999): Die Firmendirektversicherung als Kombination der Vortiel von Leistungs- und Beitragszusage. BetrAV 1/1999. S.10-15.

Lou, Lilin/Zhang, Mingrui(2003): Nachdenken über die chinesische betriebliche Altersversorgung. In: System der sozialen Versicherung. 7/2003. S.24-26

Lohre, Werner(2001): Betriebliche Altersversorgung aus Arbeitnehmersicht. In: Andresen, Boy-Jürgen(Hrsg.): Betriebliche Altersversorgung im 21. Jahrhundert – rechtliche, personalpolitische und finanztechnische Herausforderungen. Festschrift für Wolfgang Förster zum 60. Geburtstag. Schmidt-Verlag. Köln. S.37-44

Lösel, Christian(2004): Betriebliche Altersversorgung durch Entgeltumwandlung – Steuerliche Auswirkungen einer Arbeitnehmerentsendung in die USA. Verlag Dr. Kovac. Hamburg

Loytved, Helge(2002): Persönliche Verantwortung und gesetzliche Rentenversicherung. DRV 57. Jg. Hf.9-10. S. 590-598.

Luy, Marc(2006): Perspektiven für die zukünftige Entwicklung der Lebenserwatung. Rostocker Zentrum – Diskussionspapier. Nr. 4. (abgerufen am 02.04.2007 auf der Webseite von www.rostockerzentrum.de)

McKinsey Global Institute(1996): „Capital Productivity", Washington D.C.

Malchow, Wolfgang(2004): Betriebliche Altersversorgung aus Unternehmenssicht. BetrAV S.304-311.

Mao, Caixia(2004): Neues Stellungsverständnis von Arbeitnehmer bei der Reformen der Staatsunternehmen. In: Wissenschaftliche Zeitschrift von Taiyuan Universität. 5/2004. S.11-13.

Mao, Huihong./Dai, Weizhou(2004): Die japanische betriebliche Atlersversorgung und ihre Inspiration für die chinesische betriebliche Altersversorgung. In: Japan Studien 4/2004 S.32-36

Martin, Philippe(2005): Betriebliche Vorsorge in Europa: Fragment oder Stützpfeiler des Sozialschutzes. In: Internationale Revue für soziale Sicherheit. 1/2005 Bd.58. S.29-55.

Masberg, Mathias Friedrich(2006): Implementierung der betrieblichen Altersversorgung in mittelständischen Unternehmen. EUL Verlag. Köln.

Maydell, Bernd(1983): Betriebliche Altersversorgung. In: Bundesministerium für Arbeit und Sozialordnung(Hrsg.): Darstellung der Alterssicherungssysteme und der Besteuerung von Alterseinkommen – Gutachten der Sachverständigenkommission vom 10. Nov. 1983. Berichtsband 2. Bonn.

McManus, Patricia A.(2001): Women's participation in self-employment in western industrialized nations. In: international Journal of Sociology. 31 (2). P.70-97.

Mei, Ruijiang(2005): Hindernisse des Eintrittes der chinesischen betrieblichen Altersversorgung in den Kapitalmarkt. In: Soziale Versicherung von China. 10/2005. S.79-80.

Merten, Detlef(1980): Vom Sozialstaat zum totalen Versorgungsstaat. In: Die Versicherungsrundschau. 2/3. 1980. S.49-56.

Merten, Detlef(1992): Zugriff auf Renten als strafähnliche Sanktion. In: Reiter, Heinrich/Merten, Detlef(Hrsg.): Soziale Sicherung in den neuen Bundesländern. Speyerer Sozialrechtsgespräch 2. 1992. Landesversicherungsanstalt Rheinland-Pfalz. Speyer S.27-43.

Merten, Detlef(1994): Verfassungsprobleme der Versorgungsüberleitung. – Zur Erstreckung westdeutschen Rentenversicherungsrechts auf die neuen Länder. Beiträge zum Beamtenrecht. Zweite, ergänzte Auflage. Ducker & Humblot Berlin

Merten, Detlef(1994a): Subsidiarität als Rechtsprinzip. In: Merten, Detlef(Hrsg.): die Subsidiarität Europas. zweite, durchgesehene Auflage. Ducker & Humblot Berlin. S.77-97.

Merten, Detlef(1995): Grenzen des Sozialstaats. Vierteljahresschrift für Sozialrecht S.155-170

Merten, Detlef(1996): Krankenversicherung zwischen Eigenverantwortung und Staatsversorgung – zu grundsätzlichen Problemen der Gesundheitsstrukturreform. In: Neue Zeitschrift für Sozialrecht. S.593-599.

Merten, Detlef(2002): Soziale Grundrechte in Europa – Bilanz und Perspektive. In: Merten, Detlef(Hrsg.): Speyerer Sozialrechtsgespräche – der Landesversicherungsanstalt Rheinland-Pfalz in Zusammenarbeit mit der Deutschen Hochschule für Verwaltungswissenschaften Speyer 1991-2000. Ducker & Humblot Berlin. S.30-41.

Merten, Detlef(2005): Grundrechtliche Schutzpflichten und Untermaßverbot. In: Stern, Klaus/Burmeister, Joachim: Gedächtnisschrift für Joachim Burmeister – Festschrift für Joachim Burmeister. Müller Verlag. Heidelberg. S.227-243.

Merten, Detlef(2006): Freiheit als Staatsfundmentalprinzip. In: Jacobs, Rainer/Papier, Hans-Jürgen/Schuster, Peter-Klaus(Hrsg.): Festschrift für Peter Raue. Carl Heymanns Verlag Berlin. S.233-245

Merten, Detlef/Jung, Michael(1998): Zur Dauer verwaltungsgerichtlicher Verfahren – zugleich Zwischenbericht über ein Forschungsprojekt. In: Pitschas, Rainer(Hrsg.): Die Reform der Verwaltungsgerichtsbarkeit. – Vorträge und Diskussionsbeiträge der verwaltungswissenschaftlichen Arbeitstagung 1997 des Forschungsinstituts für öffentliche Verwaltung bei der Deutschen Hochschule für Verwaltungswissenschaften Speyer. Ducker & Humblot Berlin. S. 31-45

Merten, Detlef/Pitschas, Rainer(1993)(Hrsg.): Der Europäische Sozialstaat und seine Institutionen. 1993

Merten, Detlef/Pitschas, Rainer(1997): Sozialverwaltung im Reformprozess – Verfassungsrechtliche und verwaltungswissenschaftliche Studie zur Modernisierung der Sozialverwaltung am Beispiel Nordrhein-Westfalens. Schriftenreihe der Hochschule Speyer. Band 123. Duncker & Humblot Berlin

Merton, Robert C.(1983): On the role of social security as a means for efficient risk sharing in an economy where human capital is not tradeable. In: Bodie, J/shoven, B.(Hrsg.): Financial aspects of the United States pension system. P.325-358. University of Chicago Press

Meurer, Anne(2000): Durch Gestalten Vertrauen stärken. In: Die Angestellten-Versicherung. 47. Jg. Heft. 10. S.1-8

Michaelis, Klaus/Thiede, Reinhold(2000): Reform der gesetzlichen Rentenversicherung : zwischen Kontinuität und Paradigmenwechse DAngVers S.426-436.

Ministerium für Arbeit und Sozialsicherung(1998): Jahrbuch der chinesischen Sozialsicherung. Chinesischer Verlag für Arbeit und Sozialsicherung, Beijing.

Ministerium für Arbeit und Sozialsicherung(2003): Jahrbuch der chinesischen Sozialsicherung. Chinesischer Verlag für Arbeit und Sozialsicherung, Beijing.

MGSFF(2003): Verbreitung und Akzeptanz der betrieblichen Altersversorgung in kleinen und mittelständischen Unternehmen in Nordrhein-Westfalen. Wiesbaden

Mo, Yanxuan(2004): Aufbau und Entwicklung der chinesischen betrieblichen Altersversorgung. In: Reform des wirtschaftlichen Systems. 1/2004. S.81-85.

Mu, Guangzong(1998): „3+2" – Chinesischer kombinierter Alterssicherungsweg. In: Liu, Baocheng(Hrsg.): Averting the old age crisis - Sammlung von Beiträgen des Forum "Alten, Familien und Kommune". Beijing Verein für Altersprobleme. Beijing S.50-60

Mückenberger, Ulrich(1985): Die Krise des Normalarbeitsverhältnisse. In: Zeitschrift für Sozialreform. Heft.8. 1985. S.416-434.

Mühlberger, Melanie/Schwinger, Reiner(2006): Betriebliche Altersversorgung und sonstige Leistungen an Arbeitnehmer nach IFRS. – Bilanzierung und Bewertung von Employee Benefits. Verlag Vahlen München

Müller, Christian(2004): bAV-Report 2004 – Ergebnisse der 5. Welle der Unternehmensbefragung. Köln

Müller, Georg(2001): Rechtsetzung im Gewährleistungsstaat. In: Geis, Max-Emanuel/Lorenz, Dieter(Hrsg.): Staat – Kirche – Verwaltung, Festschrift für Hartmut Maurer zum 70. Geburtstag. München. S.227-237.

Müller, Helmut(2000):Der Versicherungsverein auf Gegenseitigkeit – Chance und Risiken aus der Sicht eines Verischerungsaufsehers. Karlsruhe

Müller, Werner/Arum, Richard(2005): Self-Employment Dynamics in Advanced Societies. In: Arum, Richard/Müller, Werner(Ed.)(2005): The Return of Self-Employment: A Cross-National Study of Self-Employment and Social Inequality. Princeton: Princeton University Press.

Myers, George C.(1984): Sterblichkeitsrückgang, Lebensverlängerung und Altern der Bevölkerung, in: Zeitschrift für Bevölkerungswissenschaft 9 Jg. Heft.r S.463-475.

Nachrichten von der Beijing Zeitung für Jugendliche vom 28. 05. 2001. Beijing

Nachrichtenbüro des chinesischen Staatsrats(2001): Armutshilfe und Entwicklung auf dem Land. Verlag für chinesische Finanz und Wirtschaft. Beijing

Nachrichtenbüro des chinesischen Staatsrats(2004): Politik, Gesetz, Gesellschaft – Ist-Zustand der chinesischen Arbeit und Sozialsicherung. Beijing. 30.04.2002.

N.N.(2000): Versicherungsaffäre bei Shidu Kaufhof. In: Zeitung für Gesetz vom 13.07. 2000.

N.N.(2003): „Graues Geschäft" über betriebliche Altersversorgung. In: Zeitung über wirtschaftliche Aspekte vom 03.03.2003.

N.N.(2004): Nachdenken über „Vermarktung des Shanghai Zentrums für betriebliche Altersversorgung“. In: Wirtschaftliche Reporte vom 21. Jahrhunderts vom 02.08.2004.

N.N.(2004a): Finanzierungsprobleme der Klein- und Mittelbetriebe. In: Bericht über die Klein- und Mittelbetriebe vom 12.10.2004. Zugang durch http://www.southcn.com/news/gdnews/jj/2004zbh/bj/200410120676.htm (abgerufen am 01.01.2007)

Odenthal, Christian(2006): Der Einfluss der Wirtschaftordnung auf betriebliche Altersversorgung EUL Verlag. Köln

OECD(2000): Employment Outlook. Paris: OECD.

OECD(2002): 1980-1998 – 20 years of social expenditure – The OECD Database. Paris: OECD.

Ohsmann, Sabine/Stolz, Ulrich(1997): Beitragszahlungen haben sich gelohnt. Betrachtungen zur Rendite der Altersrenten in der gesetzlichen Rentenversicherung. In: Die Angestelltenversicherung. 1997. Heft. 3. S.119-124.

Olk, Thomas(2000): Weder Rund-um-Versorgung noch „pure“ Eigenverantwortung – aktivierende Strategien in der Politik für Familien, alte Menschen, Frauen, Kinder und Jugendliche. In: Mezger, Erika/West, Klaus-W.(Hrsg.): Aktivierender Sozialstaat und politisches Handeln. Hans Böckler Stiftung. Schüren Verlag, Marburg. S.105-124.

Opielka, Michael/Ostner, Ilona(1987): Umbau des Sozialstaates – Herausforderungen und Probleme alternativer sozialpolitischer Konzeptionen. In: ders.(Hrsg.): Umbau des Sozialstaates.. Band 2 der Reihe Perspektiven der Sozialpolitik. Klartext Essen. S.7-22.

Ou, Guofeng(2005): Aufwachsensschwelle von der betrieblichen Altersversorgung. In: Wirtschaft. 8/2005. S.42-44.

Orszag, Peter R./Stilglitz, Joseph E.(1999): Rethinking pension reform: Ten Myths about social security systems. In: Holzmann, R./J.E.Stilglitz(ed.): New Ideas about old age security, The world bank, Washington D.C. September P.17-56.

Pan, Li(2004): Entwicklung und Funktionsmechanismus der betrieblichen Altersversorgung in China. In: Soziale Akademie von Guangzhou. 5/2004. S.45-49.

Panne, Heinz(1979): Betriebliche Altersversorgung – ein personalpolitische Instrument. In: Gaul, Dieter(Hrsg.): Die betriebliche Altersversorgung in fachübergreifender Wertung. Lex-Fachbuchhandlung, Leverkusen. S.53-57.

Peiner, Wolfgang(2000):Die Zukunftschancen der Versicherungsvereine auf Gegenseitigkeit. In: Wagner, Fred(2000)(Hrsg.): Aktuelle Fragen in der Versicherungswirtschaft. S.129-145.

Pelikan, Wolfgang(2002): Altersvorsorge – Private Altersvorsorge, betriebliche Altersversorgung, gesetzliche Altersrente, Altersteilzeit. Verlag C.H.Beck

Peng, Xuemei(2005): Forschung über die steuerliche Politik für die betriebliche Altersversorgung. Verlag der westnördlichen Finanzhochschule. Chengdu.

Peng Xuemei(2005a): Obligatorisch oder freiweillig? – Diskussion über betriebliche Altersversorgung. In: Chinesische soziale Versicherung 1/2005.S.60-61.

Pensions-Sicherungs-Verein(2006): Bericht über das Geschäftjahr 2005. Köln.

Perspektive Deutschland(2004): Ergebnisse: Vertrauen in die Insittutionen. In: www.perspektive-deutschland.de/03060. Stand: 23.04.2004.

Petersen, Holger G.(1986): Theorie und Praxis der Alterssicherung, Stand, Ansatzpunkt für Reformen und ihre Auswirkungen in der Bundesrepublik Deutschland. Gießen.

Pfau-Effinger, Birgit(1998): Arbeitsmarkt- und Familiendynamik in Europa – Theoretische Grundlagen der vergleichenden Analyse. In: Geissler, B./Pfau-Effinger, B.(Hrsg.)(1998): Frauen-Arbeitsmarkt: Der Beitrag der Frauenforschung zur sozio-ökonomischen Theorieentwicklung, Berlin. S.177-193.

Post, Julius/Albrecht, Heinrich(1893):Musterstätten persönlicher Fürsorge von Arbeitgebern für ihre Geschäftsangehörigen. In: Archiv für soziale Gesetzgebung und Statistik, Vol. 6 (1893) S.345-353

Pitschas, Rainer(1996): Kommunale Sozialpolitik. In: von Maydell/Ruland(Hrsg.): Sozialrechtshandbuch, 2. Aufl. Neuwied u.a. S. 1295 – 1353.

Pitschas, Rainer(1996a): Verrechtlichung von Sozialleistungen im wohlfahrtsdistanzierten Sozialstaat. In: Schulin, Bertram(Hrsg.): Leistungsrealisierung und Leistungsstörungenen im Sozialrecht. Wiesbaden.

Pitschas, Rainer(1996b): Verwaltungsmodernisierung und Verwaltungsrecht im „schlanken Staat". In: Verwaltung und Management 2/1996. S.83-84.

Pitschas, Rainer(1996c): Der Konflikt zwischen Solidarität und wettbewerblicher Subsidiarität im Gesundheitswesen – Gegliederte Krankenversicherung oder „Einheitskasse". In: Neue Zeitschrift für Sozialrecht. S.266-272.

Pitschas, Rainer(1997): Kommunalverwaltung und Bürgerschaftliches Engagement, Der Städtetag 1997

Pitschas, Rainer(1997a): Organisationsrecht als Steuerungsressource in der Sozialverwaltung. In: Schmidt-Aßmann, E./Hoffmann-Riem, W.(Hrsg): Verwaltungsorganisationsrecht als Steuerungsressource. Nomos Verlaggesellschaft Baden-Baden.. S.151-206

Pitschas, Rainer(1998): Verwaltungsmodernisierung im Gegenlicht der rechtsstaatlich-demokratischen Amts- und Dienstsverfassung, in: Verwaltung und Management, Heft 6/1998, S.324-331.

Pitschas, Rainer(1998a): Der „neue" soziale Rechtsstaat. In: Ruland, Franz(Hrsg.): Verfassung, Theorie und Praxis des Sozialstaats - Festschrift für Hans F. Zacher zum 70. Geburtstag. Müller. Heidelberg S.755-775.

Pitschas, Rainer(2000): Dienstleistungsverwaltung und serviceorientierte Rechtskonkretisierung. In: Bayerische Verwaltungsblätter – Zeitschrift für öffentliches Recht und öffentliche Verwaltung. Hft.4 S.97-103.

Pitschas, Rainer(2001): Dezentralisierung und Good Governance – Zivilgesellschaftliche Entwicklung im Konflikt mit dem effizienten Staat. In: Thomi, Walter/Steinich,

Markus/Polte, Winfried(Hrsg.): Dezentralisierung in Entwicklungsländern. Nomos Verlaggesellschaft Baden-Baden. S.125-149.

Pitschas, Rainer(2001a): Soziale Sicherungssysteme im "europäischen" Sozialstaat. In: Badura, Peter/Dreier, Horst(Hrsg.): Festschrift 50 Jahre Bundesverfassungsgericht. zwiter Band. Mohr Siebeck. Tübingen S.827-871.

Pitschas, Rainer(2003): Das System der landwirtschaftlichen Sozialsicherung in Deutschland. Funktion und Probleme. In: Gui, Shixun(Hrsg.): Forschungsergebnisse der Analyse verschiedener Modelle der Rentenversicherung auf dem Lande im Yantze-Delta/China in vergleichender Perspektive – Sammlung von Beiträgen über die Forschungsergebnisse sowie der vergleichenden Forschungsergebnissen zwischen China und anderen Nationen. Hualing Verlag China. S.319-330. (auf Chinesisch).

Pitschas, Rainer(2004):Das sozialrechtliche Verwaltungsreform im „aktivierenden Staat" – Verfahrensrechtliche Konsequenzen der staatlichen Verantwortungspartnerschaft mit der Bürgergesellschaft. In: Wulffen, Matthias von.(Hrsg.) Festschrift 50 Jahre Bundessozialgericht. Heymann. Köln. S.765-782.

Pitschas, Rainer(2004a):Looking behind New Public Management - "new" values of public administration and the dimensions of personnel management in the beginning of the 21st century. Forschungsinst. für Öffentliche Verwaltung bei der Dt. Hochsch. für Verwaltungswiss. Speyer

Pitschas, Rainer(2005):Die Zukunft der sozialen Sicherungssystem. In: Der Sozialstaat in Deutschland und Europa. Veröffentlichungen der Vereinigung der deutschen Staatsrechtslehrer. De Gruyter Rechtswissenschaften Verlag, Berlin. S.111-143

Pitschas, Rainer (2005a): Deutschland und Japan im Fokus internationaler Staats- und Verwaltungsmodernisierung, in: Des. (Hrsg.): Globalisierung als Herausforderung für die Verwaltung- Lernwerkstatt Japan-Deutschland - Speyerer Arbeitsheft 171. Speyer: Forschungsinstitut für öffentliche Verwaltung, S.2-28

Pitschas, Rainer/Peters, Rosemarie(1996): Die Rolle der Sozialpartner im europäischen Integrationsprozeß, Speyerer Forschungsberichte. Nr.165.

Pott-Buter, Hettie A.(1996): Fachts and Fairy Tales about Femal Labor, Family and Fertility, Amsterdam

Presseerklärung des DIA vom 4.3.2004(2004): Riester-Rente stagniert.

Presseerklärung des DIA vom 2.8.2005(2005): Steigende Rentenlücke und Lebenserwartung – Aktuelle DIA-Studie belegt fehlende Vorbereitung der Bevölkerung BetrAV. 2005. S.582-583.

Presse- und Informationsamt der Bundesregierung(1996): Erwerbsbeteiligung der Mütter vom Alter des jüngsten Kindes abhängig. In: Sozialpolitische Umschau. Nr.132.

Progrons (1998): Auswirkungen veränderter ökonomischer und rechtlicher Rahmenbedingungen auf die gesetzliche Rentenversicherung in Deutschland, DRV-Schriften, Bd. 9, 1998, S. 22 ff Frankfurt/main: Verband Deutscher Rentenversicheurngsträger. Bearbeitet von Eckerle, K.

Qin, Qi(2005): Diskussion über die steuerlichen Vergünstigungen der betrieblichen Altersversorgung. In: Technik und Wirtschaft von chinesischen privaten Unternehmen. 6/2005. S.94-96.

Queisser, Monika(1996): Bandbreite der Weltbank- Projekte zur Unterstützung der Reformen im Bereich der Alterssicherung. In: GVG und Weltbank(Hrsg.): die Alterssicherungssysteme vor der demographischen Herausforderungen. – Das Säulen-Modell der Weltbank als Lösungsansatz. Irmgard Vollmer Verlag. S.63-73.

Recktenwald, Stefan/Krüger, Hans-Joachim(2005): Geförderte betriebliche Altersversorgung – Ein Vergleich zwischen Eichel-, Riester- und Rürup-Förderung BetrAV. S.336-342.

Rehfeld, Ulf(2000): Die Bedeutung der gesetzlichen Rentenversicherung im Drei-Säulen-Modell – Ergebnisse aus der Sondererhebung AVID 1996. VDR-Pressekontaktseminar 2000 in Dresden.

Reichard, Christoph (1997): Verwaltungsinnovation und Verwaltungs-zusammenarbeit, in: Thedieck, Franz/Müller, Joachim (Hrsg.): Rezeption deutscher Beiträge zur Verwaltungsmodernisierung für die Zusammenarbeit mit Entwicklungsländern. Berlin: Arno Spitz GmbH, S.113-134.

Staats- und verwaltungsmodernisierung im "aktivierenden staat"

Reichard, Christoph (1999): Staats- und Verwaltungsmodernisierung im „aktivierenden Staat". In: Verwaltung und Fortbildung. Schriften der bundesakademie für 1999. S.117-131.

Reichard, Christoph (2004): New Public Management als Reformdoktrin für Entwicklungsverwaltungen, in: Benz, Arthur/Siedentopf, Heinrich/ Sommermann, Karl-Peter (Hrsg.): Institutionalwandel in Regierung und Verwaltung: Festschrift für Klaus König zum 70. Geburtstag. Berlin: Duncker & Humblot, S.613-629.

Reichard, Christoph/Schuppan, Tino(2000): Wie ernst ist es der Bundesregierung mit dem Thema „Aktivierender Staat"? In: Mezger, Erika/West, Klaus-W.(Hrsg.): Aktivierender Sozialstaat und politisches Handeln. Hans Böckler Stiftung. Schüren Verlag, Marburg. S.81-98.

Reifner, Udo/Tiffe, Achim(2002): Die „Riester-Rente" aufs Verbrauchersicht – Eine Analyse der Vorsorgeprodukte, Bertelsmann Stiftung(Hrsg.), Vorsorgestudien 13, www.vorsorgestudien.de

Reinermann, Heinrich(1994): Die Krise als Chance: Wege innovativer Verwaltung, Speyerer Forschungsbericht 139, Speyer.

Renn, Heribert/Schoch, Dietrich(2003): Grundsicherungsgesetz – Lehr- und Praxiskommentar LPK-GsiG. 1. Auflage. Baden-Baden. 2003.

Richardi, Reinhard(1984): Probleme der Mitbestimmung des Betriebsrates bei der Gestaltung der betrieblichen Altersversorgung. In: Blomeyer, W.(Hrsg.)(1984): Betriebliche Altersversorgung unter veränderten Rahmenbedingung. Karsruhe. S.21-45.

Ritter, Gerhard A.(1989): Der Sozialstaat – Entstehung und Entwicklung im internationalen Vergleich. Oldenbourg.

Rosenberg, Peter(1992): Wie leistungsfähige ist die „zweite Säule". In: Förster, Wolfgang/ Rößler, Norman(Hrsg.): Betriebliche Altersversorgung in der Diskussion zwischen Praxis und Wissenschaft. Festschrift zum 60. Geburtstag von Peter Ahren. Köln. S.101-115

Ruloff, Dieter(2000): Den Staat neu definieren. In: ders.(Hrsg.): Den Staat neu definieren. Verlag Rüegger.Chur/Zürich. S.11-22.

Ruppert, Wolfgang(2000): Betriebliche Altersversorgung – Achtes Forschungsvorhaben zur Situation und Entwicklung der betrieblichen Altersversorgung. ifo Institut für Wirtschaftsforschung. München.

Rürup-Kommission(2003): Schlussbericht der Nachhaltigkeit in der Finanzierung der Sozialen Sicherungsysteme . BetrAV S.614-635.

Sachverständigenrat zur Begutachtung der gesamtwirtschaftlichen Entwicklung(2001): Für Stegigkeit – gegen Aktionismus. Jahresgutachten 2001/2002, Gutachten, Auftraggeber: Bundesministerium für Wirtschaft, Berlin, Nevember 2001.

Sadowsik, Dieter/Pull, Kerstin(1999): Können betriebliche Sozialleistungen die staatliche Sozialpolitik entlassen? In: Schmähl, Winfried.(Hrsg.): Betriebliche Sozial- und Personalpolitik: Neue Herausforderungen durch veränderte Rahmenbedingungen. Frankfurt am Main. S.66-104.

Sainsbury, Diane(1994): Women's and Men's Social Rights: Gendering Dimensions of Welfare States. In: ders.(Ed.): Gendering Welfare States. London: Sage. P.151-169.

Schack, Axel/Tacke, KarstenThau, Kenneth(2002):Praktiker-Hanbuch zur Umsetzung der betrieblichen Altersversorgung. Heidelberg P.151-169.

Schack, Axel(2005): Der neue Chemietarifvertragsabschluß über die betriebliche Altersversorgung. BetrAV 2005. S.720-722.

Schäfer, Dirk(1997): Systeme der betrieblichen Altersversorgung im Vergleich – Inhalte, Stärken/Schwächen – Perspektiven. Difo-Druck GmbH. Bamberg.

Schaub, Günter/Schusinski, Ewald/Ströer, Heinz(1989): Erfolgreiche Altersvorsorge. München.

Scheffler, Wolfram(1990): Betriebliche Altersversorgung. Wiesbaden. 1990.

Schmähl, Winfried(1986): Gesetzliche und betriebliche Alterssicherung für verschiedene Gruppen de Bevölkerung in der Bundesrepublik Deutschland, In. Deutsche Rentenversicherung. 1986. Heft11-12. S.684-701

Schmähl, Winfried (1997): „Alterssicherung zwischen Vorsorge und Versorgung: Konzeptionen, Entwicklungstendenzen und eine Entwicklungsstrategie für die deutsche Alterssicherung", Verhandlungen des Kongrosses der Deutschen Gesellschaft für Soziologie 1996. In: Hradil, Stefan(Hrsg.): Differenz und Integration: die Zukunft moderner Gesellschaften. Frankfurt/New York, S.1006-1020. Campus.

Schmähl, Winfried(2000): Alterssicherung in Deutschland an der Jahrtausendwende – Konzeptionen Maßnehmen und wirkungen. DRV. 55. Jg. Hf.1-2. S.50-69.

Schmähl, Winfried(2000a): Auf dem Weg zur nächsten Rentenreform in Deutschland. Anmerkungen zu Konzepten, Maßnahmen und Wirkungen. In: Aus Politik und Zeitgeschichte. B.35-36. S.8-22.

Schmähl, Winfried(2000b): Perspektiven der Alterssicherungspolitik in Deutschland: über Konzeptionen, Vorschläge und einen angestrebten Paradigmenwechsel. In: Perspektiven der Wirtschaftspolitik. R, 1: 407-430

Schmid, Otto(1992): Die Gruppen-Unterstützungskasse als Instrumen der betrieblichen Altersvorsorge. Diplomarbeit. Mannheim.

Schmid, Josef.(1999): Der harte Faktor der Weltveränderung: Die demographischen Entwicklungen bis zum Jahre 2050. In: Aus Politik und Zeitgeschichte, Beilage aus „Das Parlament" vom 24. Dez. 1999. S.18ff

Schmidt-Aßmann, Eberhard(1976): Verwaltungsverantwortung und Verwaltungsgerichtsbarkeit. VVDStRL 34.

Schmidt-Aßmann, Eberhard(1993): Zur Reform des allgemeinen Verwaltungsrechts – Reformbedarf und Reformansätze. In: Hoffmann-Riem, Wolfgang/Schmidt-Aßmann, Eberhard/Schuppert, Gunnar Folke(Hrsg.): Reform des allgemeinen Verwaltungsrechts. Grundfragen. Nomos Verlaggesellschaft Baden-Baden.. S.11ff

Schmidt-Aßmann, Eberhard(2006): Verfassungsprinzipien für den Europäischen Verwaltungsverbund. In: Hoffmann-Riem,Wolfgang/Schmidt-Aßmann, Eberhard /Voßkule, Andreas(Hrsg.): Grundlagen des Verwaltungsrechts Band I Methoden, Maßstäbe, Aufgaben, Organisation. Verlag C.H.Beck Müchen S.241-306.

Schmitter, Miriam(2001): Besteuerungsoptionen der betrieblichen Altersversorgung. Peter Lang. Frankfurt am Main usw.

Schmoller, Gustav(1919): Die soziale Frage – Klassenbildung, Arbeiterfrage, Klassenkampf. München, Leipzig.

Schnabel, Reinhold(1998): „Interne Renditen in der gesetzlicen Rentenversicherung". In: Deutsches Institut für Altersvorsorge(Hrsg.): „Renditen der geetzlichen Rentenversicheurng im Vergleich zu alternativen Anlageformen", Frankurt/Main, S.15-35.

Schnabel, Reinhold(1999): Rates of Return of the German Pay-as-you-go Pension System, Finanzarchiv, Bd.55, Heft 3, S.374-399.

Scholz, Rupert(1981): Sozialstaat zwischen Wachstums- und Rezessionsgesellschaft. Karlruhe.

Scholz, Rupert/Pitschas, Rainer(1984): Informelle Selbstbestimmung und staatliche Informationsverantwortung. Berlin.

Schröter, Eckhard/Wollmann, Hellmut(2001): New Public Management. In:Blanke, Bernhard(Hrsg.): Handbuch zur Verwaltungsreform. 2. Auflage Leske+Budrich, Opladen. S.71-82.

Schruff, Lothar(1997): Bilanzierung von Pensionsverpflichtungen nach deutschem und internationalen Standards. In: WPK-Mitteilungen. 36. Jg. Sonderheft Juni. S.68-81.

Schulte, K-W.(1989): Betriebliche Altersversorgung und neues Bilanzrecht. In: Betriebs-Berater. 1989. S.659-663.

Schuppert, Gunnar Folke(1997): Vom produzierenden zum gewährleistenden Staat. In: König, K./Benz, Angelika(Hrsg.): Privatisierung und staatliche Regulierung. 1997 Baden-Baden : Nomos-Verl.-Gesellschaft S.539-575.

Schuppert, Gunnar Folke(1998): Geändertes Staatsverständnis als Grundlage des Organisationswandels öffentlicher Aufgabenwahrnehmung. In: Budäus, Dietrich(Hrsg.): Organisationswandel öffentlicher Aufgabenwahrnehmung, Nomos Verlaggesellschaft Baden-Baden : Nomos-Verl.-Gesellschaft. S.19-60

Schuppert, Gunnar Folke(1998a): Zum Denken in Verantwortungsstufen. In: Die Verwaltung. 31/1998. S.415-447.

Schuppert, Gunnar Folke(1999)(Hrsg.): Jenseits von Privatisierung und schlankem Staat: Verantwortungsteilung als Schlüsselbegriff eines sich ändernden Verhältnisses von öffentlichem und privatem Sektor, Nomos Verlaggesellschaft Baden-Baden..

Schuppert, Gunnar Folke(2000): Verwaltungswissenschaft – Verwaltung, Verwaltungsrecht, Verwaltungslehre. Nomos Verlagsgesellschaft Baden-Baden.

Schuppert, Gunnar Folke(2004): Koordination durch Struktursteuerung als Funktionsmodus des Gewährleistungsstaates. In: Benz, Arthur/Siedentopf, Heinrich/ Sommermann, Karl-Peter (Hrsg.): Institutionalwandel in Regierung und Verwaltung: Festschrift für Klaus König zum 70. Geburtstag. Berlin: Duncker & Humblot. S.287-294.

Schuppert(2004a): Der Gewährleistungsstaat – ein Leitbild auf dem Prüfstand. In: WZB-Mitteilungen Heft 104 Juni 2004 S.7-10.

Schuppert, Gunnar Folke(2005)(Hrsg.): Der Gewährleistungsstaat - ein Leitbild auf dem Prüfstand. Baden-Baden: Nomos

Schwab, Hartmut(1988): Die Betriebliche Altersversorgung – Ein praktisches Modell für die Planung und Gestaltung. Hamburg.

Schwarzbauer, Franz/Unterhuber, Hans(1991): Unterstützungskassen. In: Arbeitsgemeinschaft für betriebliche Altersversorgung(Hrsg.)(1991): Unterstützungskassen. 7. aufl. Wiesbaden.

Schwind, Joachim(2003): Langzeitkonten und betriebliche Altersversorgung. BetrAV S.712-715.

Schwinger, Richard(1996): Pensionszusagen, Inflation und Besteuerung. Vortrag am Center for Economic Studies der Universität München. München.

Seffen, Achim(1995): Umbau des Sozialstaats unter Sparzwang – Eine Herausforderung für Politik und Gesellschaft. In: Aus Politik und Zeitgeschichte. Ht. 25/26. S.26-31.

Seybold, Martin(2005): Relative Vorteilhaftigkeit der steuerlichen Fördermaßnahmen zur Altersversorgung. BetrAV, 2005. S.38-50.

Shan, Jiaomei/Huang, Fei/Zhang, Yanhong(2004): Risikoverwaltung für die Investition des Kapitals der betrieblichen Altersversorgung. In: Akademische Zeitschrift der Fachhochschule für Wirtschaft und Technik Liaoning. 3/2004 S.37-38

Shang, Meijiao/Huang, Fei/Zhang, Yanghong(2004): Risikoverwaltung der Investition der betrieblichen Altersversorgung. In: Akademische Zeitschrift der technischen Fachhochschule von Liaoning. 3/2004. S.37-38.

Siebert, Horst(2002): Verliert die Deutsche Wirtschaft Wettbewerbsfähigkeit? In: Institut für Wirtschaft an der Universität Kiel(2002): Die deutsche Wirtschaft im Innovationswettbewerb. Vortrags- und Diskussionsveranstaltung des Instituts für Weltwirtschaft. S.5-13.

Siebert, Horst/Stolpe, Michael(2001): Technology and Economic Performance in the German Economy. Kiel Working Papers 1035. Institute for World Economics, Kiel. Ebenso veröffentlicht in Steil, Benn/Victor, David G./Nelson, Reed(Ed.)(2001): Technological Innovation and Economic Performance. Princeton: Princeton University Press. S.491-492.

Sinn, Hans-Werner(1997): The Value of Children and Immigrants in a Pay-as-you-go Pension System – A Proposal for a Partial Transition to a Funded System, CES working Paper No. 141. München.

Sinn, Hans-Werner(2003): Ist Deutschland noch zu retten? Econ Verlag. München.

Sinn, Hans-Werner/Thum, Michael(1999): Gesetzliche Rentenversicherung – Prognosen im Vergleich. In: Finanzarchiv. Vol.56 S.104-135.

Sinn, Hans-Werner/Reutter, Michael(2000): The Minimum Inflation Rate for Euroland. CESnf Working Paper 377. 2000.

Sombart, Werner(1919): Die deutsche Volkswirtschaft im 19. Jahrhundert und im Anfang des 20. Jahrhunderts. 4. Auflage. Berlin.

Sommer, Bettina(1994): Entwicklung der Bevölkerung bis 2040, In: Wirtschaft und Statistik. 1994. Heft.7. S.497-503.

Sommer, Bettina(2001): Entwicklung der Bevölkerung bis 2050 – Ergebnisse der 9. Koordinierten Bevölkerungsvorausberechnung des Bundes und der Länder. In: Wirtschaft und Statistik, 2001. Heft.1. S.22-29.

Song, Xiaowu/Zhang, Zhongjun(1997): Reform der Rentenversicherung. Verlag der Reform. Beijing.

Sozialbeirat(1998):Gutachten des Sozialbeirats zum Rentenversicherungsbericht 1998 und Stellungnahmen zu einigen weiteren Berichten zur Alterssicherung. Bonn.

Sozialbeirat(2001): Sondergutachten des Sozialbeirats zur Rentenreform. Serie Verhandlungen des Deutschen Bundestages Drucksachen 14/5394 Dt. Bundestag Bonn

Spitzer, Malte(1998): Bürgeraktivierung und Verwaltungsmodernisierung. In: Blanke, Bernhard u.a.(Hrsg.): Handbuch zur Verwaltungsreform. Opladen. S.131-139.

Standfest, Erich(2001): Zur akturlelen Lage der Rentenversicherung DRV S.338-349.

Statistik(2005): Statistik – Betriebliche Altersvorsorge weiter auf solidem Wachstumspfad. BetrAV. 2005 S.581-582.

Statistisches Bundesamt(1990): Ehrenfried Heppt, Neueste Ergebnisse der Erhebungen des Statistischen Bundesamtes über die betriebliche Altersversorgung 1990. in: Betriebliche Altersversorgung. Folge 6. 31.Juli 1994

Statistisches Bundesamt(1990a): Fachserien 18. Reihe.

Statistisches Bundesamt(1995): Erhebungen über Art und Umfang der betrieblichen Altersversorgung – 2. Erhebung zum Stichtag 31.12.1990. Stuttgart.

Statistisches Bundesamt(1998): Statistisches Jahrbuch 1998 für die Bundesrepublik Deutschland. Metzler-Poeschel Stuttgart

Statistisches Bundesamt(2000): Bevölkerungsentwicklung Deutschlands bis zum Jahr 2050, Ergebnisse der 9. koordinierten Bevölkerungsverausberechnung.. Wiesbaden, CD-Rom Vesion.

Statistisches Bundesamt(2003): Leben und Arbeiten in Deutschland – Ergebnisse des Mikrozensus 2002, Wiesbaden

Statistisches Bundesamt(2003a): Bevölkerung Deutschlands bis 2050. 10. Koordinierte Bevölkerungsvorausberechnung. Wiesbaden.

Statistisches Jahrbuch für Arbeit(2004). Hrsg. von Department of Population and Employment Statistics National Bureau of Statistics, P.R.C. and Department of Planning and Finance, Ministry of Labour and Social Security, P.R.C. Verlag für Statistik Bejing

Statistisches Jahrbuch für Arbeit(2005). Hrsg. von Department of Population and Employment Statistics National Bureau of Statistics, P.R.C. and Department of Planning and Finance, Ministry of Labour and Social Security, P.R.C. Verlag für Statistik Bejing

Statistisches Jahrbuch(2005). Hrsg. von National Bureau of Statistics of China. Verlag für Statistik Bejing

Stecker, Christina (2004): Die neue deutsche Aktivierungspolitik im europäischen Ländervergleich und maßnahmen zur Verlängerung der Lebensarbeitszeit. DRV. 59. Jg. Hf 3. Frankfurt am Main. S.164-184.

Steffes, Dirk N.(1994): Statistisches Berichtssystem der betrieblichen Altersversorgung – Bestandsaufnahmen, Analyse und Ausblick.

Stegmann, Volker/Buttler, Andreas(1997): Die zweite Säule – Ein Blick über die Grenze. In: Versicherungswirtschaft 52/1997. S.1275-1277.

Stehle, Richard/Huber, Reiner/Maier, Jürgen(1996): „Rückberechnung des DAX für die Jahre 1955 bis 1987", Kredit und Kapital 1996, S.194-277.

Steinmeyer, Heinz-Dietrich(1991): Betriebliche Altersversorgung und Arbeitsverhältnis, München.

Steinmeyer, Heinz-Dietrich(2004): Private und betriebliche Altersvorsorge zwischen Sicherheit und Selbstverantwortung – Gutachten F für den 65. Deutschen Juristentag. In: Ständigen Deputation des Deutschen Juristentages(Hrsg.): Verhandlungen des Fünfundsechzigsten Deutschen Juristentages. F1-F90.

Steinmeyer, Heinz-Dietrich(2005): Private und betriebliche Altersvorsorge zwischen Sicherheit und Selbstverantwortung – Gedanken des Deutschen Juristentages zur Fortentwicklung der betrieblichen Altersversorgung. BetrAV, 2005 S.12-19

Stifung Warhentest, Verbraucher-Zentrale NRW(2003): Private Altersvorsorge.

Stolz, Ulrich/Rieckhoff, Christian(2005): Aktuelle Ergebnisse der zulagengeförderten Altersvorsorge – Erste statistische Auswertungen der Zentralen Zulagenstelle für Altersvermögen. BetrAV. 2005. S.714-720.

Sun, Fei(2003): Optimale Wahl des Funktionismus der chinesischen betrieblichen Altersversorgung. In: Forschung der Makroökonomik. 11/2003 S.13-16.

Sun, Qun(2003): Aufbau und Verbesserung der chinesischen betrieblichen Altersversorgung. in: Special Zone Economy. 12/2005. S.153-156.

Theobald, Bernhard(2004): Staatsaufgaben in Übergangsgesellschaften. Nomos Verlaggesellschaft Baden-Baden

Thiede, Reinhold(2005): Beitragsfreie Entgeltumwandlung: Zielen und Auswirkungen einer umstritten en Reglung. BetrAV S.515-518.

Tian, Du u.a.(2003): Überlegungen zu aktuellen Problemen auf dem Fondsmarkt. In: Wertpapier Aktuell. 13.06.2003.

Tian, Kun(2003): Simulation und Analyse über die Investitionen der beauftragten betrieblichen Altersversorgung. In: Akademische Zeitschrift der Finanzhochschule von Guizhou. 3/2003. S.27-28.

Trute, Hans-Heinrich(1999): Verantwortungsteilung als Schlüsselbegriff eines sich ändernden Verhältnisses von öffentlichem und privatem Sektor. In: Schuppert, Gunnar Folke(Hrsg.): Jenseits von Privatisierung und schlankem Staat: Verantwortungsteilung als Schlüsselbegriff eines sich ändernden Verhältnisses von öffentlichem und privatem Sektor, Nomos Verlaggesellschaft Baden-Baden.. S.13-46.

Uebelhack, Birgit(1995): Die betriebliche Altersversorgung. In: Die Arbeitsgemeinschaft fjür betriebliche Altersversorgung(Hrsg.): Handbuch der betrieblichen Altersversorgung. 8. Aufl. Heidelblerg.

Uebelhack, Birgit(2005): Betriebliche Altersversorgung. In: Areitsgemeinschaft für betriebliche Altersversorgung(Hrsg.): Handbuch der betrieblichen Altersversorgung, Bd. 1 – Grundlage und Praxis. 8 Aufl. Heidelberg.

Ulrich, Volker/Schmähl, Winfried(2001): Demographische Alterung in Deutschland – ein Überblick. In Schmähl, Winfried/Ulrich, Volker(Hrsg.)(2001): Soziale Sicherungssysteme und demographische Herausforderungen. Mohr Siebeck. Tübingen. S.1-19.

Uwe, Albert(2002): Betriebliche und private Altersvorsorge nach der Rentenreform 2001, Verlag Dr. Otto Schmidt. Köln.

Vaupel, James W./Lundström, Hans(1996): The Future of Mortality at Older Ages in Developed Countries, In: Lutz, W.(Ed.): The Future Population of the World. What can we Assume Today? London. S. 278-295

Vaubel, Roland(2001): Dezentralisierung in Entwicklungsländern aus der Sicht der Neuen Institutionenökonomik. In: Thomi, Walter/Steinich, Markus/Polte, Winfried(Hrsg.): Dezentralisierung in Entwicklungsländern. Nomos Verlaggesellschaft Baden-Baden. S.59-70.

Verband Deutscher Rentenversicherungsträger(VDR)(1998): Rentenversicherung in Zahlen. Eigenverlag.

Verband Deutscher Rentenversicherungsträger(VDR)(2003): VDR-Statistik / Versicherte. Eigenverlag.

Viebrok, Holger/Dräther, Hendrik(1999): Alterssicherung auf der Grundlage von Sicherheit, Rentabilität und sozialer Verantwortung, Köln (Schriftenreihe der Gesellschaft für Versicherungswissenschaft und –gestaltung. Bd.32), Berlin (Vollmer).

Viebrok, Holger/Himmelreicher, Ralf. K.(2001): Verteilungspolitische Aspekte vermehrter privater Altersvorsorge. ZeS-Arbeitspapier 17/2001. Universität Bremen. Eigenverlag Bremen

Voigt, Rüdiger(1988): Recht als Instrument staatlicher Steuerung, Siegen。

Wang, Kede(2000): Ananlyse über das chinesische ländliche Alterssicherungssystem an der Wende des Jahrhunderts. In: Akademische Zeitschrift über Demographie. 1/2000. S.32-35

Wan, Yun(2004): Betriebliche Altersversorgung – ein andere Goldgrube. In: Versicherung von China. 6/2004 S.40-41.

Wang, Dan/Yu, Jiang/Liu, Ying(2004): Wem wird die betriebliche Altersversorgung Gewinn bringen? In: Ziffer und Reichtum. 5/2004. S.22-28.

Wang, Dongjin(2001): Reform und Entwicklung der chinesischen sozialen Sicherungssystems. Verlag für Gesetz. Beijing.

Wang, Dongjin(2004): Beitrag auf der Sitzung über die Durchführung der „Verordnung der Verwaltung von Kapital der betrieblichen Altersversorgung". Manuskript Beijing

Wang, Dongyan(1999): Prognose der chinesischen Arbeitsmarktes. Verlag der chinesischen Arbeit. Beijing

Wang, Hao(2005): Betriebliche Altersversorgung und ihre Investition. In: Special Zone Economy. 12/2005. S.172-173.

Wang, Hufeng(2004): Theory of Pension Production. Verlag der chinesischen Arbeit und sozialen Versicherung. Beijing.

Wang, Hufeng/Chen, Xiaoyun(2004): Schwerpunkte bei der Aufsicht über die betriebliche Altersversorgung. In: Banker. 6/2004. S.94-95.

Wang, Jiangang(2004): Balanceanalyse der stabilen und unstabilen Alterssicherungsfonds. In: Akademische Zeitung des chinesischen politischen Instituts von Jungendlichen. S.99-100.

Wang, Jun(2004): Forschung über die Entwicklung der chinesischen betrieblichen Altersversorgung. In: Forschung über Handel. 11/2004. S.72-74.

Wang Mengkui(2001): Die Reform des chinesischen Sozialversicherungssystems. Verlag für Entwicklung China. Beijing.

Wang, Qiang(2006): Aufbau und Entwicklung der chinesischen betrieblichen Altersversorgung. In Wirtschaftsforum. 7/2006. S.116-118.

Wang, Weida(1993): Die Rolle des Wirtschaftsverwaltungsrechts für die ökonomische Entwicklung der VR China im Vergleich zur Bundesrepublik Deutschland – zur Funktion des Wirtschaftsverwaltungsrechts als Steuerungsinstrument. Dissertation der Deutschen Hochschule für Verwaltungswissenschaften Speyer.

Wang, Xuejun(2003): Entwicklung über die Entwicklung der chinesischen betrieblichen Altersversorgung. In: Zeitschrift der Anhui Universität. 3/2003.Anhui. S.51-54.

Wang, Yicai(2000): Probleme in der chinesischen betrieblichen Altersversorgung und Lösungsansätze. In: Forschung über Demographie. 6/2000. S.19-22.

Wei, Jingfei(2003): Staatliche Verwaltung und kommerzielles Funktionieren. In. Forschung über Versicherung. 10/2003. S.14-16.

Weiss, Albrecht(1962): Begriff und Entwicklung der betrieblichen Altersversorgung. In: Handbuch der betrieblichen Altersversorgung. 4. aufl. München. S.3-13.

Wellische, Dietmar(2002): Analyse betrieblicher Altersvorsorgemodelle. Bertelsmann Stiftung Vorsorgestudien 11. Magdeburg

Weltbank(1994): Averting the Old Age Crisis. Policies to Protect the Old and Promote Growth. Oxford University Press. Washington DC.

Weltbank(1997): Der Staat in einer sich ändernden Welt: Weltenentwicklungsbericht. Washington Weltbank.

Wen, Zheng/Ge, Yi(2005): Diskussionen über die betiebliche Altersversorgung. In: Chinesische soziale Versicherung. 6/2005 S.14-15.

Wiedemann, Gerd(1990): Die Historische Entwicklung der betrieblichen Altersversorgung unter besonderer Berücksichtigung des Arbeitsrechtes. Erlangen. O.V.

Wiesner, B.(2005): Betriebliche Altersversorgung – Quo vadis? BetrAV, 2005 S.209-210.

Wiesner, Bernhard(2005a): Bericht der Leitung der Fachvereinigung Direktzusagen und Unterstützungskassen. BetrAV 2005. S.327-329

Windhövel, Kerstin C.M.(2003): Gesetzliche Rentenversicherung und Kapitalakkumulation: eine Projektionsanalyse bis ins Jahr 2050. LIT Verlag. Münster

Wingen, Wax(1990): Altern heute und mogen – demographische Entwicklungen. In Spaeth/Lehr(Hrsg.)(1990): Altern als Chance und Herausforderung. Bd. 1, O.V. S.48-79.

Wissenschaftlicher Beirat beim Bundesministerium für Wirschaft(1998): Grundlegende Reform der gesetzlichen Rentenversicherung. Gutachten des Wissenschaftlichen Beirates beim Bundesministerium fuer Wirtschaft und Technologie. Berlin.

World Bank(1994): Averting The Old Age Crisis – Policies to Protect the Old and Promote Growth, World Bank Policy Research Report. Oxford University Press. New York.

Xie, Weiquan/Pei, Xianmei/Lin, Yongting(2005): Schutz für die betriebliche Altersversorgung. In: Staatseingentum von Shanghai 11/2005. S.22-24.

Xin, Ping(2002): Betriebliche Altersversorgung und Kapitalmarkt. In: Zeitung für chinesische Aktie vom 24.08.2002. S.2

Xu, Dianqing(1999): Roform des chinesischen sozielen Versicherungssystems. Verlag für Wirtschaftswissenschaft. Beijing

Wiesner, Bernhard(2005): Bericht der Leistung der Fachvreinigung Direktzusagen und Unterstützungskasse. BetrAV. S.327-329.

Wu, Liping(2005): Problem und Lösungsansätz der chinesischen betrieblichen Altersversorgung. In: Hebei Law Science 2/2005. S.38-40.

Xu, Jianguo(1998): Steuerpolitik bei der Entwicklung der chinesischen wirtschaftlichen Entwicklung. Verlag für Fiskal und Wirtschaft China. Beijing.

Xu, Qin(1997): Wie weit kann die Altersversorgung durch Familie gehen? In: Forschung über Demographie. 6/1997. S.22-24.

Xue, Huiyuan/Li. Shanshan(2005): Betriebliche Altersversorgung – Von Verhinderung zurFörderung. In: SCI/Tech Information development and Economy. 21/2005. S.197-198.

Yan, Zhongxing(1994): Überlegungen über die betriebliche ergänzende Altersversorgung von Unternehmen. In: wirtschaftliche Theorie und wirtschaftliches Management 4/1994. S. 23-25.

Yang, Cuiying(2003): Forschung über das chinesische ländliche Sozialsicherungssystem. Chinesische Agrar Verlag. Beijing

Yang, Jie(2006): Eintritt der betrieblichen Altersversorgung in den Kapitalmarkt – Verbreitung der Investitionswege des Versicherungskapitals. In: Forschung über die wirtschaftlichen Probleme. 4/2006. S.122-125.

Yang, Ling(2005): Private Unternehmen brauchen Chance für betriebliche Altersversorgung. In: Versicherung von China. 3/2005. S.36-39.

Yang, Tinghua(2003): Analyse der chinesischen betrieblichen Altersversrogung. In: Journal of Ningbo College. 9/2003 S.40-42.

Yang, Yansui(2003): Betriebliche Altersversorgung – Theorie und Praxis. Verlag der chinesischen Arbeit und sozialen Versicherung. Beijing

Yang, Yansui(2004). Geschichte und Erfahrungen der ausländischen betrieblichen Altersversorgung. In: Zeitschrift für Arbeit und Sozialsicherung. 3/2004. S.38-41.

Ye, Lin(2003): Finanzierungsprobleme der chinesischen Mittel- und Kleinbetriebe. In: Ausbildungszeitschrift von Sichuan. 1/2003. S.30-32.

Ye, Yuqing/Wang, Fanghua(2003): Forschung über die steuerlichen Vergünstigungen für die betriebliche Altersversorgung. In: Buchhaltung in Shanghai. 5/2003. S.24-25.

Yu, Changsen(2000): Umstrukturierung und Verbesserung des chinesischen Alterssicherungsystems. – Interview mit dem Vizeminister des chinesischen Ministeriums für Arbeit und Sozialsicherung. In: Forum der chinesischen Parteikader. 12/2000. S.4-7.

Yuan, Fang(2003): Analyse zur chinesischen betrieblichen Altersversorgung. In: Steuertechnik. 3/2003 S.20-21

Yuan, Quan/Wang, Youhua(2004): Lösungsansätze zur Probleme der chinesischen betrieblichen Altersversorgung. In: Reform und Verwaltung der Unternehmen. 11/2004. S.50-51

Yuan, Shujun(2005): Vertrag – das Zentrum der betrieblichen Altersversorgung. In: Chinesische soziale Versicherung. S.62

Yuan, Zhigang(2005): Chinesisches Alterssicherungssystem. Verlag der Fudan Universität. Shanghai

Zacher, Hans Friedrich(1978): Das Sozialrecht im Wandel von Wirtschaft von Gesellschaft. In: Wirtschaft und Wissenschaft. S.17-24.

Zang, Hong(2005): Orientierung des Systems der chinesischen betrieblichen Altersversorgung und Lösungsansätze. In: Kreuz und Quer der Wirtschaft. 11/2005. S.68-70.

Zentralarchiv für Empirische Sozialforschung(2003): ALLBUS 1980-2000. Codebook. ZA-Studie 1795. Köln.

Zhang, Jie(2001): Möglichkeit der nach dem Prinzip der Marktwirtschaft funktionierenden betrieblichen Altersversorgung. In. Zeitung für chinesische Versicherung vom 30.08.2001. S.3.

Zhang, Li(2005): Entwicklungshindernisse der chinesischen betrieblichen Altersversorgung und Lösungsansätze. In: Akademische Zeitschrift von Lan Zhou. 4/2005. S.82-84.

Zhang, Meizhong/Li, Keqiang/Hu, Weiqing(2004): Betriebliche Altersversorgung – zweite Säule der chinesischen Altersversorgung. Verlag für Unternehmensmanagement. Beijing.

Zhang, Shuxin(2002): Wer soll zuständig für die betriebliche Altersversorgung. Chinesische soziale Versicherung 2/2002 S.32-33

Zheng, Binwen(2004): Woran liegt die Entwicklung der chinesischen betrieblichen Altersversorgung? In: chinesische Wertpapier Zeitschrift. 13.01.2004.

Zhen, Qin(2005): Analyse über die steuerlichen Vergünstigungen. In: Forschung über Versicherung 3/2005. S.66-68.

Zheng, Gongcheng(2002): Entwicklung des chinesischen Sozialsicherungssystems und dessen Einschätzung. Verlag der Volksuniversität China. Beijing

Zheng, Gongcheng(2003): Weitere Entwicklung des chinesischen Rentensystems. In: Nachrichten der Sozialen Versicherung vom 22.03.2003

Zhi, Lianmei(2004): Lösungsansätze zur Entwicklungsschwierigkeiten der chinesischen betrieblichen Altersversorgung. In: Akademische Zeitschrift des Verwaltungsinstituts der Wuhan Hüttenindustrie. 4/2004. S.38-40.

Zhong, Renyao(2004): Analyse der internationalen Rentenreformen. Verlag der Finanzhochschule Shanghai. Shanghai.

Zhou, Xiaochuan(2000): Soziale Versicherung und Leistungsfähigkeit der Unternehmen. In: Vergleich der sozialen wirtschaftlichen Ordnung 6/2000. S.3-5

Zhu, Fei(2004): Käse von Morgen – Geschichte und Funktionsmechanismus der betrieblichen Altersversorgung. In: Betriebsverwaltung 2/204. S.6-11.

Zhu, Junsheng.(2004): Systementwurf der chinesischen betrieblichen Altersversorgung. In: Versicherung von China. 7/2004. S.20-23.

Zhu, Qing(1999): Das Verhältnis zwischen betrieblicher ergänzendre Altersversorgung von Unternehmen und dem chinesischen Kapitalmarkt. In: Finanz- und Handelwirtschaft. 8/1999. S.16-19.

Zhu, Qing(2002): Analyse zur Wirtschaftlichkeit und zum Funktionieren des Rentensystems. Verlag der Volksuniversität China. Beijing

Zhu, Sheng/Han, Xiaoyi(2003): Wie können Klein- und Mittelbetriebe die betriebliche Altersversorgung entwickeln? In: Chinesische soziale Versicherung. 5/2003. S.49-50.

Zhu, Weidong(2004): Forschung über die chinesische betriebliche Altersversorgung. In: System der sozialen Versicherung. 12/2004. S.18-19.

Zhuang, Zuojin/Cao, Weiqing/Ouyang, Juhua(2005): Entwicklung der chinesischen betrieblichen Altersversorgung. In: Forschung über Versicherung. 6/2005. S.7-10.

Webseite:

http://ah.people.com.cn

http://www.chinatax.gov.cn

http://www.cbrc.org.cn

http://www.circ.org.cn

http://www.csrc.org.cn

http://www.csss.whu.edu.cn

http://finance.people.com.cn

http://www.finance.sina.com.cn

http://www.molss.gov.cn

http://www.pbc.gov.cn

http://www.smeclub.cn

http://www.stats.gov.cn

http://www.worldeconomy.org.cn

http://www.wst.cn

http://www.dieneueepoche.com

http://www.jx.xinhuanet.com

http://www.southcn.com

http://www.tppension.com

http://news.xinhuanet.com

http://web.xwwb.com

http://www.chinataiwan.org

http://www.baidax.net

http://landflucht.know-library.net

http://www.bafin.de

http://www.bankenericht.de

http://www.Bos.boeckler-boxen.de

http://www.bundestag.de

http://www.dia-vorsorge.de
http://www.dgb.de
http://www.faz.net
http://www.finanz.sullus.de
http://www.ftd.de
http://www.perspektive-deutschland.de
http://www.protektor-ag.de
http://www.psvag.de
http://www.rechnungshof-hessen.de
http://www.rostockerzentrum.de
http://www.vnr.de
http://www.vorsorgestudien.de
http://www.vr-bankmodul.de
http://www.welt.de
http://www.zeit.de
http://eur-lex.europa.eu
http://202.99.23.245

Speyerer Schriften zur Verwaltungswissenschaft

Herausgegeben von Rainer Pitschas

Band 1 Rainer Pitschas: Trusted Governance due to Public Value Management. Public Governance in Europe between Economization and Common Weal: A Value-Based Concept of Public Administration. 2006.

Band 2 Dieter Puschke: Sozialverwaltung im aktivierenden Staat. Die Reform der Sozialverwaltung zwischen Aufgabenkomplexität, bundesstaatlichen Rahmenbedingungen und Effizienzanforderungen am Beispiel des Landesamtes für Soziales, Jugend und Versorgung in Rheinland-Pfalz. 2006.

Band 3 Khac Anh Dang: Personalentwicklung im öffentlichen Dienst durch Aus- und Fortbildung. Ein Beitrag zur Reform des öffentlichen Dienstes in Vietnam unter Berücksichtigung der deutschen Erfahrungen. 2007.

Band 4 Cong Xu: Betriebliche Altersversorgung in der Bundesrepublik Deutschland und der Volksrepublik China im Vergleich. 2008.

www.peterlang.de

FSC
www.fsc.org
MIX
Papier | Fördert gute Waldnutzung
FSC® C083411

Kolibri 360 GmbH
Ferdinand-Jühlke-Straße 7
99095 Erfurt, Deutschland
produktsicherheit@kolibri360.de

Druck:
CPI Druckdienstleistungen GmbH
im Auftrag der
Kolibri 360 GmbH
Ferdinand-Jühlke-Str. 7
99095 Erfurt